Die Gerechten werden leben ewiglich bei Gott

Europäische Hochschulschriften

Publications Universitaires Européennes
European University Studies

Reihe XX
Philosophie

Série XX Series XX
Philosophie
Philosophy

Bd./Vol. 664

PETER LANG
Frankfurt am Main · Berlin · Bern · Bruxelles · New York · Oxford · Wien

Susanne Kroll

Die Gerechten werden leben ewiglich bei Gott

Eine Studie zur Dialektik des Gerechtigkeitsbegriffs bei Meister Eckhart unter Berücksichtigung formal-methodologischer Fragestellungen

PETER LANG
Europäischer Verlag der Wissenschaften

Bibliografische Information Der Deutschen Bibliothek
Die Deutsche Bibliothek verzeichnet diese Publikation in der Deutschen Nationalbibliografie; detaillierte bibliografische Daten sind im Internet über <http://dnb.ddb.de> abrufbar.

Zugl.: Dresden, Techn. Univ., Diss., 2003

88
ISSN 0721-3417
ISBN 3-631-50928-6

www.peterlang.de

MEINER MUTTER

Vorwort

Die Idee und Anregung zur vorliegenden Studie ist aus Seminaren zur Phänomenologie von (religiöser) Spiritualität an der Universität Bremen erwachsen, in denen Meister Eckhart jedoch nur eine untergeordnete Rolle gespielt hat. Dennoch hat sich für mich daraus eine langjährige Beschäftigung mit Meister Eckhart entwickelt. Im Januar 2003 ist die Studie als Dissertationsschrift von der Philosophischen Fakultät der Technischen Universität Dresden anerkannt worden.

Mein besonderer Dank gilt Herrn Prof. Dr. Hans-Ulrich Wöhler (Dresden), der durch wertvolle inhaltliche Anregungen und Hinweise den Gang der Arbeit in der Endphase unterstützt hat. Zu danken habe ich ferner Herrn Prof. Dr. Udo Kern (Rostock) und Herrn Prof. Dr. Thomas Rentsch (Dresden) für begleitende gutachterliche Gespräche sowie Frau Prof. Dr. Hanna Gerl-Falkovitz (Dresden) hinsichtlich der Hilfestellung für die Ermöglichung des Promotionsverfahrens.

Bremen, 27. Februar 2003 Susanne Kroll

Inhaltsverzeichnis

Abkürzungsverzeichnis:

Ausgabe Largier: (Band 1 und 2)

1993 I Pred. 1 bis Pred. 65	Deutsche Predigten in Band 1
1993 II Pred. 66 bis Pred. 86	Deutsche Predigten in Band 2
1993 II BgT	Das Buch der göttlichen Tröstung in Band 2
1993 II VeM	Vom edlen Menschen in Band 2
1993 II RdU	Die Reden der Unterscheidung in Band 2
1993 II VA	Von Abgeschiedenheit
1993 II Prol. gener.	Prolugus generalis in opus tripartitum
1993 II Joh. Evg.	Expositio Sancti Evangelii secundum Iohannem
1993 II Quaest. Par. I	Quaestio Parisiensis I
Sermo 11	Sermo Dominica Undecima de Epistula Cor. 15, 1-10

Gesamtausgabe:

Tab. prol. LW I	Tabula prologorum in opus tripartitum
Prol. op. prop. LW I	Prologus in opus propositionum
Gen.1 LW I	Expositio libri Genesis
Gen.2 LW I	Liber parabolarum Genesis
Ex. LW II	Expositio libri Exodi
Sap. LW II	Expositio libri Sapientiae
Eccli. LW II	Sermones et Lectiones super Ecclesiastici Cap. 24
Joh. LW III	Expositio Sancti Evangelii secundum Iohannem
Q.P.2 LW V	Quaestio Parisiensis 2
Sermo Aug. LW V	Sermo die beati Augustini Parisius habitus
Coll. Sent. LW V	Collatio in libros Sententiarum
Q	Meister Eckehart. Deutsche Predigten und Traktate (*Quint*, Josef)
Théry, Proc.col. I und II	Édition Critique au Procès d'Eckhart (*Théry*, Gabriel)

Einleitung: Problemstellung der Studie

„Wer die Lehre von der Gerechtigkeit und vom Gerechten versteht“, sagt Meister Eckhart, „der versteht alles, was ich sage.“[1] Die Äußerung Eckharts ruft Un-

1 *Largier*, Niklaus (Hrsg), Meister Eckhart Werke I. Texte und Übersetzungen von Josef Quint, 1. Aufl., in: Bibliothek des Mittelalters (Hrsg. Walter Haug), Bd. 20, Frankfurt 1993, 81; zitiert: 1993 I. Im mittelhochdeutschen Text heißt der zitierte Satz wie folgt: „Swer underscheit verstât von gerehticheit und von gerehtem, der verstât allez, daz ich sage.“ Gerade im Begriff „underscheit“ liegt der hermeneutische Kerngedanke Eckharts zum Verständnis der Lehre von der Gerechtigkeit verborgen. Aus diesem Grunde behalten wir den Original-Begriff „underscheit“ bei. Den Begriff der Lehre benutzt unsere Studie nur im Blick auf das Eckhartsche Gesamtwerk und seine Denkwege. Im Falle der Erörterung der Korrelation von Gerechtigkeit und Gerechtem ist immer „underscheit“ angewandt. Weshalb die Übersetzung für „underscheit“ „Lehre“ wählt, konnte von uns nicht explizit eruiert werden. Hermeneutisch interessant ist auch ein Hinweis von Kurt *Ruh*, Geschichte der abendländischen Mystik. Bd. III, München 1996 (zitiert: 1996), 258, auf die ‚Reden der Unterweisung' (RdU), d.h. 'Die rede der underscheidunge': „Es muß betont werden, daß *underscheidunge* im ganzen Text [der RdU; Anmerkg. v. V.] nicht vorkommt und im deutschen Werk (soweit von Quint editiert) nur DW III, S. 437,9 in der Bedeutung von *underscheit*....Am ehesten dürfte es *discretio* in der Bedeutung 'Fähigkeit zu unterscheiden' = 'Klugheit in der Lebensführung' entsprechen.“ Vgl. unsere Anmerkg. 224 im zweiten Teil unserer Studie, dort Bezug auf *Ruh*. Die ‚Reden der Unterscheidung' sind auch von *Largier* bearbeitet: *Largier*, Niklaus (Hrsg), Meister Eckhart Werke II. Texte und Übersetzungen von Ernst Benz, Karl Christ etc., 1. Aufl., in: Bibliothek des Mittelalters (Hrsg. Walter Haug), Bd. 21, Frankfurt 1993, 334-433; zitiert: 1993 II (RdU)
An dieser Stelle ein literaturtheoretischer Hinweis: Die doppelbändige Ausgabe von Niklaus *Largier* ist in der Forschung als kritische Edition, die sich am deutschsprachigen Werk der Gesamtausgabe der Deutschen Forschungsgemeinschaft (Hrsg. Josef *Quint*, 1936ff.) orientiert, anerkannt. Die Schematisierung der Kommentare (erstens: der entsprechende Text in Überlieferung, in zeitgenössischer Verwendung in anderen Schriften, in seiner Stellung zum Gesamtwerk inklusive Datierung und möglicher Chronologie, in seiner Verbindung zu Prozeßdokumenten, in der Sekundärliteratur, zweitens: die Interpretation des Textes anhand von Einordnung in das Kirchenjahr, von Verweisen auf andere Texte mit gleichem Jahrestermin- oder Bibeltext-Bezug, von Hauptgedanken, Eckhartschen Quellen und Auswertung einzelner Textstellen mit Sekundärliteraturhinweisen) und die Ausführlichkeit des Literaturverzeichnisses und Registers ermöglichen eine komparative, effiziente Handhabung. Bei *Largier* sind jedoch nicht alle Texte aufgenommen, so daß wir auch immer wieder auf die Gesamtausgabe zurückgreifen müssen.

verständnis hervor, zumindest ist sie nicht ohne weiteres nachzuvollziehen: zwischen Gerechtigkeit und Gerechtem besteht ein „underscheit"! Erst der „underscheit" - so Eckhart weiter - führt zu einem komplexen Verständnis seiner Reden. Dieser semantische Einblick läßt vermuten: das Eckhartsche Thema der Gerechtigkeit ist eine diffizile Aufgabe, denn: „Ein Beispiel für alles Vorausgehende und manches andere, von dem wir noch öfter zu sprechen haben, bietet die Betrachtung des Gerechten..."[2] Meister Eckhart ist sich ohnehin im allgemeinen der Schwierigkeit des Aufnehmens und Verstehens bewußt gewesen: „Wer diese Rede nicht versteht, der bekümmere sein Herz nicht damit."[3] Solche Zugeständnisse an seine Hörer sind aber nicht der Grundtenor seiner Predigten; vielmehr hat er gezielte Vorstellungen hinsichtlich seines Predigeramtes: „Soll man nicht ungelehrte Leute lehren, so wird niemals wer gelehrt, und so kann niemand dann lehren oder schreiben. Denn darum belehrt man die Ungelehrten, daß sie aus Ungelehrten zu Gelehrten werden. Gäbe es nichts Neues, so würde nichts Altes."[4] Aus diesen Formulierungen läßt sich nicht nur Eckharts Redlichkeit und Hilfsbereitschaft ersehen, sondern auch seine teleologische Ernsthaftigkeit.

Nehmen wir noch einmal Bezug auf das vorgenannte Zitat: „Wer die Lehre von der Gerechtigkeit und vom Gerechten versteht, der versteht alles, was ich sage." Eckharts Hervorhebung des „underscheit" in dieser Aussage kann als paradigmatisch für seine Lehre und Hermeneutik aufgefaßt werden. In unserer vorliegenden Studie wird sich feststellen lassen, daß der „underscheit" keinen Methodenzwang beschreibt, sondern vielmehr einen methodologischen Zugang.[5] Diesen aufzugreifen, bedeutet, sich fragend an Eckhart zu wenden: wie sollen

---

2 *Largier*, 1993 II; 501 (Joh. Evg.)

3 *Largier*, 1993 I, 563 (Pred. 52)

4 *Largier*, 1993 II, 313 (BgT) *Largier* spricht im Stellenkommentar (ebd., 781) vom „explizit[en] Bildungsanspruch" Eckharts.

5 Eine Methode explizit zu determinieren, steht Meister Eckhart diametral entgegen. Das besagt nicht, daß sein Werk unkoordiniert ist. Für seine lateinischen Schriften äußert er eine klare Einteilung und Vorgehensweise in scholastischer Manier: „Demgemäß gliedert sich das Gesamtwerk also in drei Hauptwerke. Das erste ist das Werk der allgemeinen Thesen, das zweite das Werk der Probleme, das dritte das Werk der Auslegungen." (*Largier*, 1993 II, 463; zitiert: Prol. gener.) Methode ist auch im deutschen Werk, z.B. beim ‚Liber benedictus' nicht zu vermissen. Weitaus wichtiger sind für Eckhart aber „Scharfsinn und größere Hingebung" (*Largier*, 1993 II, 467; Prol. gener.) und er verlangt ein Durchdenken seiner Ausführungen, um etwaigem Mißverstehen entgegenzuwirken (vgl. ebd.). Reiner *Manstetten* (Esse est Deus. Meister Eckharts christologische Versöhnung von Philosophie und Religion und ihre Ursprünge in der Tradition des Abendlandes, München 1993, 25) interpretiert es als „Mahnung für jede Auseinandersetzung mit seinen [Eckharts; Anmerkg.v.V.] Gedanken". In abgeschwächter Form möchten wir es Methodo-logie nennen, die Eckhart seinen Hörern und Lesern anbietet.

wir lesen? Als Antwort hat sich uns bei der Beschäftigung mit Meister Eckhart folgendes gezeigt: es ist eine dualistische[6], besser: „underscheit"-ende Sichtweise von Vorteil. Sie korrespondiert auf verschiedenen Ebenen bei Eckhart: von der Philosophie als Ideenlehre und Ontologie bis zur Theologie und Spiritualität der Mystik, vom ‚Lesemeister' in universitärer Lehre bis zum ‚Lebemeister' in Predigt und Seelsorge, von der kleinen Einheit des Begriffs bis hin zur großen des Textes; von Gerechtigkeit bis hin zum Gerechten. Eckharts Lehre ist von der Eigenart geprägt, daß einerseits Begrifflichkeiten, Aussagen etc. separat, bis ins Detail der Diktion bearbeitet werden, andererseits nicht vereinzelt stehen, sondern sich derart aufeinander beziehen, daß jedes Element in Rücksicht auf ein anderes zu sehen ist. In der Lehre Eckharts gesellen sich sprachliches und geistig-spirituelles Phänomen. Somit kann sich eine klärende Sichtweise vorteilhaft zu einer Lesehaltung entwickeln, welche „das provokative Moment, das vielen Formulierungen Eckharts zweifellos innewohnt"[7], aufnimmt; Provokation als Hervorrufen des „Scharfsinns", des zu verstehenden „underscheit".

Zu Form, Inhalt und Thesen:

Die vorliegende Studie läßt sich ganz von Eckharts „underscheit" tragen. Da er ihn als verstehbar ausweist, postulieren wir als *erste These* eine wesentliche dialektische Grundhaltung des Eckhartschen Gedankengangs, womit der „underscheit" als dialektische Methodologie gesetzt ist. In Anlehnung an den „underscheit" geht die Studie zweiteilend vor. Sie ist sowohl durch eine formal-rezeptionale als auch inhaltlich-hermeneutische Struktur charakterisiert. Erstere bezieht sich auf den ersten Teil: Dialektik als Formgebung. Der Rezeption eröffnet sich hier die formale Sichtweise auf Eckharts Werke; d. h. Struktur, Progression, Digression. Wir beschäftigen uns mit dem ‚Opus tripartitum', das Eckhart explizit dreiteilig in These, Problem und Auslegung geordnet hat. Ferner sei an dieser Stelle auf die Predigt ‚Vom edlen Menschen' als unser Untersuchungsobjekt verwiesen, deren Aufbau von dem ausgesprochenen dialektischen Strukturver-

---

6 Dualismus ist durchaus ein konnotativer Begriff in der Eckhart-Forschung, ob es nun um seine Verwendung bezüglich Eckharts als Philosoph oder Theologe oder mehr noch als Mystiker, bezüglich augustinischen Neuplatonismus oder thomasischen Aristotelismus, bezüglich lehrtheoretischer Bestimmungen Eckharts, z.B. Pantheismus, Erkennen und Sein in Gott, geht. Die vorliegende Studie wird diese Forschungselemente punktuell aufnehmen. Wir benutzen Dualismus - wie bereits gesagt - ausdrücklich in methodologischer Hinsicht.

7 *Manstetten*, 26. *Manstetten* verlangt, daß das „provokative Element" „zur Kenntnis genommen wird" (ebd.), was unserer Meinung nach einer Relativierung der Provokation entspräche.

ständnis zeugt. Die Postulation einer formgebenden Dialektik orientiert sich also ausschließlich an Eckhartschen Vorgaben. Nun bleibt aber die Form leer, wenn sie keinen Inhalt hat. Die zweite Strukturebene bearbeitet deshalb unser zweiter Teil: Meister Eckharts Begriff der Gerechtigkeit. Um eine strukturelle Verbindung der beiden Hauptteile herzustellen, wird der zweite Teil in die Triade These, Antithese, Synthese eingeteilt und hat somit in der Formanalyse ein Fundament. Mit dem Gerechtigkeitsbegriff Eckharts begeben wir uns in inhaltliche Analysen, die eine hermeneutische Lesehaltung verlangen. Der Begriff der Gerechtigkeit ist nun aber sehr allgemein und, um ihn explizit untersuchen zu können, haben wir uns für einen prägnanten Eckhartschen Leitvers entschieden: „Die Gerechten werden leben ewiglich bei Gott“[8]. Damit ist der hermeneutischen Lesehaltung ein Ziel gegeben, in dem sich eine diskursive Verbindung beider Hauptteile etablieren läßt. An dieser Stelle ein kurzer Überblick über den zweiten Teil. Eckharts Leitvers „Die Gerechten werden leben ewiglich bei Gott“ wird triadisch aufgeteilt, und zwar in Anlehnung an die Struktur seiner gleichnamigen deutschen Predigt. Die Bestimmung der einzelnen Teile gemäß unserer ersten These heißt, „die Gerechten“ als thetischen, „werden leben“ als antithetischen und „ewiglich bei Gott“ als synthetischen Begriff anzugeben. Daß diese Einteilung und Bestimmung keine kategoriale Engführung darstellen soll, sondern unsere Hermeneutik des Eckhartschen Denkens methodologisch unterstützt, zeigt sich in nochmaligen Untereinteilungen. So stellt der thetische Begriff „die Gerechten“ Eckharts Ideenlehre, Ontologie und Theologie, damit sein abstrakt-deduktives Einheitsdenken (Univozität) vor. Hiermit kann geleistet werden, was von besonderer Wichtigkeit ist, daß der Eckhartsche Denkgegenstand Gerechtigkeit nicht nur in seiner epistemologischen, ontologischen und theologischen Aussagekraft eine Grundlage findet, sondern auch in organisch-denkerischem Aufbau nachvollzogen werden kann, was sich auch für den weiteren Verlauf der Studie positiv auswirkt. Im thetischen Begriff „die Gerechten“ wird sich die Theologie Eckharts als tragendes, synthetisches Element herauskristallisieren, womit eine Seite des „underscheit“ gekennzeichnet ist: „Gott und die Gerechtigkeit [sind] völlig eins“[9]. Wir schließen uns hiermit Udo *Kern* an, der in der Lehre Eckharts „eine theologische Basis und ein theologisches Telos“[10] annimmt, und

---

8 *Largier*, 1993 I, 77ff. (Pred. 6); 421ff. (Pred. 39); beide Predigten widmen sich thematisch dem Begriff, der darüber hinaus ständiger, exemplarischer Bestandteil (vgl. unsere Anmerkg. 2) der Aussagen Eckharts ist.

9 *Largier*, 1993 II, 239 (BgT)

10 *Kern*, Udo, Die Anthropologie des Meister Eckhart. Hamburg 1994, 2 (zitiert: 1994). Der Ansatz der grundlegenden Theologie, ohne Vernachlässigung der Philosophie, findet sich u.a. noch bei Dietmar *Mieth*, Heribert *Fischer*, Reiner *Manstetten*. Niklaus *Largier*. Dazu weitere Ausführungen im Verlauf der Studie.

haben im Zuge dessen den Terminus der theologischen Konkretion geprägt. Von den zu erzielenden thetischen Ergebnissen her wird sich das „werden leben" (d.h. der gerechte Mensch, das gerechte Leben) in seiner wirklichen Antithetik erörtern lassen. Eckharts Attributionsanalogie, mit der er sich von der traditionellen, thomasisch-aristotelischen Analogie absetzt, bildet den Hintergrund, was bedeutet, daß auch das „werden leben" - wie „die Gerechten" - einer theoretisch-deduktiven Methodologie unterliegt. Eckharts analoges Denken der Gerechtigkeit wird somit als ethisches zu charakterisieren sein, ganz eindeutig aber ohne moralische oder handlungsorientierte Überfrachtung, sondern einzig im Blick auf seine Theologie: die Gerechtigkeit des Menschen ist von Gott „(nur) auf Borg"[11] gegeben. Hierin ist gleichzeitig eine Bestimmung des gerechten Menschen impliziert, mit der sich - methodologisch gesehen - eine weitere Perspektive des „underscheit" abzeichnet. Der synthetische Begriff „ewiglich bei Gott" kann somit nur von Gott her als Synthese gedacht werden. Eckharts „underscheit" meint Gerechtigkeit wesentlich nur in Gott. Der gerechte Mensch verbleibt immer im Gerecht-„Werden", das aber ein „Weg" zum „Sein", so zu Gott, ist: das „Werden der Dinge, das vor dem Sein und vor dem Entstehen liegt. Das Entstehen bezieht sich auf das Sein und ist das Sein. Das Werden hängt von Mittelursachen, Zufallendem und besonderen Zurichtungen ab; hierauf bezieht sich die Veränderung, die ein Weg zum Entstehen und damit zum Sein ist."[12] Soweit der Überblick. Durch die Hermeneutik des Eckhartschen Verses „Die Gerechten werden leben ewiglich bei Gott" wird sich zeigen, daß sich die von uns postulierte Dialektik, die wir in der formalen Analyse bei Eckhart feststellen werden, stark relativiert. Es wird sich zeigen, daß die Erarbeitung der Dialektik des Eckhartschen Gerechtigkeitsbegriffs keine Aufhebung durch linearen, subjektivistischen Erkenntniszuwachs oder durch Widerspruch um des Widerspruchs willen erzielt. Dialektisches Denken ist im Sinne Eckharts als „underscheit"-Denken zu verstehen; dieses löst sich nicht in sich-selbst-wissende Aufhebung auf, sondern erkennt sich als wesentlich unwissend[13]. Hier liegt - wie gesagt - die Bestimmung, aber auch die Chance des gerechten Menschen. Unsere *zweite These* ist daher, daß Eckharts Aussagen von einer wesentlichen Dialektik geprägt sind, die wir als un-aufhebbare kennzeichnen. Diese un-aufhebbare

---

11 *Largier*, 1993 II, 271 (BgT)

12 Expositio libri Exodi, in: Lateinische Werke. Bd 2, hrsg. und übers. von Albert Zimmermann und Loris Sturlese, Stuttgart/Berlin/Köln 1992, 56 (zitiert: Ex. LW II)

13 Eckhart sagt: „*aus Wissen* muß man in ein Unwissen kommen" (*Quint*, Josef (Hrsg.), Meister Eckehart. Deutsche Predigten und Traktate, Zürich 1979, 430, zitiert: Q; diese Formulierung verdeutlicht, daß er nicht von Wissenslosigkeit spricht, im Gegenteil, ein Hauptthema Eckharts ist der erkennende Mensch. Vielmehr geht es ihm um das Wesen des Menschen, welches in Gott gründet und zu dem er zurückkehrt.

Dialektik ist auf Eckharts „underscheit“, dem sie sich als solche verdankt, bezogen und legt den Gerechtigkeitsbegriff innerhalb dieser Eckhartschen Denkform aus.

Zu Konzeption und Forschung:

Unsere vorliegende Konzeption einer Dialektik[14] als un-aufhebbare hat sich im Blick auf zwei Perspektiven entwickelt. Zum einen handelt es sich um die Perspektive der Abgrenzung[15], welche auch in verschiedenen Eckhart-Literaturen[16]

---

14 Das der Dialektik verbundene Schema These-Antithese-Synthese will die Studie - wie gesagt - nicht plakativ-oberflächlich, als einengendes Prokrustesbett verstehen; der erste Teil zur Dialektik als Formgebung wird dieses ausführen. (Vgl. ebenso *Heintel*, Erich, Grundriß der Dialektik. Zum Logos der Dialektik und zu seiner Logik. Bd. I, Darmstadt, 1984, 44). Vgl. zur Dialektik: *Ritter,* Joachim: Historisches Wörterbuch der Philosophie. Bd. 2, Darmstadt 1972, 164-226. Unser Dialektikanspruch orientiert sich am Platonischen Dialektikverständnis „der sachlichen Gesprächsführung“ (ebd. 16; vgl. auch *Platon,* Der Staat, in: Platon. Sämtliche Dialoge. Otto Apelt (Hrsg.). Bd. V, Hamburg 1993). Als Dialog, der Erkenntnisfindung dienend, wird Dialektik auch zur Zeit Eckharts bestimmt, worauf die vorliegende Studie noch direkter eingeht; vgl. aber *Ritter,* Thomas von Aquin bestimmt sie in seinen Sentenzen als „‘scientia bene disputandi‘“; 177.

15 Wie immer gearteter Absolutheitsanspruch, der der Dialektik im Zuge der philosophiegeschichtlichen Entwicklung beigelegt wurde, ist in unserer Studie ausgeschlossen; z.B. Kants Dialektik als Scheinwissen, das sich mit sich selbst vermittelnde Subjekt der Hegelschen Dialektik, die reine Negativität der negativen Dialektik (Horkheimer/Adorno); auch der dialektischen Theologie ist dieses Urteil nicht erspart geblieben, Kritiken sind beispielsweise von Urs von Balthasar und Paul Tillich an der Dialektischen Theologie Karl Barths geübt worden; vgl. *Zahrnt*, Heinz, Die Sache mit Gott. 4. Aufl., München 1980, 29-35. Unsere Abstraktion ist natürlich nicht als generelle Ablehnung zu verstehen.

16 Es sei darauf hingewiesen, daß die hier genannten Forschungsansätze im Verlauf der vorliegenden Studie ergänzt werden, weil im jeweiligen Kontext ergiebigere Einblikke gewährt sind. Zu bisher vorliegenden Arbeiten zum Gerechtigkeitsbegriff verweisen wir auf die sich anschließenden Ausführungen. An dieser Stelle jedoch ein kurzer Überblick über kumulative Forschungsergebnisse: Die ersten Ergebnisse durch Franz *Pfeiffer,* Hrsg., Meister Eckhart, Bd. 2, in: Deutsche Mystiker des 14. Jahrhunderts. Leipzig 1859 (Neudruck, Aalen 1962) im 19. Jahrhundert haben ihren Höhepunkt in der Eckhart-Edition durch Josef *Koch* und Josef *Quint* u.a. ab dem Jahre 1936 gefunden. Bis heute ist die Edition nicht abgeschlossen. Im Bereich der deutschen Werke ist eine neue Ausgabe mit den Predigten 87-115 als Band IV durch Georg *Steer* zu erwarten; vgl. dazu die Avisierung durch Kurt *Ruh,* 1996, 223, sowie unsere Anmerkg. 163. Die Gesamtausgabe ist in ihrer ausgenommenen Stellung in der Forschung aber noch durch andere Veröffentlichungen bestätigt und ergänzt worden. Zu erwähnen ist die zweibändige Eckhart-Ausgabe von Niklaus *Largier* (vgl. unsere Anmerkg. 1). Weiterhin fungieren die Bibliographien von Ingeborg *Degenhardt,* Stu-

mehr oder weniger eindeutig benannt ist. „Eckhart ist niemals Idealist im Sinne des neuzeitlichen Idealismus, der aus dem Bewußtsein das Sein konstruiert.“[17]; „Wenn das Denken Eckharts als dialektisches gekennzeichnet wird, dann ... nicht im neuzeitlichen Sinne, weil diesem ... ein Ich zugrunde und als Ziel vorausliegt ... Gott ist ... Leistung des Subjekts.“[18] Wie oft in der Eckhartforschung ist abgrenzende oder vergleichende Gegenüberstellung Eckharts mit modernen Denkern auch in jüngeren Arbeiten explizites Thema: z.B. bei Jürgen *Wagner* und Holger *Helting*, die Eckhart und Heidegger zusammendenken[19], oder Donata *Schoellers*[20] Hegel-Eckhart-Vergleich, ferner Oliver *Davies*, der Derrida in

---

dien zum Wandel des Eckhartbildes, in: Studien zur Problemgeschichte der antiken und mittelalterlichen Philosophie. Johannes Hirschberger (Hrsg.), Leiden (Niederlande) 1967; Wolfram-Malte *Fues*, Mystik als Erkenntnis?, Bonn 1981, durch ihren jeweiligen Ansatz, jene problemgeschichtlich, diese kritisch-hermeneutisch, bereichernd; eine weitere liefert *Largier*, Niklaus: Bibliographie zu Meister Eckhart. Dokimion, Bd. 9, Freiburg (Schweiz) 1989 (zitiert: 1989), auch seine daran anschließenden Perspektiven sind hervorzuheben: Meister Eckhart, Perspektiven der Forschung, 1980-1993, in: Zeitschrift für deutsche Philologie. Werner Besch/Hartmut Steinecke (Hrsg.), Bd. 114, Berlin 1995, (zitiert: 1995). Veröffentlichungen der Ergebnisse von Symposien liegen von Kurt *Ruh* (Hrsg.), Abendländische Mystik im Mittelalter. Symposion Kloster Engelberg 1984, Stuttgart 1986 (zitert: 1986) und Udo *Kern* (Hrsg.), Freiheit und Gelassenheit: Meister Eckhart heute. München 1980 (zitiert: 1980) als wertvolle Mosaiksteine in der Forschung vor. Auf die zahlreichen Monographien und Aufsätze zu Eckhart, auch aus dem Gebiet der Germanistik, sei hier nur hingewiesen.

17 *Steinbüchel*, Theodor, Mystik und Idealismus – Meister Eckhart und Hegel. in: Universitas. Zeitschrift für Wissenschaft, Kunst und Literatur. Dr. Serge Maiwald (Hrsg.), Jg. 2, Heft 12, Tübingen 1947, 1422.

18 *Waldschütz*, Erwin, Zur Auslegung der „Mystik“ Meister Eckharts in der neuzeitlichen Philosophie als Rückfrage an die Möglichkeit dieser Auslegung(en), in: Beiträge zur Hermeneutik indischer und abendländischer Religionstraditionen. Gerhard Oberhammer (Hrsg.), Wien 1991 (zitiert: 1991), 121,112. Vgl. weiterhin *Eberle*, Jürgen, Die Schöpfung in ihren Ursachen. Untersuchung zum Begriff der Idee in den lateinischen Werken Meister Eckharts. Diss. Köln 1972, 14f.; vereinzelte Hinweise durch *Fues*; ferner die Abgrenzung vermittelnden Ansätze von Udo *Kern*, Reiner *Manstetten*, Ludwig *Hödl*, Alois M. *Haas*, Bernhard *Welte*.

19 *Wagner*, Jürgen, Meditation über Gelassenheit. Der Zugang des Menschen zu seinem Wesen im Anschluß an die Feldweggespräche Martin Heideggers und an die deutschen Predigten und Traktate Meister Eckharts. Diss. Hamburg, 1994 sowie *Helting*, Holger, Heidegger und Meister Eckehart. Vorbereitende Überlegungen zu ihrem Gottesdenken, Berlin 1997.

20 *Schoeller*, Donata, Gottesgeburt und Selbstbewußtsein. Denken der Einheit bei Meister Eckhart und G.W.F. Hegel, Hildesheim 1992; vorliegende Studie wird *Schoellers* Perspektive kritisch bedenken, da sie ein Beispiel für eine hegelsche Eckhart-Interpretation ist. *Cesarino*, Heleno, Hegels mystisch-geschichtliche Anschauung Gottes als absoluter Geist. Zu Hegels spekulativer Theologie, Diss., Würzburg 1983;

einer gewissen Nähe zu Eckhart sieht.[21] Zum anderen haben Eindrücke, die wir aus den Eckhartinterpretationen gewonnen haben, dazu geführt, der Dialektik die besondere Attribution beizugeben. Die Intention dabei war, Eckharts denkerische Eigenart als explizit un-aufhebbare zu bestimmen. Bei besagten Eindrücken handelt es sich darum, daß verschiedentliche Ansätze häufig durch eine anagogische Konstellation geprägt sind; d.h. sie intendieren, den Weg der Eckhartschen Lehre bis hin zur mystischen Einigung des Menschen mit Gott nachzuzeichnen.[22] Dieses Vorgehen ist gerechtfertigt und angebracht, zumal auch der Mystik Eckharts damit Rechnung getragen wird. Blicken wir an dieser Stelle bezüglich dieser Konstellation auf einige Ansätze in der neueren Forschungsliteratur. Wir konzentrieren uns dabei weniger auf die detaillierte Text-Rekapitulation durch die Verfasser, sondern vielmehr auf deren Interpretation der Eckhartschen Begriffsebene.

Die Interpretation der deutschen Predigt zu 'Quasi vas auri solidum' beginnt Susanne *Köbele* mit dem Hinweis auf die „Schwierigkeit des Verständnisses von

---

Ausführungen wie: „So lebt im deutschen Idealismus deutsche Mystik weiter" (ebd., 253) verzerren die Interpretation.

21 *Davies*, Oliver, Predigt 18 'Adolescens, tibi dico: Surge', in: Lectura Eckhardi. Predigten Meister Eckharts von Fachgelehrten gelesen und gedeutet. Georg Steer/Loris Sturlese (Hrsg.), Stuttgart 1998, 98-115. *Davies* bezieht sich auf sprachanalytische Aspekte, die Negativität ausdrücken. Letztlich stuft er die Sprache beider jedoch als „wesentlich verschiedener" (ebd., 114) ein, da sich Derridas dekonstruktivistisches Denken explizit vom religiös-christlichen Hintergrund Eckharts abgrenzt (vgl. ebd., 113).

22 Zur Mystik bei Eckhart hier ein kurzer Vorblick auf das Verständnis vorliegender Studie. Bernhard *Welte* (Meister Eckhart. Gedanken zu seinen Gedanken, Freiburg/Basel/Wien 1979; zitier. 1979) bezeichnet sein rezeptionales Denken sinnfällig als „Phänomenologie, das heißt als ein Freilegen und Bergen des sich selbst Zeigenden". Hiermit würdigt *Welte* - in nicht erwähnter, aber wohl zugrundeliegender Husserl-Heidegger-Provenienz - Meister Eckharts Mystik: „... wir wollen uns nicht mit seinen [Eckharts; Anmerkg.v.V.] Begriffen und Ideen allein beschäftigen, sondern vor allem mit den Sachverhalten, die er mit Hilfe seiner Begriffe oder Ideen ausdrückt. Er hat sie ausgedrückt, weil er sie zuerst gesehen hat. Wir wollen versuchen, in unseren Gedanken selbst zu sehen, was der Meister gesehen hat." (ebd., 24ff.; Hervorhebg.v.V.) Aufschlußreich ist *Weltes* Sichtweise der Gedanken (d.h. hier: Eckharts) als Phänomene. Schwieriger ist u. E. das Einbringen des „zuerst gesehen" in diese Konstellation. Dieses 'Sehen' interpretieren wir als mystisches, obgleich es an dieser Stelle von *Welte* nicht explizit so genannt wird; vgl. jedoch *Weltes* Gleichsetzung von „lebendig" und „mystisch" (ebd., 14). Fremde mystische Erfahrung nachzuempfinden, ist wohl nicht möglich. In diesem Zusammenhang ist bereits zu verweisen auf unsere Anmerkg. 464 und 468 sowie auf dortige Kontexte. Ein weiterer Hinweis von *Lossky*: „Vouloir opter pour l'une des deux thèses – Eckhart le ‚mystique' ou Eckhart le ‚dialecticien' – c'est créer une fausse alternative." *Lossky*, Vladimir, Théologie Négative et Connaissance de Dieu chez Maître Eckhart. Paris 1960.

Eckharts volkssprachlichen Predigten ... aus dem Verfahren einer paradoxen Selbstaufhebung von Bildern, von Begriffen und Argumenten. Die Paradoxie ist so radikal, daß sie sich auf die gesamte Sprachpraxis ausdehnt."[23] *Köbele* nimmt insbesondere Eckharts Bild-Begriff in den Blick und verdeutlicht damit die Sprachebene paradoxer, oszillierender, mehrdeutiger Formulierung, aus der ersichtlich wird, daß „Eckharts volkssprachliche Predigten immer wieder die eigene Sinnkonstitution und Verstehbarkeit zur Sprache bringen: Was ist Voraussetzung, Kriterium, Ziel des Verstehens? Das Ziel – *daz wir ein werden, des helfe uns got* – nimmt Eckhart zirkulär immer schon als Bedingung in Anspruch. Die Einheit ist ethische Forderung, also Zielvorstellung; zugleich ist sie - ontologisch - immer schon gegeben, und beides, Voraussetzung und Ziel, heißt *bilde*"[24]. Eckhart intendiert mit seiner Sprache – so *Köbele* – „nicht eine proportionale Erkenntnis, sondern eine ‚absolute' Sichtweise", innerhalb derer „Fragen nach der Totalität ... dialektische Bedeutung" hat und „paradoxe Aussagen ... Dynamik"[25] vermitteln.

Eine weitere Arbeit stammt von Oliver *Davies*, der eine deutsche Predigt ('Adolescens, tibi dico: Surge'; Pred. 18) hinsichtlich dialektischer Auffassung bei Eckhart untersucht. *Davies* stellt eine „scheinbar widersprüchliche Handhabung von Gottesbegriffen" fest, die „so weit [geht], daß man sie als eine gewisse Art von Dialektik auffassen kann und deswegen als einen Bestandteil seiner [Eckharts; Anmerkg.v.V.] Methode, die den Gebrauch von Begriffen zugunsten einer apophatischen Askese oder Läuterung des Geistes begrenzt und erschüttert.[26] *Davies* verweist auf den Sprachgebrauch, der sich widersprüchlich, emphatisch, letztlich abstrakt und in Negationen ausdrückt, und stellt fest, daß „die Sprache selbst den Eingrenzungen seiner [Eckharts; Anmerkg.v.V.] dialektischen Theologie ausgesetzt worden ist und daß sie den Abdruck von Gott in sich selbst trägt, der ‚gar nichts...weder dies noch das' ist."[27] Den traditionellen Zusammenhang, in dem *Davies* den Eckhartschen Sprachgebrauch sieht, erörtert er auch anhand der „Dekonstruktion von Jacques Derrida" und deren Auffassung von „apophatischer Theologie", die sich einer „göttlichen Präsenz" gewiß ist, die durch das Bekenntnis zum Glauben geprägt und letztlich in ein „weitreichendes metaphysisches System eingebettet" ist.[28] Für die dekonstruktivistische Perspek-

---

23 *Köbele*, Susanne, Predigt 16 b 'Quasi vas auri solidum', in: Lectura Eckhardi. Predigten Meister Eckharts von Fachgelehrten gelesen und gedeutet. Georg Steer/Loris Sturlese (Hrsg.), Stuttgart 1998, 43-74; 52

24 Ebd., 72

25 Ebd., 73

26 *Davies*, 110

27 Ebd., 111

28 Ebd., 113f.

tive - so *Davies* abschließend – ist die „Sprache ein autonomer Bereich ... diktiert ihre eigenen Gesetze und definiert ihre eigenen Grenzen. Die Annahme eines außersprachlichen Ausgangspunktes, von dem aus man die Sprache beurteilen kann, fällt dem modernen Philosophen schwer."[29] In dieser Hinsicht hebt *Davies* aber Wort, Text, theoretische Betrachtung, Transzendenz-Perspektiven, die auch in der Dekonstruktion Derridas nicht fehlen, als die entscheidenden Diskursmöglichkeiten mit Eckharts Predigten hervor.

Der Aufsatz von Burkhard *Hasebrink* zur Predigt 'Surrexit autem Saulus' zeichnet, mit biographisch-zeitgeschichtlichen Bezügen, Eckharts philosophisch-erkenntnistheoretische Entwicklung anhand des Vernunft- und Nicht-Begriffs nach. *Hasebrink* stellt eindeutig Eckharts Perspektive der Negativität als „Konfrontation mit dem Nichts, in dem alle Bestimmungen Gottes sich als unzulänglich erweisen"[30], dar. Durch die Anknüpfung der besagten Predigt an die Liebesmystik des Hohenliedes leitet Eckhart nach der Meinung von *Hasebrink* zu der entscheidenden Perspektive über, daß „Liebe zu Gott heißt, in der im göttlichen Licht gewährten Erkenntnis des Absoluten für Gott in seiner uneinholbaren Andersheit frei zu sein", daß „alles Reden vom Nichts ... stets auf diese Freiheit von den Denk- und Seinskategorien der geschaffenen Welt [zielt]"[31]. Die „Überwindung des kreatürlichen Abhängigkeitsverhältnisses auf ein unnennbares Erstes" heißt für die Beziehung des Menschen zu Gott, „in der Negation die Erfahrung des Nichts"[32] zuzulassen. *Hasebrink* betont, daß im „unverkennbaren intellektuellen und akademischen Niveau" der Predigt sich dahingehend eine „besondere Dialektik" zeigt, daß „die Kritik jeder Zweckdienlichkeit und Suche auch das Geschäft des Denkens selbst umschließt"[33].

Die genannten Aufsätze, die eine - mehr oder weniger ausgesprochen - dialektische Auffassung der Eckhartschen Begriffe zeigen, sind natürlich durch weitere diesbezügliche Perspektiven zu ergänzen.[34] An dieser Stelle läßt sich aus

---

29 Ebd., 115

30 Burkhard *Hasebrink* (Predigt Nr. 71 'Surrexit autem Saulus', in: Lectura Eckhardi. Predigten Meister Eckharts von Fachgelehrten gelesen und gedeutet. Georg Steer/Loris Sturlese (Hrsg.), Stuttgart 1998, 220-245, 239

31 Ebd., 243

32 Ebd., 245

33 Ebd., 245

34 Bei Burkhard *Hasebrink* läßt sich ergänzend lesen, daß bei Eckhart „... in absoluter Negativität jede Bestimmung eines Gottesbegriffs wie einer Gotteserfahrung radikal in Frage..." gestellt ist, daß sich das „Denken ... freimacht und in der Negation die Erfahrung des Nichts zuläßt" 239, 245; Joachim *Kopper* (Transzendentales und dialektisches Denken, in: Kant-Studien 80. Köln 1961, 36; zitiert: 1961) sieht bei Eckhart sich „entfremdete Gottgewißheit"; dafür, die im Eckhartschen Denken vermittelte „Paradoxie auszuhalten", plädiert *Haas,* Alois M., Die Problematik von Sprache und

ihnen das Resultat dergestalt ablesen, daß Eckharts Sprache Paradoxie, Diskursmöglichkeit und Leistung des Denkens aufweist und ermöglicht; Dialektik wird unter eben diesen Hinsichten festgestellt, relativiert und akzeptiert. Unsere dialektische Konzeption stellt diese Zugänge nicht in Frage, wird aber grundsätzlich Eckharts theologisch-religiösen Hintergrund als gegebene Basis konstruktiv aufnehmen, durch den auf einige Interpretationen ein anderes Licht fällt. Gleichzeitig nimmt sich vor diesem Hintergrund auch die Dialektik selbst differenzierter aus. Die Intention unserer Untersuchung ist, die Dialektik unter dem Vorzeichen des Un-aufhebbaren zu bedenken. Rückverweise[35] (auch formal gesehen) sind

---

Erfahrung in der deutschen Mystik, in: Grundfragen der Mystik. Einsiedeln 1974, 104 (zitiert: 1974); *Fues* (424) „findet es interessant und vielleicht sogar notwendig, Eckhart einmal unter dem Gesichtspunkt der strengen Negativität und unversöhnlichen Nicht-Identität zu lesen"; diese Negativität, die wir gegen *Fues* eher von Jean-Paul Sartre herleiten würden, hat in eben diesem Sinne John *Caputo* (The Nothingness of the Intellect in Meister Eckhart's ‚Parisian Questions', in: The Thomist, 39, 1975; zitiert: 1975) aufgegriffen: „For Eckhart being is the multiple, impermanent world of change and limitation, and intellect is ‚separate' or removed from its imperfections." (ebd., 115). Bernard *McGinn* (Sermo IV ‚Ex ipso, per ipsum et in ispo sunt omnia', in: Lectura Eckhardi. Predigten Meister Eckharts von Fachgelehrten gelesen und gedeutet. Georg Steer/Loris Sturlese (Hrsg.), Stuttgart 1998, 289-316; zitiert: 1998) sagt über den Predigtinhalt Trinität/Schöpfung: „Ein wichtiger Hinweis, der einen Einblick in diese verwirrenden Formen gegensätzlicher Sprache gewähren kann, ist in der dialektischen Gegenseitigkeit von Unterscheidung und Nicht-Unterscheidung ... zu finden" (ebd., 308). Dialektische Grundaussagen finden sich u.a. bei *Mojsisch*, *de Gandillac*, Maurice (La „Dialectique" de Mâitre Eckhart, in: La Mystique Rhénane. Colloque de Strasbourg 16-19 mai 1961. Paris 1963, 59-94), *Lossky*; die vorliegende Studie wird diese und andere Hinweise weiterhin berücksichtigen.

35 Zu verweisen wäre in diesem Zusammenhang auf Burkhard *Mojsisch*, der für die „Bestimmung tätig gestaltender Individualität" im allgemeinen die „Rücksicht" als ein „methodologisches Prinzip", im besonderen eine bei Eckhart vorliegende „aporetisch-progressive Methode" annimmt. (Meister Eckhart. Analogie, Univozität und Einheit, Hamburg, 1983, 20, 1, 5.(zitiert: 1983) *Mojsisch*, 1983, 20,1, 5. Hier noch ein Hinweis, der sich auf oben erwähnte Abgrenzungsansätze bezieht (vgl. unsere Anmerkg. 18): Gegen den Punkt der „Bestimmung tätig gestaltender Individualität" hat Reiner *Manstetten* das *„esse filius"* gestellt: „es hat den Anschein, als käme für Mojsisch das *esse filius* theoretisch und praktisch in einem vernunftgeleiteten, selbstbewußten neuzeitlichen Individuum zum Ausdruck". Statt dessen tendiert *Manstetten*, gemäß seiner christologischen Interpretation, zur Sicht des „'Gott-Werdungsprozesses'" in der „Übung der Kontemplation", der das „Sohn-Sein" als „Weg des Seins zu Gott, Weg Gottes zum Sein, derart, daß auf diesem Wege Gott und Sein eines sind" (*Manstetten*, 86), versteht. Sicherlich muß man Eckharts Lehre die Rede vom „vernunftgeleiteten" Menschen zugestehen: die Vernunft ist die „höchste Kraft in der Seele" (*Largier*, 1993 II, 237; BgT). Gleichwohl ist der Punkt „selbstbewußt neuzeitlich" nicht ganz unbegründet. Unsere Studie wird diese und ähnliche Kontro-

dabei zwingend notwendig und oft praktiziert. Eine dialektische Untersuchung, die sich als un-aufhebbare versteht, muß die Un-aufhebbarkeit reflektieren; sie kann dieses nur, indem der Rückverweis eine stete Offenheit und Dynamik ‚anzeigt'. Darin ist impliziert, daß nicht von ‚Anfang bis Ende' gedacht werden kann, sondern wir uns in rezeptiver, besser: hermeneutischer Offenheit gegenüber Eckharts Gedanken halten.[36] Diese Offenheit ist unserer Meinung nach besonders und explizit im Hinblick auf das Thema des Gerechtigkeitsbegriffs notwendig[37], was sich mit Eckharts Aussagen bestätigen läßt: der „Gerechte, insoweit er gerecht ist, ist ungemacht und ungeschaffen und doch geborenes Kind und Sohn der Gerechtigkeit"[38]. Un-aufhebbare Dialektik ist nicht mit Ziellosigkeit gleichzusetzen, sondern wird der Schwierigkeit des Eckhartschen Denkens gerecht, indem aus ihm ein facettenreiches Bild der Gerechtigkeit abgelesen werden kann. Eckharts Predigt wird ‚direkt'.

---

versen, die - plakativ ausgedrückt - aus der Polarität Philosophie/Theologie bei Eckhart entstehen, weiterhin reflektieren.

36 Die *offene* Form ist ein Begriff in Kunst und Literatur, von dem wir hier analogen Gebrauch machen; einmal, weil bei Eckhart kein geschlossenes System eines Thomas von Aquins vorliegt; zum anderen ist z.B. Eckharts ‚Reden der Unterweisung' (*Largier*, 1993 II, 335ff.; zitiert: RdU) eine explizit offene Form, liegt auf dialogischer Basis. Indem die Rezeption versucht, sich die Eckhartschen Gedankengänge in ihrer Systematik, die auch vorhanden ist, zu verdeutlichen, bringt sie sie in eine mehr oder weniger geschlossene Form. Diese Formierung gilt es aber zu reflektieren, d.h. sich dem eigenen (Denk)-Ansatz gegenüber offen zu halten. Dieses soll un-aufhebbare Dialektik leisten. Eine allgemeine Perspektive von Dialektik, in der unseres Erachtens methodologisches Potential ersichtlich wird, gibt *Sandkühler*: „Ist Dialektik Form, Struktur und Entwicklung der *Wirklichkeit des Wissens*, dann verbieten sich aus Gründen der wirklichen geschichtlichen Verfaßtheit des Erkenntnisprozesses und des Wissens zum ersten Rekonstruktionen, die Linearität und Kumulativität als Normalform der Entwicklung unterstellen. Hat diese Wirklichkeit des Wissens ihre eigene Dialektik, dann verbieten sich zweitens aus Gründen der ontischen Verfaßtheit des Ideellen externalistische und reduktionistische Methodologien der Wissensgeschichte...". Dialektik als „wirklich epistemische Dialektik" *Sandkühler*, Hans Jörg, Die Wirklichkeit des Wissens. Frankfurt 1991,15f.

37 „...wo und wann immer irgendein Erkenntnisresultat in nichtdialektischer Sprechweise zu vermitteln ist, dort und dann bedarf es nicht der Dialektik." (*Heintel*, Bd. 1, X; Einleitung)

38 *Largier*, 1993 II, 235 (BgT). Interpretation und Einordnung in den Eckhartschen Kontext bleibt der Studie vorbehalten.

Bisher vorliegende Untersuchungen zum Gerechtigkeitsbegriff bei Meister Eckhart:

Es ist festzustellen, daß der Eckhartsche Gerechtigkeitsbegriff bis heute in der Forschung explizit nur in vier Aufsätzen untersucht worden ist[39], und zwar durch Herma *Piesch* (1926), Maria *Bindschedler* (1953), Reinhard *Schwarz* (1966) und Reinhard *Kirchner* (1978).

In den Ausläufern einer aporetischen Situation der Eckhart-Forschung, die mit der Entdeckung der lateinischen Schriften durch Heinrich Denifle 1886 eingeleitet wurde, steht Herma *Piesch* mit ihrer Abhandlung „Meister Eckharts Lehre vom ‚Gerechten'"[40]. Der Eckhart-Forschung waren die Diskussionsparadigmen ‚Mystik' und ‚Scholastik' aufgegeben. Herma *Piesch* nimmt den Gerechtigkeitsbegriff auf, der im lateinischen Werk zu finden ist und somit einen korrelierenden Bezugspunkt für die Diskussion darstellt. Sie erklärt Denifles ablehnenden Standpunkt zunächst dahingehend als „begreiflich", daß er „kein Verständnis dafür aufbringen kann, daß die iustitia, durch welche und mittels welcher die Gerechten gerecht sind, außer uns und daß sie Gott selbst sein soll; ferner dafür, daß Eckhart die virtutes als configurationes bezeichnet, die nicht im Tugendhaften ihr Bestehen haben, sondern dem Schein in der Luft, dem Bild im Spiegel gleichen."[41] *Piesch* sieht nicht Unklarheit der Begriffe, die einerseits die akzidentiell-subjektabhängige Charakteristik der Gerechtigkeit leugnet und andererseits die Gerechtigkeit zur abstrakten Beliebigkeit degradiert, sondern: „Allein Eckhart ist es voller Ernst mit seiner Behauptung, daß die perfectiones spirituales ihr Sein nicht vom Subjekte, das heißt in diesem Falle vom gerechten

39 Als Detailpunkt sind Eckharts Aussagen über Gerechtigkeit natürlich in diversen Arbeiten zu finden; an dieser Stelle möchten wir auf Norbert *Winklers* Einführung in Meister Eckhart hinweisen, der den Gerechtigkeitsbegriff unter dem Gesichtspunkt eines moralischen Paradigmas (Meister Eckhart: zur Einführung. Hamburg 1997; 136-141; zitiert 1997) aufnimmt. Weiterhin thematisiert Kurt *Ruh* (1996, 338-342) die „Gerechtigkeit als Lebensform" (1996, 340)

40 *Piesch*, Herma, Meister Eckharts Lehre vom Gerechten, in: Festschrift der Nationalbibliothek in Wien, Wien 1926, 617. Bei *Degenhardt*, 176f., heißt es „Nachdem Denifle festgestellt hatte, daß Eckhart ‚durchaus Scholastiker' sei, bewertete er sein Denken ausschließlich nach dem Maßstab der neuthomistischen Lehre. Was nun von Meister Eckhart, dem ‚Vater des deutschen Denkens', und seiner vielgerühmten Originalität übrigblieb, war das für alle Eckhartanhänger niederschmetternde Urteil Denifles. Dieser sah in dem Dominikaner einen ganz mittelmäßigen ‚unklaren Denker, der sich der Consequenzen seiner Lehre resp. seiner Ausdrucksweise nicht bewusst war' /.../ ‚Wem bei diesen Sätzen nicht krankhaftes Denken auffällt, der hat selber nie gesund gedacht.' /.../ Denifle brandmarkt damit alle, die Eckhart verteidigt hatten, namentlich Nikolaus von Straßburg und Nikolaus von Kues...".

41 *Piesch*, 618

Menschen als solchen haben, sondern daß diese vielmehr ihrerseits dem Betreffenden ein neues Sein göttlicher Art verleihen, insofern er eben gerecht, gut, weise, usw. ist.“[42] In ihren weiteren Ausführungen beschreibt *Piesch* dieses „neue Sein“ als „reale Partizipation“, mehr noch: „lebendige Realität“, „...auf übernatürliche Weise durch Gnade...“ geschehend, wodurch sich „die Begriffsbestimmung des ‚Gerechten‘ bei Eckhart vom philosophischen auf vorwiegend theologisches Gebiet...“ verlagert und „...in dessen Gedankenwelt ein Moment mitspielt, dem die rein rationale Betrachtungsweise - sei sie auch welcher Art immer eben nicht restlos gerecht werden kann?“ [43]. In Zitation des ‚Liber Benedictus‘ Eckharts und im Blick auf andere Mystiker erklärt *Piesch* die „lebendige Realität“ des Gerechten als „Zustand der mystischen Einigung“, der „nicht schlechthin logisch und metaphysisch, sondern in erster Linie psychologisch zu verstehen“ ist, als „Psychologie der ‚via passiva‘ ... der lebendigen intuitionbildenden Quelle...“[44]. Herma *Piesch* möchte Eckharts Lehre „statt in irgendwelchen systematischen und historischen Erwägungen vor allem in der ‚Psychologie der Weltanschauung‘..., das heißt... in der religionspsychologischen Erfassung der Beschauung, des ‚mystischen Zustands‘“[45] erörtert sehen.

Der zweite Aufsatz zum Gerechtigkeitsbegriff bei Eckhart stammt aus dem Jahre 1953, von Maria *Bindschedler*.[46] Die Forschungssituation hat sich erheblich verändert. Die Editionsarbeit zur Eckhart-Gesamtausgabe läuft seit 1936 und es liegen bereits Veröffentlichungen zum deutschen wie zum lateinischen

---

42 *Piesch*, 619. Zu den perfectiones spirituales oder generales, den allgemeinen Vollkommenheiten, kommen wir in unserem Kapitel 2.3 Gerechtigkeit in der Transzendenz; zum wichtigen Begriff ‚insofern‘ erstmals in Kapitel 2.2.1 Gerechter und Gerechtigkeit: das Verhältnis.

43 Ebd., 619f.

44 Ebd. 620. So werden für *Piesch* diverse Elemente der Eckhart-Rezeption erklärbar. Zum einen würden die verschiedentlich inkriminierten Aussagen Eckharts zum Gerechten so verstanden werden können, „daß alle aktiven religiösen Verhaltensweisen für Eckharts ‚Gerechten‘, also für den im Stand der passiven Einigung befindlichen Mystiker, psychologisch untergegangen sind in dem einen, alles überragenden Moment gänzlicher Hingabe an Gott...“. (ebd. 625) Zum anderen würde der psychologische Zugang ermöglichen, Meister Eckhart „vor allem [als] den Praktiker und Lehrer der Beschauung, nicht aber [als] den Philosophen und Theologen schlechthin zu erkennen“ und seine Lehre „in ihrer scheinbar rein theoretischen Voraussetzung“ zu erfassen; also: „...das Sinngesetz seiner Spekulation ganz allgemein nicht in dieser selbst, sondern vielmehr in seiner religiösen Erfahrung als Praktiker und Lehrer der Beschauung zu finden.“ (ebd., 627ff.)

45 Ebd., 627, mit Bezug auf Karl Jaspers ‚Psychologie der Weltanschauung‘, 1919.

46 *Bindschedler*, Maria, Meister Eckharts Lehre von der Gerechtigkeit, in: Studia Philosophica. Jahrbuch der Schweizerischen Philosophischen Gesellschaft. Vol. XIII, Basel 1953, 58-71.

Werk vor. Das Dilemma der Mystik oder Scholastik Eckharts ist nunmehr auf breiterer Forschungsebene diskutiert werden. Maria *Bindschedler* hebt - wie auch Herma *Piesch* - die Wichtigkeit des Gerechtigkeitsthemas im Eckhartschen Werk hervor. *Bindschedlers* Ausführungen konzentrieren sich auf eine deutsche Predigt Eckharts mit dem Schriftwort des Weisheitsbuches 5,16 zum Gerechten: „'Iusti autem in perpetuum vivent'" sowie ansatzweise auf den ‚Liber Benedictus' und die ‚Reden der Unterweisung'. Zwei Bereiche - Ontologie und Ethik - sind für *Bindschedler* wichtig, die sie mit Bezug auf die Studie *Pieschs*, der „'homo iustus' ist für Eckhart...'keine rein moralische Größe'", erörtert: zum einen als „ontologische Voraussetzungen der Gerechtigkeit bei Eckhart", zum anderen als deren „ethische Auswirkung"[47]. *Bindschedler* geht bezüglich der Voraussetzung für Eckharts Seinslehre auf dessen einleitendes juristisches Gerechtigkeitsverständnis, d.h. auf seine „von den Kirchenvätern und von Thomas von Aquino verwendete Definition: ‚Ein geschrift sprichet: ‚der ist gereht, der einem ieclîchen gibet, daz sîn ist'" ein, um weiterhin auszuführen, daß Eckhart zu einer zweiten Definition von Gerechtigkeit kommt, die - so *Bindschedler* - „das höchste Ideal des Mystikers Eckhart bedeutet" /.../ „'Alle Dinge in gleicher Weise von Gott empfangen' lautet die Forderung für den ‚Gerechten'"[48]. *Bindschedler* macht auf die Charakteristik der Eckhartschen Gerechtigkeit, d.h. auf das Empfangen und die Gleichheit, aufmerksam und kommt zu der Feststellung, daß „dem individuierenden Begriff ‚*suum* cuique' in der zuerst genannten Definition der Gerechtigkeit - wir mögen sie die juristische nennen - in der zweiten, der ‚mystischen', das Wort ‚aequaliter', auf gleiche Weise, gewissermaßen ein desindividuierender Begriff [entspricht]."[49] *Bindschedler* sieht - wie auch *Piesch* - Eckhart als Mystiker. Für Eckhart als Mystiker sei es nicht verwunderlich, eine des-individuierende Seinslehre zu vertreten, da Eckharts „Ontologie wie seine Ethik beide durch die Spekulation über die Gleichheit bestimmt" sind und er „die mystische Konsequenz aus seinem extremen Ideenrealismus zieht: die Idee der Gerechtigkeit, welche als oberste Idee Gott selbst ist ...: wer an der Gerechtigkeit teil hat, ist gerecht und *ist* dadurch überhaupt. Außerhalb dieser Idee gibt es keine wahres Sein. /.../ Real ist nur die Idee schlechthin, die Gerechtigkeit, die gleich Gott ist, und die Seele, insofern sie einen Samen oder Funken Gottes enthält und in sich entfaltet."[50] *Bindschedler* schließt ihre Ausführungen damit ab, daß Eckharts Gerechtigkeitsbegriff zum einen nicht dem „aktiven Menschentypus" entspreche und zum anderen dem „kontemplativ-mystischen", dessen „Zu-

47 Ebd., 61, 67
48 Ebd., 58ff.
49 Ebd., 60
50 Ebd., 64ff.

rückkehren von der Kontemplation ein Sturz aus dem Licht in die Finsternis" ist, das Wort rede: „Hier findet die Lehre von der Gerechtigkeit ihr Ende, weil die gänzlich erfüllte Seele nichts mehr vor sich sieht, dem sie überhaupt noch zu geben vermöchte."[51]

Von Reinhard *Schwarz* liegt der dritte Aufsatz „Meister Eckharts Meinung vom gerechten Menschen"[52] vor, der ein breites Spektrum an Themen bezüglich des Gerechtigkeitsbegriffs bei Meister Eckhart liefert. *Schwarz* stellt Eckharts Transzendentalienlehre, Ontologie gemäß seiner Lehre der Attributionsanalogie und Trinitätstheologie vor. *Schwarz* exemplifiziert - bezüglich der Lehre von der Gerechtigkeit Eckharts - die Koordination der lateinischen und deutschen Terminologie, d.h. „'iustus' und ‚iustitia'" sowie „Guten und Gutheit", an Eckhartschen Äußerungen aus dem ‚Buch der göttlichen Tröstung', damit auch den Hiatus Prediger/Mystiker und Theologe, verdeutlicht anhand der Lehre von den Transzendentalien („esse, unum, verum, bonum") die Einbindung der Gerechtigkeit in diese und geht auf Eckharts Ontologie und deren Bestimmung gemäß der Attributionsanalogie ein. *Schwarz* bedenkt das attributionsanaloge Denken Eckharts in seinen folgenden Ausführungen dahingehend, daß für Eckhart keine „Verwurzelung und Vereinzelung"[53] der Gerechtigkeit im Menschen gelte, da keine wirkkausale, sondern eine Urbild-Abbild-Beziehung vorliegt und „die iustitia Gottes eine, jenseits der numerischen Einheit [ist]; sie bleibt eine einzige in ihren abbildhaften Werken und zerfällt nicht in ihre Werke", daß weiterhin die Tugenden durchaus als „habituale Gnadentugenden" angesehen werden, die als solche aber weniger das Werk, als vielmehr das „Verhältnis zum göttlichen Sein" meinen.[54] Dieses Verhältnis - so *Schwarz* - sei für Eckhart bezüglich des „geistlichen Lebens", d.h. besonders in der „spiritualen Wirklichkeit des mönchischen Lebens"[55], von Interesse gewesen. In weiteren Perspektiven der Eckhartschen Attributionsanalogie greift *Schwarz* trinitätstheologische und christologische Aspekte auf, in denen Eckhart seine „Meinung vom gerechten Menschen" verankert.[56] *Schwarz* geht davon aus, daß „Eckharts emphatische Rede von der Gottesgeburt von der Absicht getragen [ist], den Leuten des geistlichen Standes eine Deutung der spiritualen Wirklichkeit ihres Lebens zu bieten", wel-

---

51 Ebd., 71

52 *Schwarz*, Reinhard, Meister Eckharts Meinung vom gerechten Menschen, in: Geist und Geschichte der Reformation. Festgabe Hanns Rückert. Berlin 1966, 15-34

53 Ebd., 20

54 Ebd., 21f., 26f.

55 Ebd., 22, 23

56 Ebd., 26fff. „Wir dürfen die Lehre von der Gottesgeburt als das homiletische Pendant zu seiner [Eckharts; Anmerkg.v.V.] Lehre vom gerechten Menschen betrachten." (ebd., 33)

che er mit der „Lehre vom gerechten Menschen“, mit dem „transzendentalen Charakter der iustitia wie der anderen geistigen Vollkommenheiten“, „der Eigenart akzidentaler Qualitäten“ und dem Hinweis auf die „Identität als auch die modale Differenz von göttlichem und menschlichem Sein“ liefert.[57] Abschließend meint *Schwarz* - wie oben bereits erwähnt -: „Bei der in der akademischen Lehre vorgetragenen Meinung [Eckharts; Anmerkg.v.V.] vom gerechten Menschen muß man ebenso wie bei der Predigt von der Gottesgeburt die monastische Geistigkeit als tragendes Element berücksichtigen“[58].

Reinhard *Kirchner* nimmt 1978 in „Meister Eckharts Predigt *Iusti Vivent In Aeternum*“[59] eine Analyse gleichnamiger Predigt vor. *Kirchner* hebt die Notwendigkeit einer exakten Analyse hervor, um „jenseits einer spezifischen Fragestellung gehaltlicher oder formal-sprachlicher Art ... Eckharts Denk- und Argumentationsweise“ zu verdeutlichen und damit „den Blick auf Eckharts gesamtes Werk“[60] zu ermöglichen. Als theologisch und spekulativ grundlegend sieht *Kirchner* Eckharts lateinische Werke, die deutschen Predigten nur als daraus resultierend und Auswertung für die religiöse Existenz an. Die Analyse führt *Kirchner* anhand der schematischen Dreiteilung der Predigt durch, die sich bei Eckhart aus dem auszulegenden Bibelvers ergibt. Eckharts Formulierungen und Gedankengänge werden von *Kirchner* detailliert verfolgt und erklärt. Im ersten Teil der Analyse zum Stichwort: „der Gerechte“ kommt er zu einer ersten Einschätzung der Eckhartschen Aussagen. *Kirchner* vermutet durch das Wort „glîch“ zwar einen ethischen Sinn, „aber es schwingt in den Formulierungen schon mit, daß Eckhart glîch auch als ontologische Aussage versteht“, die „Eckharts Prinzip der Einheit von göttlichem und menschlichem Sein“ widerspiegelt.[61] Dieser ontologische Hintergrund zieht sich nach *Kirchner* durch alle weiteren Abschnitte der Predigt. Im Detailpunkt *„leben“* sieht *Kirchner* „eine Art Phänomenologie des menschlichen Lebens“[62], die Eckhart letztlich mit einer „Identitätsformel von göttlichem und menschlichem Leben“[63] axiomatisch, begriffsbildend, d.h. auch programmatisch, auf die Reflexionsebene des *„bî gote“*[64] führt. Für *Kirchner* zeigt besonders dieser Teil der Predigt, daß „Gleichheit für

---

57 Ebd., 33

58 Ebd., 34

59 *Kirchner*, Reinhard, Meister Eckharts Predigt *Iusti Vivent In Aeternum*, in: Beiträge zur Geschichte der deutschen Sprache und Literatur. Tübingen 1978, 229-262

60 Ebd., 229, 262

61 Ebd., 235f.; *Kirchner* deutet auf die nicht primär ethische, sondern grundlegend ontologische Perspektive der Predigt an verschiedenen Stellen hin: 242f., 245ff., 253.

62 Ebd., 237

63 Ebd., 238

64 Ebd., 241ff.

Eckhart nur dann im letzten verstanden ist, wenn sie in die Einheit zurückgeführt wird...", daß es „gar nicht primär um ein sittliches Verhalten, d.h. um ein Tun, sondern um eine ontologische Haltung, um ein Sein geht."[65] Im ontologischen Einheitsgedanken des Verhältnisses von Gerechtigkeit und Gerechten läßt sich bei Eckhart – so *Kirchner* abschließend – der „Begriff der Relation", der „Sein zum andern hin" ausdrückt, und „unmittelbar damit verbunden ... das, was allem Denken Eckharts zugrundeliegt und jedes Relationsverhältnis begründet: das *Unum*-Sein Gottes"[66], ablesen. *Kirchner* hebt in seiner Analyse eindeutig hervor, daß Eckharts Predigt eine eingängige, sich ergänzende Struktur hinsichtlich Inhalt und Anlage aufweist: „Das Schriftwort ist äußeres, die Relation ist inneres Strukturelement und das *Unum*-Sein Gottes die Grundlage der Predigt 6."[67]

Die genannten vier Aufsätze, die sich speziell zum Gerechtigkeitsbegriff bei Meister Eckhart äußern, haben in ihrer je eigenen Intention ihre Bedeutsamkeit; fassen wir diese nochmals zusammen. Für Herma *Piesch* ist der Gerechtigkeitsbegriff mehr im psychologischen als im philosophisch-systematischen oder theologischen Moment zugänglich. Bezüglich der Forschungssituation sucht *Piesch* die ehemalige Aporie, ob Eckhart Mystiker oder Scholastiker sei, mit einer phänomenalen Entdeckung ihrer eigenen Zeit, dem Impetus der Psyche, zu erklären. Eckhart als Scholastiker zu verstehen hat zwar seine Berechtigung, kann aber nicht zum umfassenden Verständnis des Gerechten hinführen; nach *Pieschs* Meinung kann dieses nur ein Verständnis Eckharts als Mystiker erreichen. Letzterer äußert sich zum Gerechtigkeitsthema nur sekundär durch begriffstheoretische und –geschichtliche Betrachtungen, primär aber durch die eigene religiös-mystische Erfahrung. *Piesch* setzt nicht nur eben diese Erfahrung, d.h. Eckharts Mystik, als psychologische voraus, sondern auch als psychologisch verstehbar. Für *Piesch* ist Eckhart in erster Linie Mystiker, der sich in psychologischer Praxis zum Gerechtigkeitsbegriff Gedanken macht. Kontradiktorisch zu *Piesch* läßt sich Maria *Bindschedlers* Analyse der Eckhartschen Lehre von der Gerechtigkeit auffassen. Auch *Bindschedler* sieht Eckhart vornehmlich als Mystiker, der sich natürlich auch mit dem Denken seiner Zeit beschäftigte, der aber einen unwirklichen und idealisierenden Tenor in seinen Reden verlauten läßt. Bei allem Verständnis, das *Bindschedler* den spekulativen Ausführungen Eckharts entgegenbringt, steht sie denen zum Gerechtigkeitsbegriff skeptisch gegenüber. Die Gerechtigkeit, die Eckhart mystisch universalisiert, entspricht nicht dem natürlichen Dasein. Nicht zuletzt die Entwicklung der Wissenschaften hat gezeigt, daß das Einzelne und seine Funktion eine universale Perspektive zu-

65 Ebd., 247, 253.
66 Ebd., 260f., 236. *Kirchner* bezieht sich hier auf H. Fischer.
67 Ebd., 263

rückgedrängt hat. Anachronistisch attestiert *Bindschedler* Eckhart, daß auch er dieses erkennen würde. Eckharts mystische Lehre von der Gerechtigkeit gilt *Bindschedler* als Widersinn zur irdischen gerechten Aktivität. Reinhard *Schwarz* hingegen betont gerade die Aktivität aus einer spezifisch-spiritualen Haltung heraus. Bei dieser Haltung handelt es sich konkret um die sittlichen Erfordernisse des Mönchsstandes, denen Eckhart durch seine Erörterungen zum Gerechtigkeitsbegriff Rechnung trägt. *Schwarz* erörtert eingehend, daß Eckhart aufgrund seines Analogieverständnisses sowohl Identität des Gerechten als auch Differenz des gerechten Menschen denkt und daß dieses ebenfalls der Predigt von der Gottesgeburt in der Seele inhärent ist. Die Hervorhebung der Dichotomie unterstützt besonders den monastischen Lebenszusammenhang. *Schwarz* hebt Eckharts eigenständige Stellung in der Theologie hervor und geht nicht eindeutig von Eckhart als reinen Mystiker aus, wie *Piesch* und *Bindschedler*. Eckharts Mystik gibt *Schwarz* stets nur in Konzentration auf den Mönchsstand Ausdruck, wodurch er jedoch - auch im Gegensatz zu den beiden früheren Aufsätzen - eine sehr aktive und konstruktive Deutung von Mystik erreicht. Daß *Schwarz* Eckhart als Akademiker sieht, kann leicht als Engführung interpretiert werden, ist doch der Laie, zu dem Eckhart auch predigte, ausgespart. Für Reinhard *Kirchner* sind Eckharts Aussagen systematisch und programmatisch aufgebaut, was eine konsequente Einheitlichkeit für theologische, seelsorgerische und sprachliche Perspektiven mit sich bringt. Den Gerechtigkeitsbegriff Eckharts positioniert *Kirchner* primär philosophisch, was aus seiner Einschätzung der lateinischen Werke als systematische Grundlage herzuleiten ist.

Auf die dargestellten Aufsätze wird im Verlauf der Studie weiterhin Bezug genommen, um unsere Standortbestimmung zu erarbeiten. Wenn wir, wie einleitend bemerkt, Eckharts Ansinnen „Wer die Lehre von der Gerechtigkeit und vom Gerechten versteht, der versteht alles, was ich sage" und damit seinen „underscheit" als Grundlage nehmen, dann ist damit eine Interpretationshaltung vorgegeben, die sich aus dem Zentrum des Eckhartschen Gerechtigkeitsbegriffs versteht. Von dem ausgehend, was Eckhart als Reflexion vorgibt, ist es konsequent, im Eckhartschen Denkweg zu verbleiben. Unsere Studie wird sich dieser hermeneutischen Anforderung stellen, indem sie eine dialektische Wegweisung nutzt, die – wie wir bereits ausgeführt haben – in Eckharts Werk selbst grundlegend ist. Es kann nicht von theologischen und philosophischen sowie allgemein von systematischen Gesichtspunkten abgesehen werden, um das Thema der Gerechtigkeit letztlich einzig in eine psychologische Dimension zu verlagern. Es kann ferner sicherlich nicht darum gehen, den Eckhartschen Gerechtigkeitsbegriff mit irdischer Inadäquatheit zu belegen. Auch ist davon abzusehen, den Gerechtigkeitsgedanken derart zu begrenzen, daß er nur in spezifischen Lebensumständen seine Qualität erlangt. Die Aufsätze von *Piesch*, *Bindschedler* und

Schwarz, deren Eigenarten konstatiert wurde, reflektieren Eckhart aus mehr oder weniger stark hervortretenden zeitgenössischen Strömungen: aus der Sicht der aufstrebenden Psychologie zu Beginn des 20. Jahrhunderts, aus der Sicht der Anfänge einer diskursiven, modernen Aufklärungsphase ab 1950 sowie aus der Sicht der Besonderheit einer Lebensgestaltung. Gemeinsam ist ihnen, daß sie explizit oder implizit die mystische Dimension Eckharts, und damit der Perspektive seines Gerechtigkeitsbegriffs, hervorheben. Der Aufsatz *Kirchners* verzichtet auf spezifisch inhaltliche Interpretation, sondern zeigt mit der detaillierten Analyse eines Textes einen explizit strukturell-methodischen Weg, Eckharts Gerechtigkeitsbegriff zu verdeutlichen. Unsere Studie wählt einen Standort, der einerseits von einer einseitigen Hervorhebung des Gerechtigkeitsbegriffs abstrahiert, die wiederum eine Trennung Scholastik/Mystik betont, und der andererseits unsere hermeneutischen Anforderungen mitteilt: zum Eckhartschen Gerechtigkeitsbegriffs einen Zugang zu eröffnen, der zeigt, daß der Mensch aus dem Gerechtigkeitsdiskurs nicht entlassen werden kann; ein Zugang im Sinne einer un-aufhebbaren Dialektik. Diese Konzeption hat uns veranlaßt, das Thema der Gerechtigkeit in der Eckhartforschung erstmals monographisch aufzuarbeiten.

Erster Teil: Dialektik als Formgebung

1. Biographische Spurensuche: Lesemeister und Lebemeister

Das Mittelalter - geschichtswissenschaftlich den Zeitraum zwischen Altertum und Neuzeit, näher vom 4./5. Jahrhundert bis zum 15./16. Jahrhundert, bezeichnend - wurde und wird oft als das 'dunkle' Zeitalter bezeichnet, unterstützt durch eine sich verselbständigende (kirchen)-historische Wissenschaft der Neuzeit. Christianisierung, Kreuzzüge, Rittertum, Seuchen, Ständegesellschaft und Herrschaftsklerus, Glaube und Aberglaube tragen ebenfalls zu diesem Urteil bei. „'Aufklärung' und 'Kritische Rationalität', exzessive 'Wissenschaftlichkeit' und 'Ideologiekritik' tun das Übrige, uns über all das auf dem laufenden zu halten, was zur Entlarvung zurückgebliebener Rückständigkeit führt, überlebtem, ewig gestrigen Konservatismus den Garaus macht und rückschrittlicher Fortschrittsfeindlichkeit das Genick bricht, die davon nicht Betroffenen aber im Lichte unentwegter Progressivität erscheinen läßt."[68] Das Mittelalter war, anders als die Antike, deren Tradition die Jahrhunderte hindurch niemals ganz verlorenging, den folgenden Jahrhunderten nicht als ein Zeitalter präsent, dessen Errungenschaften der Überlieferung wert gewesen wären. Diese tausendjährige Epoche wurde kaum in ihrer Größe erkannt[69]: die prächtigen Handschriften, der reiche Bibliothekenfundus mit sozialkritischer und phantastischer Literatur, die tiefsinnige Bedeutung der Kirchenbauten inmitten der beachtenswerten Architektur der Städte sowie die gewaltigen Burgenanlagen. Offensichtlich ist hier die Denunziation als 'finsteres Mittelalter' nicht angebracht. Auch der Mensch des Mittelalters verdient es nicht, unbeachtet zu bleiben, kann er doch dem modernen, sich dem unter allen Umständen progressiven Denken verschreibenden Menschen eine Tiefendimension vor Augen führen, die heute fast verlorengegangen ist. Die mittelalterliche Denk- und Handlungsweise zeigte sich in der ihr eigenen Dichotomie: einerseits im symbolischen Denken getragen von Bildern und Metaphern und andererseits im wachsenden Erkenntnisbedürfnis, welches sich in ausgeprägter Form in den aus und in dem Geist der Scholastik gegründeten Uni-

68 *Wisser*, Richard, Philosophische Wegweisung. Versionen und Perspektiven, Würzburg 1996, 21 (Kapitel: Albertus Magnus. Ein Mensch auf dem Weg durch die Wirklichkeit)

69 Als Hinweis auf eine inhaltsreiche, informative Einführung wäre *Flasch*, Kurt, Einführung in die Philosophie des Mittelalters. Darmstadt 1987 (zitiert: 1987) zu nennen.

versitäten ersehen läßt. Diese Elemente mittelalterlichen Daseins und die darin sichtbar werdende menschliche Entfaltung zum Personsein stehen für die Weiterentwicklung der Existenzgeschichte der Menschheit überhaupt. Ausdruck dieses Personsein trifft man - im theologisch-philosophischen Bereich - bereits bei Paulus, bei Origines, nicht zuletzt aber auch bei Augustinus, stets sich gründend in der Offenbarung Gottes an den Menschen.[70] Vor dem Hintergrund des mittelalterlichen Geisteslebens lassen sich zahlreiche Biographien verfolgen, die sich energetisch mit der Erkenntnis des Verhältnisses Gott und Mensch auseinandergesetzt haben. Für Meister Eckhart ist die biographische Datenfindung[71] schwer zu leisten. Eine Annäherung an Meister Eckharts Biographie soll nunmehr im Blick auf bestimmte Formulierungen versucht werden: die Begrifflichkeiten 'Lesemeister' und 'Lebemeister': Sie finden sich explizit zwar nur vereinzelt in der Literatur über Eckhart. Franz *Pfeiffer* benutzt sie in seinem Eckhart-Buch[72], auch beispielsweise bei *Quint*[73], *Bach*[74], *Welte*[75] oder *Hirschberger*[76] kommen sie vor.

---

70 Rolf *Schönberger* sagt zur „christlich inspirierten Reflexion" folgendes: „...die erst mit dem Christentum und seinem trinitarischen Gottesbegriff spruchreif gewordene Frage nach der Personalität der menschlichen Person wird zunächst ganz mit den Begriffen der antiken Ontologie aufgefangen; es ist also zwar ein zusätzliches Kapitel eröffnet, aber die Frage taucht noch gar nicht auf, ob sie mit den Mitteln der klassischen Ontologie oder mit einer erst zu entwickelnden oder überhaupt nicht 'ontologisch' gelöst werden kann. Dazu gelangt frühestens die Hochscholastik..." *Schönberger*, Rolf, Die Transformation des klassischen Seinsverständnisses. Berlin 1986, 78 (zitiert: 1986). Um bereits einen Blick auf Meister Eckhart zu werfen, ist diesbezüglich eine Aussage von Reiner *Manstetten* (601) interessant: „Wenn der christliche Begriff der Person bereits tendenziell eine Personalisierung des Kosmos der aristotelischen Substanz im Gefolge hatte, so könnte man sagen, daß Eckharts Gedanken dieser Personalisierung einen Schritt weiter führen. Ist christlich gespochen das unbewegt Bewegende der persönliche, dreifaltige Gott, so ist es Eckharts Einsicht, daß dieser Gott kein anderer ist als 'ich selbst bin'."

71 Vgl. *Degenhardt*, 4ff; *Trusen*, Winfried, Zum Prozeß gegen Meister Eckhart, in: Eckhardus Theutonicus, homo doctus et sanctus. Nachweise und Berichte zum Prozeß gegen Meister Eckhart. Heinrich Stirnimann / Ruedi Imbach (Hrsg.), Freiburg (Schweiz) 1992, 7ff.; mit Bezug auf *Trusens* Ergebnisse zum Geburtsort Eckharts *Mojsisch*, Burkhard, Notiz ‚Eckhart von Hochheim', in: Bochumer Philosophisches Jahrbuch für Antike und Mittelalter. Burkhard Mojsisch / Olaf Pluta / Rudolf Rehn (Hrsg.), Bd. 6, 2001 (ersch. 2002), 239.

72 *Pfeiffer*, Franz (Hrsg.), Meister Eckhart, Bd. II, Deutsche Mystiker des 14. Jahrhunderts. Leipzig 1857, Neudruck: Aalen 1962, 599

73 Q,12, 30; Einleitung.

74 *Bach*, Joseph, Meister Eckhart als Vater der Deutschen Spekulation. Als Beitrag zu einer Geschichte der deutschen Theologie und Philosophie der mittleren Zeit, Wien 1864, 47

75 *Welte*, 1979, 14ff.

Die Unscheinbarkeit beider Begriffe sollte jedoch nicht - wie wir meinen - über ihre inhaltliche Tiefe hinwegtäuschen, weisen sie doch einerseits auf die Bereiche Scholastik und Mystik, andererseits auf die spezifisch dichotomische Lehr-Individualität Eckharts. Diese ist im vorliegenden biographischen Zusammenhang von Interesse.[77] Zahlreiche Interpretationen beziehen sich auf diese Begrifflichkeiten, auch ohne explizite Nennung der Begriffe. Dabei zeigen sich sowohl philosophierende als auch mystisierende Ansätze, d.h. Zugangsweisen zum Werk Eckharts, die mehr der Tendenz zum 'Lesemeister' oder mehr der zum 'Lebemeister' nachgeben. Bernhard *Welte* spricht differenziert von „Ebenen": „die theoretisch-metaphysische und die lebendige, die man auch die mystische nennen kann"[78]. Die Grundlage von Erwin *Waldschütz* zum Beispiel orientiert sich am „praktischen Zug im Denken Eckharts"[79] und interpretiert Eckhart somit offensichtlich hauptsächlich als 'Lebemeister', wenn gesagt wird: „Ihre besondere Note erhält die 'Mystik' Eckharts durch die personale Dimension und die praktische Einforderung von Gott und Mensch."[80] In ähnliche Richtung geht auch Wolfram Malte *Fues*, der den „hermeneutischen Verstehensprozeß, das dialektische Spiel von alter und neuer Erfahrung..." für Eckhart ablehnt.[81] Das Verständnis Eckharts und seiner Schriften als 'Lesemeister' wird, um eine entgegengesetzte Interpretation zu benennen, bei Kurt *Flasch* deutlich. „Man muß die Predigtgedanken Eckharts in ihrem philosophischen Kontext denken, ...; eine Herauslösung ihres 'theologischen' oder 'mystischen' Gehalts verstümmelt sie. Man darf sie nicht einebnen in einen 'mystischen' Strom; man nimmt ihnen

---

76 *Hirschberger*, Johannes, Kleine Philosophiegeschichte. Freiburg ^{4}1992, 99f. (zitiert: 1992)

77 Auf die scholastische Lehrspezifik, auch bezüglich dialektischer Elemente, wird im Verlauf dieses Teils eingegangen werden.

78 *Welte*, 1979, 14

79 *Waldschütz*, 1991, 95

80 Ebd., 121. Vgl. auch *Waldschütz*, Erwin, Denken und Erfahren des Grundes. Zur philosophischen Deutung Meister Eckharts, Wien 1989, 27 (zitiert: 1989). „Er [Eckhart; Anmerkg.v.V.] will seine Philosophie nicht 'schulmäßig', auf den engeren Kreis der Universität oder der akademischen Lehre eingeschränkt verstanden wissen, sondern immer im weiteren Sinne der praktischen Lehre, ..."

81 *Fues*, 20. Dennoch befürwortet er eine Äußerung von Fernand Brunner, die eindeutig Hegelische Züge trägt, was den Terminus „aufgehoben" (ebd., 25) betrifft. Wir verweisen auf unsere Anmerkg. 1056. *Gandillac* sieht in Eckhart ebenfalls nur den predigenden Mystiker: „Malgré toute sa culture de professeur, Eckhart reste toujours, même dans ses œuvres latines, le prédicateur d'une *Abgeschiedenheit...*"(63) und spricht ihm somit jegliche Systematik ab: „...il s'agit moins pourtant, chez lui, d'une disjonction rationnelle entre concepts ... que bien plutôt, dans la sphère supérieure de *l'unio mystica*, de ce ‚dépouillement' par lequel l'âme déifiée se libère de tout ce qui en elle est de l'ordre du créé (la Kreatürlichkeit)." (ebd.)

sonst ihre Individualität".[82] Weitere, an dieser Stelle ohne nähere Ausführung erwähnenswerte Hinweise für die Bevorzugung der Sicht Eckharts als 'Lesemeister' finden wir beispielsweise in den Untersuchungen von Burkhard *Mojsisch*[83] oder von Heribert *Fischer*[84].

Bezüglich der Begrifflichkeiten 'Lesemeister' und 'Lebemeister' wäre die Frage interessant, inwieweit sie eine inhaltliche Tiefe beanspruchen können. Sie können es unserer Meinung nach deshalb, weil sie in dichotomischer Weise auf den Menschen Eckhart weisen. „Der Interpret kann rückblickend der Individualität Eckhart, die sich durch eine bestimmte Entscheidung in der Geschichte verwirklicht hat, ihren Ort zuweisen;..."[85] Diese Aussage hat eine Dichte, die - im allgemeinen wie im besonderen - hermeneutisch nutzbar zu machen ist. Es muß im allgemeinen darauf aufmerksam gemacht werden, daß jeder Interpret sich auf zwei gedanklichen Ebenen bewegt; d.h. auf einer vergangenen und einer gegenwärtigen, auf der des Werkes und der der Rezeption. Diese Diskrepanz muß dem Interpretierenden bewußt sein, um nicht einem die gegebenen Tatsachen relativierenden, historischen Positivismus oder einer Verabsolutierung des Aktualitätsbezugs zu verfallen.[86] Bei nicht differenzierender Haltung des Interpreten würde das interpretandum desavouiert werden, denn einerseits wirkt es nicht an sich, sondern nur durch die Rezeption, andererseits kann die Rezeption den geschichtlichen Hintergrund nicht ignorieren. Notwendig ist es, die hermeneutische Aufgabe als ein Denken aufzufassen, das sich in seiner wesentlichen Struktur bewußt wird, d.h. weder objektivierend noch subjektivierend zu sein, sondern eine Korrelation zwischen Interpreten und zu Interpretierendem herzustellen.[87] Diese rezeptionstheoretischen Überlegungen lassen den besonderen

82 *Flasch*, 1987, 179

83 *Mojsisch*, 1983, 11

84 *Fischer*, Heribert, Meister Eckhart. Einführung in sein philosophisches Denken, Freiburg/München 1974, 139ff. (zitiert: 1974-1) *Fischer* sagt - bei allem Einwand - z.B. zu den Pariser Quaestionen: „Auf jeden Fall aber können sie [die Quaestionen, Anmerkg.v.V.] als Beweis dafür gelten, daß Eckhart mit den literarischen Gattungen scholastischer Lehrweise vertraut ist." (*Fischer*, 1974-1, 14)

85 *Fues*, 152. In allgemeiner methodologischer Hinsicht ist auf Burkhard *Mojsisch* (1983) zu verweisen, der von „Rücksicht" spricht; vgl. unsere Anmerkg. 35 sowie 243.

86 In diesem Sinne will auch *Fues* die zu leistende Arbeit eines Interpreten, die den „Autor" und den „Interpreten" als „deutlich unterschieden" begreifen muß, verstanden wissen; vgl. ebd., 152, 158.

87 Wir orientieren uns hier an der Hermeneutik, die ein „angemesseneres Sachverhältnis zur geschichtlichen Überlieferung gewinnen [will; Anmerkg.v.V.] und ein besseres Begreifen dessen, was ist". *Gadamer*, Hans-Georg, Hermeneutik und Historismus, in: Philosophische Rundschau, 9. Jg., Tübingen 1961, 276 (zitiert: 1961) Hiermit ist ausgesagt, daß der hermeneutische Vorgang zunächst einen „unmittelbaren Gegenstand",

hermeneutischen Anspruch der vorliegenden Studie im un-aufhebbar dialektischen Umfeld aufscheinen.[88]

Sieht man einmal bei einem Rezeptionsvorgang davon ab, daß sich im engeren Sinne eine Hermeneutik auf ein (Kunst)-Werk bezieht, so ist im weitesten Sinn jegliches Phänomen interpretiertbar. Ein hermeneutischer Vorgang bemüht sich um Verständnis für eine Sache und versucht, deren „Ort“ (um im Diktum *Fues'* zu bleiben) zu finden. Diese Verortung kann variierend vor sich gehen: erstens durch Datenfindung und zweitens durch Einordung. Erstere ist, bezieht sich der Interpret auf ein Konkretes wie Individuum, Werk oder Ereignis, mit Angabe der (Lebens)-Daten möglich. So ist er in der Lage, sich ein mehr oder weniger plastisches Bild zu machen. Geht hinsichtlich der zweiten Möglichkeit die Interpretation mit Abstrakta um: Ideen und Gedanken, hat sie - bei vorausgesetztem und genügendem Interesse - das Bestreben, diese einzuordnen, um so ihren effektiven Kontext zu erforschen. Ideelle wie auch materielle Errungenschaften haben ihre (geschichtliche) Verortung, im einzelnen, subjektiven Individuum wie im Objektiven des Gesellschaftlichen. Zur „Individualität Eckhart“[89] haben wir die äußere Datenfindung in der biographischen Spurensuche geleistet. Um einen weiteren Einblick zu bekommen, kann die Begrifflichkeit 'Lesemeister' / 'Lebemeister' als ein quasi innerer Aspekt seiner Biographie gelesen werden. Mit Hilfe dieses „Doppelworts“ - wie *Welte*[90] es bezeichnet - und damit, so meinen wir, seinem dichotomischen Charakter sinnbildlich Ausdruck verleiht, bewegen wir uns als Interpreten auf einer phänomenologischen Ebene: im Zwielicht von Erscheinung und Wesen, nicht mehr in der Faktizität der bloßen Daten, jedoch auch noch nicht in den Inhalten, die im Rezeptionsvorgang als das Wesentliche eruiert werden. Die Eckhart-Interpretation ist durch die Begrifflichkeit 'Lesemeister'/'Lebemeister' insofern bereichert, als uns Eckhart als sich verwirklichender, tätiger Mensch vorstellig wird. Beide Begriffe zeigen die „bestimmte Entscheidung“ (*Fues*) an. Sie vermitteln einen Eindruck von dem, wie

---

z.B. einen „'Text' im weitesten Sinne des Wortes“, authentisch, d.h. historisch-philologisch adäquat aufnimmt, und sich so dessen Aussage manifestiert. Diese Manifestation ist jedoch nur gewinnbringend und aussagerelevant für den Interpreten, wenn sein vorher bestehendes, gegenwärtiges Verstehen sich mit dem 'Verstehen des Gegenstandes' auseinandersetzt, so daß „nicht nur eine perspektivisch neue Erkenntnis“, sondern „darüber hinaus auch eine 'Erfahrung' des im Text zum Ausdruck Gebrachten...“ vermittelt werden. (*Oberhammer*, Gerhard, Einleitendes zur Religionshermeneutik, in: Beiträge zur Hermeneutik indischer und abendländischer Religionstraditionen. Gerhard Oberhammer (Hrsg.), Wien 1991, 7; 9)

88 Vgl. dazu unsere Ausführungen in der Einleitung, zur Problemstellung vorliegender Studie.

89 Vgl. unsere Anmerkg. 85

90 *Welte*, 1979, 16

Eckhart verstanden werden sollte und was er „als Innerstes, Zugrundeliegendes, selbst um Worte und Lebensweise ringend, mitzuteilen hat und so schon in einer ursprünglichen Weise auslegt (nämlich vom Ursprung kommend)“[91]. Ein wichtiger Hinweis formuliert sich, wenn gesagt wird, es komme „vom Ursprung“[92]. Es kann zwar zwischen der metaphysischen Beschäftigung als ‘Lesemeister’ oder der predigenden als ‘Lebemeister’ differenziert werden, um Eckharts Werk kategorisch einteilen zu können, und einzig in begrifflichen Hinsicht ist es hilfreich, von Dichotomie zu sprechen. Adäquater ist es aber, zu verstehen, daß diese Dichotomie eine analoge Struktur wiedergibt.[93] Dem Interpretationsvorgang muß bewußt sein, daß von Eckhart selbst und seinem Tätigsein auszugehen ist. Wir als Rückblickende können nicht anders, als Eckhart in der Ganzheit seiner Person zu nehmen; denn von der einen oder anderen Seite seiner ‘Meister’-Tätigkeit abzusehen, hieße auch, seine faktische Existenz einzugrenzen.[94] Unter dem Postulat des Holismus ist somit auch das Werk Eckharts zu betrachten;

91 *Waldschütz*, 1991, 97

92 Hinzuweisen ist darauf, daß *Waldschütz* (1991, 95, 120f.) vornehmlich den „praktischen Zug“ - wie bereits erwähnt - bei Eckhart herausarbeiten möchte und auf ihn als Prediger anwendet. Praxis möchte *Waldschütz* ausdrücklich „im Sinne der Griechen“ (ebd.) verstehen; d.h. nicht nur als herstellende poiesis, die auf das außerhalb ihrer liegende Werk (ergon) abzielt, sondern Praxis vielmehr als höchste Form der Theorie, die selbst praktische, näher epistemische Tätigkeit ist. Unter diesem Bezug denkt *Waldschütz* auch metaphysische Begriffe wie Grund, Ursprung etc. vom praktischen „personalen Verhältnis ...und [von der] Möglichkeit der Erfahrung ..im Alltag“ (1991, 120f.) her. Somit ist dem ‘Lebemeister’ ein Vorrang eingeräumt und wiederum eine Differenzierung aufrechterhalten, die Eckhart als ‘Lesemeister’ nicht explizit berücksichtigt und einschließt. (vgl. unsere Anmerkg. 80)

93 Die Zweiteilung der Begriffe ‘Lesemeister’ und ‘Lebemeister’ wird nur methodologisch, d.h. als „Einteilungsverfahren“ (*Platon*, 14) anerkannt (*Platon*, Sophistes, in: Sämtliche Dialoge. Hrsg. Otto Apelt, Einl. Literaturübersichten, Anm.u.Reg.vers., Hamburg 1993, 31f., Anmerkg. 132f. *Platon* benutzt die Dichotomie zur „Wesensbestimmung“ (ebd.) des Sophisten). Demgemäß ist in der Dichotomie ein Analogieverhältnis verdeutlicht, das keine Wertung zwischen „Niederem und Höherem“ (*Schwarz*, H. Artikel Analogie, in: Ritter, Joachim (Hrsg.), Historisches Wörterbuch der Philosophie. Bd. 1, Darmstadt 1971, 215) inhäriert, sondern gerade den Gedanken der Ursprünglichkeit ausdrückt, d.h. Eckhart als sich verwirklichende Person ist als ‘Lesemeister’ das, was er als ‘Lebemeister’ ist.

94 Es wäre darüber hinaus ein sehr moderner, weil nach aller industrieller Revolution liegender, Gedankengang, daß sich die Arbeit/Tätigkeit des Menschen zu spezialisieren hätte, um effektiver zu sein. Vgl. hierzu, *Schönberger*, Rolf, Was ist Scholastik? Philosophie und Religion, Schriftenreihe des Forschungsinstituts für Philosophie Hannover, Bd. 2, Hildesheim 1991, 48 (zitiert: 1991) Vgl. *Haas*, Alois M., Aktualität und Normativität Meister Eckharts, in: Eckhardus Theutonicus, homo doctus et sanctus. Nachweise und Berichte zum Prozeß gegen Meister Eckhart. Heinrich Stirnimann / Ruedi Imbach (Hrsg.), Freiburg (Schweiz) 1992, 228f. (zitiert: 1992-2)

mittlerweile ist dieses in der Eckhart-Forschung eine festgeschriebene Einsicht. Dennoch möchten wir diese Forderung in ihrer Wichtigkeit hervorheben, weil davon die hermeneutische Verfaßtheit vorliegender Studie betroffen ist. Im Sinne obigen Dichotomieverständnisses ist nämlich zu berücksichtigen, daß sich nicht nur im theoretisch-wissenschaftlichen (‚Lesemeister') Denken Eckharts, sondern auch im praktisch-seelsorgerischen (‚Lebemeister') ein deduktives (Lehr-)Verständnis ausdrückt, das als Gegenstand den apriorischen Begriff annimmt. Von ihm aus - gemäß unserem Thema: dem Begriff der Gerechtigkeit (d.h. transzendental: Gott) - breitet sich das Denken Eckharts zu einem organischen, konstruktiven System von Begriffen aus.[95] Im Hinblick auf diesen Ausgangspunkt gilt es für die Rezeption, das Eckhartsche Denken als organisches, einheitliches Ganzes aufzunehmen und, zwecks Verständnis, zu analysieren, um es in empirisch-aposteriorischer, hermeneutischer Reflexion wiederum in seinen Ausgangspunkt zurückzuführen. Die organische Ganzheit inhaltlich und konkret auszufüllen, kann durch die wahrscheinliche, reale Annahme unterstützt werden, daß Eckhart ein religiöser und gläubiger Mensch[96] war; so lautet ein Predigt-Wort wie folgt: „Wer das Leben fragte tausend Jahr lang: 'Warum lebst du?' - könnte es antworten, es spräche nichts anderes als :'Ich lebe darum, *daß* ich lebe.' Das kommt daher, weil das Leben aus seinem eigenen Grunde lebt und aus seinem Eigenen quillt...., daß es (für) sich selbst lebt. Wer nun einen wahrhaftigen Menschen, der aus seinem eigenen Grunde wirkt, fragte: 'Warum wirkst du deine Werke?' - sollte er recht antworten, er spräche nichts anderes als: 'Ich wir-

95 Der Gedanke des apriorischen Begriffs wird im zweiten Teil vorliegender Studie (I. These „Die Gerechten" - werden leben ewiglich bei Gott; Kapitel 1 und 2) explizit aufgenommen und unter der Hinsicht der postulierten deduktiven Methodologie der Eckhartschen Denkstruktur fortlaufend berücksichtigt werden. Die anschließenden Kapitel zur Dialektik als Formgebung behandeln Eckharts ‚Prologus generalis in opus tripartitum' (*Largier*, 1993 II, 462-485), der durchgängig, d.h. von der „These" (propositio) über das „Problem" (quaestio) bis zur „Auslegung" (expositio) (ebd., 473) Einsichten in deduktive Strukturen liefert, was ebenso für eine Auswahl deutscher Traktate gilt. Antizipierend verweisen wir auf unsere Anmerkg. 130, 147-149 und 603. Die von Josef *Koch* für Eckhart charakteristisch benannte 'Theologie von oben' kann als Bestimmung seines deduktiven Vorgehens gelesen werden; vgl. ebenfalls folgende Anmerkg. 194, 294; dazu ist hinzuweisen auf *Albert*, Karl, Meister Eckharts These vom Sein. Untersuchungen zur Metaphysik des Opus tripartitum, Ratingen 1976, 261ff. (zitiert: 1976).

96 Vgl. *Welte*, 1979, 20. Auch *Winkler*, Eberhard, Exegetische Methoden bei Meister Eckhart. Tübingen 1965 (zitiert: 1965), 114, 116; sowie *Helting*, Holger, Heidegger und Meister Eckehart. Vorbereitende Überlegungen zu ihrem Gottesdenken, Berlin 1997 (zitiert: 1997), der explizit von „'existenziell-religiöser' Lebenshaltung" (ebd., 77) spricht, eine Terminologie, die sich zwar an Heidegger anschließt, aber auch die Erklärungen in unserem Zusammenhang begrifflich fokussiert.

ke darum, *daß* ich wirke.' /.../ Nun begehrt Gott nichts mehr von dir, als daß du aus dir selbst ausgehest deiner kreatürlichen Seinsweise nach und Gott Gott in dir sein läßt."[97] Oder wenn wir im ‚Prologus in Opus propositionum' Eckharts Seinsverständnis in metaphysisch-philosophischem Gedankengang begegnen: „Dies und das Seiende, dies und das Eine, dies oder das Wahre, dies oder das Gute fügen oder tragen also, insofern sie dies oder das sind, nichs an Seinsgehalt, Einheit, Wahrheit und Gutheit (zum Sein, Einen, Wahren und Guten) bei. /.../ Mit dieser Behauptung nehmen wir den Dingen nicht das Sein noch zerstören wir ihr Sein, sondern geben ihm erst den rechten Halt."[98] Wenn wir somit von der Gläubigkeit Eckharts sprechen, so ist dieses nicht als bloße Feststellung gemeint, die darüber hinaus aufgrund Eckharts geistlichem Wirken sogar als obsolet bezeichnet werden könnte. Eine solche Abschwächung würde dem Verständnis der Geistesgröße Eckharts entgegenstehen. Vielmehr soll der Verweis auf seine Gläubigkeit ausdrücken und bewußt machen, daß Eckhart den Glauben als lebensformende Kraft, die einer organischen Ganzheit entspricht, verstanden hat, als „Haben Gottes": „Dieses wahrhafte Haben Gottes liegt am Gemüt und an einem innigen, geistigen Sich-Hinwenden und Streben zu Gott, nicht (dagegen) an einem beständigen, gleichmäßigen Darandenken; denn das wäre der Natur unmöglich zu erstreben und sehr schwer und zudem nicht das Allerbeste. Der Mensch soll sich nicht genügen lassen an einem *gedachten* Gott; denn wenn der Gedanken vergeht, so vergeht auch der Gott. Man soll vielmehr einen wesenhaften Gott haben, der weit erhaben ist über die Gedanken des Menschen und aller Kreatur. /.../ So...soll der Mensch von göttlicher Gegenwart durchdrungen und mit der Form seines geliebten Gottes durchformt und in ihm verwesentlicht sein... ."[99]

---

97 *Largier*, 1993 I, 71f. (Pred. 5B) Die Problematik, die diese Aussage Eckharts besonders durch den Ausdruck „ich lebe" beinhaltet, wird in dem antithetischen Begriff „werden leben" zu erörtern sein, natürlich im dialektischen Kontext, den wir zum einleitenden Verständnis hier verdeutlichen: „...dieses ursprünglich einfache ..."ich lebe" befindet sich zugleich in dem wahren Eins-sein mit Gott." *Ueda*, Shizuteru, Meister Eckharts Predigten, in: Abendländische Mystik im Mittelalter. Symposion Kloster Engelberg 1984, Kurt Ruh (Hrsg.), Stuttgart 1986, 40.

98 Prologus in opus propositionum, in: Lateinische Werke. Bd 1, hrsg. und übers von Konrad *Weiß* und Heinrich *Lammers*, Stuttgart 1964, 176 (zitiert: Prol. op. prop. LW I).

99 *Largier*, 1993 II, 349/353 (RdU). Die Durchformung, von der Eckhart spricht, ist ein weiteres Äquivalent zu verschiedentlichen, Gottes Vollendung des Menschen beschreibenden Begriffen bei Eckhart, die im zweiten Teil unserer Studie innerhalb des synthetischen Begriffs „ewiglich bei Gott" zur Sprache kommen. Ein Eindruck an dieser Stelle zum „Durchbrechen": der Mensch „muß lernen, die Dinge zu durchbrechen und seinen Gott *darin* zu ergreifen und den kraftvoll in einer wesenhaften Weise in sich hineinbilden zu können." (ebd., 351) Duktus und Rhetorik

Zusammenfassend läßt sich zu der Begrifflichkeit 'Lesemeister'/'Lebemeister' sagen, daß, wenn sie in ihrer Dichotomie auf die individuelle Existenz Meister Eckharts deutet, sie nur unter dem Vorbehalt einer differenzierenden Rezeptionsperspektive zu nehmen ist; diese Differenzierung sollte jedoch im Hermeneutischen keinen Bestand haben.

2. Zur Form der Schriften Meister Eckharts: kurze Ansichten

Das Äußere einer biographischen Spurensuche, um an bisherige Informationen anzuschließen, evoziert sicherlich auch phantasievolle und emphatische Vorstellungen. Das sich auf Daten Beschränkende erfährt eine geistig-ideelle, (ästhetische) Verdichtung, die das fremde Leben in seiner wirklichen Kontingenz formuliert. In unserem Kontext sind beispielsweise Vorstellungen gemeint, die das mittelalterliche Leben in seiner Beschwerlichkeit und Härte zum Inhalt haben, und Eckhart diesbezüglich in seiner außerordentlichen physischen Kraft, die auch wohl eine psychisch-persönliche einschließt, bewußt machen. Diese Basis bleibt jedoch nichts weiter als eine bildhafte Hilfestellung, denn sie schafft geistesgeschichtlich kaum weiterführende Einsichten. Um zu wesentlicheren Erkenntnissen zu kommen, ermöglicht die Komposition 'Lesemeister'/'Lebemeister' - wie wir gezeigt haben -, den Blick auf einen inneren Aspekt der Biographie zu lenken. Als metaphorische Äquivalente können 'Lesemeister' und 'Lebemeister' für das Selbstverständnis[100] Eckharts stehen.

Informationen, die, indem sie sich auf den biographischen Bereich beziehen, das Formale betreffen, können explizit nur auf inhaltlicher Ebene zum Wesentli-

---

vermitteln eine eindrucksvolle Intention, die hinter der Persönlichkeit Eckharts gestanden haben muß; dazu im Kapitel 4.2 der These im zweiten Teil vorliegender Studie.

100 Natürlich ist unsere Diktion nicht auf moderne psychologische Hintergründe zu beziehen; kannte doch das Mittelalter den Menschen nicht in dem ausgesprochenen Maße in seiner Subjektivität wie die Neuzeit. Dennoch scheint sie von Vorteil zu sein, weist sie doch auf den holistischen Anspruch Eckharts an Denken und Handeln, Geist und Kraft, der für ihn nirgendswo anders als in Gott gründet. „Wisset nun, alle unsere Vollkommenheit und alle unsere Seligkeit hängt daran, daß der Mensch durchschreite und hinausschreite über alle Geschaffenheit und alle Zeitlichkeit und alles Sein und eingehe in den Grund, der grundlos ist." (*Largier*, 1993 I, 457; Pred. 42) Vorstehende Aussage Eckharts - wie auch die in den Anmerkg. 89-91 genannten - stellt uns bereits mitten in das Verstehen Eckharts, da hier die Korrelation von Form und Inhalt, in ihrer Schwierigkeit und Offenheit für das hermeneutische Verstehen, zum Tragen kommt. Die vorliegende Untersuchung möchte gerade diese Korrelation herausarbeiten. Es leitet sich aus dem von uns gewählten Zitat Eckharts aber keine pyschologisch-theologische Perspektive unsererseits ab.

chen geführt werden, d.h. über das überlieferte Werk.[101] Denn weder das bloße, deskriptive Datenkonglumerat zu einer jeweiligen Biographie noch die sich darauf beziehende metaphorisch intuitive Vorstellung sind der eigentliche Gegenstand der Hermeneutik, sondern jene Zusammenhänge, wie z.B. Textgrundlagen, die der eingehenderen Reflexion bedürfen. Eingehendere Reflexion bedeutet im Sinne der Hermeneutik aber nicht nur ein Mehr an Auffassung und Verstehen; dieses kann am Werk als existierenden Gegenstand rational auf philologisch-historischer Basis geleistet werden.[102] Der hermeneutische Vorgang bezieht sich eben nicht nur auf die Objektseite, sondern auch und explizit auf die Subjektseite des Erkennenden. Das Werk deutet in seiner Wesenheit nicht nur auf sich, sondern auf dahinterstehende Individualität(en).[103] Es tritt der rezipierenden Sub-

101 Werk ist primär die theologisch-exegetische und philosophisch-analytische Textgrundlage, die uns von Eckhart überliefert ist, meint als Inhalt aber auch kontextueller, einordnender Zusammenhang; vgl. unser Kapitel 1 zur Begrifflichkeit ‚Lesemeister/Lebemeister'.

102 Hinzuweisen ist diesbezüglich auf den Aspekt des Quellenstudiums. Rolf *Schönberger* (1986, 75) hat es wie folgt formuliert: „Nun sollte es kein exklusiver Weg sein, einen Autor oder seine Zeit, d.h. seinen diskursiven Kontext allein aus der Wirkungsgeschichte oder der ihn 'vorbereitenden' Tradition zu verstehen. Die bloße Quellenanalyse zum Zwecke der Einordnung in eine Schultradition oder Denkform ('-ismus') erinnert, aristotelisch gesprochen, an die vorsokratische Verkürzung der Warum-Frage auf das Woraus. Dabei sei nicht bestritten, daß die Berücksichtigung der Autoren, auf die sich ein Denker ... bezieht, ein unerläßlicher Beitrag zu seinem Verständnis ist. Dieser Weg ist aber unübersichtlich und deshalb ungangbar, wo ein philosophischer Kontext als ganzer betrachtet wird, so daß die beherrschenden Autoren (Aristoteles, Augustinus, Avicenna) nur in je verschiedenen Brechungen vorkommen. Der fundamentalste und wichtigste Faktor der allgemeinen Ausgangslage im Mittelalter ist wohl überhaupt weniger ein einzelner Autor, sondern ein Ereignis: der Eintritt des Christentums in die Geschichte." Der Aussage *Schönbergers* ist zuzustimmen, da ein „exklusiver Weg" immer auch einen Reduktionismus impliziert. Gleichzeitig befremdet aber die Minimalisierung „nur...Brechungen": sollte nicht die Parallelisierung von „beherrschenden Autoren" - „philosophischer Kontext" - „ein Denker" als generelle Rezeptionsstruktur gelesen werden; d.h. auch Eckhart („Denker") war Rezipient anderer Literaturen („Autoren"), die in sein Werk und Denken („philosophischer Kontext") eingeflossen sind. Wir meinen, der „philosophische Kontext", also irgendein Werk, steht nie separat zur Verfügung. Dies zu berücksichtigen sehen wir als die Aufgabe, den „exklusiven Weg" zu vermeiden. Vgl. den Interpretationsansatz von *Waldschütz*, Erwin, Meister Eckhart. Eine philosophische Interpretation der Traktate, Bonn 1978, 6-9 (zitiert: 1978); vgl. zur Rezeptionstheorie *Metscher*, Thomas: Kunst, Kultur, Humanität. Bd. 1, Fischerhude 1982, 135ff.

103 Vgl. hierzu zum Begriff 'Wesen': *Schischkoff*, Georgi (Hrsg.), Philosophisches Wörterbuch. 22. Aufl. (neu bearb.), Stuttgart 1991, 779; *Brugger*, Walter (Hrsg.),

jektseite durch die Objektseite somit eine andere Subjektseite entgegen. Ohne daß an dieser Stelle weiter auf den hermeneutischen Verstehensprozeß und auf die Komplexität der verschiedenen Subjektseiten eingegangen wird, ist festzustellen, daß das überlieferte Werk in eine Mittlerrolle eingeordnet werden kann.

Im Hinblick auf die Werke Eckharts ist auf einen weiteren Aspekt aufmerksam zu machen, der im Methodologischen einzuordnen ist. Es handelt sich um die Korrelation der formalen Kategorien des Ganzen und der Teile.[104] Für den Begriff des Teils findet sich in der Literatur zu Eckhart der Ausdruck Fragment, mit dem wir für unsere Zwecke ebenfalls arbeiten wollen. „Der fragmentarische Charakter des Werkes [Eckharts; Anmerkg.v.V.] wird dem Leser immer wieder deutlich, ohne daß sich, aufs Ganze gesehen, der Eindruck des Unvollendeten störend aufdrängt."[105] Aus *Winklers* Formulierung wird klar, daß es nicht nur um die formale Gestalt des Werkes geht. Vielmehr ist ein Tenor zu vernehmen, der auf den Inhalt, die Aussage, das Wesen des Werkes zielt. Es dreht sich um den verständigen und korrekten Zugang zu den Werken Eckharts; d.h. die Methode der Rezeption, genauer des Lesens muß bedacht werden. Die Schwierigkeit, der der Leseakt bei den Eckhartschen Werken unterliegt, besteht in der Aufgabe, die Bruchstücke erstens zu einem Ganzen zusammenzudenken, um zu verstehen, und zweitens, die Fragmente in ihrer Unvollkommenheit zu verstehen, damit adäquater verstanden werden kann. Besonders aus der letzten Aufgabe wird die Wichtigkeit ersichtlich, die Korrelation des Ganzen und der Fragmente denkerisch nachzuvollziehen und zu erkennen, daß im Fragment das Ganze enthalten ist. Die vorschnelle Meinung, man habe es beim Fragment ohnehin mit Bruchstückhaftem und Unvollständigem, damit zu Vernachlässigendem, zu tun, muß sich revidieren, will sie das Wesen des Eckhartschen Denkens erkennen. Es ist vielmehr erforderlich, die Rezeption von einem wesenslogischen Standpunkt leiten zu lassen, der sich eben auch aus dem Fragment ergibt, sogar aus einem

---

Philosophisches Wörterbuch. 22. Aufl., Freiburg 1976, 463 (Artikel von Johannes B. Lotz)

104 Es wäre hier z.B. auf einen werkanalytischen Hinweis zu G.W.F. Hegel zu verweisen, in dem das sogenannte 'Systemfragment von 1800' (Hegels theologische Jugendschriften. Hermann *Nohl* (Hrsg.), Tübingen 1907, 345-351) ebenso diese Schlüsselstellung für die Hegelforschung einnimmt. „Schien ihr fragmentarischer, von der Unmittelbarkeit der ersten Konzeption geprägter Charakter [der theologischen Jugendschriften; Anmerkg. v.V.] zunächst einen Zugang zu den Problemen der Hegelschen Philosophie zu ermöglichen wie keine andere Schrift Hegels, so dienten sie doch praktisch immer mehr der Aufgabe, die Verlegenheit zu überwinden, die das zum System ausgereifte Denken Hegels der Interpretation bereitete." *Rohrmoser*, Günter, Emanzipation oder Freiheit. Das christliche Erbe der Neuzeit. Neuauflage, Berlin 1995, 88.

105 *Winkler*, 1965, 117

Satz; das wird derjenige, der als Leitvers unserer Studie vorangestellt ist, aufzeigen. Dann wird klar, daß es Eckhart in allen seinen Ausführungen um „das Verhältnis jeder (anderen) Ursache zu der ersten und höchsten Ursache aller Dinge, nämlich zu Gott“[106] oder - wie er es im ‚Prologus generalis‘ sagt - um das Wesentliche geht: „Das Sein ist Gott seinem Wesen nach.“ [107]

Wie nun die biographische Datenfindung vielfach nur Annäherung sein kann, so liegt diese Unsicherheit auch in dem Bereich, der uns faktisch überliefert ist: Eckharts Werke. „Erhalten bleibt, was Platon geschrieben, aber nicht, wie er ge-

---

106 Prol. op. prop. LW I, 181

107 *Largier*, 1993 II, 483 (Prol. gener.) Eckhart selbst ist darüber hinaus (im positiven Sinne, die negative Konnotation des Wortes Fragment unterlaufend) zum Problempunkt des fragmentarischen Charakters der Schriften anzuführen, da er Systematik, Straffung und Konzentration der Darstellungsweise befürwortet: „Und obwohl dies alles schier ein Meer von Büchern zu erfordern scheint, so sind es doch zwei Umstände, die der Kürze dienen, soweit es anging, und den Umfang des Werkes verringern. Erstens: nur das eine und andere und nur ganz selten anderswo Behandeltes wird hier aufgenommen. Zweitens: sowohl in dem Werk der Probleme, wie in dem Werk der Auslegungen handelt es sich nicht um eine fortlaufende Erörterung, sondern nur um Besprechungen einiger weniger Punkte unter Bezugnahme auf andere Stellen.“ (ebd., 467) Vgl. hierzu *Fischer*, 1974-1, 41ff., der anhand der 14 Thesen (mit Bevorzugung der ersten „Vom Sein und vom Seienden, und seinem Gegensatz: dem Nichts“; ebd., 51, 54ff. 113ff.) aus dem ‚Prologus generalis‘ Eckharts „philosophischen Gedankengang“ (ebd., 113) darstellt. *Fischer* gibt nicht nur methodisch und systematisch die „intentio auctoris“, wie Eckhart es in der Auslegung des Johannesevangelium sagt (ebd., 32), wieder, sondern legt vielmehr auch die „intentio operis“ dar, die sich als Wahrheit in der Heiligen Schrift für jeden offenbaren kann. So wird eine ganzheitliche „metaphysische Betrachtungsweise für alles Folgende“ (ebd., 51) eingeleitet. Im besonderen behandelt *Fischer* (ebd., 70-76) Eckharts siebte These „vom Ganzen und vom Teile, seinem Gegensatz“ (*Largier*, 1993 II, 465; Prol. gener.). Hierbei handelt es sich explizit um Inhaltliches, Ontologisches. „Teil“ darf also nicht vordergründig mit Fragment identifiziert werden. *Fischer* verdeutlicht, daß letztlich das „Ganze“ wichtig ist: im „Zusammenhang mit dem Sein“ (ebd., 72). Vgl. zur Problematik *Waldschütz*, 1989, 45f., 49; *Mojsisch*, 1983, 6ff.; auch *Haug*, Walter, Das Wort und die Sprache bei Meister Eckhart, in: Reihe Siegen - Beiträge zur Literatur- und Sprachwissenschaft, Bd. 45, Wolfgang Drost u.a. (Hrsg.), Heidelberg 1983, 39; zitiert: 1983. *Haug* sieht den „mehr oder weniger fragmentarischen Charakter der Niederschriften“ als unwichtig an für die „Reaktualisierung eines ‘Wissens’, über das man vorweg schon als Ganzes verfügt“, womit er sich auf Eckharts damalige Zuhörer bezieht. Somit verlagert *Haug* das Problem Ganzes/(Teil)Fragment, das eben auch für die Eckhartforschung eine Rolle spielt, aus dem formal-semantischen Bereich in einen historisierten. Ob überhaupt von einer „Reaktualisierung eines ‘Wissens’“ geredet werden kann, bleibt dahingestellt – damals wie heute.

dacht hatte."[108] Dieser Satz hat wohl Berechtigung. Aber wie wäre dieses „erhalten" zu bestimmen und auszufüllen, wenn nicht mit dem Inhaltlichen der Werke, in dem sich die tiefe Denk- und gewaltige Sprachkraft äußert und so im weitaus eigentlicheren Sinne - mehr als bloßes Geschriebenes - für fehlende Informationen zur Vita entschädigt und diese vielleicht sogar übertrifft. „Aus solchen Rückschlüssen [aus den Schriften; Anmerkg. v.V.] nämlich lassen sich Ergebnisse gewinnen, die durchaus dazu beitragen, diesem Lebensbild charakteristische, unverwechselbare Züge aufzuprägen. Und weiterhin wird auf diese Weise deutlich werden könnnen, wie hier das Persönliche zurücktritt, um ungetrübt den Blick für das offenzuhalten, was da gedacht und gesagt und geschrieben worden ist und wie es gedacht wurde, so daß es bis heute den Charakter des Neuen bewahrt hat, eben weil es mit solcher Eindringlichkeit und Folgerichtigkeit gesagt wurde..."[109]

Die Editionsgeschichte[110], beginnend mit der Eckhartausgabe durch Franz Pfeiffer von 1857 über Heinrich Denifles 'Actenstücke zu Meister Eckharts Process' (1885) und Martin Grabmanns sowie Ephrem Longprés unabhängig voneinander entdeckten ‚Pariser Quaestiones' im Jahre 1927 bis hin zur Ausgabe (ab 1934) der lateinischen Schriften durch den Dominikaner Gabriel Théry und Raymund Klibansky, der der Cusanus-Kommission zu der Zeit vorstand, weist außerordentliche Erfolge auf, die besonders durch die Herausgabe im Auftrag der Deutschen Forschungsgemeinschaft im Jahre 1936[111] ein Gesamtbild erreichten, unter der leitenden Mitarbeit von Josef Koch für die lateinischen Werke und Josef Quint, der die Ausgabe der deutschen Werke betreute, sowie anderer namhafter Forscher, die, weil bekannt, hier nicht im einzelnen aufgeführt werden. Vom lateinischen Werk sind fünf Bände bisher erschienen, vom deutschen Werk Band I bis III, wobei man bei letzterem mit dem Bd. IV, beim lateinischen mit dem Bd. VI in der Fertigstellung begriffen ist. Meister Eckharts überliefertes

108 *Ebeling*, Heinrich, Meister Eckharts Mystik. Studien zu den Geisteskämpfen um die Wende des 13. Jahrhunderts, Neudruck der Ausgabe Stuttgart 1941, Aalen 1966, 3 (Zitat aus E. Hoffmann, Platonismus und Mystik im Altertum. Heidelberg 1935)

109 *Fischer*, 1974-1, 11

110 Zur Editionsgeschichte vgl. *Degenhardt*, 277 ff.; *Mieth*, Dietmar, Die Einheit von vita activa und vita contemplativa in den deutsche Predigten und Traktaten Meister Eckharts und bei Johannes Tauler, Regensburg 1969, 120, zitiert; 1969; *Fues*, 159 ff. Hinzuweisen sei in diesem Zusammenhang auf die thematisch geordnete Bibliographie von *Fues*, 427ff.

111 Diese Ausgabe hat die Théry/Klibansky-Ausgabe abgelöst. Vgl. zum forschungsgeschichtlichen Hintergrund *Degenhardt*, 296 sowie *Fues*, 165 ff.; auf hier dargestellte Erörterungen, die die auf politischem Boden abgehaltenen wissenschaftlichen Auseinandersetzungen um 1936 zum Inhalt haben, möchten wir nur hinweisen.

Geistesgut wurde - wie gesagt - in zwei Kategorien eingeteilt: die lateinischen und die deutschen Werke. Die Einordnung wurde nach den Orten der Handschriftenfunde[112] vorgenommen, die sich über ganz Europa verstreut fanden. Erwin *Waldschütz* vermutet, daß „es aufgrund werkimmanenter Kriterien in den letzten Jahrzehnten immer wahrscheinlicher geworden [ist], daß Eckhart sein opus tripartitum tatsächlich günstigenfalls konzipiert, kaum aber sehr viel mehr zu Papier gebracht haben dürfte als uns heute vorliegt, d.h. es ist kaum zu erwarten, daß weitere Handschriftenfunde mehr authentische Texte einbrächten.“[113] Wie wir bereits erläutert haben, hat dennoch auch der nur fragmentarisch vorliegende Schriftbestand bis heute die Eckhart-Forschung im großen Maße beschäftigt. Kurt *Flasch* weist darüber hinaus darauf hin, daß man „bis 1886 ... von Eckhart nur die deutschen Predigten und Traktate“ kannte und „nichts von seinem umfangreichen lateinischen Werk“[114] wußte. Angesichts der Tatsache, daß sich in einem so kurzen Zeitraum die Forschungslage durch die lateinischen Funde derart erweitert hat, daß noch 1973 „vier Eckhart-Predigten enthaltende Handschriften“[115] entdeckt wurden, bleibt zu hoffen, daß der Pioniergeist im Hinblick auf die Sammeltätigkeit - wie auch auf weitere philologische Forschungsarbeiten - nicht aufgegeben und Josef *Quint*, der Franz Pfeiffer in seinen Bibliotheksstudien noch überboten hat, ein nachahmenswertes Vorbild bleiben wird, sowohl hinsichtlich der deutschen als auch der lateinischen Werk-Ausgabe. Kurt *Ruh* hat zum gegenwärtigen Stand der Editionsforschung objektiv Stellung genommen und darauf hingewiesen, daß die „monumentale Kohlhammer-Ausgabe“ eben nicht als „Monument“[116] genommen werden dürfte, womit er scheinbar - im negativsten Falle - eine Stagnation in der Forschungsarbeit impliziert, im positiven ein unnötiges Distanzgefühl kritisiert. Nun ist aber ein „Monument“ ein Denk-mal, ein Erinnerungszeichen; und als dieses zeigt es sicherlich (immer noch) seine Wirkung. Vor einem Monument treten zwar die subjektiven Gedanken des Rezipienten erst einmal zurück. Aber der nächste Schritt führt zum Denken, und sollte es, wenn eine reflexive Beschäftigung erreicht werden soll. Im Falle einer - oder eben speziell der Eckhartschen - Editionsforschung sieht *Ruh* es als erforderliche Aufgabe an, „der Textbezeugung aus dem Bereich der Wirkungsgeschichte nachzugehen. Sie haben ... dieselbe Aussage-

112 Vgl. dazu Meister Eckhart. Die deutschen und lateinischen Werke, hrsg. im Auftrage der Deutschen Forschungsgemeinschaft von Josef *Quint* und Josef *Koch*, Stuttgart 1936 ff. (zitiert DW und LW)

113 *Waldschütz*, 1989, 39; unter Bezugnahme auf Josef Koch (Hrsg. der LW) in LW III, XV.

114 *Flasch*, 1987, 167

115 *Fues*, 160

116 *Ruh*, 1996, 221

kraft wie die Exzerpte der Kölner Prozeßakten, die gleichfalls der Textgeschichte zuzuordnen sind."[117] Nur durch weitere Arbeit am bisherigen Eckhartschen Überlieferungs-und Text-Bestand kann ein Vollkommenheitsgrad erreicht werden, der den „möglichst vollständigen Eckhart zu vermitteln"[118] sucht. Anfängliche Erfolge in dieser Hinsicht sind im Band IV der deutschen Werke und im lateinischen Korpus durch einen bedeutenden Fund in der Bodleian Library in England zu verzeichnen.

2.1 Lateinisches Werk: 'Opus tripartitum' als Paradigma dialektischer Struktur

Beim Inhalt der lateinischen Werke handelt es sich um das ‚Opus tripartitum' mit dem Werk der Thesen, dem Werk der Probleme und dem Werk der Auslegungen, „das eine Reihe von Schriftkommentaren zu den Büchern Genesis, Exodus, Sapientia und zum Johannes-Evangelium, je zwei Sermones und Lectionens zu Ecclesiasticus (Jesus Sirach) sowie ein Opus sermonum enthält; d.h. eine Anzahl von mehr oder weniger ausgeführten Skizzen zu Predigten in lateinischer Sprache."[119] Wie bereits erwähnt, ist das auf drei Teile angelegte Werk fragmentarisch, so daß nur die Inhaltsverzeichnisse zu den Vorreden und der allgemeine Prolog, ‚Prologus generalis in opus triparitum' sowie die Einleitungen zu den ersten beiden Teilen, dem ‚Opus propositionum' und dem ‚Opus quaestionum', erhalten sind.[120] Neben dem ‚Opus tripartitum' sind die vier ‚Quaestiones Parisienses' von 1302/03, von 1311/12 und 1312/14[121] überliefert, für die unsicher bleiben muß, ob sie Bestandteile des ‚Opus quaestionum' sein sollten.[122]

---

117 Ebd., 226; *Ruh* bezieht sich dabei auf Georg *Steer*, der von „Überlieferungsarchäologie" spricht; vgl. ebd. Anmerkg. 19 und 22. Vgl. unsere Anmerkg. 102

118 Ebd., 226

119 Q, 18; Einleitung

120 Vgl. LW I, XI sowie LW I, 129-132; 148-183. Hinsichtlich der Inhaltsverzeichnisse (tabulae), u.a. auch zum ‚Opus tripartitum', ist zu sagen, daß sie in verschiedenen Handschriften überliefert sind und - obgleich die Verfasserschaft auch bei Schülern Eckharts liegen kann - einen „festen Platz im Eckhartschen Schriftgut" haben (Josef *Koch*, in: LW III, XXI).

121 Vgl. die Einleitungen von *Geyer* 29-35; die Texte zu Q.P.1 LW V, 37ff., zu Q.P.2 LW V, 49ff.; zwei weitere Quaestiones von 1311/12, 72ff. und 1312/14, 77ff. sowie die Antwort auf die Frage des Meisters Consalvus, 55ff., wobei im Rahmen der vorliegenden Studie nur die ersten von Interesse sind. Wir zitieren die erste Quaestio nach *Largier*, 1993 II, 540ff., Quaest. Par. I; die zweite nach Meister Eckhart. Die deutschen und lateinischen Werke, hrsg. im Auftrage der Deutschen Forschungsgemeinschaft, Lateinische Werke. Bd. 5, hrsg. und übers. von Bernhard *Geyer*, Stuttgart 1936 ff. (zitiert: Q.P. 2 LW V)

122 *Ruh* weist auf die Arbeit von Loris Sturlese (Meister Eckhart in der Bibliotheca Amploniana. Neues zur Datierung des 'Opus tripartitum', Berlin/New York 1995)

Weiterhin sind überliefert, jedoch nicht eingegliedert in das ‚Opus tripartitum', die ‚Collatio in Libros Sententiarum', herausgegeben von Josef *Koch*, die ‚Sermo die b. Augustini Parisus habitus' von Bernhard *Geyer* und, von Erich *Seeberg* als Herausgeber, der ‚Tractatus super Oratione Dominica'.[123] Die lateinischen Werke Eckharts können - so die Opinio communis - Echtheit beanspruchen; die „Authenzität des unter seinem Namen überlieferten großangelegten Opus tripartitum steht außer allem Zweifel."[124]

Im folgenden wäre auf die Form[125] des ‚Opus tripartitum' einzugehen und nochmals auf den Ausdruck „nur erhalten" zu rekurrieren. Dieser erscheint in seiner alltäglichen Wendung oft auch in den Eckhart-Forschungen, ohne daß die leicht polemische Konnotation bewußt zu sein scheint. Er impliziert nämlich, daß der bisherige Schriftenfund nicht ausreichend oder gar unzureichend sei. Tatsächlich verweist Eckhart auf Exegesen (wie z.B. zum Matthäus-Evange-

---

hin, der den 'Prologus generalis', der das Gesamtwerk in seinem Gedankengang vorweg bestimmt, für die gleiche Zeit wie die ersten beiden Pariser Quaestiones, nämlich 1302 bis 03, festlegt, womit bestätigt wird, daß diese eine „Thomas-Gegnerschaft (die eine solche zu den Thomisten noch nicht ausschließt)" (*Ruh*, 1996, 291) nicht zeigen. Bezüglich Eckharts Thomas-Tradition vgl. *Schüßler*, Werner, Gott – Sein und Denken? Zur Problematik der Bestimmung göttlicher Wirklichkeit in den *Quaestiones parisienses* Meister Eckharts von 1302/03, in: Transzendenz. Zu einem Grundwort der klassischen Metaphysik, Ludger Honnefelder/Werner Schüßler (Hrsg.), Paderborn 1992, 180f., der sich auf Josef Koch bezieht: „In diesem Sinne scheint mir das folgende Urteil Kochs am angemessensten: Eckhart gehört 'zur zweiten Generation nach Thomas, die bereitwillig von seinem Reichtum empfängt, sich aber auch nicht scheut, an ihm Kritik zu üben, wenn sie das für angebracht hält.'" Vgl. auch diesbezüglich *Imbach* zu Eckharts Kritikfähigkeit in den Pariser Quaestiones, (*Imbach*, Ruedi, Deus est intelligere. Das Verhältnis von Sein und Denken in seiner Bedeutung für das Gottesverständnis bei Thomas von Aquin und in den Pariser Quaestionen Meister Eckharts, Freiburg 1976, 150. Eckhart als Thomist zu interpretieren, war besonders von O. Karrer und W. Bange praktiziert worden. (vgl. *Albert*, 1976, 10; *Mojsisch*, 1983, 21f.). Diese Problematik wird im weiteren Verlauf der Studie Bestandteil sein, besonders auch hinsichtlich der Analogielehre Eckharts (Zweiter Teil, II. Antithese).

123 Collatio in libros Sententiarum, in: Lateinische Werke. Bd. 5, hrsg. von Josef *Koch*, Stuttgart 1936ff. (zitiert: Coll. Sent. LW V); Sermo die beati Augustini Parisus habitus, in: Lateinische Werke. Bd. 5, Bernhard *Geyer* (Hrsg.), Stuttgart 1936 ff. (zitiert: Sermo Aug. LW V). Vgl. ebenfalls LW V, 109ff. „Diesen Stücken kommt eine besondere Bedeutung zu, insofern sie die geistige Entwicklung Eckharts vor der Ausarbeitung des Opus tripartitum widerspiegeln." (Josef *Koch*, in: LW III, XXIII) Vgl. dazu auch *Mojsisch*, 1983, Xf., der eine Zuordnung der deutschen und lateinischen Werke zum Lebenslauf Eckharts vorgenommen hat.

124 Q, 18; Einleitung.

125 Vgl. zur Form des ‚Opus tripartitum' insbesondere *Fischer*, 1974-1, 36ff. und *Ruh*, 1996, 292ff.

lium), die er anscheinend nicht schriftlich fixiert hat. Haben wir es also mit unzulänglichen Informationen von seiten Eckharts zu tun?[126] Diese Frage berührt wiederum das von uns bereits erörterte Problem des Fragmentarischen als Überliefertes. Sie führt darüber hinaus aber auch zu einem - bezeichnenderweise modernen - Problem von Wissenschaftsverständnis, welches nach Systemen verlangt, die jedoch nicht (mehr) vom metaphysischen 'Ganzen' handeln oder dieses zumindest von sich behaupten oder fordern, sondern sich im Zuge von Differenzierungen innerhalb der Wissenschaften auf spezielle Gebiete beschränken, um so dem Postulat der Geschlossenheit am besten zu entsprechen.[127] Die obige Frage ist - im Sinne *Ruhs* - zu verneinen. Der Eckhartsche Gedankengang erreicht im Gegenteil eine Hinlänglichkeit, die der Frage nach der Wissenschaftlichkeit der Theologie, wie sie im 12./13. Jahrhundert eine erste explizite Diskussion erfahren hat, alle Ehre macht. Die Form des 'Opus tripartitum' macht eine Geschlossenheit deutlich, die zwar nicht unbedingt, d.h. auch sinnfällig, als System (z.B. wie das Anselms von Canterbury) zu nehmen ist, aber einen deduktiven, fast axiomatischen Gedankenzusammenhang aufweist.[128] *Fischer* sieht

---

126 Diese Frage nimmt Bezug auf *Ruh* (ebd., 291f.), der eine Folgerung Sturleses, Eckharts Rückverweise würden sich auf „erst geplante Schriften" beziehen, als Verdächtigung der „grundsätzlichen Fehlinformation" zurückweist.

127 Dieser Zusammenhang wird auf die Problematik Theologie und empirische Wissenschaft auszudehnen sein, wovon wir in vorliegender Untersuchung aufgrund der Weite der Erörterungen absehen. Vgl. hierzu die unter der Herausgeberschaft von Willi *Oelmüller* erschienenen Referate im Kolloquium zur Gegenwartsphilosophie: Metaphysik heute? Bd. 10, Paderborn 1987, z.B. der Aufsatz von Carl-Friedrich Geyer, Metaphysik zwischen Wissenschaft und Lebenswelt, 9-23; Philosophie und Wissenschaft, Bd. 11, Paderborn 1988, hier: Ludger Honnefelder, Die Wissenschaftlichkeit der Theologie als Problem der Philosophie, 127-137. Ferner bieten Arbeiten von W. Pannenberg, G. Ebeling oder R. Schaeffler wichtige Einsichten.

128 Vgl. hierzu *Flasch*, 1987, 79 ff.,178; *Ruh*, 1996, 292 f.; *Fischer*, 1974-1, 40 ff., 48. Im Gegensatz dazu behauptet *Ebeling* für Eckharts „Denkweise,...daß er kein Systematiker ist. Eine innere Konsequenz seiner Gedanken, eine konstruktive Synthese, eine harmonisierende Systematik liegt nicht vor. ...keine organischen Denkzusammenhänge sind zu finden." Dieser Sichtweise *Ebelings* widerspricht unser interpretatorischer Ansatz unter Hinweis auf bereits vorliegende Erörterungen. Zum Verhältnis von deduktiver und induktiver Methode hat *Winkler* (1965, 103ff.) Beispiele aus Eckharts Werk erläutert, die Eckharts Tendenz kennzeichnen, sowohl „das Spezielle vom Allgemeinen her zu verstehen" (charakteristisch ist oft der Begriff 'universaliter', der vom vorliegenden interpretandum zunächst abstrahiert, um daraus zum Exegese-Text zurückzukommen) als auch den „induktiven Weg" zu wählen, der oft „eine Vernachlässigung der konkreten Textauslegung zur Folge" hat und zur „thematischen Abhandlung" sich verselbständigt. *Winkler* weist aber auch darauf hin, daß Eckhart die Begriffe „Induktion" und „Deduktion" nur in der Exodus-Auslegung als philosophischen terminus technicus verwendet. Hinzuweisen

- entsprechend seinem eigenen Rezeptionsansatz, daß Eckharts Theologie adäquat nur über dessen Grundsatzthesen im ‚Prologus generalis', d.h. mit Hilfe philosophischer Reflexion verstanden und gewürdigt werden kann - einen „philosophischen Gedankengang"[129]. Textimmanent ist dieser abzulesen an den Formulierungen, die im ‚Prologus generalis' zum ‚Opus tripartitum' zu finden sind: „Das Sein ist Gott" als „erste These" (propositio), „Ist Gott?" als erstes „Problem" (quaestio) und „Im Anfang hat Gott Himmel und Erde geschaffen" als erster „Ausspruch der Hl. Schrift" (expositio).[130] Eckhart macht deutlich, inwiefern These, Problem und Auslegung miteinander in Verbindung stehen und warum es angebracht ist, diese Verbindung nicht außer acht zu lassen; nämlich um zu sehen, „...daß das zweite Werk und gleichfalls das dritte so von dem ersten Werk, nämlich dem der Thesen, abhängen, daß sie ohne es nur von geringem Nutzen sind, weil sich die Erklärungen der Probleme und die Auslegungen der Schriftworte meistens auf eine der Thesen gründen."[131] Dementsprechend führt er beispielhaft die erste These, das erste Problem und das erste Schriftwort der Genesis im ‚Prologus generalis' aus, damit der Leser das „Verfahren in dem gesamten dreiteiligen Werk vor Augen hat"[132]. Als Überlieferungen liegen uns die Auslegungen der Heiligen Schrift vor, die das dritte Werk bilden, und für das erste und zweite Werk die Prologe, d.h. diese sind in ihrer von Eckhart beabsichtigten gänzlichen Ausführung nicht überliefert. Eckhart stellt seine Intention explizit zu Beginn des ‚Prologus generalis' dar: „Der Verfasser beabsichtigt in diesem dreiteiligen Werk, nach Vermögen den Wünschen eifriger Mitbrüder zu genügen, die ihn schon lange mit inständigen Bitten oftmals angehen und drängen, das, was sie von ihm in Vorlesungen und anderen Schulübungen, wie auch in Predigten und täglichen Besprechungen zu hören gewohnt waren, schriftlich

---

wäre auch auf den Aufsatz 'Meister Eckhart als Mystiker und Metaphysiker' von Alois *Dempf* (in: Der beständige Aufbruch. Festschrift für Erich Przywara, Siegfried Behn (Hrsg.), Nürnberg, 1959). *Dempf* geht von einer inneren Verbundenheit von Mystik und Scholastik in Eckharts Denken aus und sieht in Eckharts „mystischer Einheitslehre", die gleichfalls die christlich-trinitarische Schöpfungslehre beinhaltet, „im Ansatz eine axiomatische Urgründelehre". In diesem Axiomatischen spiegelt sich nach *Dempfs* Meinung eine „idealistische Unterscheidung von Verstandes- und Vernunftmetaphysik" wider und zeigt sich geistesgeschichtlich die „Wende von der Wesens- zur Urgrunderkenntnis".(176f.) Vgl. auch *Hirschberger,* Johannes, Geschichte der Philosophie. 2 Bde. Freiburg 1976 (zitiert: 1976). *Hirschberger* zufolge finden sich „axiomatische Propositionssysteme" (Platonismus) im ‚Opus tripartitum', besonders im dritten Werk der Auslegungen. (ebd., 1976, Bd. 1, 550)

129 *Fischer*, 1974-1, 113.

130 *Largier*, 1993 II, 473 (Prol.gener.)

131 Ebd., 471f.; die „Thesen" sind die 14 Grundsätze im ‚Prologus generalis'.

132 Ebd.

niederzulegen,...“[133]. Die überlieferten Auslegungen, die im Verbund des ‚Opus tripartitum' überliefert sind, sind demnach nicht im Blick auf dieses konzipiert, sondern in Eckharts langjähriger Tätigkeit entstanden und in diesem kumulativ zusammengestellt.[134] Rein formal gesehen, eingebunden in das dreiteilige Opus, haben die Schriftkommentare nun doch einen mehr akademischen Charakter, indem sie in dialektischer Manier an das Werk der Thesen angegliedert sind, und sich so eine Sichtweise des gesamten ‚Opus tripartitum' nach dem Schema der These - Antithese - Synthese erlaubt.

Zur Dialektik, die vieldeutig ist, einige Erläuterungen. Die dialektische Manier sollte dahingehend bestimmt werden, daß in unserem Zusammenhang (im Blick auf Eckhart) keine negative Bedeutung im Sinne des „Entfaltens von Widersprüchen um ihrer selbst willen oder aus Nützlichkeitserwägungen (Eristik; Sophistik)“[135] impliziert ist. Auch gilt es nicht, einerseits - wie Aristoteles - Dialektik „im Gegensatz zum syllogistischen und demonstrativen Beweis, nur noch (als) eine bloß Wahrscheinlichkeit beanspruchende Argumentationsform“[136] zu deuten, andererseits mit Kants transzendentaler Dialektik, die letztlich, da sie ohne konkreten Gegenstand operiert, nur zum Problematisieren geeignet ist. Auch G.W.F. Hegels immanente Dialektik des Begriffs, bei der der Sinngehalt eines Begriffs apriori, zwecks dialektischer Bewegung, mit seinem entgegengesetzten Sinngehalt verbunden ist, ist hier auszuschließen. Die Dialek-

---

133 Ebd., 463. Vgl. hierzu *Schönberger*, der als scholastische Gepflogenheit im universitären Lehrbetrieb erwähnt, „daß die Autoren das Verfassen eines Buches geradezu toposartig auf das Verlangen ihrer Umgebung und insbesondere der Schüler hin präsentiert darstellen“. (ebd., 1991, 69)

134 Die Frage, ob die Schriftkommentare nur der akademischen Ausbildung oder auch der Predigt dienten, ist unserer Ansicht nach obsolet, unter dem Hinweis, daß, wie auch bisherige Ausführungen es deutlich gemacht haben, Eckhart in seinem religiösen Leben ganzheitlich, d.h. in theoretisierender wie in praktischer Arbeit, gesehen wird. Darüber hinaus ergibt sich ohnehin eine Antwort aus dem obigen Zitat Eckharts, das alle möglichen Varianten der mündlichen Mitteilung in ihrer Einordnung in verschiedene Kategorien (vom scholastischen Diskurs über die homiletische Form bis hin zu ad-hoc-Problemen, wofür die „Reden der Unterweisung“ ein Beispiel bieten) nennt. Vgl. beispielsweise Äußerungen von *Ruh* und *Albert*, die sich auf Josef Kochs Ansicht beziehen und den Nutzen der Schriftkommentare als wesentlich auf die Predigt ausgerichtet verstehen wollen. Vgl. *Ruh*, 1996, 296f. und *Albert*, 1976, 16f.

135 *Martens*, Ekkehard / *Schnädelbach*, Herbert (Hrsg.), Philosophie - Ein Grundkurs. 2 Bde., überarb. und erweit. Neuausgabe, Hamburg 1994, 730 (Bd. 1); *de Libera*, A. / *Mojsisch*, B., Artikel Dialektik, in: Lexikon des Mittelalters. Bd. III, München/Zürich 1986, 944-945, zu Augustinus, der „mit dem Fundament log. Semantik...den Schein soph. Disputierens mit seinem Instrumentarium der Ambiguität und Äquivozität aufzudecken suchte...“.

136 *Brugger*, 64 (Artikel über Dialektik von Bruno L. Puntel)

tik als widersprechende Negation gegen die Wirklichkeit, gegen die ungerechte Geschichte, mit dem Ziel der Korrektur und Kontrolle der gesellschaftlichen Abläufe, ohne aber jemals positiv bewertet zu werden - wie es beispielsweise die „negative Dialektik" Theodor W. Adornos postuliert - ist ebenfalls wegen dieser impliziten Negativität nicht gemeint. Vielmehr ist an die Methodik der Platonischen Dialoge, die als „Wege 'hin zum Logos', ...aber niemals ihr Ziel erreichend"[137] zu denken wären. „Ein Gespräch im Sinne der Dialektik liegt aber nur dann vor, wenn die Unterbrechung [durch eindeutige Antwort oder faktischen Konsens; Anmerkg.v.V.] vorläufig war. Man hat dabei die Überzeugung, daß die Überlegungen weitergeführt werden könnten und sollten, wodurch man sich der Wahrheit weiter nähern würde. Aber man kommt der Wahrheit eben nur näher."[138] Die Methodik der Dialektik ist - weiter gefaßt - eine allgemein philosophische: Widersprüchlichkeiten des Seins können „durch Negieren des ursprünglich Vorliegenden" und „Bewahren von Teilaspekten aus Position und Gegenposition" zu einem „Hinausheben auf eine höhere Erkenntnisebene (negatio, conservatio, elevatio) aufgehoben"[139] werden. Der Prozeß des (philosophischen) Erkennens lebt also wesentlich von den Widersprüchen.

Hinsichtlich der Dialektik ergibt sich eine spezifisch scholastische Problematik, auf die im folgenden noch einzugehen wäre, um sie in ihrer Funktion - genauer: Funktionalität - in den Blick zu bekommen. Die Problematik, um die es sich hierbei handelt, ist die der Korrelation von Autoritäten und Wahrheitsfindung. Auch Eckhart spricht von ihr, wenn er im ‚Prologus generalis' für das schwierige Unternehmen der Textauslegung „Scharfsinn und größere Hingebung" verlangt und folgert: „Dann wird man finden, daß die Wahrheit und das Gewicht der Hl. Schrift oder eines Heiligen oder berühmten Lehrers für das Gesagte helleuchtendes Zeugnis ablegt."[140] Es geht somit bei der auctoritas um einen Gesamtkomplex, der durch eine Stufung gekennzeichnet ist, bei der die Heilige Schrift als oberstes Kriterium der Wahrheitsfindung und der generelle Traditionszusammenhang akzeptiert wird.[141] Dies läßt sich auch aus Eckharts

137 *Martens/Schnädelbach*, Bd. 1, 731

138 Ebd., 731f.

139 Ebd., 731

140 *Largier*, 1993 II, 467 (Prol. gener.)

141 Diese Orientierungsmöglichkeiten zur Wahrheitsfindung werden von *Schönberger* wissenschaftshistorisch wie folgt dargestellt: „Durch die von Augustinus in ihrer Unvermeidlichkeit begründete Fundierung des Glaubens in einer Autorität wuchs der universitären Theologie der Hochscholastik eine gegenüber der philosophischen Rationalität zusätzliche Legitimationsform zu. Die Gründung in der Autorität Gottes wird in ihrer Berechtigung gerade dadurch ausgewiesen, daß diese von menschlicher Autorität definitiv unterschieden wird. /.../ ...der theologische Autoritätsbegriff, der die Irrtumsmöglichkeit definitorisch ausschließt, [brachte] eine Entlastung

obiger Äußerung ablesen. „Autorität ist im mittelalterlichen Verständnis nicht vorwiegend oder gar ausschließlich etwas, das Anerkennung bloß fordert oder beansprucht, sondern etwas, dem die Anerkennung schon zukommt.“[142] Dabei ist zu berücksichtigen, daß es nicht um Machtpositionen, wenn auch um oben erwähnte Hierarchie, geht, sondern die „Autorität ist selbst Gegenstand einer Wahrheitsunterstellung“; aus dieser heraus wird der „Streit um diese Autoritäten überhaupt erst unumgänglich“[143]. So kommen neben der Akzeptanz der Autoritäten eigene Positionen der Wahrheitsfindung zustande, wie wir sie bei Eckhart intendiert sehen, wenn er seinen Hörern „nova et rara“ in den Aussprüchen der Heiligen Schrift bieten möchte, „besonders solche, die sie [die Hörer; Anmerkg.v.V.] ihrer Erinnerung nach sonst nicht gelesen oder gehört haben, weil Neues und Ungewöhnliches ja einen angenehmeren Reiz auf den Geist ausübt als Gewohntes, möge dies auch besser und bedeutender sein.“[144] Die Rolle der Dialektik, um auf den Ausgangspunkt unserer Überlegungen zu rekurrieren, geht also mit der zur Zeit der Scholastik sich mehr und mehr herausbildenden Relativierung (wobei diese im Sinne der oben genannten „unumgänglichen“ Interpretation der Autorität zum Zwecke der Wahrheitsfindung gemeint ist) der Autorität konform. „Die Funktion der Dialektik ist nicht mehr der Versuch, die wahre Konkordanz - mithin die Konkordanz in der Wahrheit - aufzufinden, sondern angesichts einer manchmal gewaltigen Zahl von ‘opiniones’ eine sachliche Klärung herbeizuführen.“[145]

Unter dem von *Schönberger* genannten Gesichtspunkt der „sachlichen Klärung“ soll die Dialektik zunächst, d.h. auf die Form des ‚Opus tripartitum’ bezogen, gesehen werden. Von dieser Sachlichkeit her nehmen sich aber auch die definitionsmäßigen ‘Widersprüche’ differenzierter aus. Dazu noch einmal eine Per-

---

und Relativierung menschlicher Autorität mit sich, die eine solche Irrtumsmöglichkeit definitorisch einschließt.“ (1991, 105)

142 Ebd., 103

143 Ebd., 103f. Hier wird deutlich, daß es bei Autoritäten mehr um Texte geht, als um Personen. Eckhart, das sei erwähnt, betont aber dennoch auch die Person und deren Leistung, z.B. die „Summe des hervorragenden Lehrers, des ehrwürdigen Bruders Thomas von Aquin...“ (*Largier*, 1993 II, 465; Prol. gener.)

144 *Largier*, 1993 II, 463 (Prol. gener.)

145 *Schönberger*, 1991, 108. Das heißt, daß die Aufgabe der traditionellen Dialektik, Divergierendes zwischen den Autoritäten als nur scheinbare zu beweisen, aufgehoben wurde. *Schönberger* zeigt knapp und eindruckvoll die Merkmale des scholastischen Lehrbetriebes, indem er auch immer wieder von diesem sich distanzierende Gegenpositionen darstellt und so erreicht, daß „allzu leicht aufgebaute Dualismen vermieden werden, die mehr den Vorurteilen als den Sachurteilen entspringen und die die eigentliche Leistung der Scholastik durch Dualismen von Vernunft und Autorität, Philosophie und Offenbarung, Originalität und Kommentar eher verdekken“ (wie es Peter Koslowski im Geleitwort - ebd., 7 - ausführt).

spektive auf den Dialektikbegriff, die den zweiten Teil unserer Studie - Meister Eckharts Begriff der Gerechtigkeit - antizipiert. An sich impliziert Dialektik immer sowohl die Ebene des Logischen (i.S. von subjektivem Denken) als auch die des Ontologischen (i.S. von objektiver Realität), wobei es sich bei jener um subjektiv-reale Strukturen, bei dieser um objektiv-reale handelt. Diese terminologischen Implikationen machen den Begriff der Dialektik so schwierig. Dazu kommen - wie es das Definieren des Begriffs mit sich bringt - konnotative Inhaltsbestimmungen wie 'Bewegung', 'Gegensätzlichkeit', 'Korrelation', etc. Letztlich kommt hinzu die Verbindung beider Ebenen, denn es läßt sich das Logische vom Ontologischen schwer trennen, ist doch mit Dialektik im eigentliche Sinne das Denken gemeint: das Denken der dialektischen Gedankenentwicklung und das der dialektischen Realität. Aus diesen Überlegungen läßt sich ableiten, daß Dialektik weniger die reine Differenz zwischen dem Einen und dem Anderen meint (so wäre formallogisch gedacht), als vielmehr den Bezug. In der Beziehung ist aber gleichwohl der Gegensatz vertreten. So ist der Widerspruch nicht trennend, sondern einigend, da er eine Beziehung ausdrückt. Hier läßt sich nun auch auf den Definitionshintergrund des Platonischen Dialogs oder auf die von *Schönberger* erwähnte „sachliche Klärung“ rekurrieren und der (Rede von der) Dialektik ihre - wie wir meinen - sinnvolle Berechtigung geben. Eben diese Berechtigung stellt Günter *Ralfs* in anschaulicher Weise, die des Bezugs zum menschlichen Erfahrungsbereich nicht entbehrt, dar: „In jeder Revolution liegt eine dialektische Spannung, ein innerer Umschlag verborgen, insofern die ... Veränderung dem gegenwärtigen Augenblick eine vorwärts-, zugleich aber auch eine zurückweisende Bedeutung verleiht. Die Zukunft soll gestaltet werden gerade aus dem Bewußtsein einer Vergangenheit, die radikal verneint wird, nun aber mit negativem Vorzeichen in ihr Gegenbild umschlägt und den Erwartungshorizont der Folgezeit bestimmt.“[146] Es zeigt sich - um an *Ralfs* anzuschließen -, daß das radikale Verneinen, eben der Widerspruch, in seiner Konsequenz noch bestimmend wirkt, indem er Erwartungen weckt, somit - wie wir es nennen - ein Beziehungsgefüge repräsentiert, in dem der Widerspruch nicht nur negativ, sondern bestimmend gedacht wird. Diese Perspektive nimmt unsere Konzeption der un-aufhebbaren Dialektik auf.

Kommen wir zur Spezifik des ‚Opus tripartitum' zurück und betrachten somit explizit die Form der These-Antithese-Synthese aus rein methodologischem Interesse, das bei Eckhart ein, wenn nicht systematisches, so doch ein Denkprinzip, welches eine Einheitlichkeit abbildet, vermutet. Nach unserer Meinung

146 *Ralfs*, Günter, Lebensformen des Geistes, in: Kant-Studien, Ergänzungsheft 86, Hermann Glockner (Hrsg.), Köln 1964, 152 (Hervorhebg.v.V.). Vgl. unsere Anmerkg. 138

spiegelt sich nämlich auch in dem gesamten Schema des ,Opus tripartitum' das von uns angenommene deduktive, vom Allgemeinen zum Besonderen gehende, Verfahren Eckharts auf dialektische Weise, d.h. in These, Antithese und Synthese, wider.[147] Die allgemeine These „Das Sein ist Gott" findet mit der Frage „Ist Gott?" zunächst ihre Gegenposition. In Abwandlung einer strengen Dialektik, in der die Antithese den Gegensatz formuliert, läßt sich in diesem Zusammenhang die Frage „Ist Gott?" als eine antithetische lesen, indem wir verfolgen wie Eckhart weiter verfährt. Er negiert nämlich sofort, wenn er sagt: „Man muß sagen, daß er ist." Und weiter: „Aus der schon erklärten These [„Das Sein ist Gott"; Anmerkg.v.V.] folgere ich erstens so: wenn Gott nicht ist, dann ist nichts. Der Nachsatz ist falsch."[148] So hat Eckhart die conservatio vollzogen. Die höhere Erkenntnisebene (elevatio) bietet die Synthese, die das dialektische Denken in der Schriftauslegung, beispielhaft im ,Prologus generalis' durch den Genesiskommentar „Im Anfang hat Gott Himmel und Erde geschaffen" belegt, vollziehen kann: „Als letztes ist zu bemerken: aus der ersten vorausgeschickten These lassen sich, wenn sie richtig abgeleitet werden, alle oder doch fast alle Gott betreffenden Probleme leicht lösen und die Schriftworte über ihn - fast immer auch die dunklen und schwierigen - mit natürlicher Begründung lichtvoll auslegen."[149] Unsere Berechtigung, ein dialektisches Denkprinzip anzunehmen, wird von Eckhart explizit im ,Prologus generalis' des ,Opus tripartitum' bestätigt. Aristoteles zitierend heißt es dort: „Und weil 'Gegensätze, wenn man sie nebeneinander stellt, schärfer hervortreten', und weil sie 'Gegenstand ein - und deselben Wissens sind', ..." werden die Thesen in „vierzehn Abhandlungen", wovon jede „zweiteilig"[150] ist, gesetzt. Um auch an dieser Stelle einen Eindruck dieser Abhandlungen zu vermitteln, sei die erste genannt: „Die erste Abhandlung handelt vom Sein und vom Seienden und seinem Gegensatz, dem Nichts."[151] Vom

147 Zu bemerken ist hier, daß in den Eckhartrezeptionen auf den Zusammenhang der drei Werke des ,Opus tripartitum' hingewiesen wird, z.B. *Ruh*, der diesbezüglich von einer „Ganzheit theologischen Wissens" (1996, 293) spricht. Diese Verbindung hat - wie wir gehört haben - Eckhart selbst im ,Prologus generalis' vorgegeben. Zur Deduktion vgl. auch unsere Einleitung: Problemstellung der Studie.

148 *Largier*, 1993 II, 475 (Prol. gener.)

149 Ebd., 485; Hervorhebg.v.V. Die negatio oder der „Gegensatz", den das Thesen-Werk behandeln soll und der für jede der vierzehn Thesen benannt wird, fällt praktisch, aufgrund der ersten „Das Sein ist Gott", aus. Vgl. hierzu auch die Ausführungen *Fischers*, 1974-1, 70-76. Entgegen Eckharts eignener Aussage, wie wir sie hier vorfinden, meint *Gandillac* (62): „... Eckhart reste plus discret sur ses principes méthodologiques."

150 Ebd., 463f.

151 Ebd., 465. Vgl. unsere Anmerkg. 107 zu *Fischers* (1974-1) „vom Ganzen und vom Teile, seinem Gegensatz".

Standpunkt Eckharts her versteht es sich, wenn beispielsweise Heribert *Fischer* von eben diesen vierzehn Abhandlungen ausgeht und mit ihnen Eckharts „philosophischen Gedankengang“ beschreibt. Dieser gilt jedoch nur als „Arbeitsweise“[152], um einerseits Eckhart als Theologe zu interpretieren und andererseits Eckharts Intention - die intentio auctoris in der Auslegung des Johannes-Evangeliums - darzulegen. „In dieser Theologie muß philosophiert werden. Das ist an sich eine Selbstverständlichkeit. Denn es kann nicht Aufgabe der Theologie sein, Formeln miteinander zu vergleichen oder zu wiederholen oder auch nur durch andere Begriffe auszutauschen. Der eigentliche Impuls, in der Theologie spekulativ voranzugehen, wie es ihrem Gegenstand entspricht, geht von der Theologie selber aus. /.../ Kennzeichnend bleibt immer die betonte Intention und Forderung, in dieser Theologie zu philosophieren, aus der Überzeugung heraus, daß dies Aufgabe der Theologie als Wissenschaft ist... .“[153] *Fischer* unterstützt seine Aussagen dadurch, daß Eckhart in der Johannes-Evangelium-Auslegung dem Anselmischen fides quaerens intellectum zustimmt und an gleicher Stelle im ‚Prologus generalis‘ aussagt, daß „die Lehren des heiligen christlichen Glaubens und der Schrift beider Testamente mit Hilfe der natürlichen Gründe der Philosophen auszulegen“[154] sind. Die primäre Position der Theologie bei Eckhart wird von *Fischer* gekennzeichnet: als „Theologie des Wortes“, „biblische Theologie“, „trinitarisch strukturiert[e]“ und „kerygmatische Theologie“, die „nicht etwa auf einem eklektischen Grundsatz“ beruht; bei allem aber gilt - „die Philo-

152 *Fischer*, 1974-1, 43. Zur Kritik *Fischers* äußert sich *Fues* (261ff.), der *Fischers* Untersuchung (1974-1) als „erratischen Block...in der Eckhart-Interpretation der siebziger Jahre“ bezeichnet, das sich „dem Denken amalgamiert, das es interpretiert“. *Fues* bezieht sich u.a. auf eine Rezension Ruedi *Imbachs*, die *Fischers* Ansatz als ein „Arbeitsbuch“ und „nicht [als] eine systematische, einheitliche Deutung“ (ebd., 267) versteht. Beide Interpreten verfallen in eine leicht polemisierende Kritik (auch hinsichtlich *Imbach* ist diese aus der Zitation *Fues'* zu erkennen und von uns als eine solche zu benennen, obgleich uns die Kritik *Imbachs* nicht vorliegt), die als überflüssig sich ausweist, sehen sie doch beide eine Aufforderung an den Leser (des Eckhartschen Werkes), ein „Mit-Lesen und Mit-Denken“ (ebd., 263; Aussage *Fues*) und „persönliches Studium“ (ebd., 267; Aussage *Imbachs*) walten zu lassen. Eben diese Lesehaltung auf Eckhart anzuwenden, gibt *Fischer* unseres Erachtens selber vor. Darüber hinaus möchten wir an dieser Stelle nochmals auf die divergierende Inanspruchnahme der Hermeneutik Hans-Georg *Gadamers* durch *Fues* hinweisen, die seine gesamte Arbeit durchzieht, teils positiv, teils negativ interpretatorisch genutzt wird, um letztlich, in der Titel-Leitfrage 'Mystik als Erkenntnis?', gänzlich als in Widerspruch zum mystischen Text Eckharts (vgl. ebd., 26) zu stehen.

153 *Fischer*, 1974-1, 28, 34

154 Vgl. ebd., 28; ebd., 32 (Hervorhebg.v.V.) Eckharts Zitat findet sich in *Largier*, 1993 II, 489f. (Joh.Evg.)

sophie bringt das Geschäft der Theologie in Gang".[155] Dadurch rückt *Fischer* die Philosophie ins Methodische, das er im Gedankengang der Eckhartschen Thesen als dem „eigentlichen philosophischen Werk"[156] in Satz und Gegensatz vorgegeben sieht. Ähnlich sieht Eberhard *Winkler* eine Form der „thetischen Begründung" in Eckharts Auslegungen/Exegesen, die, obgleich das ‚Opus propositionum' nicht ausgeführt ist, im exemplarischen Verfahren des ‚Prologus generalis' deutlich wird.[157]

Zur Form des lateinischen Gesamtwerkes Eckharts lassen sich einige weitere Merkmale anführen, die wiederum die dialektische Struktur seines Denkprinzips verdeutlichen, welche für die Hermeneutik[158] des Zusammenhangs im ganzen erhellend sein kann. So ist beispielsweise die Beachtung der im ‚Opus tripartitum' vorgezeichneten Komposition des dritten Werks der Auslegungen gewinnbringend. Der Dreischritt gestaltet sich wie folgt: Die Genesisauslegungen als Offenbarung der Schöpfung kann als thetischer Grundsatz gedacht werden. Das (wider)sprechende Denken äußert sich in der Auslegung des Buches Exodus, in der Erfragung oder Gewahrwerdung des Namen Gottes, und wird - in der Exegese des Weisheitsbuches - ins Nachsinnen über die Weisheit aufgehoben. Die Johannesevangelium-Auslegung schließt die Reflexion mit dem synthetischen Wissen des Logos ab.[159] Eine andere dialektische Form ist unseres Erachtens aus einer hermeneutischen Feststellung Erwin *Waldschütz'* abzulesen: „Wie aus den Prologen ersichtlich, wollte Eckhart mit seiner Gliederung dem Stand der Entwicklung seiner Zeit Rechnung tragen, d.h. philosophische, systematisch-theologische und exegetische Arbeit sollten nacheinander und getrennt vonein-

---

155 Ebd., 25-29. Was den Eklektizismus anbelangt, sei nochmals auf *Ebeling* (204) verwiesen, der bei Eckhart „überall...Kontaminationen des einen mit dem anderen System" sieht. Vgl. zu dieser Feststellung *Ebelings Degenhardt*, 313; auch *Fues*, 216ff. oder *Winkler*, der sagt: „Eckhart verfährt recht großzügig im Akzeptieren der verschiedenen Meinungen. Manchmal stellt er ... eklektisch Zitat an Zitat... Bei Eckhart hat das eklektische Verfahren aber Methode, es ist theologisch begründet, nämlich in der erwähnten Lehre von der Einheit der Wahrheit." (Eberhard *Winkler*, Wort Gottes und Hermeneutik bei Meister Eckhart, in: Freiheit und Gelassenheit: Meister Eckhart heute. Udo Kern (Hrsg.), München 1980, 179f.; zitiert: 1980) Die von *Winkler* genannte „Einheit der Wahrheit" ist ein differenzierteres Thema, welches den Gerechtigkeitsbegriff im zweiten Teil unserer Studie antizipiert.

156 *Fischer*, 1974-1, 158

157 *Winkler*, 1965, 30

158 Mit dem Terminus Hermeneutik berühren wir Inhaltliches; vgl. dazu auch die Hinweise in unserer Einleitung. Speziell die biblische Hermeneutik, die sich mit dem Schriftsinn in seinen verschiedenen Varianten beschäftigt, wäre ein weiterführendes Thema, auf das an dieser Stelle jedoch nicht eingegangen werden soll. Vgl. die Untersuchung Eberhard *Winklers* (1965).

159 Vgl. *Fischer*, 1974-1, 27

ander erfolgen. Darüber hinaus aber sollten die drei Teile aufeinander aufbauen..."[160] Die von *Waldschütz* erwähnte Triade „philosophisch/systematisch-theologisch/exegetisch" bezieht sich auf die Form des ‚Opus tripartitum' als Thesen/Probleme/Schriftworte. Im Hinblick auf das wissenschaftliche Schaffen läßt sich die Scholastik wie ein kumulativer Punkt denken, in dem das geistesgeschichtliche Erbe der Antike und Patristik aufgehoben ist. Ferner ist nach Werner *Beierwaltes* eine Differenzaufhebung, also eine dialektische Synthese, an dem Satz in Exodus (3,14) „Ich bin, der ich bin" abzulesen. Die Differenz besteht nicht mehr, weil „dem Prädikat das Subjekt nicht mehr als ein gegenständliches, in sich fixiert bleibendes Selbst zugrunde liegt [wie das beim formallogischen Satzbau der Fall ist; Anmerkg.v.V.], sondern das Ganze des Satzes als eine Bewegung vom Subjekt ins Prädikat und von diesem ins Subjekt zurück konstituiert wird"[161].

2.2 Deutsches Werk: 'Liber benedictus' als Paradigma dialektischer Struktur

Die deutschen Werke Eckharts gelten für viele als die die Authentizität des Meisters schlechthin wiedergebenden. Sie sind als erste aufgefunden, editiert und rezipiert worden; die deutsche Sprache hat schon zu Eckharts Lebzeiten den „Ruhm und das Verhängnis des Meisters" - so Josef *Quint*[162] - bedeutet. Der Inhalt der deutschen Werk-Sammlung ist gegenüber dem des lateinischen Werkes wesentlich umfangreicher; beläuft sich auf 86 Predigten und die Traktate ‚Die Reden der Unterweisung', ‚Das Buch der göttlichen Tröstung' und die Predigt ‚Vom edlen Menschen' (die beiden letzteren sind auch als ‚Liber benedictus'

---

160 *Waldschütz*, 1989, 53; wenn wir die Perspektive *Waldschütz'* - „Entwicklung seiner Zeit Rechnung tragen" - in der scholastischen Wissenschaftlichkeit sich aufhebend verstehen, so nicht primär „in der Bedeutung praktischer Beseitigung von Zuständen, die mit vernünftigen gesellschaftlichen Forderungen nicht mehr im Einklang sind". (*Fulda*, F., Artikel Aufhebung, in: Ritter, Joachim (Hrsg.), Historisches Wörterbuch der Philosophie. Bd. 1, Darmstadt 1971, 620; nach K. Marx). Vgl. aber die Darlegungen von *Schönberger*, 1991; vgl. unsere Anmerkg. 141ff.

161 *Beierwaltes*, Werner, Deus est esse - esse est Deus, Die onto-theologische Grundfrage als aristotelisch-neuplatonische Denkstruktur, in: Platonismus und Idealismus. Frankfurt 1972 (zitiert: 1972), 45f. *Beierwaltes* bezieht die „eckhartsche Analyse des Satzes...formal und der Sache nach" auf Hegels „spekulativen oder philosophischen Satz" (ebd.), der in der Vorrede der 'Phänomenologie des Geistes' Erörterung findet. „Schon bei Plotin" (ebd.) sei darüber hinaus zu finden, daß eine normal differenzierende Syntax die „Selbstaussage des Ursprungs und dessen Relationslosigkeit oder Absolutheit zerstöre".(ebd.) Außerdem verweist *Beierwaltes* auf die Tradition des Satzes „'Deus est' als eine propositio per se nota, quia praedicatum est idem cum subiecto; Deus enim est suum esse." (ebd.) bei Thomas von Aquin hin.

162 Q, 19; Einleitung.

bekannt) sowie das Traktat ‚Von Abgeschiedenheit'.[163] Die Predigten sind von Josef *Quint* in der Gesamtausgabe nach dem Grad ihrer Echtheit hierarchisch angeordnet: Band 1 der Deutschen Werke enthält die Predigten 1-16b, „durch die 'Rechtfertigungsschrift' als echt bezeugte Predigten", und weiter die Abteilung 17-24, die „durch Übereinstimmung mit Predigten des 'Opus sermonum' als echt erwiesene Predigten" gelten; der zweite Band der DW weist die dritte Abteilung, Predigten 25-59, aus, welche „auf Grund der Verbindung durch Rückverweise und beachtliche Textparallelen mit DW I, DW V und den lateinischen Werken als echt erwiesene Predigten" gelten; DW III können wir die Predigten 60-86 entnehmen, die „durch Rückverweise auf Textparallelen in DW II, und auf Grund beachtlicher Übereinstimmungen mit DW I, DW II, DW V und den lateinischen Werken als echt erweisbare Predigten" angesehen werden können.[164] Das Diktum *Quints* macht die Hierarchie in der Echtheitsfrage der Predigten deutlich: von Bezeugung über Übereinstimmung und Rückverweise bis zum bloß Erweisbaren. Nur im Tatbestand der Bezeugung haben wir - als Rezipienten - es mit einem weiteren authentischen Fund zu tun, dem der 'Rechtfertigungsschrift'[165]. Die absteigende Linie weist dann auf noch Übereinstimmendes

---

163 Wir beziehen uns hier nicht auf die Ausgabe *Largiers*, sondern auf die Gesamtausgabe der Deutschen Forschungsgemeinschaft von Josef *Quint* und Josef *Koch*, Stuttgart 1936 ff. (zitiert DW), da sich aus ihr die Editionsarbeit besser ablesen läßt. Es existieren ungefähr 150 Predigten, von Eckhart verfaßt oder als die seinigen bezeugt. Nach von uns eingeholter Auskunft des Kohlhammer-Verlages ist vom neu zu erstellenden Band IV (Herausgeber ist Georg Steer; der Band soll die Predigten 87-115 enthalten) der DW die erste Blattlieferung in 1999 erschienen, ist aber bisher in der uns zugänglichen Universitätsbibliothek noch nicht verfügbar. Der vierte Band soll gekennzeichnet sein von einer angewandten „neuen Heuristik", die von Methoden ausgeht, die Georg Steer als „Überlieferungsarchäologie" bezeichnet (vgl. *Ruh*, 1996, 226). Es handelt sich dabei um Erforschung bereits vorliegenden Materials, d.h. um eine „überlieferungs- und textgeschichtliche" Methode. Diese deckt auch das „Problem der Redaktortexte" [„von einer Zweithand redigiert"; Anmerkg.v.V.] ab, denn sie beachtet, daß „'nicht der Text einzelner Predigten für sich genommen, sondern die Relation, in der er mit anderen Text innerhalb des Gesamtwerks steht'...der Schlüssel für Echtheitsnachweise" (ebd., 227; Zitat F. Lösers durch *Ruh*) ist. (Vgl. unsere Anmerkg. 117)

164 Alle Zitate aus den Inhaltsverzeichnissen zu DW I, DW II, DW III.

165 *Ruh* (1996, 224) weist hinsichtlich der Authentizität der in den „Prozeßakten herangezogenen und von Eckhart selbst zitierten Schriften (Predigten bei Quint: 1-22)" darauf hin, daß „auch Predigten, die in den Prozeßakten verwendet werden, redaktionell bearbeitet sind (Quint 2)...". *Ruh* stützt sich für seine Äußerung über die Predigt 2 wahrscheinlich auf eine bereits 1959 erschienene Abhandlung von Max Pahncke. Vgl. hierzu *Fues*, 371. Dennoch stimmt *Ruh* nicht mit Josef Koch überein, der die 'Rechtfertigungsschrift' als „das wichtigste Fundament der Eckhartphilologie" (ebd., 224) dadurch diskreditiert hat, daß „er den Kölner Inquisitoren vorwirft,

hin, das durch den Leser herausgefunden werden kann. Die Rückverweise, bei denen es sich um solche von Eckhart selbst vorgenommene handelt, fallen ebenfalls unter die Rubrik des als echt Erwiesenen. Die vierte Abteilung beinhaltet nurmehr noch Erweisbares und ist an erster Stelle nur mit DW II gekoppelt. Die Echtheitsfrage bei den Traktaten und der Predigt ,Vom edlen Menschen' ist - wie in der Gesamtausgabe nachzulesen ist - nach Meinung von Josef *Quint* für alle vier Texte positiv zu beantworten.[166]

Das folgende deutsche Werk Eckharts, der ,Liber benedictus' (gemäß dem Schriftthema von 2 Kor. 1,3f: „'Gesegnet sei Gott und der Vater unseres Herrn Jesus Christus, ein Vater der Barmherzigkeit und alles Trostes, der uns tröstet in allen unsern Betrübnissen.'"), ist ein zweiteiliges, bestehend aus dem Traktat ,Buch der göttlichen Tröstung' (BgT) und der Predigt ,Vom edlen Menschen' (VeM). Daß ein Zusammenhang zwischen beiden Schriften angenommen wird, geht erstens aus Eckharts eigenem Verweis auf die Predigt VeM im BgT „...das suche hinter dem Schluß dieses Buches, wo ich schreibe 'Vom edlen Menschen, der auszog in ein fernes Land, um ein Reich zu empfangen und wiederzukommen'[167] hervor. Zweitens durch den für beide Schriften ausgewiesenen Titel ,Liber benedictus' im Haupttextzeugen, der Baseler Handschrift, sowie drittens durch die Kölner Prozeßakten.[168] Die Echtheitsfrage ist hinreichend geklärt und wird besonders durch oben genannten Einheits-Verweis Eckharts positiv bestärkt. Weiterhin sind Echtheitskriterien die 'Rechtfertigungsschrift' mit den 13 inkriminierten Artikeln und die Bulle 'In agro dominico' sowie inhaltliche Pa-

---

unauthentisches Material verwendet zu haben und den Meister tadelt, weil dieser dagegen nicht 'energisch protestiert' habe" (ebd. 224). Der Problempunkt des unauthentischen Materials berührt auch den der Verschriftlichung und Hörernachschriften der Predigten. Die Rückverfolgung zum Ursprungswortlaut (vgl. zum „Dialektikproblem" auch die Ausführungen von *Degenhardt*, 301f.) ist kaum oder nicht mehr möglich. In der 'Rechtfertigungsschrift' werden jedoch 18 Predigten mit dem höchsten Grad an Authentizität angenommen, die Eckhart selbst durch eine Ich-Aussage bezeugt. (Vgl. *Ruh*, 225)

166 Vgl. *Quint*- Außerungen in DW I, IX sowie DW IV, 169ff. Verwiesen sei in diesem Zusammenhang nochmals auf die Gesamtinterpretation von Erwin *Waldschütz*, 1978.

167 *Largier*, 1993 II, 287; BgT. *Ruh* (1996, 309) nimmt aufgrund dieser Eckhartschen Äußerung eine Fertigstellung der VeM vor dem BgT an; gegen die Überlieferung, die 'Rechtfertigungsschrift' und das Avignoner Gutachten sowie die allgemeine Forschungslage, die alle das BgT voranstellen. *Ruh* opponiert (in Sinne der Wirklichkeitsnähe) gegen die Annahme der mündlichen Übermittlung der Predigt VeM („Eckhart dürfte der Königin Agnes nie begegnet sein.") und nimmt eine „Lesepredigt" (ebd., 311) aufgrund der Eckhart-Aussage: „wo ich schreibe..." an.

168 Vgl. DW V, 3ff.

rallelen mit den ,Reden der Unterweisung' (RdU).[169] Als ein weiterer Zeuge gilt der Heidelberger Theologieprofessor Johannes Wenck, der mit seiner Streitschrift 'Ignota Litteratura' gegen alle möglichen religiösen Umtriebe aus dem „Geiste der Waldenser, Eckhartianer und Wiklifiten"[170], aber insbesondere gegen Nikolaus von Kues' Schrift 'De docta ignorantia' aus dem Jahre 1440 opponierte, mit der Nennung Eckharts[171] anhand des von ihm zitierten Artikels 5 der 'Rechtfertigungsschrift'.

Als sicher gilt, daß die Entstehungszeit[172], die aus obigen Gründen der Überlieferung für beide Schriften gilt, in einen Zeitraum von 1308 bis 1314 fallen muß, obwohl die Forschung dies noch nicht gänzlich geklärt hat. Kurt *Ruh* hat 1985 in seinem Eckhart-Buch den Straßburger Aufenthalt Eckharts (1314-1322) als Entstehungszeit des ,Liber benedictus' angenommen und es zum jetzigen Forschungsstand noch einmal mit verschiedenen Gründen bestätigt[173]: (a) die arbeitsreiche Position Eckharts als Provinzial und damit verbundene ständige Reisetätigkeit um das Jahr 1308, welches direkt - als Todesjahr des Vaters der Königin Agnes von Ungarn - den Anlaß für das BgT gegeben haben soll, (b) das der Erfurter Zeit gegenüber dem im ,Edlen Menschen' unterschiedliche Diktum Eckharts, das auch die „Erfahrungen des Predigers der Straßburger Zeit" widerspiegelt, „denkt man an die 'Apologie' am Schluß des BgT". Um einen Eindruck von dem von *Ruh* geprägten Terminus der „'Apologie'" zu geben, seien Eck-

---

169 Vgl., ebd.

170 *Degenhardt*, 51. Vgl. dort weiterhin III. Kapitel, 50ff.; der Streit Wencks mit dem Kardinal Nikolaus von Kues, in dem sich die Unwissenheit Wencks zeigte, sowie die noch als „pantheisierendes Denken" aufgefaßte Rezeption des Kusaners zu Beginn der Eckhartforschung und dessen Rehabilitierung als kongenialen Eckhartkenner werden differenziert dargestellt.

171 Zu bedenken ist, daß Wenck den Artikel 5, der überschrieben ist „Isti sunt articuli extracti de libello quem misit magister Ekardus Regine Ungarie scriptum in Theutonico....", nur zitiert und daß dieser Tatbestand somit nicht als „Angabe...., daß Eckhart das Trostbuch für die Königin Agnes...verfaßt hat" - wie *Quint* ihn sieht (Q, 464; Anmerkungen zum BgT) - benutzt werden kann; vgl. unsere Anmerkg. 167 zu *Ruhs* Aussage.

172 Vgl. *Beckmann*, Daten und Anmerkungen zu Biographie Meister Eckharts und zum Verlauf des gegen ihn angestrengten Inquisitionsprozesses, Frankfurt, 1978,17; *Kern*, 1980, 14, *Fischer*, 1974-1, 17. In DW V, 5f. sowie Q, 464 (Anmerkungen) sind Details über die Unstimmigkeiten bezüglich der Datierung des ,Buch der göttlichen Tröstung' zu erfahren. Die Spanne für die Entstehungszeit reicht von 1308 als terminus a quo, durch Gabriel Théry vertreten, bis ungefähr 1314 für den terminus ad quem, angegeben bei L.L. Hammerich und Heinrich Roos (Aufsätze von Hammerich und Roos in: Zeitschrift für deutsche Philologie, ZfdPh 1931 und 1932; vgl. *Fues*, 430). *Waldschütz*, 1978, 77ff., 156ff. unterzieht beide Schriften einer eingehenden Analyse.

173 Zu den Gründen (a) bis (c): *Ruh*, 1996, 308-311; 322f.

harts Verweise auf den Hlg. Augustinus im BgT angeführt: „Was kann ich dafür, wenn jemand das nicht versteht?“ oder „Mir genügt’s, daß in mir und in Gott wahr sei, was ich spreche und schreibe“ oder weiter: „Wer ohne vielfältige Begriffe, vielfältige Gegenständlichkeit und bildliche Vorstellungen innerlich erkennt, was kein äußeres Sehen eingetragen hat, der weiß, daß dies wahr ist. Wer aber davon nichts weiß, der lacht und spottet meiner...“ oder - mit Verweis auf Seneca - „Dazu sage ich: Soll man nicht ungelehrte Leute lehren, so wird niemals wer gelehrt, und so kann niemand dann lehren oder schreiben.“[174], (c) die Kölner Anklage Eckharts ist vom ‚Liber benedictus’ ausgegangen und überliefert in den Prozeßakten (in: LW V) den Vermerk der Sendung des Liber an die Königin von Ungarn. Für *Ruh* steht fest, daß die Schriften nicht für die Königin Agnes bestimmt waren, sondern allgemein „für trostbedürftige Menschen seiner [Eckharts; Anmerkg.v.V.] Lebenswelt geschrieben“[175] worden sind, und daß sie aus Straßburg gesandt wurden, „um den eigentlichen Adressaten, den Bischof von Köln, mit belastendem Material zu bedienen. Und dies mit dem Zusatz [und dieses ist der verhängnisvolle Anklagepunkt für Eckhart gewesen; Anmerkg.v.V.], daß diese unorthodoxen Lehren für die Augen und Ohren ungelehrter Menschen bestimmt waren, wozu auch die Königin Agnes gehörte.“; ferner lebte Agnes nur „halbgeistlich“ in der Nähe des von ihr gestifteten Klosters, bei dem es sich darüber hinaus noch um eines der Klarissinnen handelte, dem ein Franziskaner-Konvent zugeordnet war. Josef *Quint* wendet sich ebenfalls gegen die alleinige Verwendung des „Trostbüchleins“ für die Königin Agnes, mit folgenden Bedenken, „daß eine Frau des beginnenden 14. Jahrhunderts durch äußerst subtile, abstrakte und ebenso schwer verständliche Spekulationen ... in ihrem Leid getröstet werden konnte. /.../ Daß dieses köstliche ‘Trostbüchlein’ nicht nur der Königin Agnes Trost gespendet hat und daß man seinen von schwierigen Spekulationen und Gedanken trächtigen Inhalt nur unzureichend und oft gar nicht verstand, das zeigt der stark variierende Wortlaut und die Fehlerhaftigkeit der uns erhaltenen handschriftlichen Texte,...“.[176] Diese Ausführungen zur Ge-

174 *Largier*, 1993 II, 351f.

175 *Ruh*, 1996, 322f. *Ruh* macht aufmerksam, daß die „einzige Nennung der angeblichen Adressatin“ in den Kölner Prozeßakten auftaucht und der Ausdruck „der Königin von Ungarn geschickt“ - wie in den Akten vermerkt - noch keine Widmung bedeutet. (ebd., 323). An anderer Stelle hält *Ruh* jedoch die Predigt VeM als „Wegweisung“ (ebd., 311) für den Klostereintritt Agnes’, der im Jahre 1318 erfolgte, für möglich. *Ruh* datiert somit den ‚Liber benedictus’ in seiner Gesamtheit auf 1318.

176 Q, 14f.; Einleitung. Es wäre in einer neueren Vita der Königin Agnes die Vermutung des Nichtverstehens zu prüfen, um das allgemein gehaltene, und auf dieser Grundlage sicher eine Berechtigung habende, Urteil *Quints* über Agnes zu verifizie-

schichte des ‚Liber benedictus' sollen genügen. *Ruh* sieht diese allgemein durch die „Quintsche Position ... von 1963" in „Begriffen, Bezeichnungen und dgl. ... trotz besserer Einsicht ‚festgeschrieben'. Von Forschungsansichten, so anerkannt sie sein mögen, darf dies nicht gelten."[177]

Für den ‚Liber benedictus' erweist sich ebenfalls eine Analyse der Form als gewinnbringend. Gerade in den deutschen Texten zeigt sich die denkerische Kraft Eckharts, die Theoretisch-Abstraktes und Praktisch-Konkretes in Kongruenz bringt.[178] Die beiden Schriften - BgT und VeM - werden gesondert betrachtet, weil sich, trotz ihrer erwiesenen Koppelung, ein interessanter Unterschied in der Form zeigen läßt. Dazu die folgenden Ausführungen.

Beginnend mit dem ‚Buch der göttlichen Tröstung' (im folgenden BgT), ist es unserer Meinung nach wiederum sinnvoll, methodologisch einer dialektischen Struktur nachzuforschen und - im Gegensatz zu Erwin *Waldschütz* - sehr wohl einen „schematischen Aufbau"[179], der durchaus disponiert ist, anzunehmen. Zu dieser Disposition läßt sich Eckhart selbst zitieren, wenn er sagt: „Und dieses Buch [BgT; Anmerkg.v.V.] hat drei Teile. In dem ersten findet man diese und jene Wahrheit, aus der und von der zu entnehmen ist, was den Menschen füglich und gänzlich trösten kann und wird in allem seinem Leid. Danach findet man hier etwa dreißig Stücke und Lehren, in deren jeglicher man recht und völlig Trost zu finden vermag. Hiernach findet man im dritten Teil dieses Buches Vorbilder in Werken und Worten, die weise Leute getan und gesprochen haben, als sie im Leiden waren."[180] Wohl ist *Waldschütz* wie auch Josef *Quint* hinsichtlich einer Charakterisierung des ersten Teils zuzustimmen, die einen hohen Grad an Abstraktheit und somit auch zu leistendes Verstehen feststellt.[181] Aber gerade das „auf höchster, abstrakter Ebene"[182] einsetzende BgT steht unseres Erachtens für seine Schematisierung in Form einer thetischen Aufnahme des Themas, das des Trostes. Wiederum Eckhart selbst gilt es zu berücksichtigen, wenn er sagt, „daß Gott allein natürlicher Wahrheit gemäß einziger Born und Quellader alles Gutseins, wesenhafter Wahrheit und des Trostes ist, und alles, was nicht Gott ist,

---

ren. *Ruh* erwähnt die aktuellste Lebensbeschreibung der Königin Agnes durch Hermann von Liebenau aus dem Jahre 1868. (ebd., 310)

177 *Ruh*, 1996, 323

178 Diese Kongruenz wurde für Eckhart in seinem religiösen Lebensvollzug bereits im ersten Kapitel zur Biographie als wichtig herausgestellt. Vgl. dazu auch die Kapitel: Vorbemerkung zum Gerechtigkeitsbegriff (I.These, Kapitel 1.) und Der „underscheit": Determinierung des Abstrakten (I. These, Kapitel 1.1) im zweiten Teil vorliegender Studie.

179 *Waldschütz*,1978, 80

180 *Largier*, 1993 II, 233 (BgT)

181 *Waldschütz*, 1978, 82; Q, 465; Anmerkungen zum BgT.

182 *Ruh*, 1996, 318

das hat von sich selbst her natürliche Bitterkeit und Untrost und Leid....". Gott allein, den Eckhart mit der „Weisheit", „Wahrheit" und „Gutheit" nicht nur terminologisch einfachhin gleichsetzt, sondern philologisch und exegetisch unter Bezug auf das Johannesevangelium erkärt, gibt Trost, und „aus all dieser Lehre, die im heiligen Evangelium geschrieben steht und im natürlichen Licht der vernunftbegabten Seele mit Sicherheit erkannt wird, findet der Mensch wahren Trost für alles Leid"[183]. Eckhart beginnt mit dem Begriff der einen Wahrheit (Gott), die allein Trost spendet. Dieser Beginn des ersten Teils ist metaphysischer Art; im Gegensatz zum zweiten Teil des BgT erhellt. Hier zählt - wie gesagt - Eckhart „dreißig Stücke und Lehren" auf, die für den Menschen Trost bedeuten können. Jedoch ist der konjunktive Tenor, der den zweiten Teil eben antithetisch zum ersten ausfallen läßt, nicht unbeachtet zu lassen. Alle Trostgründe entbehren nämlich des wirklichen Trostes, wenn sie nicht aus Gott und in Gott sich begründen und gründen, denn „auch soll der Mensch in seinem Leide daran denken, daß Gott die Wahrheit spricht und bei sich selbst als der Wahrheit Verheissungen macht. Fiele Gott von seinem Wort, seiner Wahrheit, ab, so ... wäre er nicht (länger) Gott, denn er *ist* sein Wort, seine Wahrheit. Sein Wort (nun aber) ist, daß unser Leid in Freude verwandelt werden soll."[184] Nur aus Gott und in Gott erwächst wahrer Trost. Der Mensch, den dieser Trost tröstet, empfindet keinen besseren Trost in Anderem. So erweisen sich die Trostgründe, die Eckhart sehr wohl als „recht und völlig" trostspendend bezeichnet, dennoch als nicht ausreichend, da sie nicht der Wahrheit, Gutheit und Weisheit, somit Gott, entsprechen. Dem metaphysisch-abstrakten Tenor des ersten Teils des BgT läßt Eckhart den antithetischen des zweiten Teils in einer methodisch effektiven Weise folgen. Die dialektische Bewegung wird dadurch deutlich, daß Eckhart seine Beispiele an konkretem Leiden immer wieder durch abstrakte Erläuterungen hinsichlich der wahren Tröstung unterbricht. Dieses Verfahren mutet wie ein Dialog an, in dem sich Rede und Gegen-Rede austauschen; ist somit als dialektisches zu verstehen. Formal sind erster und zweiter Teil auf diese Weise miteinander verknüpft, und Eckhart leitet zum dritten Teil über, der „Vorbilder in Werken und Worten" beschreibt. Es geht um den leidenden Menschen, der Gott

183 *Largier*, 1993 II, 239; BgT; (Hervorhebg.v.V.). Hier fällt die sytematische Parallele zum lateinischen Werk Eckharts auf; auch in der Auslegung des Johannes-Evangeliums intendiert Eckhart, von den „natürlichen Gründen der Philosophen" auszugehen (*Largier*, 1993 II, 488; Joh.Evg.); im Prolog zum ‚Opus tripartitum' spricht er verschiedentlich von den rationes. Der zweite Teil vorliegender Studie wird Eckharts deduktiven Denkweg, d.h. den apriorischen Begriff, explizit zum Gegenstand haben. Vgl. an dieser Stelle unsere Einleitung und die Ausführungen zur Biographie; vgl. unsere Anmerkg. 95.

184 Ebd., 259f. Eckhart bezieht sich auf Jer. 31,13 (ebd.)

als den wahren Trost erkennt, denn „auch darin die Wahrheit liegt, daß alles, was Gott will, eben darin und dadurch, daß Gott es will, gut ist."[185] Eckhart synthetisiert somit seine Gedankengänge, indem sowohl das Leiden als auch der Trost des Menschen - wie alles andere im menschlichen Dasein - Gottes Wille ist.[186] „Alles, was der gute Mensch um Gottes willen leidet, das leidet er in Gott, und Gott ist mit ihm leidend in seinem Leiden. Ist mein Leiden in Gott und leidet Gott mit, wie kann mir dann das Leiden Leid sein, wenn das Leiden das Leid verliert und mein Leid in Gott und mein Leid Gott ist? Wahrhaftig, so wie Gott die Wahrheit ist und, wo immer ich Wahrheit finde, ich meinen Gott, die Wahrheit, finde, ebenso auch, nicht weniger und nicht mehr, finde ich, wenn ich lauteres Leiden um Gottes willen und in Gott finde, mein Leiden als Gott."[187] Dialektisch führt Eckhart das BgT in das synthetische Ergebnis, das den „guten und weisen" Menschen zeigt, der sich des „vergänglichen"[188] Trostes durch alles Äußere, nur nicht durch Gott, bewußt ist und „im natürlichen Licht der vernunftbegabten Seele"[189] Gott als Trost angenommen hat. Eckhart bittet für alle Menschen und für sich selbst[190] um solch eine Erkenntnis, die nur durch die Wahrheit, durch Gott, gegeben werden kann.

Die zweite Schrift des ‚Liber benedictus' ist die Predigt ‚Vom edlen Menschen' (VeM), nach dem Lukasevangelium „Ein edler Mensch zog aus in ein fernes Land, sich ein Reich zu gewinnen, und kehrte zurück. (Luk. 19,12)". Auch die VeM läßt eine dialektische Struktur erahnen, die unseres Erachtens durch Eckharts Aufriß im Beginn gestützt werden kann, wenn er, auf das Lukas-

---

185 Ebd., 307

186 Inhaltlich bezieht sich Eckhart - mit neuplatonischem Gedankengut - auf Gott als „das lautere Eine", das „ohne jede hinzutretende Vielheit eines Unterschiedes und sei's nur eines gedanklichen" (ebd., 301) ist, und - im christologischen Verständnis - auf Gott in des Sohnes Menschwerdung als Leidüberwindung: „Gottes Sohn von Natur wollte aus Gnade Mensch werden, auf daß er um deinetwillen leiden könnte, und du willst Gottes Sohn werden und nicht Mensch, damit du nicht leiden mögest noch brauchst um Gottes noch um deiner selbst willen." (ebd., 293) Diese Konstellationen werden im zweiten Teil der vorliegenden Studie inhaltlich bedacht werden.

187 Ebd., 301

188 Ebd., 309. Der „gute und weise" Mensch wird von Eckhart inhaltlich durch das „innere Werk", in welches „sich der himmlische Vater...ganz einzuprägen und einzugießen und in dem er sich zu offenbaren vermag" (ebd., 275), beschrieben. Im BgT geht es „um den Vorrang des inneren Werkes, das das äußere durchformt", so schildert es Dietmar *Mieth*, 1969, 192. Es handelt sich hierbei um Eckharts Aussage, die in der Bulle ‚In agro dominico' (Artikel 13, vgl. Q, 451) als häretisch verurteilt wurde, da sie den Menschen letztlich als göttlich ansieht. Vgl. unsere Anmerkg. 99.

189 Vgl. unsere Anmerkg. 183

190 Vgl. unsere Anmerkg. 173 bezüglich Eckharts Diktion am Schluß des BgT.

zitat verweisend, sagt: „Unser Herr lehrt uns in diesen Worten, wie edel der Mensch geschaffen ist in seiner Natur und wie göttlich das ist, wozu er aus Gnade zu gelangen vermag, und überdies, wie der Mensch dahin kommen soll.“[191] Das deduktive Vorgehen des BgT, aus seiner abstrakt-metaphysischen ‚Höhe‘ absteigend, wird bei der VeM induktiv in eine Aufstiegsbewegung[192] umgestaltet. Induktiver Ausgangspunkt ist der Mensch, den „die Schrift einen neuen Menschen, einen himmlischen Menschen, einen jungen Menschen, einen Freund und einen edlen Menschen“[193] nennt. Hierin drückt sich die These aus, die der VeM als Basis dient: der Mensch - edel von Natur aus - wird in dieser Begrifflichkeit von Beginn an als das Geschöpf Gottes ausgesprochen. Den Aufstieg zu Gott („wie der Mensch dahin kommen soll“) schildert Eckhart in „Stufen“, die er aus Augustinus ‚De vera religione' entlehnt.[194] In seiner Disposition setzt er die-

191 *Largier*, 1993 II, 315; VeM; beide Zitate.

192 Bei dem Element des Aufstiegs in der VeM ist nicht an die apophatische Theologie des Dionysius Areopagita zu denken, da sich Eckharts Gedanken in ontologischem, mehr noch ethischem (vgl. *Ruh*, 1996, 316, *Langer*, 1987, 247f.) Zusammenhang bewegen und eine Art „Lebenslehre und Seinslehre“ wiedergeben (*Langer*, 1987, 247).

193 *Largier*, 1993 II, 315; VeM. Die Darstellung des „neuen Menschen“ könnte als Bezug auf Königin Agnes gedeutet werden; *Ruh* (1996, 318f., 321f.) zieht dies in Erwägung, betont aber letztlich die Bezuglosigkeit der VeM. Vgl. unsere Anmerkg. 175

194 *Largier*, 1993 II, 319ff.; VeM, sowie Q, 468, Anmerkungen zur VeM. Diese sich aufwärtsbewegende Stufenfolge ist nicht typisch für Eckhart, der allgemein eine „Theologie von oben“ (*Ruh*, 1996, 318; es handelt sich um eine Begrifflichkeit von Josef Koch. Vgl. auch *Langer*, 1987, 249) verfolgt; wie sie an der Form des BgT bereits deutlich gemacht wurde, wie ebenso das lateinische ‚Opus tripartitum‘ im „das Sein ist Gott“ darauf weist und wie z.B. der Eckhartsche Begriff des 'Deus est intelligere' aus der ersten ‚Quaestio parisiensis‘ damit konform geht, vgl. dazu unser Kapitel im zweiten Teil: 6.2.3 (Vollkommenheit der Werke Gottes: - Heiliger Geist) sowie verschiedentliche Hinweise. Wichtig ist hier im vorliegenden Kontext der VeM aber zu bemerken, daß Eckhart Augustinus zitiert, was jedoch nicht ohne weiteres Übereinstimmung bedeuten muß. Das Fehlen einer affirmativen Aufnahme des Augustinischen Stufenschemas scheint so auch aus Eckharts Äußerung: „Jederart von Vermittlung ist Gott fremd.“ (*Largier*, 1993 II, 325) zu sprechen, die er der Zitation aus dem Augustinischen Gedankengut, welches somit als auctoritas in ihrem Aussagegehalt von Eckhart hinterfragt wird, folgen läßt. Es geht Eckhart jedoch nicht um die Darstellung einer Unwahrheit bei Augustinus, dagegen spricht sowohl sein häufiges Zitieren als auch sein Verständnis von Tradition - wie Eckhart es im ‚Prologus generalis‘ zum ‚Opus tripartitum‘ aussagt (vgl. unsere Anmerkg. 140-143). Es geht vielmehr um Wahrheit, die Eckhart auch bei Augustinus sieht, wenn er ihn im BgT zitiert: „Sankt Augustinus sagt, daß *der* die Schrift am besten versteht, der alles Geistes entblößt, Sinn und Wahrheit der Schrift in ihr selbst, d.h. in dem Geiste sucht, darin sie geschrieben und gesprochen ist: in Gottes Geist.“

sen Aufstieg an die dritte Position, welche formal-dialektisch der Synthese entspricht. In der tatsächlichen Durchführung der Predigt sind die „Stufen“ als zweites geschildert. Vom dialektischen Gefüge her ist dieses sinnvoll, denn der These vom Edelsein des Menschen wird antithetisch folgen müssen, was der Mensch tun muß, wie er leben muß, um ein edler Mensch[195] zu werden. Eckhart will aber - wie gesagt - auf die Stufenfolge Augustinus' verzichten. Statt dessen bringt er die - unseres Erachtens dialektisch tragende - Formel zum Ausdruck: „Im Einen findet man Gott, und Eins muß der werden, der Gott finden soll.“[196] Das Eins-Werden macht Eckhart, konträr zur Stufenfolge, an der 'Mittel'losigkeit fest und verdeutlicht es dergestalt, daß er das Lukas-Zitat nochmals thetisch aufnimmt: „*Ein* Mensch zog aus“[197] und aus seiner spezifischen Veränderung des Verses exegetisch fordert: „Sei eins, auf daß du Gott finden könnest! Und wahrlich, wärest du recht Eins, so bleibest du auch Eins im Unterschiedlichen, und das Unterschiedliche würde dir Eins und vermöchte dich nun ganz und gar nicht zu hindern.“[198] In der Forderung „Sei eins...!“ wird die Antithetik gegenüber der thetischen Bestimmung des Menschen als „edel...geschaffen...in seiner Natur“ explizit deutlich. Eckhart geht zweifellos paradigmatisch vom edlen Menschen aus: gemäß der These zwar Gottes Geschöpf und nach seinem Bilde geschaffen, muß der Mensch aber zuvor eins, innerer Mensch werden, bevor sich die These bewahrheiten kann. Eckhart interpretiert das antithetische „wie der Mensch dahin kommen soll“ somit weitaus kompakter als durch die ausgedehnte Stufenfolge, oder anders: er möchte alle Stufen unter das „Sei eins...!“ stellen. Er ist weniger an der Folge als vielmehr an der Grundverfaßtheit

---

(*Largier*, 1993 II, 281f.; BgT). Eckharts Intention ist somit vielmehr in einer sachlichen Klärung zu suchen, ist er doch bestrebt, die Wahrheit Gottes ganz präzise zu bestimmen: somit „Jederart von Vermittlung ist Gott fremd. 'Ich bin', spricht Gott, 'der Erste und der Letzte' (Off. 22,13). Unterschiedenheit gibt es weder in der Natur Gottes noch in den Personen entsprechend der Einheit der Natur. Die göttliche Natur ist Eins /.../ Im Unterschied findet man weder das Eine noch das Sein noch Gott noch Rast noch Seligkeit noch Genügen.“ (*Largier*, 1993 II, 325; VeM) Die einzige Quelle der ununterschiedenen Wahrheit ist Gott; vgl. dazu unser Kapitel 6: Das „einig Eine“. Vgl. zu vorliegendem Kontext, auch im Hinblick auf Eckharts Umgang mit der Tradition, Rolf *Siller*, Zur Ermöglichung von Freiheit bei Meister Eckhart, Augsburg 1972, 30-33.

195 Den edlen Menschen nennt Eckhart auch hier - wie im BgT - den „inneren Menschen“.

196 *Largier*, 1993 II, 325 (VeM)

197 *Largier*, 1993 II, 325; vgl. unsere Anmerkg. 194 „Jederart von Vermittlung ist Gott fremd.“

198 Ebd. Wiederum der Anklang an das BgT, im Suchen des wahren Trostes in Gott. Das „Unterschiedliche“ wird ebenfalls, wie auch das Eine, ein tragendes Element im zweiten Teil unserer Studie sein.

des „dahin kommen“ interessiert. Daher steht das Element „wie göttlich das ist, wozu er aus Gnade zu gelangen vermag“ dispositionsmäßig an zweiter Stelle. Eine Verschachtelung von Deduktion und Induktion? – Wir werden sehen, daß diese Problematik ein Grundzug Eckhartschen Denkens ist. Eckhart leitet somit aus dem „‘Ein edler Mensch zog aus‘“[199], das nach dialektischem Muster thetische Teilaspekte bewahrt, zur Synthese über, der er die zweite Hälfte des Lukaszitats beigibt: „‘...in ein fernes Land, sich ein Reich zu gewinnen, und zurückkam‘“[200]. Der Terminus „zurückkam“ macht auf sinnfällige, plastische Weise die synthetische Ebene der VeM klar. Inhaltlich verdeutlicht Eckhart sie im theologisch-ontologischen Sinn, der hier kurz, entsprechend unserer Intention einer Formanalyse der VeM, dargelegt werden soll. Wir greifen dazu auf Erwin *Waldschütz* zurück, der die zur Zeit Eckharts im Kreis der Pariser Scholastik viel diskutierte Frage: „...ob die Seligkeit des Menschen im Erkennen des Selig-Seins [d.h. „Gott-Erkennen, -Schauen oder -Lieben“[201]; Anmerkg.v.V.] oder einfach im Selig-Sein als bei Gott, von Gott und in Gott sein liege“[202] formuliert hat. In Eckharts Synthetisieren zeigt sich, daß „der edle Mensch sein ganzes Sein, Leben und seine Seligkeit bloß nur von Gott, bei Gott und in Gott“[203], also „aus Gnade“ erlangt. Entsprechend steht „aus Gnade“ in der Durchführung der VeM am Schluß. Die dialektische Bewegung besagt somit folgendes: der edle, innere Mensch steht immer schon, von Natur, in Gottes Gnade; wenn er erkennen will, muß er als „vernunftbegabte Seele“ „aus allen Bildern und aus sich selbst ausgehen“, ohne Vermittlung sein, so erkennt er wohl, „*daß* er Gott schaut und erkennt“[204]; darin ist das Zurückkommen[205] ausgedrückt, worin aber nicht das alleinige Seligmachende liegt. Die Seligkeit kommt allein „aus Gnade“, aus „Eines mit Einem, Eines von Einem, Eines in Einem und in Einem Eines ewiglich“[206]. Der Terminus „aus Gnade“ ist ein entscheidender für das Verständnis der Predigt ‚Vom edlen Menschen’, macht er doch Eckharts Denken von Gott her deutlich. Die Predigt im Licht dieses Denkens zu sehen, heißt, das Zurückkommen des edlen Menschen als „empfangen im Einen“[207] - wie Eckhart es auch ausdrückt - zu verstehen. Gerade der formale Aufbau der VeM kann diesbezüglich zum

---

199 *Largier*, 1993 II, 327 (VeM)
200 Ebd., 333
201 Ebd., 331
202 *Waldschütz*, 1978, 185
203 *Largier*, 1993 II, 331 (VeM)
204 Ebd., 319, 325, 331
205 Josef *Quint* gibt in den Anmerkungen (Q, 469) zur VeM treffend dafür „*Bewußtwerdung* der Gottesschau“ an.
206 *Largier*, 1993 II, 333 (VeM)
207 Ebd.

Mißverständnis führen. Die erwähnte Aufstiegsbewegung[208], die zweifellos für die Stufenfolge gilt und von Eckhart auch entsprechend gewürdigt wird, verschleiert jedoch das charakteristische Denken Eckharts. „Der Aufstieg des Geistes zu Gott ... ähnelt dem neuplatonischen Schema. /.../ Trotz der Anklänge an den Neuplatonismus dominieren bei Eckhart genuin christliche Gedanken. Eine 'excessive Gnadenlehre' (R. Otto) deutet den Aufstieg des Geistes zu Gott nicht als Akt des sich im Göttlichen selbst vollendenden Menschen, sondern als Akt Gottes im Menschen."[209] Dieses bedeutet, daß Eckharts Denken von Gott her bei Gott einsetzt, daß es ihn, nur ihn, als Anfang und als Ende allen Denkens nimmt. Betrachtet man die VeM in diesem Sinne, nämlich, „daß Eckhart bei der Frage der Einheit mit Gott nicht von den Geschöpfen ... her philosophiert ... und nicht vom Menschen, sondern vom göttlichen Einssein"[210] ausgeht, so wird der „edle" Mensch wesentlich(er) als der deutlich, der von Gott erfüllt ist. Gemäß Eckharts Lukas-Zitat wird klar: es ist Gott, den der edle Mensch lebt.[211] Sein Leben weitet sich aus, er lebt es und kehrt - wie sehnsüchtig - immer in sich selbst, d.h. in Gott zurück. So gesehen, relativiert sich der Eindruck der VeM; sie gleicht sich an das BgT an und verliert die Bestimmung durch die strukturelle Aufstiegsbewegung, denn das Edelsein ist auf einer hohen, gleichsam abstrakt-metaphysischen Ebene angesiedelt. So wird Eckharts Ablehnung der „Vermittlung" erst eindeutig, denn „empfangen im Einen" besagt, daß Gott - als immer schon der Eine - ist und aus ihm gnadenhaft alles kommt und er durch Gnade im Menschen wirkt: „Gott wirkt danach, wie er Bereitschaft findet."[212]

2.3 Keine Zäsur

Unsere dialektische Formanalyse hat sich auf das ,Opus tripartitum', das Traktat ,Buch der göttlichen Tröstung' und die Predigt ,Vom edlen Menschen' bezogen; Werke, an denen dialektische Strukturen vordergründig, wenn nicht explizit wie

---

208 Vgl. unsere Anmerkg. 192

209 *Langer*, 1987, 207 (Hervorhebg.v.V). *Langer* spricht an anderer Stelle vom „radikal theonomen Ansatz" Eckharts. Hinsichtlich der Unterscheidung der Eckhartschen Position zur neuplatonischen Perspektive sagt *Langer* weiter, daß man bei ihr „höchstens von einem Göttlich-Werden des Menschen als Vollendung seines im Einen gründenden Wesens sprechen" kann, bei Eckhart vielmehr von der Vergeistigung der „Seele zu Gottes Sohn", in der nur „Gott selbst sein Wort spricht" (*Langer*, 1987, 206) Diese Konstellation, die *Langer* anspricht, wird fortlaufender Bestandteil unserer Erörterungen sein. Vgl. unsere Anmerkg. 186.

210 Ebd., 249

211 Vgl. Shizuteru *Ueda*s Hinweis auf Eckharts Übersetzung (DW II, 345) von Gal. 2,20: „Ich lebe, nicht ich, sondern Gott lebt in mir ganz". *Ueda*, 37

212 *Largier*, 1993 II, 451; Traktat ,Von Abgeschiedenheit', 232-313 (zitiert: VA)

im ‚Prologus generalis', dargestellt werden konnten. Daß diese dialektische Struktur auch in der kleineren Einheit des Leitverses „die Gerechten werden leben ewiglich bei Gott“ zu finden ist, wird unser zweiter Teil – Meister Eckharts Begriff der Gerechtigkeit – erörtern; dort dann, wie in der Einleitung bereits vorgestellt, im Blick auf hermeneutische Tiefe, im eigentlichen Sinne inhaltlich, unter unserem Postulat der un-aufhebbaren Dialektik. Indem wir somit die reine Formanalyse abschließen, möchten wir gleichwohl noch einmal ein rezeptorisches Element ansprechen, welches eine Zäsur zwischen lateinischem und deutschem Werk meint. Wir haben interpretiert, daß die biographische Begrifflichkeit „Lesemeister/Lebemeister“ nur vorbehaltlich differenzierend gedacht werden sollte. Unter eben diesem Vorbehalt sind anschließend das lateinische wie deutsche Werk getrennt analysiert worden. Dabei haben sich aber bereits Korrelationen gezeigt, die einer Zäsur entgegenstehen. Darüber hinaus war in der biographischen Spurensuche einer holistischen Sicht der Vorrang zu geben, auch und im besonderen hinsichtlich Eckharts Gläubigkeit.[213] Mit unserer hermeneutischen Bestimmung kann nicht eine Ignoranz gemeint sein, die sich gegenüber Eckharts facettenreichem Denken verschließt. Es ist wohl gerade so, daß nur eine derart zentrierte, substantiell gläubige Geistigkeit diese Vielfalt hervorbringen kann. Die Äußerung des Glaubens, oder genauer: die Verankerung im gläubigen Leben, ist fides quae creditur, Glaubensinhalt, im fides qua creditur, Glaubensakt. Dieser gibt sich Ausdruck sowohl im Predigen als auch im Formulieren der

---

213 Otto *Langer* (1987, 4) spricht von einer „ethisch-religiösen Rationalisierung“, die sich in den lateinischen Werken als „'ethisierte Umdeutung' (Ratzinger)“ und ausgeprägtes „Reflexionswissen“, in den deutschen als „Spiritualität der Askese,...rigorose Gesinnungsethik ... Forderung einer praktischen Funktionseinheit mit Gott“ darstellt; *Langer* stellt aber gleichzeitig die „deutschen Predigten in den Mittelpunkt,... deren praktische Zielsetzung ... Anspruch auf objektive, philosophische und theologische Geltung“ haben und darüber hinaus „eine Relativierung der rein philosophischen Interpretation“ bieten. So treffend *Langer* - wie wir auch durch unsere Zitation in Anmerkg. 201 belegt haben - in seine Argumentation das Theonome bei Eckhart als Begriff einsetzt, so verschleiernd wirkt unseres Erachtens an dieser Stelle der der „Rationalisierung“, wobei dessen jeweilige Ausprägungen für das lateinische wie deutsche Werk ebenfalls diskussionsbedürftig wären. „Rationalisierung“ impliziert - wie *Langers* bestimmender Duktus zeigt - eine allzu moderne Prägung der Funktionalität und Machbarkeit. Darüber hinaus ist zu fragen, ob „Rationalisierung“ nicht kontradiktorisch einerseits zum „theomonen Ansatz“, den *Langer* bei Eckhart richtigerweise annimmt, andererseits zum wesenhaft praktischen Zug der Predigt steht, und somit gerade nicht die „Aufhebung jeder objektivierenden Beziehung zu Gott“ (ebd., 287), wie *Langer* Eckhart interpretiert, zu fördern scheint. Unsere vorliegende Studie berücksichtigt Ansätze zu den obigen Bestimmungen, die dem Zäsurgedanken nicht unbedingt entgegenwirken, und bedenkt diese im hermeneutisch-methodologischen Blick auf die un-aufhebbare Dialektik.

Wissenschaft. Darüber hinaus ist die Interpretation ohnehin stets die andere Position, geht vom eigenen Standpunkt aus. Gerade diesen Standpunkt gilt es zu bedenken. In diesem Sinne sieht vorliegende Studie sowohl von einer Trennung der lateinischen und der deutschen Werke als auch von einer Zuweisung Eckharts entweder in die philosophisch/theologische oder predigend/seelsorgerische oder mystische Rubrik, so auch von „Lesemeister"/„Lebemeister" ab. Eine Trennung schmälert die Wirkung des Werkes.[214] Um Eckhart selbst zu Wort kommen zu lassen, sollte weiterhin berücksichtigt werden, daß alles, auch „Gegensätze...Gegenstand ein- und desselben Wissens sind"[215].

Es liegt also keine „Zäsur" vor, die beispielsweis Dietmar *Mieth* zwischen lateinischem und deutschem Werk deshalb sieht, weil „der deutsche Prediger in stärkerem Maße seine Botschaft aus der Einheit formuliert als der lateinische Exeget und Systematiker, auch als der lateinische Prediger. Dies ist durch den kerygmatischen Charakter der deutschen Werke bedingt, in denen durch den Prediger die Selbstmitteilung des ontologischen Geschehens vermittelt wird."[216] Zweifellos ist die Predigt in einer sich selbstmitteilenden Manier angelegt, hat aber dennoch einen planmäßigen und konsequent fortschreitenden Gedankengang, sie ist nicht das oft anakoluthische Gespräch, nicht aus dem Stegreif, sondern hat ein liturgisch vorgegebenes Thema. Daß in den Predigten „die Einheit aus sich selbst offenbar" wird, steht unseres Erachtens nicht gegen die Untersuchung der „Ordnung der Dinge im Lichte der Einheit"[217] in den lateinischen Werken. Überhaupt gilt wieder zu berücksichtigen: Der Einheitsgedanke ist Eckharts Bekenntnis, sein Glaube an Gott; aus ihm kommt immer, immer schon und nur, ob im systematischen oder homiletischen Sinne, Eckharts Gedankengut. So ist unserer Meinung nach auch die Formulierung Joachim *Koppers*, nach der

---

214 Vgl. *Ruhbach/Sudbrack*, Josef (Hrsg.), Christliche Mystik. Texte aus zwei Jahrtausenden, München 1989, 183f.; dort sind die Einteilung der theologischen, philosophischen, mystischen 'Lager' in der Eckhart-Rezeption genannt sowie die Bibliographie von *Fues*, 427fff. In Bezug auf die Trennung sieht *Schönberger* (256) in Eckharts „Interpretationshabitus gegenüber der *Hl.* Schrift" „die Gefahr der Willkür", weil die deutsche „mystische Predigt" dem lateinischen Werk und damit der Möglichkeit, die Bibel mit natürlicher Vernunft auszulegen, entgegensteht. *(Schönberger*, Rolf: Secundum rationem esse, in: Oikeiosis. Festschrift für Robert Spaemann, Reinhard Löw (Hrsg.), Weinheim 1987, 253-272; zitiert:1987) Dagegen *Largier*, 1995, 63: „Die Behauptung der Willkür schreibt eine unhaltbare Trennung von deutschem und lateinischem Werk fest und glaubt den Mystiker in der scheinbar inkohärenten exegetischen Struktur der deutschen Predigt erkennen zu können. Beides verkennt jedoch Eckharts eigene hermeneutische Reflexion, die auch im deutschen Werk durchaus ein Programm und eine präzise Intention erkennen läßt."

215 *Largier*, 1993 II, 463f. (Prol. gener.)

216 *Mieth*, 1969, 121

217 Ebd., 121f.

sich *Mieth* ausrichtet, irreführend, weil sie zu sehr differenziert: „So gibt es denn in Eckharts Metaphysik und Theologie zwei Weisen des Denkens,...die Ordnung der Dinge aufweisendes Denken,...Vorhof zur vollen Wahrheit..., daneben aber steht die Verkündigung der Predigt. /.../ Die Ausbildung der philosophisch-theologischen Doktrin ist, obzwar sie gänzlich in der einen Seinserfahrung des Menschen gründet, ... auf den Habitus des Wissens ausgerichtet...; der Predigt Eckharts geht es um nichts anderes als um des Menschen Sein aus Gott.“[218] Die Frage drängt sich auf, warum diese Differenzierung immer wieder in der Eckhart-Rezeption vorgenommen wird. Wird nicht durch diese differenzierende Sichtweise einseitig auf die Wirkung, d.h. auf das Ergebnis als lateinisches und/oder deutsches Werk, gesehen, anstatt umfassend die Ursache zu berücksichtigen, aus der heraus das Schrifttum Eckharts entstehen konnte? Daß die Sprache und ihre Intensität im spekulativen und mystischen Bereich unterschieden ist und werden muß, gilt es nicht mehr zu hinterfragen[219], und daß - damit verbunden - „zwei Weisen des Denkens“ entstehen, ist, was die „Weisen“ betrifft, korrekt, aber nicht was das „Denken“ betrifft; denn es spricht sich - um Eckhart wieder zu berücksichtigen - der „Gegenstand ein- und desselben Wissens“ aus. Sollte dies nicht dem *Kopperschen* Gegründetsein in der „einen Seinserfahrung des Menschen“[220] entsprechen? Ist nicht die Ursache, die jede Art menschlichen Denkens, ob spekulatives oder mystisch erfahrendes, hervor-

---

218 *Kopper*, Joachim, Die Metaphysik Meister Eckharts. Habil., Saarbrücken 1955, 39 (zitiert: 1955)

219 Vgl. z.B. *Haug*, 1983

220 *Kopper*, 1955, ebd. Zu bemerken wäre noch, daß *Kopper* von einem „Erfahren“ spricht, das einer „inneren Bewegung des Seinsverständnisses“ gleichkommt: „Im Erfahren der Nichtigkeit als Nichtigkeit [d.h. „Grundlosigkeit eines Lebens, das sich in der Welt von der Welt her erfüllt“; Anmerkg.v.V.] wird der Mensch über die Nichtigkeit hinausgehoben....dann erfährt er damit auch schon den Grund der Dinge,...das Sein Gottes...“ Das Denken muß immer schon aus „dieser Einheit des göttlichen Grundes“ herkommen, verstehen kann es diese erst, wenn es sich als mangelhaftes „reallogisches Begreifen“ erkennt, dann erkennt es, daß es diesen Mangel im „höheren transzendentalen Wissen“ bereits „überwunden“ hat. (ebd. 34-38) Das Denken in seiner reallogischen Ausprägung bezieht *Kopper* auf die „Eckhartsche Metaphysik“, also die lateinischen, systematischen Werke. Sie sind der „Vorhof zur vollen Wahrheit“, die in der Predigt zum Ausdruck kommt. *Kopper* verfährt somit werk-analytisch differenzierend. Aber er richtet die sich entwickelnde Erfahrung auf ein Denken; wie wir es ja im Sinne Eckharts berücksichtigen wollen. Hierbei sollte aber zugegeben werden, daß Eckhart sein systematisches Denken nicht als vorläufiges bezeichnet hat. Darüber hinaus trägt dieses Erfahren, welches *Kopper* schildert, unseres Erachtens dialektische Strukturen in sich, denn es ist kein zielloses Streben, sondern ein Suchen, das weiß, daß es sucht und was es sucht.

bringt, im Blick zu behalten? Wie anders wäre Eckhart zu verstehen, wenn er sagt: „Und darum bin ich Ursache meiner selbst meinem *Sein* nach, das *ewig* ist, nicht aber meinem *Werden* nach, das zeitlich ist.“[221] Diese Aussage Eckharts antizipiert in ihrer Komprimiertheit die folgenden Ausführungen; gleichwohl teilt sich in ihr hermeneutische Tiefe mit, die auch auf unsere un-aufhebbare Dialektik hinweist, und grundlegend für den Vers „Die Gerechten werden leben ewiglich bei Gott“ ist.

---

221 *Largier*, 1993 I, 561 (Pred. 52) Aus diesen Worten wird einmal mehr deutlich, daß sich auch im deutschen Werk eine metaphysische Diktion findet. Eckhart erachtet sie als nachvollziehbar, wenn im „natürlichen Licht der vernunftbegabten Seele mit Sicherheit erkannt wird...“ (*Largier*, 1993 II, 239; BgT), wenn - eine ähnliche Aussage findet sich in der Auslegung des Johannes-Evangeliums - „per rationes naturales“ (*Largier*, 1993 II, 488; Joh.Evg.) ausgelegt wird, obgleich er sie - darüber hinaus - auch in ihrer Kompliziertheit festzustellen scheint; vgl. dazu Josef *Quint*: „Der Meister war sich der Kühnheit seines Wortes und der Höhe seines Geistesfluges durchaus bewußt.“ (Q, 21; Einleitung).

Zweiter Teil: Meister Eckharts Begriff der Gerechtigkeit

Ein kurzer Rückblick: Es wird die These vertreten, daß die Aussagen Meister Eckharts durch eine wesentliche Dialektik geprägt sind. Die Einleitung hat die begrifflich-theoretische Grundlegung zu einer effektiven Erarbeitung Meister Eckharts vorgestellt, die sich als dialektische versteht. Am Beispiel des ‚Liber benedictus' und des ‚Opus tripartitum' wurde ein rezeptiver Zugang im ersten Teil der Studie zur dialektischen Struktur auf formaler Ebene geleistet, um Eckharts Arbeitsweise, korrelierend mit dem biographischen Hintergrund zu Lese-/ Lebemeister, zu beleuchten. Der zweite Teil beabsichtigt nunmehr anhand Eckharts Leitthema zu einer deutschen Predigt „‘Iusti vivent in aeternum' - ‘Die Gerechten werden leben ewiglich, und ihr Lohn ist bei Gott'“[222] die dialektische Grundstruktur inhaltlich aufzuzeigen. Diese läßt sich korpusartig mit: „die Gerechten - werden leben – ewiglich bei Gott“ wiedergeben.

Charakteristisch für unsere postulierte Dialektik ist deren Un-aufhebbarkeit; d.h. es geht ihr nicht um die den Widerspruch aufhebende Synthesis. So unterliegt die un-aufhebbare Dialektik einer Prozesshaftigkeit, die die - im traditionell-subjektivistischen Sinne - absolut gesetzte Erkenntnis aufbricht und damit nicht mehr als absolut benannt werden kann. Vielmehr muß die Erkenntnis sich stets selbst transzendieren. Dieses Transzendieren bezieht sich thematisch auf die Gerechtigkeit und den ihr inhärenten, von Eckhart hervorgehobenen „underscheit“. Es wird nach der dialektischen Triade „die Gerechten - werden leben - ewiglich bei Gott“ wie folgt vorzugehen sein: der thetische Begriff „die Gerechten“ wird epistemologisch, ontologisch und theologisch arbeiten und Eckharts univok-deduktives Denken verfolgen; mit „werden leben“ ist antithetisch der Werk-Begriff unter analog-induktiven Gesichtspunkten aufgenommen; der synthetische Begriff „ewiglich bei Gott“ wird eindeutig den „underscheit“ von Gerechtigkeit und Gerechtem als un-aufhebbare Dialektik etablieren.

222 *Largier*, 1993 I, 77ff.; Eckhart zitiert nach Sap. 5,16. Wir haben den Vers mit Eckhart verkürzt; Eckhart nimmt häufig Aufteilungen vor, eben auch in einzelne Begriffe, um zu differenzieren, und somit „... im Interesse der gewohnten Dreiteilung der akademischen Predigt und zur Straffung des Gedankenganges das vierte Stichwort *lôn* nicht mehr ausdrücklich aufgreift.“ *Kirchner*, 259. Diese Differenzierung gelingt Eckhart nach unserer Meinung; vgl. aber unsere Anmerkg. 128.

I. These: „Die Gerechten" – werden leben ewiglich bei Gott

1. Vorbemerkung zum Gerechtigkeitsbegriff

Die These der Dialektik soll im folgenden am Eckhartschen Gerechtigkeitsbegriff, genauer an der Dichotomie von Gerechtigkeit Gottes und Gerechtigkeit des Menschen, durchgeführt werden. Dialektik wird - wie in den bisherigen beiden Teilen der vorliegenden Untersuchung - nicht mehr nur theoretisch-formal aufgezeigt. Indem im folgenden der Eckhartsche Begriff der Gerechtigkeit untersucht wird, wird sie vielmehr inhaltlich bedacht. Aus diesem Zusammenhang stellt sich die Dialektik weitaus praktischer dar. Praktischer auch deshalb, weil die Dialektik gleichsam Methode ist: es spiegelt sich in ihr ein methodologischer Prozeß wider; d.h.: im Nachvollzug des Gerechtigkeitsbegriffs ereignet sich praktische Denk-Arbeit und Denk-barkeit, und zwar dergestalt, daß er nicht nur abstrakt-spekulativ gegeben ist, sondern auch dadurch, daß er sich konkret selbst bedenkt. Eckharts un-aufhebbare Dialektik der Gerechtigkeit meint mehr als Spekulation und Kontemplation, als bloße Willkür und innere Notwendigkeit: Sie meint vielmehr „eine Verhaltensweise, in der Denken und Sein geläutert, verinnerlicht und vereint werden"[223]. Die Analyse des Gerechtigkeitsbegriffs bei Meister Eckhart wird unweigerlich in praktische Geistigkeit und geistige Praxis einmünden, da sie dreierlei beinhaltet: Eckharts Denkschema der Gerechtigkeit, den Gerechtigkeitsbegriff an sich und den hermeneutischen Nachvollzug. Diese Zugangsweisen stehen im gesamten dialektischen Verlauf nicht separat, sondern sie korrelieren, auch und insbesondere im Blick auf die von uns postulierte unaufhebbare Dialektik. Wie gestaltet sich also der geistig-praktische Nachvollzug des Gerechtigkeitsbegriffs bei Meister Eckhart?

1.1 Der „underscheit": Determinierung des Abstrakten

Wenn Meister Eckhart in einer deutschen Predigt sagt: „Swer underscheit verstât von gerehticheit und von gerehtem, der verstât allez, daz ich sage."[224], so klingt

---

223 *Hödl*, Ludwig, Metaphysik und Mystik im Denken des Meister Eckhart, in: Zeitschrift für katholische Theologie (ZkTh) 82, Ort fehlt 1960, 272 (zitiert: 1960)

224 *Largier*, 1993 I, 80 (Pred.6): „Wer die Lehre von der Gerechtigkeit und vom Gerechten versteht, der versteht alles, was ich sage."; vgl. unsere Anmerkg. 1. Der in der Edition zu findende Übersetzungs-Begriff „Lehre" für „underscheit" kommt einer petitio principii gleich, indem er unbegründet auf ein Theoriegebäude verweist, das dem „underscheit" zugrunde liegt. Diese mag aber im Akt der gewaltigen Arbeitsleistung zur Gesamtausgabe Meister Eckharts liegen und zeugt vom eingehenden Verstehen des Herausgebers, Josef Quint. Vgl. Kurt *Ruh* (1996, 340f.), der zu

dies sehr abstrakt[225]. Eine Verbindung von Gerechtigkeit und Gerechtem besteht scheinbar nicht und man könnte fragen: „Ach, ich wähnte, daß jener Mensch gut sei. Wie kommt es, daß er so großes Leid und Ungemach erduldet, und ich glaubte doch, an ihm sei kein Fehl!"[226] Für Meister Eckhart sind solche Gedanken „Grobsinnigkeit"[227], da sie nur durch die „Mittelbarkeit der Werke"[228], die als (un)gerecht erkannt werden, zu erfassen imstande sind. Eckhart akzpetiert diese Erkenntnisstufe, aber er kommt ihr nicht entgegen und offeriert seinen Hörern keine konkreten Handlungsanweisungen für korrektes Verhalten.[229] Es liegt

---

diesem Satz folgendes sagt: „Dieser Satz - so gültig er für Eckharts Lehre schlechthin ist - überrascht in diesem Zusammenhang, weil vom Gerechten und dessen Stehen in der Gerechtigkeit die Rede war, nicht vom Unterschied zwischen den Gerechten und der Gerechtigkeit. Aus diesem Grund übersetzen Quint und andere Übersetzer *underscheit* mit 'Lehre' oder 'Sinn'. Doch hat es mit 'Unterschied' seine Richtigkeit. Als Gebender und Empfangender steht der Gerechte Gott bzw. dem Menschen gegenüber. Auf diesen Unterschied dürfte der Prediger abgehoben haben." Bei Kurt *Ruh* steht diese Notiz mehr 'am Rande'. Dagegen beabsichtigt unsere vorliegende Untersuchung, den „underscheit" über eine hier festgestellte Gültigkeit hinaus als die hermeneutische Wichtigkeit im Denken Eckharts zu interpretieren, die er beansprucht und die gerade das „Stehen in der Gerechtigkeit" - wie *Ruh* sagt - kennzeichnet. Vgl. auch hierzu die Ausführungen *Kirchners*, 236.

225 Der Hinweis auf das Abstrakte wird sich weiter unten mit einer Aussage Eckharts bestätigen lassen.

226 *Largier*, 1993 II, 303 (BgT)

227 Ebd.

228 *Largier*, 1993 I, 870 (Stellenkommentar zur Pred. 11). Grobsinniges Denken ist – so Eckhart im BgT an gleicher Stelle – auch auf den Handelnden als solchen zu beziehen, der meint, sein Werk sei gut. Die Thematik des Werkes wird im antithetischen Teil berücksichtigt werden.

229 Auch die ‚Reden der Unterweisung' (RdU) weisen nicht primär und explizit auf Verhaltensweisen hin. Sie sind zwar auch dahingehende „Lehrgespräche", wenn es heißt: „Das sind die Reden, die der Vikar von Thüringen, der Prior von Erfurt, Bruder Eckhart, Predigerordens, mit solchen (geistlichen) Kindern geführt hat, die ihn zu diesen Reden nach vielem fragten, als sie zu abendlichen Lehrgesprächen beieinander saßen." (*Largier*, 1993 II, 335; RdU). Zur Erläuterung der Diktion vgl. 'Die rede der underscheidunge', in: Deutsche Werke. Bd. 5, hrsg. und übers. von Josef *Quint*, Stuttgart 1963, 168 (zitiert: RdU DW V; Vorbemerkungen); weiterhin Q, 13; Einleitung sowie *Fischer*, 1974-1, 13. Aber sie unterweisen mehr durch abstrakt gefaßte Gedankengänge (z.B. „Reue", „Zuversicht", „Hoffnung", „innere und äußere Werke"; vgl. *Largier*, 1993 II, 375, 377, 419) und sind dadurch durchaus auf metaphysisch-transzendenter Ebene angesiedelt; vgl. dazu auch *Largiers* Stellenkommentar, 1993 II, 790. Überhaupt sei hier mit Eckhart selbst ein Hinweis gegeben, der seine ‚metaphysische Praxis' erläutern hilft: „Ein Anfänger, der mit einem guten Leben beginnen soll, der beachte folgenden Vergleich: Wer einen Kreis ziehen will, wie der zuerst den Fuß (=Standfuß) setzt, so bleibt er stehen, bis er den Kreis (mit dem Fuß oder mit dem Bindfaden) vollendet; dann wird der Zirkel gut.

ihm fern, zu moralisieren, auch zu ethisieren. Eckhart geht es um den geistigen Nachvollzug seiner Worte, in dem er den Hörenden in seiner ganzen Aufmerksamkeit anzusprechen wähnt, die ihm eine ‚produktive Distanz' ermöglicht, die ihn nicht in allzu Lebensnahem gefangenhält. Beim reinen Mitdenken weitet sich das Verständnis auf das komplexe Denkschema Eckharts aus. Meister Eckhart ist Prediger, der sich in scholastischer Tradition der Schriftauslegung widmet, und in dieser Hinsicht geht er primär vom Begriff, vom Wort aus.[230] Implizieren Aussagen - wie zum Beispiel über Gerechtigkeit - die Thematik der Vita activa, so bettet Eckhart sie ein in einen ontologischen Bezug „'Die Gerechten werden leben.' Nichts ist so lieb und so begehrenswert unter allen Dingen wie das Leben. ... wie schlimm das Leben auch ist, es will doch leben. Warum issest du? Warum schläfst du? Auf daß du lebest. Warum begehrst du Gut oder Ehre? Das weißt du sehr wohl. Aber: warum lebst du? Um des Lebens willen, und du weißt dennoch nicht, warum du lebst. So begehrenswert ist das Leben in sich selbst, daß man es um seiner selbst willen begehrt."[231]; weiter in einer anderen Predigt, in der Eckhart Ontologisches in poetische Rhetorik wendet: „Wer das Leben fragte tausend Jahre lang: 'Warum lebst du?' könnte es antworten, es spräche nichts anderes als: 'Ich lebe darum, *daß* ich lebe.'"[232], um abschließend wieder-

---

Das will sagen: Der Mensch lerne zuerst, daß *sein Herz* beständig werde, dann wird er beständig in all seinen Werken." (*Largier*, 1993 II, 169; Pred. 81)

230 *Largier*, 1993 I, 740f.; Hinweise zum deutschen Werk Eckharts unter der Rubrik "Form". „Die Form der Predigten Eckharts ist durchgängig als scholastische Predigtweise zu bezeichnen. Eckhart folgt zumeist dem Schema der Homilie, die das Schriftwort in einzelne Teile zerlegt (*divisio*) und diese dann der Reihe nach auslegt, wobei das Schwergewicht auf der ... Auslegung einzelner Kernwörter, weniger auf dem Verständnis ganzer Textstellen liegt." (ebd., 740). Vgl. dazu *Frühwald*, Wolfgang, Formzwang und Gestaltungsfreiheit in Meister Eckharts Predigt 'Von dem edeln menschen', in: Unterschied und Bewahrung. Festschrift für Hermann Kunisch. Klaus Lazarowicz/Wolfgang Kron (Hrsg.), Berlin 1961, 132-146. *Frühwald* weist - was die Homilie anbelangt - auf Schriften des „Dominikanerpaters Thomas Waleys" hin, deren Theorie für „die Predigt in der Volkssprache noch die Homilie, d.h. die Exegese ganzer Evangelienperikopen empfahl". Vgl. die Darstellung von Josef *Koch*, Sinn und Struktur der Schriftauslegungen, in: Nix, Udo.M./Öchslin, Raphael: Meister Eckhart der Prediger. Freiburg/Basel/Wien 1960, 84, (zitiert: 1960), der eindeutig sagt, die „thematische Predigt...hatte die Homilie verdrängt".

231 *Largier*, 1993 I, 81 (Pred.6)

232 *Largier*, 1993 I, 71 (Pred. 5B). Der Begriff der poetischen Rhetorik bedarf einer dreifachen Erläuterung. Im allgemeinen Verständnis wird zwischen rhetorischem und poetischem Sprachgebrauch ein Unterschied gesehen, was in der Rhetorik-Kritik Platons gegen die Lehre der Sophisten, deren „Redekunst eine bloße Scheinkunst sei", seinen geistesgeschichtlichen Ursprung hat. (Vgl. *Ueding*, Gert, Klassi-

sche Rhetorik. 2. Aufl., München 1996, 24ff.) Auf die „difficult question of distinguishing between rhetorical and poetic use of language“ deutet auch Frank *Tobin* (Meister Eckhart: Scholasticism, Mysticism, and Poetic Style, in: Amsterdamer Beiträge zur älteren Germanistik. Cola Minis/Arend Quak (Hrsg.), Bd. 16, Amsterdam 1981, 113, zitiert: 1981) hin. Gleichwohl ist von „literarischer Rhetorik“ (*Ueding*, 8) im Sinne von Stilistik zu sprechen.
Somit haben wir es erstens mit „Eckharts Rhetorik, das heißt die Verwendung von Bild, Metapher, Vergleich, Allegorie, Negation, Affirmation, Hyperbel, Oxymoron, Paradoxie und dergleichen mehr“ zu tun. (*Largier*, 1995, 65) Eckharts Stil ist unserer Meinung nach im positiven Sinne Beredsamkeit, d.i. eben Rhetorik. Auch im vorliegenden Fall demonstriert er ein „genuine poetic talent“ (*Tobin*, 132), wenn das Abstraktum „Leben“ durch die metaphorische Form der Personifikation und in der Diktion der wörtlichen Rede 'belebt' wird. Zum anderen ist aber zweitens die Feststellung der Kreativität Meister Eckharts, die zweifellos vorliegt und oftmals Gegenstand der Forschung ist, dahingehend zu relativieren, daß „Eckhart considers himself not to be creating or fashioning meaning out of words. Rather he is discovering riches already present in the text, and he considered such riches to be more than can be encompassed in any system human thought can devise“. Hiermit macht Frank *Tobin* in seinem Aufsatz 'Meister Eckhart in Practice' (in: Monatshefte für deutschen Unterricht, deutsche Sprache und Literatur. Vol. 74, Madison (Wisconsin) 1982, 417; zitiert: 1982) darauf aufmerksam, daß die Eckhartische Kreativität nicht vom „modern, post-romantic point of view“ gesehen werden darf, sondern daß Eckhart alle Fülle an wesentlichen Gedanken in der Heiligen Schrift gegeben sieht. Diese Feststellung muß u.E. immer wieder betont werden. Eckhart selbst hat darauf nicht nur in der Auslegung des Johannes-Evangeliums („...wie die Wahrheiten der Prinzipien, Folgerungen und Eigentümlichkeiten in der Natur für den, 'der Ohren hat zu hören' (Matth. 13,43), gerade in den Worten der Hl. Schrift, ... klar angedeutet werden.“; *Largier*, 1993 II, 491) und im ‚Prologus generalis in opus tripartitum', in dem er „Wahrheit und Gewicht der Hl. Schrift“ (*Largier*, 1993 II, 467) ohnehin als Grundlage für theologische und philosophische Geistesarbeit und somit für sein ‚Opus tripartitum' (vgl. ebd., 463f) auffaßt, hingewiesen, sondern explizit auch wiederholt in deutschen Predigten: „Mich wundert, ... daß die Schrift so gehaltvoll ist und doch niemand das allermindeste Wort <darin> ergründen kann.“ (*Largier*, 1993 I, 259; Pred. 22; vgl. auch ebd., 539, Pred. 51). Drittens ist zu berücksichtigen, daß Eckhart deutlich sagt, daß es sich bei seinen Aussagen handelt um „eine unverhüllte Wahrheit, die da gekommen ist aus dem Herzen Gottes unmittelbar“ (ebd., 563, Pred. 52). Dieser Hinweis Eckharts scheint darauf hinzudeuten, daß seine Sprachgewalt, Rhetorik, auf welche Art von Erfahrung sie auch immer gründen mag, letztlich nicht für jeden seiner Hörer erklärbar und verstehbar wird. Hinsichtlich der Rezeption ist hier das Problem der Mystik angesprochen, das sich z.B. auf sprachtheoretischer Ebene mit der Spannung zwischen menschlichem und göttlichem Sprechen, bzw. einem „prädikamentalen“ und „transprädikamentalen“, beschäftigt. Vgl. hierzu den Diskussionsbericht in: Abendländische Mystik im Mittelalter. Symposion Kloster Engelberg 1984, Kurt *Ruh* (Hrsg.), Stuttgart 1986, 530f. (zitiert: 1986). Zur Mystik verweisen wir an dieser Stelle auf den dritten synthetischen Teil unserer dialektischen Aufarbeitung sowie auf vereinzelte Hinweise.

um scholastisch in Anlehnung an neuplatonisches Gedankengut zu begründen: „Das kommt daher, weil das Leben aus seinem eigenen Grunde lebt und aus seinem Eigenen quillt.“[233]

Der Begriff im allgemeinen, im besonderen hier der der Gerechtigkeit, ist genereller, d.h. denkschematischer Ausgangspunkt für Eckhart. So kann er dann auch am Ende seiner Predigt ‘Iusti vivent in aeternum’ zu Sapientia 5,16 formulieren: „Daß wir die Gerechtigkeit um ihrer selbst willen ... lieben, dazu helfe uns Gott.“[234] Die Gerechtigkeit „um ihrer selbst willen“ ist der Begriff an sich und deutet auf Absolutsetzung hin. Eckharts Denkschema, welches eben auch auf seine wissenschaftlich-homiletische Praxis weist, geht vom Begriff[235] aus: die Gerechtigkeit als solche ist der Begriff. Meister Eckhart praktiziert eine „Methode des Ab-strahierens von allen partikulären Bestimmungen“[236]. Alois M. *Haas* hat den Sachverhalt der Absolutsetzung des Begriffs realistisch wie folgt ausgedrückt: „Dem Leser wird zugemutet, bevor er überhaupt dazu kommt, sich Gedanken ... zu machen, eine ... Denkbewegung vorzunehmen in Richtung auf eine [Gerechtigkeit als absolut gesetzter Begriff; Anmerkg. v.V.], die nicht als Resultat eigenen Denkens ins Auge gefaßt werden könnte, sondern die gewissermaßen eine absolut vorgegebene ist.“[237] Absolutsetzung bedeutet somit, daß „vom Transzendentalen her gesprochen wird“[238]. Es ist von nicht unerheblicher Wichtigkeit, sich - rein rezipierend - klarzumachen, daß Eckharts Denken von einer Absolutsetzung, d.h. auch, von der Idee[239] ausgeht. Für die rein rezep-

---

233 Ebd.

234 *Largier*, 1993 I, 87 (Pred. 6; Hervorhebg.v.V.)

235 Vgl. zum deduktiven Verfahren Eckharts unsere Anmerkg. 128

236 *Schönberger*, 1987, 262. Dazu weitere Angaben im nächsten Kapitel.

237 *Haas*, Alois M., Transzendenzerfahrung in der Sicht Meister Eckharts, in: Freiburger Zeitschrift für Philosophie und Theologie. 25. Bd., Freiburg (Schweiz) 1978, 56ff. (zitiert: 1978-2) *Haas* bezieht seine Äußerung auf die im BgT genannte Tröstung des Leids durch „Wahrheiten“ (ebd., 56), die als absolut gesetzt zu nehmen sind. In unserem Zusammenhang stehen die „Wahrheiten“, die Eckhart nur rhetorisch-systematisch im Plural gebraucht und die natürlich als „wesenhafte Wahrheit“, als „Gott, die Wahrheit (selbst)“ (*Largier*, 1993 II, 241, 313) erkannt werden, für die Gerechtigkeit. Daß wir *Haas'* Zitat gleichwohl ohne Mißverständnis auf den Begriff der Gerechtigkeit anwenden, zeigt sich in Eckharts Charakterisierung des Begriffs der Gerechtigkeit als „Transzendentales“ (*Haas*, 1978-2, 58), worauf wir im Laufe der Erörterung noch zu sprechen kommen.

238 Ebd., 58

239 Maria *Bindschedler* spricht vom „extremen Ideenrealismus“ (66) Eckharts. Wie *Bindschedler* ausführt, ist der Ideenrealismus in seiner „mystischen Konsequenz“ die „Idee der Gerechtigkeit, welche als oberste Idee Gott selbst ist, ... das im höheren Sinne allein Reale“ (ebd.). Im Hinblick auf - wie *Bindschedler* weiter ausführt - die Abwehrung des „Pantheismus“-Vorwurfs (ebd., 67) gegen Eckhart und die

tive Aufnahme ergibt sich ein ebenso Wichtiges, und zwar die Leistung einer hermeneutischen Denk-Arbeit, die auch *Haas* im obigen Zitat anspricht. Es gilt eine gewisse Abstraktheit bei Eckhart zu berücksichtigen und seine Ideenlehre so aufzufassen, daß das eigene Verstehen beim Abstrakten beginnt, sich dieses konkret verständlich macht, um es als wichtigen Bestandteil zu erkennen. Es kann also im wahrsten Sinne des Wortes um geistigen Nachvollzug gehen, denn: wie wäre es, wenn - aus den Anfängen der Eckhart-Forschung - die Sichtweise von Heinrich *Denifle*, daß Meister Eckhart „mit dem abstrakten Begriffe der Gerechtigkeit spiele, im Lauf der Argumentation das Abstraktum konkret mache

---

Nichtigkeit der Kreatur (vgl. ebd.) ist der Begriff Ideenrealismus nach unserer Meinung sicherlich zu vertreten. Gleichwohl ist er zu differenzieren. Eckhart weist im Genesis-Kommentar, mit Bezug auf Avveroes, darauf hin, daß die Idee die erste Ursache ist, womit - so Eckhart - Avveroes „nicht Gott selbst" (Expositio libri Genesis, in: Lateinische Werke. Bd 1, hrsg. und übers. von Konrad Weiß, Stuttgart 1964, 187; zitiert: Gen.1 LW I) gemeint hätte. In der Johannes-Evangelium-Auslegung erklärt er jedoch mit Augustinus: „...der Sohn Gottes selbst, das Wort im Anfang, ist die Idee, 'die schöpferische Fülle aller lebendigen unveränderlichen Ideen, die alle eins in ihr sind'." (*Largier*, 1993 II, 491) gemäß des Bibelverses: „Im Anfang war das Wort, und das Wort war bei Gott". (ebd., 501) Maria *Bindschedlers* Begrifflichkeit „Ideenrealismus" impliziert grundsätzliche Distanz und eine verschiedene Realität der Ideen; der platonische Sinn wird durch das Prädikat „extrem" angezeigt. Ob diese einseitige Sicht intendiert ist, ist anzunehmen, denn sie korrespondiert mit der von *Bindschedler* benannten „mystischen Konsequenz", die von Meister Eckhart „an seltenen Stellen seines Werkes" angedeutet wird und besagt, „daß es einen Grad der mystischen Indifferenz oder Gelassenheit gibt, ...von dem herab die Rückkehr in die irdische Aktivität nicht mehr möglich - vielleicht aber auch nicht mehr notwendig - ist" (*Bindschedler*, 71). Wir möchten in diesem Zusammenhang auf Eckharts Wort in der Predigt 'In hoc apparuit caritas dei in nobis' (1. Joh. 4,9) verweisen, durch das eben seine spezielle Sichtweise deutlich wird: „Nun stellt man die Frage, ob dieser edle Wille soweit verfließe, daß er nie wieder zurückkommen könne? Die Meister sagen gemeinhin, er komme nie wieder zurück soweit er mit der Zeit verflossen sei. Ich aber sage: Wenn immer sich dieser Wille von sich selbst und aller Geschaffenheit <nur> einen Augenblick zurück in seinen ersten Ursprung kehrt, so steht der Willle <wieder> in seiner rechten freien Art und ist frei; und in diesem Augenblick wird alle verlorene Zeit wieder eingebracht." (*Largier*, 1993 I, 73; Hervorhebg. v. V.) Das Verhältnis zwischen Gerechtigkeit und Gerechtem sieht *Bindschedler* als „auf Erden wohl der Quadratur eines Zirkels" vergleichbar, somit „nur annäherungsweise und nur von wenigen lösbar" (ebd.). Die kritische Sicht von Mystik und Einheitsspekulation führt *Bindschedler* aber nicht zur thomasisch-aristotelischen Tradition Eckharts, zum „Esse est Deus"; darüber hinaus sind die Eckhartsche Gnadenlehre und Sohnschaft des Menschen 'mystisch relativiert', was Eckharts Aussagen diametral entgegensteht.

240 *Denifle*, Heinrich, Meister Eckeharts lateinische Schriften und die Grundanschauung seiner Lehre, in: Archiv für Literatur- und Kirchengeschichte des Mittelalters (nach cod. Amplon. n. 181 der Erfurter Stadtbibliothek), Bd. II, Berlin 1886, 506

und an der einen Tugend der Gerechtigkeit alle Gerechten partizipieren lasse"[240], nicht zum Vorwurf der „Verwirrung und Aequivocation der Begriffe"[241] gereicht, sondern als hermeneutisches Verstehens-Angebot Eckharts aufgefaßt werden würde?

Meister Eckharts Angebot an den Hörer (und Leser): „Swer underscheit verstât von gerehticheit und von gerehtem, der verstât allez, daz ich sage."[242] besteht - wie oben von uns postuliert - in der Aufforderung zu geistigem Nachvollzug, d.h. also den „underscheit" zu berücksichtigen[243]. Der „underscheit" liegt im abstrakten Begriff, konkret: im abstrakten Begreifen. Insofern aber abstraktes Begreifen konkret ist, ist es nicht mehr nur abstrakt, sondern wirkt konkret, auch gegen das Konkrete, da es - mit Eckhart - den „underscheit" berücksichtigt. Bei Meister Eckhart selbst finden wir diese Korrelation von Abstraktem und Konkretem und deren Möglichkeit, konkret Abstraktes zu verstehen, wenn er im Anschluß an die Darstellung des „eingeborenen Sohn Gottes" als „das Abbild Gottes"[244] in der ‚Expositio Sancti Evangelii' zusammenfassend sagt: „Das Vorausgehende aber und manches Ähnliche wird deutlich offenbar, wenn man den Gerechten mit der Gerechtigkeit, das Seiende mit seinem Sein, den Guten mit der Güte und überhaupt das Konkrete mit dem entsprechenden Abstrakten vergleicht."[245]

---

241 Ebd.

242 *Largier*, 1993 I, 81 (Pred. 6)

243 Burkhard *Mojsisch* hat sich mit der „Bestimmung tätig gestaltender Individualität" (1983, 20) auseinandergesetzt, die er im allgemeinen durch den Begriff der „Rücksicht" als „methodologisches Prinzip" (ebd. 1ff.) und im besonderen durch - wie er es nennt - die „Eckhartsche aporetisch-progressive Methode" (ebd. 5f.) kennzeichnet. Mit Bezug auf Platon ('Sophistes' und 'Theaetet') postuliert *Mojsisch* die Notwendigkeit, daß Denken und Aussagen sich selbst zu be-denken hat. D.h. einerseits, daß das Denken sinnvolle Bezüge („Rücksicht") herstellen muß, um effektiv zu sein und verstanden zu werden; es muß quasi vor-denken. Andererseits ist dem Denken ein Pendant beigegeben, durch das es sich selbst reflektiert, kontrolliert und korrigiert, durch das es nach-denkt, das „Nachdenken" (ebd. 2ff.). Dieses „methodologische Prinzip" fordert *Mojsisch* nicht nur für die Interpretation der Eckhartschen Werke, sondern sieht es vorbildhaft bei Eckhart „aporetisch-progressiv" verdeutlicht. Den „aporetisch-progressiven" Gedankengang Eckharts definiert *Mojsisch* folgendermaßen: „Der Gedanke bleibt in Bewegung, ruft bei erreichter Ruhe den Zweifel wach und sollizitiert zum Fortdenken." (ebd., 5) Verschiedene Aussagen Eckharts, besonders aus dem deutschen Werk, werden herangezogen, die das sich stets suchende, prüfende und korrigierende, „Akzente setzen[de]" Denken Eckharts belegen.

244 *Largier*, 1993 II, 509 (Joh. Evg.)

245 Ebd., 511

Damit ist eine vorläufige, weil dialektisch un-aufhebbare, Antwort auf unsere eingängige Frage, wie sich der Gerechtigkeitsbegriff in praktischer Denk-Arbeit gestaltet, gefunden. Ausgehend von dem - laut Eckhart verstehbaren - „underscheit“ als konkret abstraktes Begreifen ist der Gerechtigkeitsbegriff nämlich nicht nur bloße Spekulation und Kontemplation, denn somit wäre er subjektivistisch, bliebe immanent[246]; vielmehr ist er gerade als Unterscheidung transzendierend. Eckharts hermeneutisches Angebot ergibt, daß mit dem „underscheit“ kein reiner Dualismus von Gerechtigkeit und Gerechtem gemeint sein kann, sondern daß der „underscheit“ eine Dialektik beschreibt; daß diese aber gleichwohl nicht in der immanenten Subjektivität, sich selbst aufhebend, verbleibt, nicht reines Selbstverständnis ist, sondern in steter Teleologie sich selbst transzendieren muß, um konkret abstraktes Begreifen zu leisten. Eine, in theologischer Perspektive ausgerichtete, Aussage Eckharts vermag die hermeneutische Denk-Arbeit des „underscheit“ zu antizipieren: Denn „Gutheit[247] und Gerechtigkeit sind ein Kleid Gottes, da sie ihn umkleiden. Drum scheidet von Gott alles das ab, was ihn umkleidet, und nehmt ihn rein in der Kleiderkammer, wo er aufgedeckt und entblößt in sich selbst ist.“[248] Im folgenden gehen wir - entspre-

246 Bezüglich der Kontemplation sagt Jürgen *Moltmann* (Gotteserfahrung: Hoffnung, Angst, Mystik. München 1979, 52): „In der Kontemplation er-innert er [der meditierende Mensch; Anmerkg. v.V.] sich wieder. Er nimmt die Veränderungen seiner selbst wahr. Er kommt auf sich selbst zurück, nachdem er aus sich herausging und sich selbst vergaß.... In der...Kontemplation werden wir unserer Wahrnehmung gewahr.“ Vgl. auch *Moltmann*, Theologie der mystischen Erfahrung. Zur Rekonstruktion der Mystik, in: in: Freiheit und Gelassenheit: Meister Eckhart heute. München 1980, 133f. (zitiert: 1980) Die Spekulation, die in ihrem Subjektivismus beispielhaft durch Georg Friedrich Wilhelm *Hegels* Logik aufzuweisen ist, beinhaltet im gewissen Sinn die Kontemplation, indem sie sich im Denken der logischen Idee als Selbstbewußtsein des absoluten Geistes bewußt wird. „Auf Aristoteles wie auch auf Anselms Versuch, dem Glauben das Wissen zu verbinden, ja noch auf die Metaphysik der aufklärerischen Scholastiker beruft sich Hegel immer wieder. Wie diese Denker, so wollte auch er die Gedanken seiner Zeit in einem abschließenden System zusammenfassen; er versuchte darin, die griechische Metaphysik christlich zu vertiefen, die christliche Theologie aber wieder in Spekulation aufzuheben und im 'absoluten Wissen' des sich selbst begreifenden Geistes zu vollenden.“ (*Hegel*, Georg Friedrich Wilhelm, Enzyklopädie der philosophischen Wissenschaften (1830). Nachdruck der 3. Ausg. Heidelberg, Osswald 1830, Friedhelm Nicolin/Otto Pöggeler (Hrsg.), Hamburg 1991, Einleitung, XLIII und 185, § 215) Hiermit drückt sich bei *Hegel* „immanente Dialektik“, d.h. ein Zurückführen in die Subjektivität aus.

247 Zur Gutheit: vgl. weiter unten (I. These: Kapitel 2; bes. 2.3) die Transzendentalienlehre Eckharts.

248 *Largier*, 1993 I, 429 (Pred. 40). Eckharts Schlußfolgerung: „So bleibt ihr in ihm.“ sparen wir an dieser Stelle noch aus. Sie verweist auf seine theologische Einheits-

chend Eckharts (und unserer) methodologischen Vorgaben - vom konkret abstrakten Begriff der Gerechtigkeit aus und werden ihn in seinem dialektischen Prozeß verfolgen.

2. *Der Gerechtigkeitsbegriff als Lehre von den Ideen und als Lehre von den Transzendentalien*

Wie Alois M. *Haas* es betont, wird bei Eckhart „vom Transzendentalen her gesprochen“, das „nicht als Resultat eigenen Denkens ins Auge gefaßt werden könnte“[249]. *Haas* geht von einer „Transzendenzerfahrung“[250] bei Eckhart aus, die nicht aus eigenem Denken kommen könnte(!); gleichzeitig handelt er aber vom Aussprechen der Erfahrung als eben diese transzendente. Gegen *Haas'* Sicht einer Transzendenzerfahrung Eckharts ist nichts einzuwenden. Wenn die sich aussprechende Transzendenzerfahrung nun aber schon aus einem - gemäß *Haas* - „absolut vorgegebenen“ Denken kommt, dann verfügt sie als Erfahrung entweder wenigstens über den innebleibenden Begriff oder mehr noch über den ausgesprochenen Begriff.[251] Deshalb wollen wir nicht bei der Erfahrung anset-

---

lehre, von der in unserem Zusammenhang des geistigen Nachvollzugs, eben des konkret abstrakten Begriffs, noch nicht die Rede sein kann. Vgl. zur inhärenten Transzendenz der Eckhartschen Begriffe *Mojsisch*, 1983, 4f., durch die er - wie erwähnt - die „aporetisch-progressive Methode“ (ebd.) Eckharts bestätigt sieht.

249 *Haas*, 1978-2, 58. Vgl. unsere Anmerkg. 237, 238.

250 Ebd. als Titel des Aufsatzes; *Haas* definiert die Transzendenzerfahrung korrekterweise als „Fülle des göttlichen Seins“ (ebd., 58). Dennoch sehen wir Schwierigkeiten von Erfahrung zu sprechen; in diesem Sinne antizipierende Hinweise. vgl. unsere Anmerkg. 363 zur psychologischen Perspektive; 417 (bezüglich Ludwig *Hödl* zur „theologischen Aussage“) oder auch unsere Hinweise zum Verständnis der Mystik Eckharts.

251 Der Terminus „Resultat“, den *Haas* benutzt (vgl. zum Zitatzusammenhang unsere Anmerkg. 237), ist ohnehin ein sehr komplizierter. Er ist sowohl in der Aristotelischen Metaphysik in bezug auf den Ersten unbewegten Beweger ein Problem als auch nicht zuletzt durch Hegels philosophisches System als Problem an sich deutlich geworden. Aus einer Bemerkung von Joachim *Kopper* (1955, 38) wird das Problem des Resultats als „Sprechen“ des „Unaussprechlichen“ (ebd.) benannt: „Die Verkündigung der eigentlichen Wahrheit (d.h. die „Welt aus ihrem Grunde, aus Gott“ (33), die „Einheit des Seins“; (38); Anmerkg.v.V) kann daher nicht mehr in der Weise des reallogischen Begreifens vor sich gehen. Sie kann nur noch ein Kundgeben jenes Erfahrens vom Zusichselbstkommen der Transzendenz in unserer Unvollkommenheit sein, das sich zwar im aussagenden Wort vollzieht, doch dessen Worte nicht ein rationales Beurteilen der Gegenwart des Seins meinen, sondern nichts sind als das Faßbarmachen jener Seinserfahrung.“ (ebd.) Gerade aber das endliche, unvollkommene menschliche Sein (und mithin sein Denken) bildet Be-

zen, sondern verfolgen, ob dieses Sprechen Eckharts für uns nicht näher zu fassen ist, d.h. begrifflich und konkret abstraktes Begreifen werden kann. Aus vorgehender Determinierung des Eckhartschen Gerechtigkeitsbegriffs als Abstraktum erfolgen Implikationen, die es notwendigerweise zu bedenken gilt. Wir bewegen uns auf philosophisch-metaphysischem Gebiet. Hier muß zum einen Eckharts Ideenlehre (logisch) und zum anderen seine Seinslehre als Lehre von den Transzendentalien (ontologisch) befragt werden. Dabei sind beide Bereiche nicht voneinander zu trennen, obwohl jene zum Verständnis dieser beiträgt, da wir einen dialektischen Ablauf zugrunde legen. Beide Lehren verdeutlichen die konkret abstrakte Besonderheit des Eckhartschen Gerechtigkeitsbegriffs und unterstreichen seine adäquate Einordnung im dialektischen Denken Meister Eckharts. Wir untersuchen damit Eckharts Sprechen nicht primär von einer Transzendenzerfahrung (nach *Haas*) her, sondern aus der Begrifflichkeit heraus, die uns von Eckhart selbst als abstraktes Vergleichsmoment zum Konkreten, damit für konkret abstraktes Begreifen, vorgegeben ist.

2.1 Die logische Grundlage: Gerechtigkeit als Idee

Wenn Meister Eckhart vorschlägt, „überhaupt das Konkrete mit dem entsprechenden Abstrakten“[252] zu vergleichen - wie eben auch „den Gerechten mit der Gerechtigkeit“[253] - dann meint er damit erkenntnistheoretisches Denken; ein aus antiker Philosophie herkommendes scholastisches Hauptthema, auch für den theologischen Diskurs[254]. So sagt Eckhart über die erkenntnistheoretische Basis seines Schrifttums, daß „...die Lehren des heiligen christlichen Glaubens und der Schrift beider Testamente mit Hilfe der natürlichen Gründe der Philosophen aus-

griffe, die Bestimmungen und deshalb „Faßbarmachen“ sind, nicht mehr, aber auch nicht weniger.

252 *Largier*, 1993 II, 511 (Joh. Evg.)

253 Ebd.

254 In dieser Hinsicht äußert sich *Eberle*, 31: „Obwohl 'sanctitas' [Heiligkeit, für die in unserer Untersuchung 'Gerechtigkeit' steht, dazu mehr im Zusammenhang mit den Transzendentalien (I. These: Kapitel 2.3); Anmerkg. v.V.] ein Begriff der Theologie ist, hat die Beweisführung philosophischen Charakter, da nicht eigentlich die 'sanctitas', sondern an ihr als Beispiel das Verhältnis von Idee...zum Einzelding thematisch wird.“ Mit der Beweisführung bezieht sich *Eberle* speziell auf die in Eckharts ‚Liber parabolarum Genesis‘, in: Lateinische Werke. Bd 1, hrsg. und übers. von Konrad Weiß, Stuttgart 1964, 447-702 (zitiert: Gen.2 LW I). Generell findet sich philosophische Beweisführung durchgehend im lateinischen Werk Eckharts, aber auch im deutschen Werk, vgl. z.B. unsere Ausführungen zur Predigt ‚Vom edlen Menschen‘ (Erster Teil, Kapitel 1.1 Deutsches Werk: ‚Liber benedictus‘ als Paradigma dialektischer Struktur) oder unsere Anmerkg. 221 .

zulegen“ sind, „’denn was an Gott unsichtbar ist, wird von dem Geschöpf in der Welt durch das Geschaffene erkannt und erschaut...“[255]. Es ist vorteilhaft für die Erkenntnis, nach der adäquatesten begrifflichen Ausdrucksmöglichkeit zu forschen und diese durch die entsprechende Syntax zu unterstützen. Diesen Vorteil konstatiert Eckhart mit Bezug auf Ausführungen des Augustinus in dessen „‘Buch von den 83 Fragen‘“ hinsichtlich des Johannes-Verses: „’Im Anfang war das Wort.’ Das griechische Wort Logos bedeutet im Lateinischen sowohl Idee als Wort. Aber an dieser Stelle übersetzen wir es besser mit Wort, damit nicht nur die Beziehung zum Vater zum Ausdruck kommt, sondern auch zu all dem, was durch das Wort in wirksamer Macht geworden ist. Denn die Idee wird mit Recht auch dann Idee genannt, wenn nichts durch sie Dasein erhält.“[256], indem er weiter sagt: „Soweit Augustin. Hierher gehört offenbar, daß die Wissenschaft, die lehrt, in den einzelnen Wissenschaften die Begriffe <richtig> zu verknüpfen und von den einzelnen <Wissenschaften sich einen richtigen Begriff zu machen>, Logik genannt wird von Logos, Begriff. Wiederum wird die logische Wissenschaft auch als <Wissenschaft> von rechter Rede bezeichnet, weil Logos Rede oder Wort heißt.“[257] Anschließend an Augustinus’ Übersetzungsvorschlag hebt Eckhart an anderer Stelle ebenfalls den Vorteil des erkenntnistheoretischen Vorgehens hervor, indem dieser sich aus der wesenhaften, natürlichen Bestimmung des Menschen her ableitet: „...das Wort, die Idee also, gehört zum vernünftigen Vermögen, das dem Menschen eigen ist. Denn der Mensch ist ein vernünftiges Lebewesen, und ‘das Leben des Menschengeschlechts <wird bestimmt> durch Kunst und Vernunft’, wie es im 1. Buch der Metaphysik heißt.“[258] Aus dieser Grundlegung des menschlichen Lebens als vernünftiges bestimmt Eckhart seine Ideenlehre, die sich einerseits aus der aristotelisch-thomistischen Wissenschaftslehre und andererseits der platonisch-augustinischen Ideenlehre speist, wie folgt: „...daß Idee in zweifachem Sinne genommen wird: denn es gibt eine Idee, die von den Dingen durch den Verstand genommen oder

---

255 *Largier*, 1993 II, 489f. (Joh.Evg.) Vgl. hierzu *Hödl*, 1960, 272. „Eckhart steht eindeutig, vorbehaltlos und mit Nachdruck zum abendländischen Ideal der *theoria* als der dem Menschen *in statu viae* und *in statu patriae* ureigenen Lebensform und Verhaltensweise. Diesem steht das biblisch-abendländische Ideal der *caritas* als der dem Menschen eigenen Lebensform gegenüber. Eckhart hat dieses sein Ideal mit einer Entschiedenheit und mit einer bei Thomas nicht vorfindbaren Intensität betont, daß die Vertreter des gegensätzlichen Standpunktes daran Anstoß nehmen mußten.“ Umgekehrt, so Eckhart, bietet aber auch und gerade die Heilige Schrift dem zu Erkenntnis strebenden Menschen eine Fülle von Wahrheiten: Vgl. unsere Anmerkg. 232 zu Eckharts Ansichten.

256 *Largier*, 1993 II, 513 (Joh. Evg.)

257 Ebd.

258 Ebd., 497, Bezug auf Aristoteles.

abstrahiert ist, und diese ist später als die Dinge, von denen sie abstrahiert wird; es gibt auch eine Idee, die vor den Dingen, die Ursache der Dinge und ihre Idee ist, welche die Begriffsbestimmung ansagt und der Verstand in den inneren Ursprüngen <der Dinge> selbst erfaßt."[259] Implikation beider Ideentheorien ist die Vernunftbegabtheit des Menschen und der darin enthaltene Erkenntnisdrang: „Daher sagt der Kommentator im 7. Buch der Metaphysik, daß die Alten sich immer schon darum bemüht haben, die Frage nach der Washeit der Dinge zu beantworten; denn wenn man das Wesen weiß, weiß man die Ursache von allem, nämlich von allem, was in dem Ding ist."[260] Hieraus wird nochmals deutlich, daß vorausgesetzt ist, daß der menschliche Intellekt mit der Idee ausgestattet ist, und zwar direkt und unmittelbar, denn „es ist naturgemäß und gilt allgemein, sowohl im Bereich des Göttlichen ... als auch in Natur und Kunst, daß das von einem Hervorgebrachte oder aus ihm Hervorgehende vorher in ihm ist."[261] und „die Idee wird mit Recht auch dann Idee genannt, wenn nichts durch sie Dasein erhält"[262].

Nach der Washeit, dem Wesen der Dinge und damit nach Ursprung und Ursache zu fragen, ist nun aber auf zweierlei Weise möglich. Meister Eckhart rekurriert einerseits auf das reduktive, aposteriorische Verfahren, welches sinnlich-empirisch von den Dingen, der Erfahrung durch Abstraktion zur ideenhaften Erkenntnis gelangt. Aus der Vielheit und Mannigfaltigkeit, aus den Folgen, Wirkungen, aus dem Verursachten des endlichen Lebens - sozusagen von unten nach oben - wird vermittelt, positiv bestimmt erkannt. Andererseits geht die Vernunft den unvermittelten Weg, indem das Wesen der Dinge als Ausgang der Erkenntnis genommen wird. Sie erfaßt in diesem Apriori auch Grund und Ursache ihrer eigenen Ideen, denn sie erkennt sich selbst und ihr Erkennen nur deshalb als endlich, weil sie vom Unendlichen, Absoluten, von Gott bereits, d.h. negativ bestimmt, weiß. Dieses Wissen ist nicht ein Wissen, das aus der Reflexion gewonnen ist, denn dann wäre es wiederum intellektuell abgeleitet und der ersteren Ideenart ähnlich: „Entscheidend ist für Eckhart der Gedanke, daß die Seele das Wissen um die Wahrheit nicht in äußerer Wahrnehmung und intellektueller Ab-

259 Ebd., 513

260 Ebd., 517, Bezug auf Avveroes.

261 Ebd. 491; Hervorhebg.v.V.

262 Ebd., 513, Bezug auf Augustinus. Vgl. auch die Anmerkung *Largiers*, (1993 II, 841): „Der Terminus *ratio* hingegen [gegenüber dem verbum, vgl. unsere Anmerkg. 256 zu Augustinus' Differenzierung sowie *Largier*, ebd. 842; Anmerkg.v.V.] bezeichnet das Hervorgebrachte, insofern es im Hervorbringenden ist, auch wenn es nicht aus dem Hervorbringenden heraustritt." Auf den wichtigen Begriff „insofern" aus Eckhartscher Provenienz wird noch hingewiesen werden.

straktion ... zu erlangen vermag."[263] Im Gegenteil: das von der Idee ausgehende Wissen weiß von der Idee des Dinges und bestimmt diese begrifflich: „...'die Idee des Dinges, welche der Name bezeichnet, ist seine Begriffsbestimmung.', wie der Philosoph sagt. Die Begriffsbestimmung aber ist das Beweismittel oder vielmehr der ganze Beweis, der Wissen erzeugt. Also steht fest, daß in den geschaffenen Dingen nichts leuchtet außer ihrer Idee allein."[264]

---

263 *Largier*, 1993 II, 992; Anmerkung.

264 *Largier*, 1993 II, 499 (Joh. Evg.); Eckhart zitiert aus Aristoteles' 'Metaphysik', um ihn in platonischer Denkart zu interpretieren. Er bestimmt - im Anschluß an seine Bemerkung über den zweifachen Sinn der Idee - die zweite, „die der Verstand in den inneren Ursprüngen <der Dinge> selbst erfaßt" (vgl. unsere Anmerkg. 259), als Ausgangsbasis, als „die Idee, von der jetzt die Rede ist. Deshalb heißt es, daß der Logos, nämlich die Idee, im Ursprung ist: *im Anfang...war das Wort.*" (ebd. 513) Der Traditionszusammenhang soll durch zwei Aussagen verdeutlicht werden: Ludwig *Hödl* hat auf den platonisch-augustinischen Hauptakzent Eckharts hingewiesen. Gleichwohl werden „die aristotelische Wesenheit und die platonische Idee ... in dieser Konzeption zur Einheit gebracht. Insofern (nach Aristoteles) das menschliche Denken auf die Wesenheit der Dinge hin angelegt ist, schaut es diese in den Dingen, und durch sie hindurch und über sie hinaus nimmt es dabei die uranfängliche und urbildliche Wesenheit wahr, aus der alles Wesenhafte das Sein schöpft. Die Frage nach dem Sein des Seienden, die metaphysische Grundfrage, muß sich auf das Wesen einlassen und auf die dem Wesen eigene Wegweisung zur Idee in Gott." (1960, 265) Diese „Idee in Gott" ist der platonischen Sicht Eckharts angelehnt. *Hödl* sieht Eckharts „philosophische Wegweisung seines genuin theologischen Anliegens" (ebd. 260) als „von der göttlichen Fülle des Seins" (ebd. 261) selbst bestimmt. Eine weitere Information aus *Bader*, Franz, Transzendentalphilosophische Überlegungen zur „negatio negationis" und zur mystischen Einigung, in: Mystik in Geschichte und Gegenwart. Christliche Mystik, Abteilung 1, Margot Schmidt/Helmut Riedlinger (Hrsg.), Grundfragen christlicher Mystik. Wissenschaftliche Studientagung Theologia mystica in Weingarten vom 7.-10 November 1985, Margot Schmidt (Hrsg.), Stuttgart 1987, 193-220. *Bader* betont, daß es sich „beim Ideenwissen Platons um ein *Konstitutionswissen*, nicht um ein in freier, sekundärer Reflexion erst zu erwerbendes und dann als Abgrenzungsbedingung in einem solchen Vergleich erst in secundo zu benützendes Wissen [handelt]. Letzteres käme auch bei Aristoteles noch vor ('*Eudemische Ethik*', VIII, 3) und wird deshalb von vielen Interpreten - fälschlicherweise! - als genuine platonische Denkform gedeutet, - übrigens auch bezüglich Thomas von Aquin. Das Ideenwissen ist kein nachträgliches, sondern ein vorgängiges, als apriorisches, ein die Wesenskonstitution des Wissens ausmachendes Wissen, ohne das ein Wissen nicht gegeben ist." (ebd. 195) Dieses Zitat soll an dieser Stelle genügen; *Bader* geht im folgenden (ebd. 196f.) genauer darauf ein, daß Platon neben „primärer, ursprünglicher Konstitution des Wissens" auch wohl die sekundäre Reflexion kennt, aber diese ist der Bereich der „Wiedererkennung (*Anamnesis*)" und damit nicht „erstes Wissen in uns" und somit „unkritisch ontologisiert" (wie bei Aristoteles). Ganz im Eckhartschen Verständnis, wie uns scheint (vgl. unsere Anmerkg. 261), trennt Platon nicht zwischen

Die Idee im Geschaffenen ist der erkenntnistheoretische Kernpunkt Meister Eckharts Ideenlehre: „... die körperliche Natur als solche [d.h. das rein Organische; Anmerkg.v.V.] unterscheidet nicht zwischen Ding und Idee, weil sie die Idee nicht kennt; denn diese erfaßt und kennt allein ein mit Vernunft oder Verstand begabtes Wesen. Deshalb ist die Wirkung des Verstandes in ihm nicht nur Wort, sondern Wort und Idee, welches beides, wie gesagt, das Wort Logos bedeutet."[265] Aufgrund dieser Feststellung zum vernunftbegabten Wesen des Menschen kann sich Eckhart auf Meinungen beziehen, die er von verschiedenen Leuten hört: „Ach, ich wähnte, daß jener Mensch gut sei. Wie kommt es, daß er so großes Leid und Ungemach erduldet, und ich glaubte doch, an ihm sei kein Fehl!"[266] Daß Eckhart diese Meinungen als - wie wir sahen - grobsinnige deklariert, liegt gemäß seiner Ideenlehre daran, daß sie einseitig durch Abstraktion erlangte Erkenntnis sind, daß sie den Menschen, den sie für gerecht halten, nur durch seine Werke als eben gerecht erkennen. Eckhart nennt diese Meinungen auch grobsinnig, wenn sie nur vom eigenen Standpunkt abstrahieren: „Gewiß, *wäre* es (wirkliches) Leid und wäre es *für sie* Leid und Unglück, was sie erdulden, so wären sie nicht gut noch ohne Sünde."[267] Gleichwohl beschreibt Eckhart an anderer Stelle die 'groben' Sinne dergestalt, daß sie quasi *fein*sinniger funktionieren, indem sie - vernunft-begabt - den „underscheit" der Idee erfaßen: „Es sagt ein großer Meister: Alles, was durch die Sinne eingebracht wird, das kommt nicht in die Seele noch in die oberste Kraft der Seele. Sankt Augustinus sagt, und es sagt auch Plato, ein heidnischer Meister, daß die Seele in sich alles Wissen naturhaft besitzt; darum braucht sie das Wissen nicht von außen in sich hineinzuziehen; vielmehr wird durch die äußere Anwendung des Wissens das Wissen offenbar, das in der Seele naturhaft verborgen ist. Ganz so wie bei einem Arzt, der mir wohl mein Auge reinigt und das Hindernis beseitigt, das das Sehen behindert, der mir aber nicht das Sehen des Auges verleiht. Die Kraft der Seele, die naturhaft im Auge wirkt, die allein verleiht dem Auge das Sehen, wenn das Hindernis beseitigt ist. So also gibt nichts von alledem, was durch die Sinne an 'Bildern' und Formen eingebracht wird, der Seele Licht, sondern es bereitet und

dem „Sein der Ideen und das Wissen von ihnen", sondern nimmt eine „apriorische Einheit von Wissen und Sein" an, die sich „*als solche* im apriorischen Vorwissen in uns" findet. *Bader* verweist weiter darauf, daß mit der platonischen „Idee des Guten" bereits das „Gottesproblem" genannt sei.
Unser Hinweis auf *Hödl* und *Bader* soll dazu dienen, daß die philosophischen Differenzierungen *Baders* das bei *Hödl* durchaus verständlich werdende „genuine theologische Anliegen" Eckharts („Idee in Gott") unterstreichen, *Hödls* „philosophische Wegweisung" degradiert sowohl Philosophie als auch Theologie.

265 *Largier*, 1993 II, 515 (Joh. Evg.). Zu Eckharts Verweis vgl. unsere Anmerkg. 256
266 Vgl. unsere Anmerkg. 226
267 *Largier*, 1993 II, 303 (BgT)

läutert die Seele, auf daß sie in ihrem Obersten des Engels Licht und mit ihm göttliches Licht rein aufzunehmen vermag."[268] Aus dieser Äußerung Eckharts wird eine leichte Einschränkung dessen deutlich, was er anderswo über die wissenschaffende Potenz der „Begriffsbestimmung"[269] ausgesagt hat. Das Augenmerk gilt es auch hier auf die naturhafte Vernunftbegabtheit des menschlichen Geistes zu lenken, der fähig ist, durch „die äußere Anwendung des Wissens" Begriffe zu bestimmen. Diese „äußere Anwendung des Wissens" wurde von Eckhart in der aristotelisch geprägten Ideenauffassung, der verstandesmäßigen Abstraktion[270], als nicht begriffsbildend angesehen. An dieser Stelle nun erfährt sie zwar immer noch eine defizitäre Charakterisierung[271], aber ihr wird darüber hinaus eine nicht ganz unwichtige Aufgabe zuteil, nämlich zu bereiten und zu läutern; anders: den „underscheit" zu erfassen. Diese Aufgabe ist ihr zusammen mit den Sinnen gestellt; letztere treten hierin in eine neue, *fein*sinnigere Relation zum Wissen, „das in der Seele naturhaft verborgen ist"[272].

In dem vorgenannten Zitat Eckharts ist weiterhin auf eine Schwierigkeit hinzuweisen, die dem Wort „verborgen" und mithin dem Akt des Offenbarwerdens zugrundeliegt. Eckhart bezieht sich ausdrücklich auf Platon, und somit läßt dieser Bezug an die Wiedererinnerungslehre, die Anamnesis, denken. Rekurrieren wir noch einmal auf *Bader*[273], der bei Platon keine Trennung der Ideen in ihrem höchsten Sein und dem Wissen von diesen sieht. Die Ideen sind nicht fundusartig aufbewahrt und wissen-bildend abrufbar, sondern ihr Sein und unser Wissen bilden eine Einheit. Soweit gesehen, ist eine Übereinstimmung der platonischen Sicht mit Eckharts gegeben: wenn nämlich die Idee der Dinge zur Begriffsbildung (d.h. Wissen) führt, weil nur in der Idee und dem durch sie gegebenen Wissen wahres Erkennen liegt.[274] Dennoch handelt es sich bei Eckhart nicht im

268 *Largier*, 1993 I, 395 (Pred. 36b). Wir lassen in diesem Zusammenhang die Parallelisierung von Vernunft-Seele-oberste Kraft der Seele-der Seele Licht vorerst außer acht.

269 Vgl. unsere Anmerkg. 264

270 Vgl. unsere Anmerkg. 259

271 Vgl. unsere Anmerkg. 263 zur Auffassung von *Largier*.

272 *Largier* (1993 I, 992f.) spricht hinsichtlich des „Wissens um die Wahrheit", welches in der Seele als „bereits Angelegtes, also ...von Gott Mitgeteilte[s]" besteht, von „Übung": „Dabei spielt jedoch die Übung der Sinne und des abstrakten Erkennens eine entscheidende Rolle, insofern sie die Seele läutern." Der Begriff „Übung" wird auch von Eckhart selbst benutzt, oft auch als nicht direkt auf das Praktische zielende Bezeichung des Strebens, und hat für unser Postulat der dialektischen Struktur bei Eckhart eine hermeneutische Schlüsselstellung, wie es besonders im Verlauf des II. Antithese-Teils deutlich werden wird.

273 Vgl. unsere Anmerkg. 264; Bezug auf *Bader*.

274 Sprechen wir hier von Einheit so ist auch das Problem der Substanz und Relation gemeint, welche Teile der „zehn Seinsweisen" (vgl. z.B. Eckharts Predigt 9 'Quasi

reinen Sinne um Anamnesis, die Platon als zu leistenden Aufstieg (Höhlengleichnis[275]) herauf zur Erkenntnis kennzeichnet. Diese Sichtweise widerspricht Eckharts christlichem Verständnis des sich aus eigenem göttlichen Willen persönlich offenbarenden Gottes, denn „wäre es Gottes Wille nicht, so wäre es auch nicht“[276]. Dem Verborgensein der wahren Erkenntnis in der Seele des

---

stella matutina', in: *Largier*, 1993 I, 105 ff.) bilden, das Eckhart in der lateinischen Predigt über Ecclesiastici (Sermones et Lectiones super Ecclesiastici Cap. 24, in: Lateinische Werke. Bd 2, hrsg. und übers. von Albert Zimmermann und Loris Sturlese, Stuttgart/Berlin/Köln 1992, 231-300; zitiert: Eccli. LW II) bespricht. Hinsichtlich der Substanz sagt Eckhart in Referenz auf „Heilige und Theologen“ (d.h. Augustinus und Thomas von Aquin), daß die „Substanz als Substanz nicht die Eigenschaft hat sich auszuströmen. Denn sie ist nicht auf anderes, sondern nach innen, auf sich selbst bezogen. Sodann gehört sie ihrer ganzen Natur nach zum Sein, und das ist in Gott immer eines. Deshalb sagen die Heiligen und Theologen treffend, daß in Gott die Wesenheit nicht zeugt.“ (Eccli. LW II; 240f.) Interessant ist in diesem Zusammenhang ein Blick *Fischers* auf Thomas von Aquin: „Darum kann die Substanz Gottes als der 'Ort' der Ideen angesehen werden, die mit der Wesenheit Gottes identisch sind; die Ideen der Dinge sind in diesem Nicht-Andern ungeschaffen, wie die Wesenheit Gottes ungeschaffen ist.“ (*Fischer*, Heribert, Grundgedanken der deutschen Predigten, in: Meister Eckhart der Prediger. P. Udo M. Nix O.P. und P. Dr. Raphael Öchslin O.P. (Hrsg.), Freiburg/Basel/Wien 1960, 39; zitiert: 1960). Die Relation aber ist ebenfalls in der Substanz gegeben, denn „das Zeugungsvermögen sei nicht die Wesenheit schlechthin, sondern die Wesenheit (in Verbindung) mit der Beziehung“ (Eccli. LW II; 241). Mit Boethius, De trinitate, wird der Trinitätsbezug hergestellt: „'die Wesenheit wahrt die Einheit, die Beziehung entfaltet die Dreiheit'.“ (ebd.) Die Konstellation Substanz und Relation ist, wie aus obigen Zitaten zu entnehmen, Basis für Erkenntnislehre, Ontologie und besonders für die Theologie Eckharts, welcher wir im Kontext des thetischen Begriffs „Die Gerechten“ explizit ab Kapitel 5: Gerechtigkeit ist Gott nachgehen werden.
Noch eine kurze Bemerkung zu den von uns erstellten Kontexten: Obwohl obiger Zitatzusammenhang hauptsächlich auf Thomas von Aquin rekurriert (vgl. Eccli. LW II; 239ff.), somit die aristotelische Konzeption anspricht, dagegen unser Kontext an dieser Stelle die platonische Ideenlehre bedenkt, ist nicht von gegenläufigen Konzeptionen zu reden, denn zum einen sind die Wesenheit Aristoteles‘ und die Idee Platons substantiell aufzufassen, zum anderen spricht Eckhart - beide bedenkend - von der läuternden und zubereitenden Aufgabe der Sinne, um rein die Idee zu schauen - wie wir es bereits zitiert haben. Vgl. auch unsere Anmerkg. 264. Außerdem gilt, Eckhart steht in der Tradition Thomas‘.

275 *Platon*, Der Staat, 7. Buch, in: Sämtliche Dialoge. Hrsg. Otto Apelt, Einl. Literaturübersichten, Anm.u.Reg.vers., Hamburg 1993, 269ff.

276 *Largier*, 1993 I, 47 (Pred. 4). Zum Begriff des Aufstiegs ist folgendes anzumerken: Eckhart beschreibt im Traktat 'Vom edlen Menschen' (VeM) in Anlehnung an Augustinus einen Stufenweg, um Gott zu erkennen. Nun scheint er aber mit dem Satz „Jederart von Vermittlung ist Gott fremd“ (*Largier*, 1993 II, 325; VeM) einerseits das Ende dieser Stufung, die Einung des Menschen mit Gott, als wesentliches Moment des Verhältnisses Gott-Mensch betonen zu wollen, andererseits aber gleich-

Menschen ist somit auch die göttliche Offenbarung inhärent: „Da Gott selbst diesen Samen eingesät und eingedrückt und eingeboren hat, so kann er wohl bedeckt und verborgen und doch niemals vertilgt noch in sich ausgelöscht werden."[277] Der eingesäte Samen entspricht dem, daß „die Seele in sich alles Wissen naturhaft besitzt"[278], aber eben nicht als Appropriation. Auch in diesem Sinne, d.h. nicht in appropriierter Konstellation, kann Eckhart feststellen, „daß der Gerechte als solcher in der Gerechtigkeit selbst ist. Denn wie wäre er gerecht, wenn er außerhalb der Gerechtigkeit wäre, getrennt von der Gerechtigkeit draußen stände? /.../ der Gerechte ist in der Gerechtigkeit selbst enthalten, wie das Konkrete im Abstrakten /.../ der Gerechte ist das Wort der Gerechtigkeit, durch das

---

zeitig den Weg (den Aufstieg der platonischen Anamnesis) zu verwerfen. Vgl. zur letzteren Interpretation unsere Anmerkg. 194. Unseres Erachtens ist Kurt *Ruh* (vgl. 1996, 318f.) zuzustimmen, daß Eckhart eine explizite, d.h. konkret-meditativ-reflexiv, Stufung ablehnt, da somit die menschliche Reflexion konstitutiv für das Erkennen Gottes und diesem kausal vorgeordnet wäre. Alois M. *Haas* (Meister Eckharts geistliches Predigtprogramm, in Freiburger Zeitschrift für Philosophie und Theologie. Bd. 29, Freiburg (Schweiz) 1982, 194f.; zitiert: 1982) schreibt diesbezüglich, daß „alle Stufen- und Wegschemata, welche die Geschichte der christlichen Mystik kennt" bei Eckhart wegfallen, denn „es geht um die absolute Weiselosigkeit des Gottfindens: Gottes Souveränität verlangt vom Menschen den Verzicht auf alle 'gedachten' Gottesbilder, auf alle hypostasierten 'Wege' und Zugänge zu ihm, damit wirklich alle Prärogativen bei Gott verbleiben und *er* es ist, der sich die Modi des Sich-Finden-Lassens durchs Geschöpf ausdenkt." Vgl. weiterhin *Kern*, 1994, bes. 50ff; *Seeberg* (21f.), der mit seiner rein neuplatonischen Eckhart-Interpetation im Gegenteil den Aufstieg als Möglichkeit sieht, „Widersprüche und Sprünge im Gedankengang Meister Eckharts" zu überwinden. Weiterhin *Bayer*, Hans, Mystische Ethik und empraktische Denkform. Zur Begriffswelt Meister Eckharts, in: Deutsche Vierteljahresschrfit für Literaturwissenschaft und Geistesgeschichte (DVjS). Richard Brinkmann/Hugo Kuhn (Hrsg.), 50. Jg., Stuttgart 1976, 377-405, der aus der Begriffswelt Eckharts unter anderem auch den Begriff der Vermittlung bedenkt, den er - entgegen der Quintschen Übersetzung - als „'Mittleres'" übersetzt sehen möchte. Das Mittlere meine eine „*Stufe der Veredlung* [ein Eckhartscher Begriff; Anmerkg. v.V.], die Theorie der Transmutation *von einem eussersten Orthe zu dem andern* (aus: Chymische Schrifften; 1683, S. 23), die jeglicher Materie, nicht aber dem göttlichen Sein eignet" (ebd., 404). Der Hinweis *Bayers* auf die übersetzerische Bevorzugung „Mittleres" gegenüber dem Begriff der Vermittlung, die sich auf den interpretatorischen Ansatz der empraktischen Denkform, in diesem Zusammenhang auf die Alchemie, bezieht, erscheint wenig aussagekräftig, denn dem göttlichen Sein eignen weder Vermittlung noch Mittleres. Festzustellen wäre wohl für beide Begriffe ein Unterschied semantischer Art, daß nämlich Vermittlung Aktivität, Mittleres Passivität impliziert; gleichwohl gelten wiederum beide für die kreatürliche Ebene, - wie *Bayer* es auch sagt – als „Veredlung".

277 *Largier*, 1993 II, 319 (VeM); Bezug auf Origines

278 Vgl. unsere Anmerkg. 260

die Gerechtigkeit sich ausspricht und kundgibt. Denn wenn die Gerechtigkeit nicht gerecht machte, würde niemand sie erkennen /.../ indem die Gerechtigkeit den Gerechten gebiert oder gerecht macht, bleibt sie doch die Gerechtigkeit, bleibt sie Ursprung und Idee des Gerechten...“[279]. Wenn Eckhart - wie es hier deutlich wird - Gerechtigkeit und Gerechten in ein „underscheit“-Verständnis einbettet, wenn er diesen „underscheit“ dem zwischen Abstraktem und Konkretem vergleicht, wenn er den vernunftbegabten Mensch den „underscheit“ erfassen und kundgeben läßt, und zwar nicht nur als Wort, sondern vielmehr auch als Idee, die immer Idee bleibt -, so deutet er damit auf die Prägnanz der Gerechtigkeit als Idee; und - hermeneutisch - wird die Wichtigkeit der Ideenlehre in seinem Denkschema hervorgehoben: „Drum scheidet von Gott alles das ab, was ihn umkleidet.“[280] Daß die Idee bei Eckhart in ihrer erkenntnistheoretischen Position, der sicher auch eine gewisse Logik inhäriert, nicht unterschätzt werden darf, wird sich in Eckharts Ontologie und Theologie, denen sich die folgenden Kapitel des thetischem Teils der Dialektik zum „Gerechten“ widmen, zeigen. Es ist unseres Erachtens nicht vorteilhaft für das hermeneutische Verständnis, Eckharts ideelle Positionierung seiner Gedanken zu degradieren.[281]

2.2 Die metaphysisch-transzendente Grundlage

Gemäß der Ideenlehre wurde deutlich, daß Eckhart diejenige Idee meint, die nicht durch bloße sinnliche oder reflexive Abstraktion von den Dingen gewonnen wird, sondern vielmehr eine Idee, die vor und in den Dingen grundlegend ist und die zur wesenhaften Erkenntnis führt. Die Art der wesenhaften Erkenntnis wollen wir im dialektischen Verlauf aufschlüsseln. Wenden wir uns weiterhin an

279 *Larg8er*, 1993 II, 501f. (Joh.Evg.)

280 *Largier*, 1993 I, 429 (Pred. 40)

281 Dieses klingt bei *Manstetten* (269) an: „Zwar sagt Eckhart selber vom Gerechten, ... daß er vorgänig in der Gerechtigkeit enthalten ist, wie das Konkrete im Abstrakten und das Teilhabende in dem, woran es teilhat.., aber mir scheint, daß weder das Gegensatzpaar konkret/abstrakt noch die platonisierende Lehre von der Teilhabe - die beiden Modelle, die die Tradition hier vorgibt - hinreichend sind, das Eigentümliche seines [Eckharts; Anmerkg.v.V.] Ansatzes zu verdeutlichen.“ *Manstetten* spricht jedoch in diesem Zusammenhang auch von der ursprünglichen Idee, aber nur als „vulgärplatonisch verstandene“ (ebd. 268) und sieht so den Gerechten an sich immer (schon) in seiner „Personalisierung“ (ebd., 274), obgleich er ihn auch mit dem Begriff „transpersonal“ (ebd. 269) benennt. *Manstetten* fordert für Eckhart das Verständnis des „bloßen Wortes, das in seiner Blöße Vollkommenheit anzeigt“ (ebd. 282), gleichzeitig aber relativiert er diese Forderung, so daß der Unterschied zwischen „abstrakter Wesenheit und ... personalem Konkretum“(!) nur „vorläufig“ (ebd., 269) ist. Eckharts wichtige ideengeschichtliche Traditionslinie des (Neu)Platonismus wird zu sehr abgeschwächt.

Eckhart, der im Menschen, den er unter anderem in der ‚Expositio Sancti Evangelii' einen vernunftbegabten nennt, das Vermögen sieht, nicht nur die Wirkung zu erkennen, sondern auch deren Ursache oder Idee, denn „die Idee gehört zum Verstande, dem es eigen ist, ein und dasselbe unter verschiedenen Begriffen zu erfassen, was in der Natur und im Sein eins ist, zu unterscheiden und irgendwie die Ordnung <des Unterschiedenen> zu erfassen, nach der das eine vor dem andern ist, oder der eine von dem andern <sein Sein hat>“[282]. Das Denken beinhaltet somit nicht nur die unterscheidende, kategoriale Möglichkeit, sondern auch die, diese Ordnung ursächlich zu erkennen. Hiermit ist auch das Wirken der wesentlichen Idee im menschlichen Denken zu erfassen, die nämlich gleichsam transzendental, d.h. Erkennen als solches „möglich macht und umfängt“, und transzendent ist, d.h. „alles dies übersteigt“[283].

2.2.1 Gerechter und Gerechtigkeit: das Verhältnis

Ebenso als Idee, die das Wesenhafte erfaßt, sind Eckharts Aussagen über die Gerechtigkeit und den Gerechten zu fassen. Die Gerechtigkeit verankert den Gerechten dergestalt in sich, daß nicht nur Handeln und Werke ihn als gerecht erkennen lassen, sondern daß er vielmehr von ihr nicht zu trennen ist, denn er steht “so fest in der Gerechtigkeit und [hat] sich so gänzlich ... selbst entäußert, daß [er] weder die Pein der Hölle noch die Freude des Himmelreiches noch irgend etwas beachtet“[284]. So kann Eckhart auch sagen, daß „der Gerechte als solcher in der Gerechtigkeit selbst ist“[285]. Die Hervorhebung in Eckharts Aussage verdeut-

---

282 *Largier*, 1993 II, 519 (Joh. Evg.)

283 *Welte*, 1979, 53

284 *Largier*, 1993 I, 79 (Pred. 6)

285 *Largier*, 1993 II, 501 (Joh. Evg.); Hervorhebg.v.V. Vgl. auch *Langer*, 1987, 269, der hier explizit von einer „These“ Eckharts spricht, die „bereits ein Nebeneinander zweier selbständiger Substanzen ausschließen“ will; „jede Zweiheit“ ist ausgeschlossen (ebd.). Das entsprechende Kapitel bei *Langer* („Das Verhältnis von Gerechtigkeit und Gerechtem als Exempel der Attributionsanalogie. Univoke Aspekte dieser Relation“; ebd.) ist eine Auseinandersetzung mit Burkhard *Mojsisch* (1983) über analoge und univoke Aussagen Eckharts in der Johannes-Evangelium-Auslegung. Daß *Langer* die Eckhartsche Aussage, daß der Gerechte als solcher in der Gerechtigkeit ist, als These betitelt, korrespondiert mit der - bereits von uns erörterten - Ideenlehre Eckharts; aber auch mit - wie zu zeigen sein wird - dem Charakteristikum der Univozität in der Eckhartschen Lehre. Gleichwohl degradiert *Langer* den thetischen Ausgangspunkt zugunsten der Analogie zu einem bloßen Aspekt. Unsere Dialektik nimmt bei der Behandlung der Relation von Gerechtigkeit und Gerechtem diese thetische Basis auf und wertet sie nicht ab, denn beide Aussageweisen sind bei Eckhart zu finden und bestimmen letztlich seine Theologie und auch Mystik.

licht uns zweierlei, daß nämlich einerseits der Gerechte keine Vorrangstellung vor der Gerechtigkeit hat, andererseits die Gerechtigkeit keine vor dem Gerechten. Diese Konstellation bezeichnet Eckhart im ‚Buch der göttlichen Tröstung' als „aufeinander Bezug nehmen und sich ... zueinander verhalten"[286], d.h. es handelt sich um ein Verhältnis. Wir verkürzen an dieser Stelle das Zitat, um vorerst das Verhältnis[287] überhaupt zu konstatieren. Aufeinander Bezug nehmen und sich zueinander verhalten ist keine einseitige, appropriierte Beziehung, sondern beide Teile konstituieren das Verhältnis, und demgemäß ist es an sich gegeben. Die Setzung des Verhältnisses zwischen Gerechtem, der als solcher, und Gerechtigkeit, die als sie selbst gilt, lenkt den Blick wieder auf Eckharts erkenntnistheoretisch-abstraktes Denken: beide Komponenten sind primär in ihrer Idee, in ihrem Ursprung zu denken. Diese Ideenhaftigkeit trifft per definitionem für das Abstraktum der Gerechtigkeit zu, denn „man [muß] wissen, daß, wenn wir vom 'Guten' sprechen, der Name oder das Wort nichts anderes bezeichnet und in sich schließt, und zwar nicht weniger und nicht mehr, als die bloße und lautere Gutheit..."[288]. Daß auch der Gerechte als solcher als Idee gesehen werden kann, vertritt Eckhart in einer Erläuterung zum Vers 12,21 aus den 'Sprüchen Salomos'; dort heißt es: „'Den Gerechten betrübt nichts von alledem, was ihm widerfahren mag'". Dazu Eckhart: „Er [Salomon; Anmerkg.v.V.] sagt nicht: 'den gerechten Menschen' noch 'den gerechten Engel' noch dies noch das. Er sagt: 'den Gerechten'."[289] Der Gerechte korrespondiert mit dem Gerechten als solchen. Es geht Eckhart um „reines Gerechtes"[290]. Deutlicher kann er seinen denkerischen Ausgang vom Begriff, von der Idee, her nicht ausdrücken.[291] Seine

286 *Largier*, 1993 II, 233f (BgT)

287 Vgl. *Fischer*, 1960, 40-42, *Fischer* sieht - im theologischen Bezug - die Relation als grundlegend für die Substanz an (vgl. ebd., 40). Unser Kapitel 7 (Gegenwärtigkeit und Gleichheit des „einig Einen" als Sohn) wird diese Sicht verdeutlichen.

288 *Largier*, 1993 II, 235 (BgT); daß hier der Begriff Gutes/Gutheit anstatt Gerechtigkeit verwendet wird, wird weiter unten verständlich.

289 *Largier*, 1993 II, 239 (BgT); vgl. auch Predigt 39 (*Largier*, 1993 I, 420-427), in der sich Eckhart ebenfalls mit Vers 5,16 der Apokryphe 'Die Weisheit Salomos' beschäftigt.

290 Ebd. Burkhard *Mojsisch* (1983, 72) nennt im Zusammenhang des reinen Gerechten die „Differenz zwischen dem Gerechten als Gerechten und dem Gerechten, insofern er geschaffen ist".

291 Hier zeigt sich - wie im vorherigen Kapitel zur Ideenlehre bereits angesprochen - wiederum Eckharts spezifische denkerische Art. Diese ist nicht nur für das Philosophische bei ihm kennzeichnend, sondern auch seine spezifische Mystik und - was darüber hinaus am entscheidensten für das Verständnis Eckharts ist - seine Theologie werden von ihr geprägt. Unser eigener postulierter Standpunkt einer dialektischen Grundstruktur bei Eckhart wird durch sein Denken vom Begriff her untermauert.

Termini tragen das „Signum intensiver Geistigkeit. Die Anschaulichkeit weicht der Abstraktion"[292]. Soweit kann also folgendes festgehalten werden: Im Falle der Betrachtung von Gerechtem als solchem und Gerechtigkeit selbst, die ein Verhältnis bilden, kann von realen Abstrakta gesprochen werden; Voraussetzung aber ist eben diese abstrakte Sichtweise als konkret abstraktes Begreifen.[293]

Aus dieser Perspektive heraus vervollständigen wir obiges, verkürztes Zitat Eckharts: „Zum ersten muß man wissen, daß der Weise und die Weisheit, der Wahre und die Wahrheit, der Gerechte und die Gerechtigkeit, der Gute und die Gutheit aufeinander Bezug nehmen und sich wie folgt zueinander verhalten: Die Gutheit ist weder geschaffen noch gemacht noch geboren; jedoch ist sie gebärend und gebiert den Guten, und der Gute, insoweit er gut ist, ist ungemacht und ungeschaffen und doch geborenes Kind und Sohn der Gutheit."[294] Eckharts das

---

292 *Frühwald*, 142, mit Bezug auf VeM.

293 Herma *Piesch* benennt eine andere Sichtweise: „Die Gerechtigkeit des Gerechten ist für Eckhart durchaus kein nominalistisches Abstraktum..." (619). Dieser Feststellung ist - für den Fall der „Gerechtigkeit des Gerechten" (ebd.), mit dem *Piesch* konkrete Kreatürlichkeit bezeichnet - natürlich zuzustimmen. Jedoch bleibt die grundlegende Idee, die „vor den Dingen, die Ursache der Dinge und ihre Idee" ist - wie wir bereits aus Eckharts Auslegung zum Johannes-Evangelium zitiert haben (vgl. unsere Anmerkg. 259) - unberücksichtigt; dieses führt zur einseitigen Hervorhebung der un-Eckhartischen Idee als Abstaktion. Es gilt aber, die begriffsbestimmende Idee zu beachten, „die zum Verstande [gehört], dem es eigen ist, ein und dasselbe unter verschiedenen Begriffen zu erfassen, was in der Natur und im Sein eins ist, zu unterscheiden und irgendwie die Ordnung <des Unterschiedenen> zu erfassen, nach der das eine vor dem andern ist, oder der eine von dem andern <sein Sein hat>" - wie Eckhart sagt; vgl. unsere Anmerkg. 279-281.

294 *Largier*, 1993 II, 235 (BgT); vgl. unsere Anmerkg. 286. Dieser Satz ist der Beginn des ersten Teils des ‚Buch der göttlichen Tröstung', in dem Eckhart „diese und jene Wahrheit" als Trost (ebd., 233) behandeln möchte. Alois M. *Haas* sagt zu diesem Anliegen folgendes: „Wer Meister Eckharts 'Buch der göttlichen Tröstung' zu lesen beginnt, ist etwas erstaunt, wenn ihm anstatt konkreten Trostes zunächst ‚Wahrheiten' genannt werden, die ihn trösten sollen."; und weiter, daß somit der „individuelle Zustand der Leidverhaftetheit" überschritten werden muß. (*Haas*, 1978-2, 56; vgl. unsere Anmerkg. 237) Vielleicht läßt sich aber darauf hinweisen, daß Eckhart das Traktat mit göttlicher Tröstung überschrieben hat, und im Zuge dessen - ohne Neues mitzuteilen - fragen, ob sich hierin nicht wiederum sein wesentlicher, d.h. ideell-deduktiver Denkweg abzeichnet, der durch die von Josef *Koch* in den Anfängen der Eckhart-Forschung geprägte Wendung „'von oben', d.h. von Gott her" charakterisiert werden kann. (Zur Analogielehre Meister Eckharts, in: Altdeutsche und altniederländische Mystik. Kurt Ruh (Hrsg.), Darmstadt 1964, 288; zitiert: 1964) Wichtig ist in diesem Zitat die häufig von Eckhart benutzte Wendung „insoweit" (oft auch: insofern; im lateinischen Werk: inquantum), welche mit der „als solcher" korrespondiert; vgl. unsere Anmerkg. 290 sowie 262. Kurt *Ruh*, 1996, 313, nennt es „Eckharts hermeneutisches Schlüsselwort", das anzeigt, daß der Gute, insoweit er

gut ist, „nicht Geschöpf" (ebd.) ist, sondern aus der Güte geboren ist. Vgl. zum „inquantum" weiterhin z.B. *Mieth*, 1969, 134ff., 157f. Eckharts „insoweit"/„inquantum" trägt dazu bei, sein abstrakt-ideelles Denken in seiner primären Stellung zu erkennen und es somit konkret zu begreifen. Die Wendung mag unscheinbar sein, obgleich nicht in quantitativer Hinsicht; so ist sie auch qualitativ äußerst wichtig. Ferner muß auf Eckharts Diktion verwiesen werden. (vgl. unsere Anmerkg. 288) Eckhart sagt nämlich selbst: „Alles, was ich nun von dem Guten und von der Gutheit gesagt habe, das ist gleich wahr auch für den Wahren und die Wahrheit, für den Gerechten und die Gerechtigkeit, für den Weisen und für die Weisheit, für Gottes Sohn und Gott den Vater, für alles das, was von Gott geboren ist und was keinen Vater auf Erden hat, in das sich auch nichts von allem dem gebiert, was geschaffen ist, was nicht Gott ist, in dem kein Bild ist als der bloße, lautere Gott allein." (*Largier*, 1993 II, 237; BgT) In vorliegendem Kontext ist der erste Teil der Aussage zu den Transzendentalien und allgemeinen Vollkommenheiten wichtig, da er explizit sprachliche Strukturen erklärt, die als hermeneutische Hilfestellung Eckharts beachtet werden sollten. Reinhard *Schwarz* (17) schreibt, im Vergleich zum lateinischen Begriff 'iustus' und 'iustitia', daß Eckhart im Deutschen die „Begriffe 'gut' und 'Gutheit' vermutlich deshalb bevorzugt, weil sie eher als die Begriffe 'gerecht' und 'Gerechtigkeit' ein universales Prädikat der Vollkommenheit liefern". (Zu *Schwarz* ist aber anzumerken, daß seine Begriffe „'gut'" und „'gerecht'" mißverständlich sind, da sie als Adjektive Prädikationen implizieren, die nicht dem Guten/Gerechten als solchen korrespondieren, worauf wir im vorliegenden Kontext des thetischen Begriffs „Die Gerechten..." (nach Eckharts Sap.-Vers-Vorgabe) abzielen (Vgl. unsere Anmerkg. 289 sowie Kapitel 1. und 1.1 im zweiten Hauptteil vorliegender Untersuchung). Gegenteilig sind wir der Auffassung, daß gerade der Begriff Gerechtigkeit Universalität ausdrückt. Heribert *Fischer* (1960, 43f.) weist diese Vollkommenheit gerade für Gerechter/Gerechtigkeit aus, „da ihr begrifflicher Inhalt den gesamten Ordo des Seins und Wirkens umschließt", d.h. am Beispiel Gerechter/Gerechtigkeit verdeutlicht sich am prägnantesten der Charakter des Verhältnisses. Darüber hinaus ist der Verhältnischarakter im Begriff Gerechtigkeit etymologisch festzustellen: das Adjektiv „recht" ist aus einer „alten Partizipialbildung zu der indogermanischen Wurzel reg-: aufrichten, recken, geraderichten; dann auch richten, lenken, führen" (Duden, 577) entstanden. Des weiteren ist er im juristisch-philosophischen Kontext von Eckhart in der deutschen Predigt zu Weish. 5,16: „'Die Gerechten werden leben ewiglich, und ihr Lohn ist bei Gott.'" (den Leitvers Eckharts haben wir als leitend für unsere Dialektik gesetzt; vgl. unsere Anmerkg. 222) interpretiert worden: „Eine Schrift sagt: ‚Der ist gerecht, der einem jeden gibt, was sein ist'..." (*Largier*, 1993 I, 77; Eckhart bezieht sich auf die Gesetzessammlung des Kaiser Justinian). Im weiteren Verlauf der Predigt geht Eckharts Interpretation in die theologische Perspektive über, welche auch zum gleichen Vers explizit in der Predigt 39 (*Largier*, 1993 I, 420-427) angewandt wird. Unsere dialektische Aufarbeitung wird zeigen, daß überhaupt die theologische Analyse, die Eckhart im transzendenten Bereich der Gottesgeburt in der Seele gipfeln läßt (vgl. dazu die Kritik von *Bindschedler*, 61), den Begriff der Gerechtigkeit als Idee und dessen Kommensurabilität mit anderen allgemeinen Vollkommenheiten unterstreicht. Der zweite Teil der hier zitierten Aussage „für Gottes Sohn und Gott den Vater ..." betrifft die Hermeneutik der Theologie Eckharts, auf die später eingegangen wird.

Verhältnis Gerechtigkeit/Gerechter erklärende Aussagen stellen einerseits die Gerechtigkeit in ihrer Selbstheit und andererseits den Gerechten als solchen dar. Dennoch fügt Eckhart zwei Einschränkungen ein, die die Perspektive auf das Verhältnis zwischen Gerechtigkeit selbst und Gerechtem als solchem noch einmal wieder verändern: Die Gerechtigkeit ist „gebärend und gebiert" den Gerechten, welcher „geborenes Kind und Sohn" der Gerechtigkeit ist. Diese Einschränkungen lassen wieder an das Mittelwort des anfänglichen Zitats denken, daß nämlich der Gerechte als solcher <u>in</u> der Gerechtigkeit selbst ist. Hier zeigt sich ganz offensichtlich eine Polarisierung des Verhältnisses. Es wird durch das Verhältnis-Wort „in" aus seiner reinen Abstraktheit (Gerechter als solcher und Gerechtigkeit selbst) in eine präpositionale Bestimmtheit[295] gerückt. Wie diese Bestimmtheit sich darstellt, beschreibt Eckhart durch ein metaphorisches Beispiel: „Man stellt sich die Frage, wo das Sein des Bildes ganz eigentlich sei: im Spiegel oder in dem, wovon es ausgeht? Es ist eigentlicher in dem, wovon es ausgeht. Das Bild ist in mir, von mir, zu mir. Solange der Spiegel genau meinem Antlitz gegenübersteht, ist mein Bild darin; fiele der Spiegel hin, so verginge das Bild."[296] Übersetzen wir die Metaphern, so steht das Bild für den Gerechten als solchen und das, von dem das Bild ausgeht, für die Gerechtigkeit selbst. Eckharts eigene Frage entspricht der von uns festgestellten präpositionalen Bestimmtheit. Somit ist das von uns eingangs nur postulierte Verhältnis als ein bestimmtes Verhältnis interpretierbar; nämlich dahingehend bestimmt, daß der Gerechte, auch als solcher, auf die Gerechtigkeit selbst angewiesen ist. Es ist somit ein Abhängigkeitsverhältnis. Dieses überrascht, widerspricht es doch dem Gerechten, der eben als solcher gesetzt ist. Im folgenden muß das Verhältnis also näher präzisiert werden. Was an dieser Stelle bereits deutlich wird, ist, daß die Logik der Idee, die - wie wir sahen - das Geschaffene begründet[297], auf eine andere Ebene transponiert werden muß, wenn des Gerechten „Stehen in der Gerechtigkeit" - wie Kurt *Ruh*[298] es bezeichnet - in seiner vollkommenen Aussagekraft erfaßt werden soll; d.h. - in Erinnerung unserer anfänglichen Maxime - Eckharts Gerechtigkeitsbegriff als <u>konkret</u> abstraktes Begreifen[299].

---

295 *Beierwaltes*, 1972, 60: „Für Eckhart ist es charakteristisch, daß er das Problem der Kausalität und des trinitarischen Prozesses durch eine Reflexion auf Präpositionen analysiert." *Beierwaltes* verweist auf den „platonischen Ursprung dieser Denkform und deren neuplatonische und patristische Differenzierung". (ebd.)

296 *Largier*, 1993 I, 113 (Pred. 9)

297 Vgl. unsere Anmerkg. 264; weiterhin zur Begründung des Geschaffenen durch die Idee auch Eckharts Auslegung von Gen. 1, 3-4 im ‚Liber parabolarum Genesis' (Gen.2 LW I, 523ff.)

298 *Ruh*, 1996, 340f.; vgl. unsere Anmerkg. 224

299 Vgl. unser Kapitel 1.1 Der „underscheit": Determinierung des Abstrakten

2.3 Gerechtigkeit in der Transzendenz

Bisher wurde deutlich, daß der „underscheit" zwischen dem Gerechten als solchen und der Gerechtigkeit selbst zunächst ein logisch nachvollziehbares, abstraktes Verhältnis meint, in dem sich beide Komponenten ideell gegenüberstehen. Dieses Verhältnis wurde sodann als präpositional bestimmte Abhängigkeit festgestellt, die es im folgenden zu präzisieren gilt. Diesbezügliche Fragen wären: was ist die Gerechtigkeit explizit? und: warum ist der Gerechte in der Gerechtigkeit und nicht die Gerechtigkeit in ihm? Und eine sich anschließende ist: Wie ist der Gerechte als solcher zu interpretieren? Die Beantwortung muß in Eckharts Transzendentalienlehre gesucht werden; sie muß darin gesucht werden, daß gewöhnliches, kategorial an die dinghafte Welt gebundenes, vorstellungsgebundenes Denken überschritten wird. Die Transzendentalienlehre Eckharts verweist uns somit auf die Ebene der Ontologie. Das Verhältnis von Gerechtem und Gerechtigkeit muß ontologisch gedacht werden. Nur so sind wir in der Lage, es im konkret abstrakten Begreifen aufzunehmen. In ihrer Spezifik resultiert Eckharts Transzendentalienlehre einerseits aus seiner Sichtweise der Idee, die die Dinge in ihrem Wesen erfaßt, und gleichzeitig wird andererseits die Ideenlehre in ihrer grundlegenden Position im Denken Eckharts durch jene nochmals verdeutlicht. Eckharts Ideenlehre „besteht darin, die Transzendentalien- und Universalienlehre so zu interpretieren, daß Wahrheit und Einzelwahres, Sein überhaupt und Dieses-Sein, Allgemeines und Besonderes sich aufeinander beziehen, mutuo se respiciunt..."[300], womit wieder das Verhältnis an sich in den Blickpunkt gerückt ist.

Es ist bereits die Kommensurabilität der allgemeinen Begriffe genannt worden[301], die Eckhart - von der Gutheit ausgehend - für die Wahrheit, Gerechtigkeit und Weisheit feststellt. Für unsere Untersuchung ist hieraus die exemplarische Betrachtung der Gerechtigkeit zu rechtfertigen. An anderen Stellen, besonders des lateinischen Werkes, variiert Eckhart diese Aufzählung und scheint durch das häufige „und dergleichen" ihre sprachliche Unfaßbarkeit, wohl auch Offenheit, zu betonen: „Seiendes aber oder Sein und jede Vollkommenheit, besonders jede allgemeine, wie Sein, Eines, Wahres, Gutes, Licht, Gerechtigkeit und dergleichen..." oder „Die Allgemeinbegriffe, zum Beispiel Sein, Einheit, Wahrheit, Weisheit, Güte und dergleichen..."[302]. Dieses variierende Verfahren

300 *Flasch*, Kurt (Hrsg.), Die Intention Meister Eckharts, in: Sprache und Begriff. Festschrift für Bruno Liebrucks, herausgeg. von Heinz Röttges, Brigitte Scheer, Josef Simon, Meisenheim 1974, 303f. (zitiert: 1974)

301 Vgl. unsere Anmerkg. 294

302 Eccli. LW II, 281 und *Largier*, 1993 II; 467 (Prol. gener.). Vgl. in Eckharts ‚Prologus generalis in opus tripartitum' (*Largier*, 1993 II, 465) das erste Werk der allge-

verdeutlicht nicht nur eine gewisse Vergleichbarkeit, sondern läßt auch Konvertibilität vermuten, die Eckhart auch bestätigt: „...eins, seiend, wahr und gut sind miteinander vertauschbar."[303] Aus diesen beiden Charakteristika der Begriffssammlung leitet sich erstens ab, daß die Transzendentalien ens, unum, verum, bonum mit Allgemeinbegriffen oder Vollkommenheiten wie Gerechtigkeit, Gutheit, Weisheit, Wahrheit[304] gleichbedeutend sind. Zweitens, was wichtiger ist, da es ihre Repräsentation betrifft, können die Begriffe nicht Unterschiedliches[305] meinen. Das heißt, sie können nicht mehr nur reallogisch kategorial und aposteriori faßbar gemacht, sondern müssen als transzendentales Apriori gedacht werden. Eckhart versteht nämlich nicht nur die Transzendentalien, entsprechend platonisch-aristotelischer-scholastischer Tradition, sondern besonders auch die vollkommenen Allgemeinbegriffe als ursprüngliche Bestimmungen, die allen anderen Kategorien vorausgehen, zukommen und diese durchwalten.[306] Damit denkt Eckhart über die Tradition hinaus, die die Allgemeinbegriffe - wie z.B. die Gerechtigkeit - kategorial der Qualität und somit akzidentiell, einem sie tragenden Subjekt zugeordnet, verstand: „Die Allgemeinbegriffe, zum Beispiel Sein, Einheit, Wahrheit, Weisheit, Güte und dergleichen darf man sich nicht vorstellen oder beurteilen nach der Seinsweise und Natur der Akzidentien. Denn diese empfangen ihr Sein in einem Träger und durch einen Träger und durch dessen Veränderung, sind also (ihrer Natur nach) später als er und empfangen ihr Sein als Sein an etwas. Deshalb empfangen sie auch ihre Zahl und Einteilung nach dem (Verhältnis zum) Träger, in dem Maße, daß er in die Begriffsbestimmung derartiger Akzidentien eingeht, sofern sie Sein haben."[307] Sein haben die Akzidentien nur durch das Sein der Subjekte, welche somit durch jene bestimmt werden.[308] Mit den Transzendentalien und Allgemeinbegriffen verhält es sich näm-

---

meinen Thesen, bestehend aus 14 Abhandlungen, welche die Transzendentalien und Allgemeinbegriffe auflisten.

303 Joh. LW III, 99: Eckhart geht vom Johannes-Vers „'Er kam in sein Eigen'" aus und bezieht sich auf Augustinus, 'De vera religione': „'Die im Schwulst eines vielgeschäftigen Lebens erzeugten Bilder lassen die unveränderliche Einheit nicht schauen.'" (ebd., 99)

304 Vgl. *Schwarz*, 18; *Mieth*, 1969, 157; *Fischer*, 1974-1, 83, 95f.

305 Vgl. *Largier*, 1993 II, 755; Stellenkommentar

306 Vgl. ‚Prologus in opus propositionum', in: Lateinische Werke. Bd 1, hrsg. und übers. von Konrad Weiß und Heinrich Lammers, Stuttgart 1964, 171, (zitiert: Prol. op. prop. LW I): „Überdies sind seiend, eines, wahr und gut die ersten und allen gemeinsamen Bestimmungen in den Dingen. Deswegen sind sie bei und in allen vor dem Hinzutreten jeder anderen nicht ersten und (nicht) allumfassenden Ursache. Außerdem sind sie in ihnen nur von der ersten und allumfassenden Ursache her."

307 *Largier*, 1993 II, 467f. (Prol. gener.)

308 „Da die Akzidentien ihren Namen von ihrem Verhältnis zur Substanz [d.h. Träger; Anmerkg.v.V.] haben, die ihrem Wesen nach Seiendes ist und der das Sein we-

lich wie mit dem Sein: „Denn das Sein selbst und was mit ihm bis zur Vertauschbarkeit identisch ist, kommt nicht wie etwas Späteres zu den Dingen hinzu, sondern ist früher als alles andere in den Dingen. Denn das Sein selbst empfängt sein Sein nicht an etwas noch von etwas noch durch etwas noch kommt es (von außen) herbei noch zu etwas hinzu, sondern es geht voraus und ist früher als alles. Deshalb ist das Sein aller Dinge unmittelbar von der ersten Ursache und von der allumfassenden Ursache aller Dinge. Vom Sein also 'und durch es und in ihm ist alles' (Röm. 11,36), es selbst aber ist von nichts anderem."[309]

Damit ist weiterhin - auch in bezug auf unseren Gedankengang - impliziert, daß die Gerechtigkeit zu den Transzendentalien gehört: „Von der Gerechtigkeit sagt Augustinus im 3. Buch der Bekenntnisse: die Gerechtigkeit ist 'überall und immer' (dieselbe), 'nicht anderswo eine andere noch ein andermal anders'..."[310]. Diese Aussage betont die hermeneutische Notwendigkeit, mit Eckhart die Gerechtigkeit explizit nicht immanent seiend, sondern transzendent seiend zu denken: sie ist ungeschaffen, ungemacht und ungeboren, sie ist Gerechtigkeit in ihrer Blöße und Lauterkeit; so - wie wir sahen - Eckhart im ‚Buch der göttlichen Tröstung'. Für Eckhart ist die Gerechtigkeit selbst wesentlich transzendental. Die Gerechtigkeit als allgemeine Vollkommenheit ist für Eckhart „nicht nur abstrakt, sondern absolut, d.h. mit dem Sein identisch. Man spricht mit Recht von einer Transzendentalienhypostasierung"[311] bei Meister Eckhart. Sie „schließt die pluralistische existentialistische Interpretation aus."[312] Auch ist die Gerechtigkeit kein Akzidens, tugendhafter Habitus oder Disposition am jeglichen Seienden, sondern „transzendental bestimmtes Sein"[313]. Aus Eckharts Augustinus-Zitat geht neben der Gerechtigkeit als Transzendente auch hervor, daß sie eine ist.[314] Wie das Sein ein Sein ist: „alle Kreaturen sind ein Sein"[315], ist die eine Gerech-

---

sensmäßig zukommt, so sind die Akzidentien kein Seiendes und verleihen nicht das Sein der Substanz. Das Akzidens ist aber wohl Quantität oder Qualität und verleiht das Sogroß- oder Sobeschaffensein: das Ausgedehntsein, das Lang- oder Kurzsein, das Weiß- oder Schwarzsein, aber es verleiht nicht das Sein noch ist es ein Seiendes." (*Largier*, 1993 II, 531 (Quaest. Par. I); vgl. *Fischer*, 1974-1, 52: „Akzidens wird damit Seiendes des Seienden."

309 *Largier*, 1993 II, 469 (Prol.gener.) Daß das indistinctum, die prima causa, mit Gott identisch ist, wird im nachfolgenden deutlich.

310 Eccli. LW II, 281. Hierin spricht sich wiederum die Ideenlehre Eckharts aus. Vgl. *Mieth*, 1969, 157: „Es gibt nur ein transzendentales Sein; da alle Vollkommenheiten Seinsvollkommenheiten sind, sind sie ebenfalls transzendental."

311 *Mieth*, 1969, 139; vgl. auch *Fischer*, 1974-1, 83ff., der von einer „Transzendentalphilosophie" Eckharts spricht.

312 *Kern* 1994, 97.

313 *Schwarz*, 19

314 Vgl. *Kern*, 1994, ebd.; *Mieth*, 1969, 157; *Schwarz*, 20

315 *Largier*, 1993 I, 99 (Pred. 8)

tigkeit. Wie die Gerechtigkeit somit als Sein verstanden wird, ist im anschließenden Kapitel zur Ontologie Eckharts ausgeführt.

An dieser Stelle verbleibt noch die Klärung der zweiten Komponente des Verhältnisses: der Gerechte als solcher, der als eben dieser nicht gemacht und nicht geschaffen ist. Aus den vorhergehenden Erläuterungen erhellt, warum der Gerechte als solcher auch als in seiner Transzendenz stehend aufgefaßt werden muß. Er repräsentiert Absolutes, indem er in der Gerechtigkeit ist, d.h. nur in ihr hat der Gerechte sein als gerecht bestimmtes Sein: „Alles, was zum Guten [d.h. auch zur Gerechtigkeit; Anmerkg.v.V.] gehört, empfängt er von der Gutheit in der Gutheit. Dort ist und lebt und wohnt er“[316]. Es ist auf die hermeneutische Anforderung, in der wir als Rezipienten Eckharts stehen, hinzuweisen, die durchaus schwierig für das Denken ist: Der abstrakte Begriff des Gerechten als solchen wird erst dann konkret für das Begreifen, wenn er absolut verstanden wird. Konkret abstraktes Begreifen ist notwendig. Eckharts ideelle Perspektive wird nicht verfehlt, wenn der Gerechte auf transzendenter Basis, d.h. in der Vollkommenheit der Gerechtigkeit selbst, erfaßt wird. Der Gerechte als solcher ist in keiner Weise durch endliche, kreatürliche Proprietäten bestimmbar, sondern nur durch die transzendentale Gerechtigkeit. Das Verhältnis von Gerechtem als solchem und Gerechtigkeit selbst ist - wie wir festgestellt haben[317] - von Abhängigkeit geprägt, welche durch den präpositionalen Sinngehalt begründet wird. Jedoch bedarf diese Feststellung an dieser Stelle einer wesentlichen Erweiterung: es handelt sich nämlich nicht um ein endliches, kausales Abhängigkeitsverhältnis, sondern um ein unendliches, transzendental gedachtes. Hier ist Eckhart ganz Metaphysiker. Eckharts Transzendentalien- und Universalienproblematik darf nun aber nicht zum Abgleiten in hypothetisches Denken verleiten. Im Gegenteil, und so muß als erstes feststehen: Eckharts „Gerechter als solcher in der Gerechtigkeit selbst“ ist explizit als These aufzufassen. Es gilt nicht zu spekulieren (im pejorativen Sinne): gesetzt den Fall, daß der Gerechte in der Gerechtigkeit ist...; vielmehr gilt es, sich mit Eckharts Aussage, daß der Gerechte als solcher in der Gerechtigkeit ist, zu identifizieren und sie verbindlich für den gedanklichen Nachvollzug konstitutiv aufzufassen. D.h. der Gerechte als solcher und die Gerechtigkeit selbst müssen apriorisch, ideell grundlegend für das Denken, unabhängig von Naturdingen und Sachverhalten, die sie als gerecht benennen, somit nicht empirisch-sinnlich verstanden werden.[318] Nur so werden wir

316 *Largier*, 1993 II, 235 (BgT). Zur Metapher des Wohnens vgl. *Kern*, 1994, 25ff.; mit theologischem Bezug, zu dem wir in den folgenden Kapiteln kommen.

317 Vgl. Kapitel 2.2.1 (Gerechter und Gerechtigkeit: das Verhältnis)

318 Zum transzendentalen Denken Eckharts vgl. einige Interpretationsansätze z.B. von *Schönberger*, 1987, 256f., der fragt, wo Eckhart eigentlich ansetzt. Eckhart will nicht „die Exklusivität von Gehalten unterstreichen oder zu einer Spiritualiätt von

Eckharts gleichnishaftem Postulat gerecht: „Die Meister sagen: Hätte das Auge irgendwelche Farbe in sich, wenn es wahrnimmt, so würde es weder die Farbe, die es hätte, noch eine solche, die es nicht hätte, wahrnehmen; weil es aber aller Farben bloß ist, deshalb erkennt es alle Farben."[319] Und als methodisch-hermeneutischer Hinweis - ein zweites: nur so ist konkretes abstraktes Begreifen und - damit einhergehend - dialektisches Denken möglich, dem sich unsere Untersuchung verpflichtet: „Die Universalienfrage [gilt] als 'Inbegriff der ganzen Dialektik'".[320] Eckhart weist mit seiner Sicht der allgemeinen Vollkommenheiten, zugehörig den universellen Transzendentalien, durch eben diese Verbindung auf eine objektive Realität. Wenn wir von einer objektiven Realität der Gerechtigkeit und des Gerechten sprechen, so sind damit verschiedene Aspekte angesprochen. Erstens meint diese nicht nur explizit den platonischen extremen Realismus[321], weil dieser an sich eben nicht der christlich-biblischen Charakteristik entspricht, sondern auch, daß sich an diesen neuplatonisches (christliches) Gedankengut (Augustinus und Dionysius Areopagita) und auch Eckharts Berücksichtigung der aristotelisch-thomistischen Tradition binden.[322] Zweitens ist mit letzterer Traditionseinbindung aber impliziert, daß Eckhart nicht nominalistisch denkt; für Transzendentalien und Vollkommenheiten und in bezug auf seine Theologie fordert er eindeutig den „Bruch mit dem schul-aristotelischen Inhae-

---

elitärem Anspruch herausfordern." Es handelt sich „durchgehend um Bedingungen des Verstehens", die darüber hinaus auch „das Transzendieren der konventionellen Glaubens- und Moralvorstellungen" einschließen. Eckhart setzt beim „esse ideale" und „Wesentlich-werden", bei der „Entindividualisierung" (ebd., 263) an. Zu *Schönberger* ist allerdings zu sagen, daß er das esse ideale Eckharts letztlich, obgleich „'Gut'...ein ontologisches Transzendentale" (ebd., 271; Gutes ist Gerechtigkeit äquivalent) ist, negativ bewertet: „Rationalität... wird durch die Lehre vom schon realen und so praxisrelevanten esse ideale verwandelt in seine Sicht der Dinge, wo mit der Kontingenz auch deren Bewältigungsbedürftigkeit verschwunden ist" (ebd., 272). *Bindschedler*, 60, der „Bestimmung der Gerechtigkeit entspricht ein des-individuierender Begriff", auch in *Bindschedlers* Sichtweise finden sich Vorbehalte; vgl. unsere Anmerkg. 239; *Flasch*, 1974, 306, der eindeutig pro Idee festhält, daß Eckhart „die Denkregeln durchbricht, die für die Analyse der Dingewelt aufgestellt worden sind."; es geht Eckhart um das „nicht-dingliche" (ebd.) Denken. *Bader*, 216, spricht von „transzendentaler Standpunkt-Reflexion", die der Mystiker, eben auch Eckhart, innehat, die, wenn nicht berücksichtigt, zu Mißverstehen führt, weil sie generell von „systematischem Stellenwert" ist.

319 *Largier*, 1993 II, 261 (BgT)

320 *Ralfs*, 88 (Zitat des Petrus Abaelardus)

321 Vgl. Kapitel 1.1; vgl. unsere Anmerkg. 239

322 Zu den verschiedenen Traditionslinien, die in Eckharts Denken zu finden sind, vgl. die Übersicht bei *Fues*, Kapitel VIII (Die Eckhart-Interpretation nach dem zweiten Weltkrieg), 215-295

renzschema"[323] und bestimmt somit nicht wie Thomas von Aquin das kreatürliche Sein (des gerechten Menschen) als zum göttlichen Sein proportional, d.h., daß letztlich der gerechte Mensch die Gerechtigkeit in ihr Sein ruft, das ohne ihn nicht besteht, daß er dieses somit selbst inhäriert.[324] In einem dritten Aspekt der Eckhartschen Transzendentalien und Vollkommenheiten als objektive Realität muß einem möglichen Mißverständnis vorgebeugt werden. Objektive Realität meint nicht eine reale, objektivistische Auffassung der Transzendenz des Gerechten in der Gerechtigkeit, denn dieses würde bedeuten, daß die Idee, d.h. der Gerechte in der Gerechtigkeit, in eben ihrer Transzendenz gänzlich bestimmungslos wäre. Real-objektivistisch betrachtet würde die Idee des Gerechten in der Gerechtigkeit immer im Widerspruch zu einer Wirklichkeit der Gerechtigkeit stehen, ihr immer entgegenstehen.[325] Objektive Realität meint jedoch Grundle-

---

323 *Flasch*, 1974, 306; vgl. unsere Anmerkg. 293

324 Vgl. ebd. 306ff.; ferner z.B.: *Schönberger*, 1987, 263; *Piesch*, 619f.; *Haas*, 1978-2, 63ff.

325 Diese reale, verobjektivierende Auffassung ist bei *Ebeling*, 170f., zu vermuten, nach der das Verhältnis von Gerechtem und Gerechtigkeit als „Spannungsverhältnis" bezeichnet wird, welches durch die abstrakte Distanz der platonischen Idee aufgebaut wird: „Nicht mehr subsistierende Wesensidentität [wie im „neuplatonischen Sinne"; ebd. 170; Anmerkg.v.V.], sondern Spannung ist das Prinzip des Aufeinanderbezogenseins von Gerechtigkeit und Gerechtem. Infolgedessen verbleibt die Gerechtigkeit als Idee im Abstand des Objektiv-Realen gegenüber ihrem Abbild." Wie dies für die rein platonische Idee korrekt ist, ist es dennoch nicht für Eckhart allgemeingültig: Zweierlei muß hier im Hinblick auf unser Verständnis Eckharts korrigiert werden. Zum einen sehen wir mit Eckhart den Gerechten als solchen, den ungemachten und ungeschaffenen, also explizit nicht diesen oder jenen, unterschiedenen Gerechten, der - nach *Ebeling* - wohl das Subjektiv-Reale bedeutet. Hieraus ergibt sich für uns das konkret abstrakte Ineinsdenken des Gerechten und der Gerechtigkeit als Idee und explizit nur von dieser Perspektive des ideellen Ursprungs kann Eckhart zitiert werden: „'indem die Gerechtigkeit den Gerechten gebiert oder gerecht macht, bleibt sie doch die Gerechtigkeit, bleibt sie Ursprung und Idee des Gerechten'" (ebd., 171, zitiert aus der Exposition des Johannes-Evangeliums, vgl. *Largier*, 1993 II, 503) Zum zweiten kann die platonische Traditionslinie bei Eckhart nicht in ihrer primären Reinheit aufgefaßt werden, so daß alle anderen Einflüsse sekundär werden: „Damit ist die Ideenlehre Platons und ihre grundsätzliche Bipolarität zwischen Abstraktem und Konkretem, Objektivität und Subjektivität, kurz die Methexis, wiederholt." (ebd. 171) Dieses ist unserer Meinung nach eine mißverständliche Engführung, da sie nicht - wie oben gesagt (vgl. unsere Anmerkg. 307-309) - beim Gerechten als solchen in der Gerechtigkeit seiend ansetzt; der „underscheit" von Gerechtigkeit und Gerechtem - den Eckhart als verstehbar postuliert - wäre nach *Ebelings* Auffassung nicht verständlich. Gerade nicht „grundsätzliche Bipolarität" ist der denkerische Ausgangspunkt (auch nicht Resultat) bei Eckhart, sondern es geht um den Nachvollzug grundsätzlicher, weil wesentlicher Einheit in der Transzendenz. Vgl. zur Ununterschiedenheit von Idee

gung durch die Idee (letztlich der Idee in Gott - wie noch zu zeigen ist) und damit Möglichkeit von Wirklichkeit. Diese Möglichkeit möchten wir - entsprechend unserer dialektischen Auffassung - nicht als sich aufhebenden Widerspruch (im subjektivistischen Sinne) deuten, sondern als un-aufhebbaren, somit die Möglichkeit als immer neu zu suchende, weil durch Gottes Gnade gegebene, erkennen. Der eine objektive Realität beinhaltende transzendentale Standpunkt Eckharts darf nicht ad absurdum geführt werden.[326] Bestimmungslos ist die Transzendentale des Gerechten in der Gerechtigkeit gerade deshalb nicht, weil - wie wir es im Zitat Eckharts bereits hörten - die Gerechtigkeit, obgleich weder geschaffen noch gemacht noch geboren, gebärend ist und den Gerechten gebiert, der, wiederum ungemacht und ungeschaffen, doch geborenes Kind und Sohn der Gerechtigkeit ist.[327] „Das Nicht-Gewordene läßt somit alles Gewordene werden, ohne daß das Gewordene etwa außerhalb des Nicht-Gewordenen wäre."[328] In Erweiterung unseres Dialektik-Postulats und im Blick auf konkret abstraktes Begreifen ist unseres Erachtens hermeneutisch folgendes notwendig: Transzendentales Denken als explizite, thetische Voraussetzung einer un-aufhebbaren Dialektik bei Eckhart; denn, weder ist der Gerechte als solcher Akzidenz der Gerechtigkeit selbst noch ist die Gerechtigkeit Akzidenz im Gerechten. „Die Gerechtigkeit gebiert sich und alles, was sie ist, in dem Gerechten: Sein, Wissen, Lieben und Wirken gießt sie allzumal in den Gerechten, und der Gerechte emp-

und Ideat z.B. *Schönberger*, 1987, 264f.; *Mojsisch*, 1983, 79ff.; *Bader*, 216f.; *Flasch*, 1974, 308.

326 Zur objektiven Realität nehmen wir nicht nur in der Ontologie Eckharts Bezug, sondern vielmehr auch in der Theologie, die als synthetisches Kapitel der These einen Höhepunkt darstellt. Vgl. dazu weiterhin *Mieth*, 1969, 123: „Bei Eckhart gibt es keine relative Eigenständigkeit der Welt. Welt ist nur im Bezug zum Schöpfer. Deshalb gibt es auch keine rein immanente Weltbetrachtung." Natürlich gibt es diese Weltbetrachtung bei Eckhart auch, man denke nur an die ‚Reden der Unterweisung' und an das ‚Buch der göttlichen Tröstung' oder überhaupt an sein Predigertum, wie es der erste Hauptteil unserer Untersuchung ausgeführt hat. Die dialektische Analyse nimmt diesen Weltbezug Eckharts im antithetischen Teil über das „werden leben" des Eckhartschen Leitverses auf. *Kopper*, 1955, unterscheidet explizit zwischen reallogischem und transzendentalem Denken bei Eckhart; vgl. ebd. 60. Als Vorgriff auf die Eckhartsche Ontologie, die sich anschließt, sei hier erwähnt, daß *Fischer*, 1974-1, 114, von einer „Ontologie als Metaphysik" spricht.

327 Vgl. unser Kapitel 2.2.1 Gerechter und Gerechtigkeit: das Verhältnis. Der theologische, d.h. schöpfungs- und inkarnationsspekulative Tenor wird weiter unten näher berücksichtigt.

328 *Mojsisch*, 1983, 86, (Zitat aus Johannes Scotus' Omelia VII, den Eckhart gekannt haben dürfte), sein thematischer Bezug ist die Paradoxaltheorie Eckharts.

fängt sein ganzes Sein, Wissen, Lieben und Wirken aus dem Herzen und Innersten der Gerechtigkeit und von ihr allein. Der Gerechte und die Gerechtigkeit sind nichts als *eine* Gerechtigkeit, völlig eins in allem, abgesehen vom Gebären einerseits und Geboren-Werden andererseits; indessen sind das Gebären der Gerechtigkeit und das Geboren-Werden in dem Gerechten völlig *ein* Sein, *ein* Leben."[329] Gerechtigkeit und Gerechter als *ein* Sein: dieses führt explizit zur Ontologie Eckharts.

3. Gerechtigkeit als Sein

An dieser Stelle ist ein hermeneutischer Hinweis notwendig. In den bisherigen Ausführungen zum thetischen Begriff „Die Gerechten" wurde explizit noch nicht von Eckhart als Theologen gesprochen. Eckharts unbestreitbar philosophisches Denken abstrahiert aber nicht von theologischem. Im Gegenteil: beide Wissenschaften sind - konkret auch bei Eckhart - ein Leben.[330] Der konkrete philosophische Denkweg vom abstrakten Begriff her ist bei Eckhart gesetzt und muß also auch in der Rezeption als bindend angesehen werden. Dieser Weg wird aber - wie sich im weiteren dialektisch-thetischen Verlauf zeigen wird - über seine metaphysisch-transzendentale und weiterhin ontologische Richtung hinaus von theologischer Weisung[331] bestimmt sein und letztlich sich als explizite Theologie ausweisen. Es geht uns folglich darum, nicht eine bestimmte -logie einer anderen vorzuziehen, sondern überhaupt den abstrakten Begriff als wegweisend herauszustellen, damit er konkret erfaßt werden kann. Zu dem systematischen Vorgehen der vorliegenden Untersuchung ist zu sagen, daß der thetische Begriff „Die Gerechten" die Bereiche Metaphysik, Ontologie und Theologie umfaßt; von der theologischen Weisung her gesehen ist eine Unter-Einteilung gegeben, so daß in der These selbst eine Dialektik vorliegt. Das thetische Ganze zielt so auf reines Denken, auf Idee und Begriff als konkret abstraktes Begreifen. Aus

329 *Largier*, 1993 II; 235 (BgT). Aus bereits genannten hermeneutischen Gründen ist Gutheit/Gute durch Gerechtigkeit/Gerechten ersetzt.

330 Vgl. unseren ersten Teil, Kapitel 1. Biographische Spurensuche: Lesemeister und Lebemeister

331 Udo *Kerns* (1974) Ausführungen stellen eindeutig eine „theologische Teleologie" (ebd. bes. 5-11) bei Eckhart dar. Rein existentiell und ahistorisch, genauer: metaphysisch-mystisch, sieht *Hödl* (1960, 261) Eckharts Standpunkt: „Nicht Thomas und nicht Aristoteles und Avicenna und auch nicht die Neuplatoniker gaben diese Weisung, sondern das Sein selber."; vgl. auch *Hödls* Aufsatz ‚Meister Eckharts theologische Kritik des reinen Glaubensbewußtseins' in: Freiheit und Gelassenheit: Meister Eckhart heute. Udo Kern (Hrsg.) München 1980, 34-52 (zitiert: 1980).

dieser substantiellen Vorgabe bereitet sich konstitutiv der zweite (antithetische) Teil vor, der sich aus der bei Eckhart von uns postulierten Dialektik ergibt.

Gemäß diesen Vorbemerkungen ist im folgenden zu zeigen, daß Eckharts ideeller, transzendentaler Begriff in einen ontologischen Begriff übergeht. Dieser Übergang erfordert die denkerische Ausweitung der Transzendentalphilosophie auf die Ontologie; d.h. die transzendente Idee muß in ihrer ontologischen Bestimmung erfaßt werden. „Eckhart stellt nämlich...die Ideenlehre in den Dienst seiner Lehre vom Sein.“[332] Eckharts Sichtweise des Gerechten in der Gerechtigkeit als Idee hängt unmittelbar mit seinem Ontologieverständnis zusammen. Die ideell-transzendente Vorgabe ermöglicht, das Sein als Inbegriff, d.h. einheitlich, undifferenziert und wesentlich, zu sehen. Vielheit, Differenziertheit, Unwesentlichkeit, thematisch also das Akzidentelle als dieser oder jener Gerechte, dieses oder jenes Gerechtes, führt in diesem, d.h. thetischen, Stadium unseres dialektischen Nachvollzug der Eckhartschen Lehre zur Digression des Verstehens.[333] „Dies und das Seiende, dies und das Eine, dies oder das Wahre, dies oder das Gute fügen oder tragen also, insofern sie dies oder das sind, nichts an Seinsgehalt, Einheit, Wahrheit und Gutheit (zum Sein, Einen, Wahren und Guten) bei.[334] Da aber das Seiende, insofern es dies oder das ist, die kreatürliche Wirklichkeit ausmacht, sagt Eckhart anschließend: „Mit dieser Behauptung nehmen wir den Dingen nicht das Sein noch zerstören wir ihr Sein, sondern geben ihm erst den rechten Halt.“[335] Der rechte Halt ist dort, wo das Bild „eigentlicher“ ist, nämlich

---

332 *Albert*, 1976, 242. Wir möchten aber den Begriff der Dienstbarkeit der Ideenlehre nicht in negativer Konnotation verstehen.

333 *Kern* (1994, 11ff.) spricht in diesem Sinne von „ontologischer Desorientierung“.

334 Prol. op. prop. LW I, 176

335 Prol. op. prop. LW I, 176. Hierzu ein Hinweis von *Albert, 1976* 129f., der gemäß seiner metaphysisch gefaßten „These vom Sein“ die Auseinandersetzung mit der marxistischen Interpretation Eckharts durch H. Ley sucht, dessen Hinweis aber dennoch die Wichtigkeit der metaphysischen Sicht bei Eckhart verdeutlicht: „H. Ley ist durchaus im Recht, wenn er meint, der Gott Eckharts sei ‘von der konkreten materiellen Wirklichkeit abgegrenzt’. Der Irrtum Leys besteht aber darin, daß ihm nicht aufgegangen ist, daß Eckhart dieser ‘konkreten materiellen Wirklichkeit’ so gut wie keine Aufmerksamkeit schenkt, weil für ihn nur das Sein selbst, das Ley für einen bloßen Begriff hält, von Bedeutung ist. Das dagegen, was Ley für die eigentliche und alleinige Wirklichkeit hält, ist für Eckhart, in sich genommen, ein Nichts und nur wirklich durch das göttliche Sein, in dem es seinen Grund und seinen Halt hat.“ Nicht im Interesse der Polemik, ist hier nochmals auf unseren Interpretationsansatz hinzuweisen. Die dialektische Vorgehensweise verbietet sowohl den Ansatz *Alberts* als auch den Leys absolut zu setzen, gemäß Eckharts Sapientia 5,16: die Gerechten (thetischer Begriff) werden leben (antithetischer Begriff) ewiglich bei Gott (synthetischer Begriff). Gleichwohl ist - im Sinne *Alberts* - der Stellenwert der konkreten Wirklichkeit gegenüber dem metaphysisch-transzendenten Gedankengut

„in dem, wovon es ausgeht. Das Bild ist in mir, von mir, zu mir.“ - so hörten wir Eckharts Spiegel-Gleichnis.[336] Der rechte Halt ist es: „Wenn wir vom ‘Guten’ [resp. Gerechten; Anmerkg. v.V.] sprechen, so versteht man dabei, daß sein Gutsein [Gerechtsein] ihm gegeben, eingeflossen und eingeboren ist von der ungeborenen Gutheit [Gerechtigkeit].“[337] Explizit begrifflich bestimmt ist der rechte Halt also durch die Gerechtigkeit, die selbst ungemacht und gleichsam selbst gebärend ist. Sie gebiert aber nur den Gerechten, ansonsten wäre sie nicht als Gerechtigkeit zu verstehen und „schüfe die Gerechtigkeit dem Gerechten Leid, so schüfe sie sich selbst solches Leid.“[338] Denn „der Gerechte ist das Wort der Gerechtigkeit, durch das die Gerechtigkeit sich ausspricht und kundgibt. ... wenn die Gerechtigkeit nicht gerecht machte, würde niemand sie erkennen, sondern sie wäre sich allein bekannt“.[339] Da sie - wie wir bereits festgestelt haben - nicht akzendentiell, somit nicht vielzählig[340] ist, ist die Gerechtigkeit immer „*eine*“[341] und wird immer eine sein, so daß „wer die Gerechtigkeit liebt, der steht so fest darauf, daß, was er liebt, sein Sein ist“[342]. Man darf sich durch die Formulierung nicht täuschen lassen, die auf die natürliche Liebesfähigkeit des Menschen hin-

---

Eckharts, welches letztlich seine Theologie beschreibt, gemindert. Aufschlußreich ist in diesem Zusammenhang auch die Einteilung von Schaffensphasen Eckharts durch *Largier*, 1993 I, 736-740. Vgl weiterhin *Haas*, Alois M., Meister Eckhart im Spiegel der marxistischen Ideologie, in: Wirkendes Wort (WW). Deutsche Sprache in Forschung und Lehre. 22. Jahrg. Düsseldorf 1972, 123-133 (zitiert: 1972)

336 Vgl. unsere Anmerkg. 296

337 *Largier*, 1993 II, 235 (BgT)

338 Ebd., 239

339 *Largier*, 1993 II, 501 (Joh. Evg.)

340 Vgl. *Schwarz*, 20: „Eckhart bestreitet, daß die Transzendentalien als vereinzelte Seinsformen ihren Trägern anhaften.“ (Hervorhebg.v.V.)

341 Vgl. unsere Anmerkg. 329 sowie 309 bis 314

342 *Largier*, 1993 I, 81 (Pred. 6). Eckhart schließt an: „’Wo die Seele liebt, da ist sie eigentlicher als da, wo sie Leben gibt’.“ (Er nennt das Zitat nach Augustinus; es handelt sich aber um Bernhard von Clairvaux; vgl. *Largiers* Stellenkommentar, 1993 I, 811) Dieses Zitat hebt die Liebe in primärer, weil wesentlicher Position hervor. Diese nimmt Eckhart aber an anderer Stelle zurück; z.B. „Die Liebe vereinigt nicht, in gar keiner Weise; was (schon) vereinigt *ist*, das heftet sie zusammen und bindet es zu. Liebe vereinigt im Wirken, nicht aber im Sein.“ (*Largier*, 1993 I, 93; Pred. 7) Vgl. z.B. auch im Traktat ‚Von Abgeschiedenheit’ (*Largier*, 1993 II, 434-459) den Hinweis, daß die Liebe „zwingt“. Mit diesen Hinweisen ist nicht gesagt, daß Eckhart die Liebe für unwesentlich hält. Er hält sie gerade für wesentlich, aber nur von Gott her gedacht: „Gott wird des Wirkens und Liebens nimmer müde und auch ist ihm, was er liebt, alles *eine* Liebe.“ (*Largier*, 1993 II, 285;BgT) Vgl. dazu *Kern*, Udo, Der liebende Mensch nach Meister Eckhart, in: Mensch und Natur im Mittelalter. Albert Zimmermann/Andreas Speer (Hrsg.), Bd. 21 (Miscellanea mediaevalia), Berlin/New York 1991, 736-751.

deutet. Diese zielt auf diesen und jenen gerechten Menschen, der sich „mehr am Werke der Gerechtigkeit erfreut, als ... an seinem natürlichen Sein oder Leben“[343]; sie zielt nicht auf den Gerechten als solchen. Die Gerechtigkeit ist im ersten Ausspruch nicht veräußerlicht und unterscheidbar in Werken und Handlungen, sondern Eckhart sagt dort eindeutig, daß die Gerechtigkeit *ein* Sein ist. Es wird wiederum deutlich, daß die allgemeine Vollkommenheit der Transzendentale Sein eingegliedert ist, denn Gerechtigkeit als *ein* Sein gebiert „Sein, Wissen, Lieben, Wirken“[344] als solches, völlig undifferenziert, somit sich selbst, und nur der Gerechte als solcher empfängt *ein* Sein der Gerechtigkeit. Der rechte Halt ist *ein* Sein.

Mit der Gerechtigkeit als *ein* Sein thematisiert Eckhart eine ontologische Einheitsspekulation[345], die sowohl transzendent-neuplatonischem als auch im-

---

343 *Largier*, 1993 II, 241 (BgT); Hervorhebg.v.V. Die Werk-Aspekte werden im zweiten Teil der dialektischen Untersuchung zur Sprache kommen, da sie thematisch die Antithese aufbauen.

344 Vgl. unsere Anmerkg. 329

345 Wir haben die begriffliche Wendung: ontologische Einheitsspekulation erstens aufgrund unserer dialektischen Basis gewählt, wobei die Bestimmung ‘ontologisch’ auf den mittleren Schritt zwischen Ideenlehre und Theologie Eckharts, also auf die Ontologie (Gerechtigkeit als Sein), deutet; der Begriff ‘Einheit’ auf den dritten Abschnitt der Theologie. (Es sei noch einmal darauf hingewiesen: Ideenlehre-Ontologie-Theologie bilden zusammen die dialektische These, wobei die Theologie synthetisch wirkt.) Zweitens vereint unsere Wendung die Frage nach Eckharts Metaphysik als Einheitsmetaphysik oder Seinsmetaphysik, so auch nach neuplatonischer oder aristotelischer Provenienz, nach seiner theologischen Konstellation „Deus est intelligere“ oder „Esse est Deus“. Ontologische Einheitsspekulation nimmt daher diese verschiedenen Aspekte der Eckhart-Interpretation zusammen, indem spekulativ, d.h. - wie wir bereits erörtert haben: konkret abstrakt, ohne subjektive Einschränkung verstanden - Eckharts Seinsbegriff in seiner Einheit, nämlich als Theologie, als Ausgangspunkt gewählt wird. Eckharts begrifflicher Denkweg nimmt die Idee als Wort Gottes auf und schließt so das Sein in sich ein. Nicht primär der „oberste Begriff des Seins“ (*Albert*, 1976, 263) ist bei Eckhart zu berücksichtigen, sondern vielmehr dessen „theologische Teleologie“ (*Kern*, 1994, 5). Auf unser Thema zum Gerechtigkeitsbegriff bezogen, kann eine Weiterführung des theologischen Telos und mithin des Eckhartschen Begriffs „Die Gerechten“ nur dialektisch geleistet werden, um die Aussage, und damit überhaupt Eckharts Denken über die Gerechtigkeit Gottes und des Menschen, umfassend zu würdigen: „werden leben ewiglich bei Gott“. Die dialektische Sicht des Gerechtigkeitsbegriffs nimmt Eckharts Lehre umfassend antithetisch in seelsorgerisch-predigender und synthetisch in mystischer Hinsicht wahr. So verhindert die Dialektik die Einseitigkeit sowohl einer objektiv formelhaften als auch einer subjektiv erfahrenden Pointierung Eckharts, sondern fördert im Gegenteil die Zusammenschau. Vgl. zum Punkt der Metaphysik bei Eckhart z.B. die Ausführung von *Koch*, 1956/57; *Koch* sieht bei Augustinus' Neuplatonismus, welcher aus dessen Beschäftigung mit den

manent-aristotelischem Denken verpflichtet ist. Wir konzentrieren uns in diesem Stadium der dialektischen Erörterung mehr auf die Transzendenz als auf die Immanenz. Obgleich Aristoteles natürlich in seiner Metaphysik auch von Wesenheit (ousía)[346] spricht, determiniert er diese mit dem „Was", d.h. ausgehend vom existenten, immanenten Seienden befragt er dieses als Substanz, damit als

---

neuplatonischen Schriften in seinen 'Confessiones' (vgl. *Augustinus*, Bekenntnisse (Confessiones). Eingel., übers. u. erläut.von Joseph Bernhart, Vorwort Ernst Ludwig Grasmück, 1. Aufl., Frankfurt 1987, 329ff. im 7. Buch) abzulesen ist, letztlich keine „Einheitsmetaphysik", sondern eine „Seins-Metaphysik" (ebd., 121f.), ohne natürlich „Augustinus zum Aristoteliker" (ebd. 122) zu machen. Weiterhin *Beierwaltes*, 1972; *Hödl*, 1960, 271, der letztlich das metaphysische Sein bei Eckhart im Sinne einer „Verhaltensweise im Geiste", die „lautere und läuternde Tätigkeit" und „Nachvollzug der ... Lauterkeit Gottes" impliziert, sieht; dabei will *Hödl* keinen „vorgefaßten Begriff von Mystik" (ebd. 270) intendiert wissen, vgl. dazu unsere Anmerkg. 331; weiterhin *Seeberg*, Erich, Meister Eckhart. Vortrag gehalten vor der Deutschen philosophischen Gesellschaft in Berlin, Tübingen 1934, 22ff.; *Albert*, 1976, 261ff., der für die durch Koch und Wackerzapp geprägten Termini „'Einheitsmetaphysik'" „*Metaphysik als Doktrin*", für „'Seinsmetaphysik'" „*Metaphysik als Erfahrung*" (ebd. 264) setzten will. Ob somit die Problematik der Metaphysik Eckharts besser gefaßt ist, möchten wir bezweifeln, zumal immer noch Begriff und Erfahrung unvereint sind, fast gegensätzlich erscheinen. Eckhart muß - wie oben bereits hinsichtlich unserer dialektischen Arbeitsweise betont - als Metaphysiker, Ontologe und Theologe verstanden werden, aber auch als Prediger und Seelsorger, dem eine mystische Grundhaltung eignet. Vgl. hierzu z.B. *Haug* , 1983, 34f., der hinsichtlich der Sprache Eckharts formuliert, daß „sie...in ihren Antinomien von unemotionaler persistenter Klarheit [ist]. Und deshalb findet Eckharts Mystik ihre literarische Form auch nicht im ringenden Gespräch mit Gott, sondern in der Predigt, d.h. in der Verkündigung und öffentlichen Auslegung der Schrift." (ebd., 35) Gleichwohl sieht *Haug* weiterhin die die lateinischen Schriften auszeichnende „theologische Argumentation" „nur vor dem Hintergrund der mystischen Konzeption, die die [deutschen; Anmerkg.v.V.] Predigten bestimmt" (ebd. 35) und konzentriert Eckhart somit auf mystische Sprache, die eine „radikale Wende" auch für die Theologie fordert, so daß sich jeder „subjektive Weg aufzehrt" und dadurch jedes „theologische Konzept" „bedeutungslos" wird (ebd., 28,32,33). Unser Ansatz - wie oben gesagt - kann sich nicht nur dem mystischen Verständnis Eckharts anheimgeben. *Haug* kritisiert zwar die „Phänomenologie mystischer Sprachformen" Josef Quints, wie z.B. an „Metapher, Hyperbel, Oxymoron, Paradoxon" (ebd., 34) dargestellt, aber mit der Feststellung des Fehlens jeglicher theologischer Konzeption bei Eckhart widerspricht *Haug* seiner Kritik. Unser Verständnis der Mystik Eckharts sehen wir weder als bloß sprachliches noch als konzeptionelles Phänomen, sondern als Phänomen überhaupt, dem, besonders im Fall Eckhart, kaum beizukommen ist. Deshalb muß das Mystische bei Eckhart eingebunden werden in Wissenschaft und Predigt, ohne Bevorteilung.

346 *Aristoteles,* Met. Z c.1, 1028a und folgende Kapitel (Metaphysik. übers.von Hermann Bonitz. Neuaufl. Hamburg 1994)

wesentliches Sein. Eckhart erwähnt diese metaphysische Sicht des Aristoteles in Predigt 15: „Dieses lautere, reine Sein nennt Aristoteles ein 'Was'."[347] Indem jedoch die Transzendenz in den Vordergrund gerückt wird, bleiben wir nicht nur im Ideenlehre-Schema Eckharts, sondern betonen auch den streng transzendenten Charakter des Einheitsdenken seiner Ontologie.[348] Auch im Zuge unserer dialektischen Aufarbeitung, die sich in diesem Stadium thetisch auf die „Gerechten" - nach Eckharts Zitat von Sapientia 5,16 - bezieht, konzentrieren wir uns somit auf Eckharts transzendente Einheitsspekulation, die gleichwohl das aristotelisch-immanente Denken integriert. Eckharts transzendente Einheitsspekulation ist im folgenden dahingehend zu explizieren, daß sie verschiedene Aspekte in sich vereint. Erstens muß auf ontologischer Basis das Charakteristikum der Univozität gesehen werden. Univozität benennt *ein* Sein, was bedeutet, daß der Gerechte als solcher in der Gerechtigkeit selbst ist. Durch die Univozität wird im gewissen Sinne die Eckhartsche Ideenlehre (die Idee vor, in den Dingen) ausgeweitet auf die Ontologie. Univozität meint somit die ideelle Identität[349] von Gerechtigkeit und Gerechtem als solchem in Hinblick auf *ein* Sein.

---

347 *Largier*, 1993 I, 179. Eckharts Aristoteles-Rezeption zeigt sich als Anerkennung kombiniert mit überwindender Eigeninterpretation, nach der er das Aristotelische Sein als „einiges Eines" (ebd.) (d.h. auch trinitarisch) erfassen will und demensprechend das Aristotelische substantielle Seiende als Seiendes, ens inquantum ens, nicht als Ausgangsbasis nehmen, es somit nicht im relationalen, ontischen Selbstand belassen, es gleichwohl nicht pantheistisch vereinnahmen will, sondern es analog und ab-bildlich zum und im Urbild Gottes versteht. Dazu im folgenden Kapitel hinsichtlich der Theologie Eckharts.

348 „Eckharts Seinsverständnis ist aber gerade dadurch ausgezeichnet, daß das lautere Sein nur in der Transzendenz, im Überstieg angegangen werden kann. Die Transzendenz, der logische und ontische Überstieg ins Jenseitige, charakterisiert Eckharts Metaphysik wie jede andere an der essentia orientierte Philosophie." (*Hödl*, 1960, 262)

349 Der Begriff der ideellen Identität orientiert sich an einem Verweis *Beierwaltes* (1972, 58) auf eine lateinische Sermon (XXIX; LW 4, 269), wo Eckhart sagt: „'identitas est enim unitas'". Wichtig ist es ferner, darauf hinzuweisen, daß es sich nicht um ontische Identität handelt. Bernhard *Welte* hat diesbezüglich in seinem Aufsatz 'Meister Eckart als Aristoteliker' (in: Philosophisches Jahrbuch 69/1, München 1961/62; zitiert: 1961/62) zur Identitätslehre gesagt: „In all den klassischen aristotelischen Identitätsformeln handelt es sich immer um Identität im strengen Sinne, jedoch nicht um ontische Identität. Es geht nicht darum, daß ein Seiendes mit einem von ihm verschiedenen Seienden ontisch identisch sein solle. Es geht vielmehr um energetische Identität des je vollzogenen Geschehens. Deren ausgezeichnete Fälle liegen immer im Bereich des geistigen Vollzuges und des geistigen Geschehens." (ebd., 73) Zur Sicht der Vollzuges, der energeia, vgl. auch die Arbeiten von Erwin *Waldschütz*. Zu *Welte* einige Erläuterungen: 1) der Hinweis auf den Vollzug muß in unserer dialektischen Abfolge in die antithetische und synthetische

Anders gesagt: hier liegt der hermeneutische „underscheit", den Eckhart zu bedenken gibt, der zwischen dem *einen* Sein (abstrakt) und diesem und jenem Sein (konkret) besteht. Zweitens muß die Einheitsspekulation auf theologische Basis transformiert werden (dieses ab Kapitel 4 der These). Das Ontologische wird theologisch begründet durch das Charakteristikum des „Einen", denn „Gott und die Gerechtigkeit [sind] völlig eins"[350]. Darüber hinaus wird sich Eckharts Theologie nicht nur innerhalb der These, sondern auch auf das Ganze unserer dialektischen Abfolge gesehen als grundlegend erweisen. Eckharts ideeller (philosophisch-ontologisch-theologisch) Beginn des Gerechten in der Gerechtigkeit (These) und sein - wir möchten es der Deutlichkeit halber so benennen - realer (predigend-existentiell) Bezug auf das konkrete, gerechte Leben (Antithese) finden ihr gemeinsames Ende (Synthese) in der Theologie: „die Gerechten werden leben - ewiglich bei Gott" (Sap. 5,16)[351]. Diese Theologie ist mystisch in der Abgeschiedenheit und im allumfassenden Theologoumenon der Gottesgeburt in der Seele, die als göttliche Geburt immer (schon) ist und die sich - auf den Gerechtigkeitsbegriff bezogen - mit Eckhart wie folgt ausdrücken läßt: „Im Gerechten soll nichts wirken als einzig Gott."[352]

Rubrik verwiesen werden. 2) *Weltes* rein aristotelischer Zugang zu Eckhart soll und kann nicht davon abhalten, auch die (neu)platonische Elemente zu berücksichtigen; Eckhart hat diese benutzt, in der Forschung sind sie analysiert. Aber - wie wir mit Eckhart dargestellt haben - ist auch die aristotelische Philosophie nicht eine rein Immanentes aussagende (vgl. z.B. *Bader*, 195f.). Eine starre Trennung zwischen (Neu)Platonismus und Aristotelismus hinsichtlich Eckhart kann nur eine Engführung bedeuten. 3) Für unseren Zusammenhang ist die reine Geistigkeit (des Vollzuges) wichtig, da sie eben die bloß ontische Sichtweise verhindert, welche darüber hinaus ja auch als sinnliche Abstraktion von Eckharts Ideenlehre ausgeschlossen wird. Mit der von uns bezeichneten ideellen Identität von Gerechtem als solchen und Gerechtigkeit selbst ist die Idee, d.h. ontologisch: das *eine* Sein, ausgedrückt. Dieses ist eigentlich, wesentlich, vor den Dingen (auch natürlich als energeia, wie *Welte* richtig sagt). 4) Ohnehin ist auf Eckharts Diktion hinzuweisen, die die Begriffe Sein und Seiendes nicht nur konvertibel gebraucht, sondern sogar „vom Seienden selbst, das heißt von Gott" (Prol. op. prop. LW I, 175) spricht; im lateinischen Werk erzielt Eckhart differenzierende Eindeutigkeit dadurch, daß er „hoc et hoc" für kreatürliches, materielles Sein hinzufügt, dabei aber wiederum „esse (!) hoc et hoc", sowie auch „ens hoc et hoc" (ebd., 166f.) gebraucht. Vgl. hierzu auch *Albert*, 1976, 58ff.

350 *Largier*, 1993 II, 239 (BgT)

351 *Largier*, 1993 I, 77ff. (Pred. 6) sowie ebd., 421ff., (Pred. 39); Hervorhebg.v.V.

352 Largier, 1993 I, 423 (Pred. 39)

Es ist zu beachten, daß der Gerechte in der Gerechtigkeit als *ein* Sein unter dem Aspekt der Univozität[353] gesehen werden muß. *Ein* Sein ist Gleichheit, ohne Ungleichheit, Unterordnung oder Differenz, somit in reiner Transzendenz zu denken. *Ein* Sein ist das Sein schlechthin. Es kann sich beim *einen* Sein, d.h. eben, daß der Gerechte als solcher in der Gerechtigkeit selbst ist, nicht um ein analoges Verhältnis handeln, weil es dieses zwischen dem Gerechten als solchen und der Gerechtigkeit selbst nicht gibt. Es ist im *einen* Sein keine Relation „'nach Seinsweisen'"[354] zu finden, sondern es ist univokes, reines, ungeschaffenes Sein.

---

353 Vgl. zur Univozität z.B.: *Mojsisch*, 57-81

354 Eccli. LW II, 280 (Hervorhebg.v.V.). Diese Stelle ist Eckharts grundlegende für seine Analogielehre. Es geht Eckhart dabei aber um das „geschaffene Seiende" (ebd., 282), d.h. um diesen und jenen Gerechten, und um das sprachliche Problem der rechten Ausdrucksweise für dessen Verhältnis zu Gott; von geschaffenem Seienden her gesehen äußert Eckhart somit nicht rein ontologische, sondern ontische Gedanken. Vgl. dazu unsere Anmerkg. 348 und 349. *Schönberger*, Rolf, Die Transformation des klassischen Seinsverständnisses. Berlin 1986, 174 (zitiert: 1986) fragt ohnehin, ob der „Begriff 'modus', der traditionell den Status der Analogata im Analogieverhältnis definiert, nicht eigentlich seinen Sinn verliert, wenn - wie bei Eckhart - der formale Gehalt nur in einem der Analogata [vgl. Eccli. LW II, 282: „was zu einem andern in analogem Verhältnis steht, hat in sich seinsmäßig und wurzelhaft keinen Ansatz zu der Form, auf der dieses Verhältnis beruht."; Anmerkg.v.V.] realisiert ist: es wird ja darin keinerlei Spannung zwischen dem Gehalt und seinen verschiedenen, in einem Vorordnungsverhältnis stehenden Realisierungsmodi sichtbar." *Schönbergers* letztliche, traditionell aufgezeigte, Konsequenz der Hinfälligkeit eines einheitlichen Seinsbegriffs bindet auch die Interpretation der Eckhartschen Lehre kritisch ein; vgl. ebd. weiterhin: 172f., 175, 345f., 364f. sowie das Kapitel der Zusammenfassung. Im vorliegenden Kontext bleiben wir bei der univoken Perspektive und sehen von dem geschöpflichen Bereich ab, indem sie somit, auch unterstützend für Eckharts Ideenlehre, als transzendent-ontologische Einheitsspekulation aufgefaßt wird, und zwar unter der Prämisse der Univozität: „Allein insofern es im Ursprung ist, ist es der Ursprung selbst" (*Mojsisch*, 1983, 62). Daß es Eckhart gleichwohl um endliches, kreatürliches Sein als Seiendes geht, „das dem Gegenständlichen verhaftet bleibt" und natürlich „als solches nicht aufgelöst ist" (*Kopper*, 1961, 37), ist durch unsere Vorgehensweise nicht ausgeschlossen, sondern wird dialektisch im zweiten, antithetischen Schritt, der die Attributionsanalogie Eckharts berücksichtigt, behandelt; oder expliziter: die Dialektik fordert die Aufteilung, da das Seiende an sich dialektisch, d.h. antithetisch gesetzt, ist, um sein Bezogensein auf das *eine* Sein zu verdeutlichen. In diesem Sinne kann es nicht vornehmlich um eine „Tendenz der Eindeutigkeit der Begriffe" (*Imbach*, 301, Anmerkg. 133; Hervorhebg.v.V.) bei Eckhart gehen, denn indem er vom Begriff (d.h. ideell - wie aus der Ideenlehre deutlich wurde) unserer Meinung nach ausgeht, sind diese (oder: seine Begrifflichkeit) in sich vielschichtig; vgl. *Schönberger*, 1986, 175, der „Ambivalenz" in Eckharts Analogie sieht. Vielmehr sollte es aber

"Weil das Sein sowohl das Innere und die Wesenheit betrifft wie auch beziehungslos und unbestimmt ist, ist es seinem Sinngehalt nach nicht Ursprung irgendeines Hervorbringens. Von Ununterschiedenem und Unbestimmtem geht nämlich nichts hervor."[355] Diese Aussage Eckharts entspricht dem metaphysischen Beginn des ‚Buch der göttlichen Tröstung', wo von der Ungeschaffenheit von Gerechtigkeit und Gerechtem als solchem die Rede ist. Hermeneutisch-philosophisch unterstreicht Eckhart die Transzendenz des Seins, wenn er sagt: „das Evangelium betrachtet das Seiende, insofern es Seiendes ist."[356] Eckhart sagt weiter, indem er das Seiende durch die Einschränkung „insofern es Seiendes ist" auf metaphysisch-transzendenten Grund verweist: „Sein aber heißen wir das, was seiner Natur selbst nach unkörperlich, von unveränderter Substanz ist und seine Kraft in der Vernunft hat..."[357]. Nichts anderes meint Eckhart mit seinem Postulat, den „underscheit" zwischen Gerechtigkeit und Gerechtem zu verstehen: der Gerechte als solcher, d.h. insofern er gerecht ist, ist in der Gerechtigkeit selbst. Die Forderung des „underscheit" liegt natürlich in Eckharts Denken begründet, das der „Theorie der Univozität" verpflichtet ist; „es bekundet, wie Univokation im geistigen Bereich statthat und die Theorie der Analogie nur verstehbar ist im Verein mit der ihr zugrundeliegenden Theorie der Univozität."[358] Gerade das ideelle, *eine* Sein in der „Kraft der Vernunft" - wie Eckhart sagt - oder eben die Univozität, nicht primär als Weise des Sagens und Benennens, sondern primär im Geist verankerte Weise des Denkens, machen die Einheits-

---

unserer Ansicht nach darum gehen, Eckharts Begrifflichkeiten als un-aufhebbare dialektische Struktur zu verstehen, in der z.B. Sein und Nichts nicht mehr (nur) kontradiktorisch sind, sondern ein konträres Gefüge bilden; rein begriffstheoretisch liegt hierin die Möglichkeit des Verstehens von Eckharts „underscheit", der aber in seiner hermeneutischen Tiefe noch weiter ausgeleuchtet werden muß. Vgl. übrigens unsere Anmerkg. 413

355 Joh. LW III, 443

356 Joh. LW III, 380. Das Seiende, insofern es Seiendes ist, meint die Vielheit des immanenten natürlichen Seins (vgl. unsere Anmerkg. 347 und 349).

357 Ebd., mit Bezug auf Boethius. Eckharts erkenntnistheoretischer Verweis auf die Vernunftbegabtheit des menschlichen Wesens hatten wir in der Ideenlehre (vgl. dritter Teil, Kapitel 1.1 Der „underscheit": Determinierung des Abstrakten) bereits angesprochen; hier deutet er darauf hin. Wichtig ist, nochmals darauf hinzuweisen, daß es sich nicht um das je einzelne Vernunft-Vermögen (oder auch Liebesvermögen - wie wir es bereits angesprochen haben (vgl. unsere Anmerkg. 342) handelt: „Wie bei Eckharts Begriff der Vernunft ist auch beim Begriff der Liebe von der Unterscheidung zwischem dem Seelenvermögen, das sich naturhaft als Liebe verwirklicht, und der übernatürlichen Liebe auszugehen, die unmittelbar der Gottheit entspringt." (*Largier*, 1993 II, 763; Stellenkommentar)

358 *Mojsisch*, 1983, 65

spekulation Eckharts aus. Die Formulierung „völlig *ein* Sein, *ein* Leben“[359] gilt es univok, wesentlich aufzufassen: d.h. nicht als real-immanente Vielfalt, sondern als ideell-transzendente Einheit, was auch heißt: der Gerechte als solcher in der Gerechtigkeit selbst als ideelle Identität[360]: denn „der Gerechte in der Gerechtigkeit selbst ist noch nicht geboren, er ist auch nicht die geborene Gerechtigkeit, vielmehr ist er die ungeborene Gerechtigkeit selbst.“[361] Gerechter als solcher und Gerechtigkeit selbst eint *ein* Sein, *ein* Leben, meint somit ideelle Identität als ein „wesenhafter Ursprung“[362]. Dieser als Idee vereinigt in sich mehrere Momente, erstens die „Wirkung“, zweitens die Wirkung „vorher und in erhabenerer Weise...als in sich selbst“, drittens das „reiner Verstand“-Sein, „in dem kein anderes Sein ist als das Denken“ und viertens „die Wirkung der Kraft nach gleichen Alters mit dem Ursprung“.[363] Der Ursprung in der Wesenhaftig-

359 *Largier*, 1993 II, 235 (BgT); vgl. unsere Anmerkg. 329

360 Hierzu noch ein Hinweis: Eckhart sagt im Ecclisiasticus-Kommentar: unterscheiden läßt sich „das Eindeutige [Univoke; Anmerkg. v.V] nach den (Art)-Unterschieden desselben Dinges [d.h. derselben Gattung; Anmerkg. von den Herausgebern]“. (Eccli. LW II, 280) Reallogisch wären Pudel und Terrier univok aussagbar für die Gattung Hund. Transzendental sind der Gerechte, der als solcher in der Gerechtigkeit selbst ist, und der einzelne, gerechte Mensch univok als seiend aussagbar nur hinsichtlich der *einen* Gerechtigkeit, des *einen* Seins. Unterscheidbar ist die Art (modus) des Seins, nicht-unterscheidbar, d.h eindeutig, univok, ist Gerechtigkeit, Sein an sich. Somit ist bei aller relationalen Differenz dennoch Identität, Einheit zwischen den relata. (Vgl. *Mojsisch*, 1983, 66f.) Das Verständnis der Identität, die die Univozität aussagt, ist nur im geistigen Vollzug, d.h. ideell, zu leisten. Es gilt, das Wesentliche nachzuvollziehen, denn damit begibt sich das Denken auf den Weg zur Idee vor den Dingen. Von den Bedingungen des „wesenhaften Ursprungs“ handelt Eckhart in der Johannes-Auslegung (*Largier*, 1993 II, 525).

361 *Largier*, 1993 II, 505 (Joh.Evg.); Hervorhebg.v.V.

362 Ebd., 525

363 Ebd. Die „Wirkung der Kraft nach“ meint die Wirkung aus der Idee im Gegensatz zur Form-Wirkung, was Eckhart mit „Wirkung der Form nach“ (ebd.) beschreibt. Die Idee als Kraft vereint in sich die Ursache und die Wirkung; d.h. das Sein und die Form. (Vgl. unsere Anmerkg. 426) Vgl. auch den intellekttheoretischen Kontext der Ersten Pariser Quaestio: „Und eben in dem Erkennen ist alles der Kraft nach enthalten, als in der obersten Ursache von allem.“ (*Largier*, 1993 II, 551; Quaest. Par.; Hervorheb. v.V.) Aufschlußreich ist dazu, was Eckhart in einer deutschen Predigt sagt: „Eine Kraft ist in der Seele, von der ich schon öfter gesprochen habe, - wäre die Seele ganz so, so wäre sie ungeschaffen und unerschaffbar. Nun ist dem nicht so. Mit dem übrigen Teil (ihres Seins) hat sie ein Absehen auf und ein Anhangen an die Zeit, und da(mit) berührt sie die Geschaffenheit und ist geschaffen - (es ist) die Vernunft: dieser Kraft ist nichts fern noch draußen.“ (*Largier*, 1993 I, 159; Pred. 13) Ganz eindeutig weist Eckhart darauf hin, daß er nicht von einer „*Kraft* der Seele“ - so auch an anderer Stelle (*Largier*, 1993 I, 229; Pred. 20 A) spricht. Es geht ihm nicht „um statische Ausstattung eines Menschenbildes, sondern

keit meint univok: „'Ursprung ohne Ursprung'. Denn das lebt im eigentlichen Sinne, was ohne Ursprung ist. Denn alles, was den Ursprung seiner Tätigkeit von einem anderen als anderem hat, das lebt nicht im eigentlichen Sinne“[364]. Eckhart denkt also „ganz aus der Einheit des Seins heraus“[365].

---

das dynamische Seins- und Heilsempfangen des Menschen. Eckhart hat nicht anthropologisch, sondern ontologisch aus der Struktur Gottes gedacht. 'Scintilla animae' ist ein ontologischer Bezug, nicht ein erkenntnistheoretisches Organ, nicht eine Naturanlage des Menschen oder gar eine psychologisch zu verstehende Tiefenschicht der menschlichen Seele“. Diese Aussagen von *Mieth* (1969, 143) unterstützen unsere dialektische Vorgehensweise dahingehend, daß im Thetischen der ontologische und theologische Begriff in seiner Reinheit gesetzt ist. Zur Wendung „erkenntnistheoretisches Organ“ ist im Hinblick auf das von uns festgestellte erkenntnistheoretische Vorgehen Eckharts durch seine Ideenlehre die Anmerkung *Mieths* (ebd., Anmerkg. 93) hinzuzufügen, um Mißverständnisse auszuschalten: „Soweit in der 'scintilla animae' als 'intellectus inquantum intellectus' erkannt wird, muß es sich um bildloses, farbloses, wortloses Erkennen handeln, nicht um eine psychologische Erfahrung, sondern um ontologische Einheit“ (ebd.). Vgl. auch *Mojsisch*: (1983, 132f.): „Auch Eckhart beugt zunächst aber dem Verdacht vor, averroistischer Monointellektualist zu sein ...das Fünklein ist zwar keine Kraft der Seele, wohl aber von Gott geschaffen...“. *Mieths* Äußerung zur Psychologie (1969, 143) bei Eckhart ist darüber hinaus nur zuzustimmen; entschieden konträr zur Eckhartschen Theologie steht nämlich eine Feststellung von Herma *Piesch* „zur Begriffsbestimmung des Gerechten bei Eckhart“, der „keine rein moralische Größe, aber auch keine abstrakt metaphysische, der man mit philosophischen und theologischen Methoden allein beikommen könnte..., sondern in erster Linie psychologisch zu verstehen“ (624) ist. *Piesch* meint, man hat „den Schlüssel zu seiner [Eckharts; Anmerkg. v.V.] Lehre statt in irgendwelchen systematischen und historischen Erwägungen vor allem in der 'Psychologie seiner Weltanschauung' [nach K. Jaspers, wobei „sich der Sinn des Terminus bei Jaspers nicht mit dem hier gemeinten deckt“ (ebd., 627); Anmerkg. v.V.] zu suchen ... , das heißt ... in der religionspsychologischen Erfassung der Beschauung, des 'mystischen Zustands'“ (ebd. 627). So sehr man *Pieschs* Abstraktion von einseitiger, sich einem bestimmten Etikett unterwerfender Interpretation beipflichten kann, ist gerade die Erörterung des Mystischen bei Eckhart schwer zu leisten, zumal noch unter psychologischem Aspekt: dieser weist - darüber hinaus - „nicht nur auf den praktischen Teil...sondern auch in scheinbar rein theoretische Voraussetzungen hinein... - ...Seinsmetaphysik ... Lehre vom 'Nichts der Kreatur'...'Umwandlung in Gott' ... 'Wesenseinheit' Gottes und der Seele ... - lauter Themen, die sich aus der Psychologie der 'via passiva' als aus der lebendigen intuitionsbildenden Quelle, der sie entstammen, ohne Schwierigkeiten ableiten lassen...“ (ebd. 627). Man fragt sich, welche Bereiche durch die Psychologie noch abgedeckt werden können und was sie letztlich selbst ist. Zu verweisen ist im Zusammenhang mit dem Ansatz *Pieschs* auf Franz *Bader* (219f.), der die „pyschologische Einheit“ als „nur eine“ Möglichkeit der Charakteristik von Mystik bestimmt.

364 *Largier*, 1993 II, 505 (Joh. Evg.)

365 *Mieth*, 1969, 135

Dementsprechend sagt er im Prolog zu seinem ‚Opus tripartitum': „Denn das Sein als solches verhält sich zu allem anderen wie dessen Verwirklichung und Vollendung, ja es ist die Wirklichkeit aller Dinge, auch der Formen. Deshalb sagt Avicenna im 6. Kapitel des 8. Buches seiner Metaphysik: 'das, was jedes Ding verlangt, ist das Sein und die Vollkommenheit des Seins, insofern es Sein ist'."[366] Eckhart spricht hier das aus, was - auch gemäß der thematischen Grundlegung des ‚Opus tripartitum'[367] - zur expliziten Sichtweise des *einen* Seins als transzendental Univokes beiträgt. Darüber hinaus wird, wie wir meinen und am Schluß dieses Kapitel aufnehmen, hierin das *eine* Sein als objektive Realität deutlich. Gemäß der Konvertibilität der Transzendentalien mit den allgemeinen Vollkommenheiten, die Eckhart weiter oben im ‚Prologus generalis' feststellte[368], sagt Eckhart im Sinne seiner einheitssepkulativen Ontologie, daß die *eine* Gerechtigkeit selbst den Gerechten verwirklicht und vollendet, d.h. den Gerechten als solchen, den Gerechten in seinem Wesen, seiner Form. Mehr noch: die *eine* Gerechtigkeit ist die Wirklichkeit aller Dinge, auch der Formen. Hierin wird zwar wieder ein immanenter, also kreatürlicher, Bezug zur dinglich-materiellen und formalen Wirklichkeit hergestellt, aber durch den Hinweis auf das Sein als solches, d.h. insofern Sein ist, bleibt der transzendente Tenor der gesamten Aussage nicht nur erhalten, sondern wird sogar betont.[369] Im *einen* Sein

366 *Largier*, 1993 II, 469 (Prol.gener.) Mit aristotelischer Grundlegung der Aussage zitiert Eckhart Avicenna weiter: „Und er fügt hinzu: 'das also, was wahrhaft verlangt wird, ist das Sein'." Diese Bemerkung korrespondiert mit dem *einen* Leben, das um seiner selbst willen gelebt und geliebt wird (vgl. unsere Anmerkg. 231 und 364). Auch das *eine* Leben, wie das *eine* Sein, nimmt Eckhart aus dem Zusammenhang des kreatürlich-vielfältig seienden Seins heraus und stellt es im ontologischen Bezug transzendental dar.

367 Zur originär theologischen Thematik, d.h. auch zum „Esse est Deus" des 'Opus tripartitum', und den weiteren Implikationen wird im anschließenden Kapitel - im Sinne der dialektischen Aufarbeitung Eckharts - Stellung genommen werden.

368 Vgl. unsere Anmerkg. 307

369 Im folgenden (*Largier*, 1993 II, 469; Prol.gener.) sagt Eckhart dementsprechend: „Daher unterliegt jedes Ding, mag es auch beweglich und veränderlich sein, als seiendes der Betrachtung des Philosophen, sogar die Materie, die Wurzel der vergänglichen Dinge. Ferner hat das Sein der Dinge als solches sein Maß an der Ewigkeit, keineswegs an der Zeit. Denn der Geist, dessen Gegenstand das Seiende ist und der dies nach Avicenna zuerst von allem erfaßt, sieht vom Hier und Jetzt und folglich von der Zeit ab." Verschiedene Aspekte unterstützen hier die Einheitsspekulation: zum einen die nicht-abstrahierende Sicht, die in der bereits angesprochenen Ideenlehre Eckharts wichtig ist; zum anderen damit einhergehend der Hinweis auf exegetische Arbeit, nämlich die Auslegung „per rationes naturales philosophorum" (vgl. unsere Anmerkg. 232 zu den Eckhart-Zitaten, 254); als dritter Aspekt die Unterscheidung zwischen dem *einen* Sein der Dinge, das als solches die Materie nicht als vergängliche, d.h. auch: nicht als individuierte und geformte, nimmt, und die-

koinzidieren Sein und (Wesens)Form. Diese ontologische Sichtweise Eckharts entspricht dem, was er den Dingen als rechten Halt gibt. Das erste, was die Dinge benötigen, ist, daß sie überhaupt Sein empfangen: „Überdies sind seiend, eines, wahr und gut die ersten und allen gemeinsamen Bestimmungen in den Dingen. Deswegen sind sie bei und in allen vor dem Hinzutreten jeder anderen nicht ersten und (nicht) allumfassenden Ursache. Außerdem sind sie in ihnen nur von der ersten und allumfassenden Ursache her."[370] Im *einen* Sein bestehen, wie es gemäß der Ideenlehre von den Ideen vor den Dingen ausgesagt wird, darüber hinaus auch die Wesensformen der Dinge; so sagt Eckhart weiter: „Dadurch wird jedoch der Einfluß der Zweitursachen[371] nicht ausgeschlossen. Denn die Form des Feuers gibt ja dem Feuer nicht das Sein, sondern dieses Sein, und auch nicht das Eines-Sein, sondern nur dieses Eines-Sein, nämlich Feuer(-Sein) und Ein-Feuer(-Sein). Ebenso ist es mit dem Wahren und dem Guten. [resp. der Gerechtigkeit; Anmerkg.v.V.] Aber eben dieses, daß nämlich die Form des Feuers das Feuer-Sein, das Ein(-Feuer), Wahres(-Feuer), Gutes(-Feuer)-Sein verleiht, hat sie auf Grund des von ihr von der ersten Ursache verliehenen Bestandes..."[372] Das *eine* Sein als die erste Ursache verleiht den endlichen Formen als Zweitursachen die Möglichkeit, Form zu sein. Es bezieht sich nicht direkt auf bestimmtes Formales, auf diesen und jenen Gerechten etc. in seiner Vereinzelung und Einmaligkeit, sondern es bereitet die Gesamtheit und Dauer, woraus Einzelheit und

---

sem wie jenem Sein der vergänglichen Materie anhand der Ewigkeit-/Zeit-Perspektive, welche auch im antithetischen Teil des „werden leben" eine Rolle spielt.

370 Prol. op. prop. LW I, 171. „von der ersten und allumfassenden Ursache her" verweist letztlich auf Gott; dazu im folgenden Kapitel der Theologie.

371 Die Zweitursachen beziehen sich auf das geschaffene Sein als dieses und jenes. In aristotelisch-thomasischer Tradition besagen die Zweitursachen die Leistung des endlich Seienden, ihm Ähnliches zu wirken. In einer deutschen Predigt äußert sich Eckhart somit: „Eine Kreatur kann wohl der andern *Leben* geben. Eben darum ist alles, was irgendwie *ist*, einzig nur im *Sein* begründet." (*Largier*, 1993 I, 99) Leben als endliches, einzelnes ist in dieser Aussage der Form gleichzusetzen. Das Sein an sich, das *eine* Sein, aber ist die Grundlage dafür.

372 Prol. op. prop. LW I, 171f.; vgl. auch den erkenntnistheoretischen Bezug auf Eckharts Ideenlehre, der die Bestimmungen der Transzendentalien und allgemeinen Vollkommenheiten als primär gegenüber der aristotelisch-thomasischen Wesensform-Bestimmung ansieht (alles wirkt ein ihm Ähnliches; vgl. z.B. *Waldschütz*, 1978, 52ff.;), da diese als nur-dieses-und-jenes-Sein determiniert ist: „Zudem ist aber zu bemerken: auf andere Weise ist die Wirkung in der nächsten Ursache, etwa das Feuer im Feuer, wo der Wirkgrund, nämlich das erzeugende Feuer, zwar die Form des erzeugten Feuers hat, aber nicht die Idee des Feuers. Denn die körperliche Natur als solche unterscheidet nicht zwischen Ding und Idee, weil sie die Idee nicht kennt; denn diese erfaßt und kennt allein ein mit Vernunft oder Verstand begabtes Wesen." (*Largier*, 1993 II, 515; Joh.Evg.; Hervorhebg.v.V.)

Einmaligkeit entspringen. Es wird deutlich, daß Eckhart primär nicht reallogisch, in Kategorien denkt, sondern - wenn man es so sagen will - über-kategorial, eben entsprechend: von oben nach unten, der Idee vor den Dingen, transzendental, wesentlich, vom *einen* Sein her, aus dem die Dinge ihren Halt erfahren.[373] Eckharts Ursachenlehre ist somit in erster Linie[374] nicht formallogisch, d.h. in äußerlicher Wirk- und Zielursache, aufzufassen, sondern vielmehr ontologisch unter ständiger Rücksicht auf das *eine* Sein: „Wenn also jede Wesensform in ihrer Ganzheit die ganze Materie in wesenhafter Durchdringung unmittelbar als ganze bekleidet und formt, so wird dies am allermeisten vom Sein selbst gelten, das die formgebende Wirklichkeit jeder Form und jeder Wesenheit überhaupt ist."[375] So ist das *eine* Sein rein ursächlich, ist - wie wir mit Eckhart feststellten - als Ursprung ohne Ursprung grundlegend, indem es als Transzendente univok das Sein

---

373 Vgl. die beiden Prologe zum ‚Opus tripartitum' und ‚Opus propositionum' (in: *Largier*, 1993 I, 462-485; speziell im ‚Prologus generalis in opus tripartitum' die Aufstellung der 14 Traktate; auch Prol. op. prop. LW I, 148-182): Eckharts Ausführungen muten vordergründig kategorial an, aber, „mit Scharfsinn und größerer Hingebung durchdacht" (*Largier*, 1993 II, 467; Prol. gener.) - wie er selbst vorschlägt -, beschreiben sie ontologisch das Primat des *einen* Seins und die sekundäre Stellung des endlich-kreatürlichen Seins, verweisen wiederum auf die Vorrangstellung der Transzendentalien und allgemeinen Vollkommenheiten als Substanzen gegenüber den Akzidentien und entsprechen letztlich auch der Ideenlehre Eckharts. Vgl. *Fischer*, der eindringlich den „Relationscharakter" (1960, 44) der Eckhartschen Denkweise und Methode verdeutlicht, durch den alle Aussagen letztlich von Gott her, theo-logisch gefaßt sind und adäquat als „Idee des Mysteriums" (1974-1, 141) zu verstehen sind; vgl. dazu das Kapitel 2.1 zur dialektischen Struktur des ‚Opus tripartitum' im ersten Teil zur vorliegenden Studie. Zur Sichtweise *Fischers* vgl. die abschließenden Ausführungen, unsere Anmerkg. 354. Vgl. auch den Aufsatz von *Kirchner*, der sich obiger Predigt besonders im Bezug auf die Fischersche Hermeneutik widmet.

374 Das Reallogische ist zwar nicht der tragende Grund der Eckhartschen Lehre, wird aber - verständlicherweise auch im Hinblick auf seine wissenschaftliche Diskursivität - nicht ausgespart. Dennoch bleibt der metaphysische, transzendente oder auch mystische Charakter, der sich in seinem Predigeramt widerspiegelt, bestimmend; vgl. unsere Anmerkg. 354

375 Prol. op. prop. LW I, 174f. Zu Form und Materie, vgl. bes. Gen. 2, LW I, 498 ff. Mit Bezug auf die Lehre der Franziskaner (Prol. op. prop. LW I, 174; Anmerkg.) spricht Eckhart sich gegen „stufenweise vermittelnde Formen zwischen der Wesenheit der Materie und der Wesensform" (ebd.) aus. Er denkt mehr eine wesentliche Formung der Materie; Form und Materie werden - wie auch das *eine* Sein - als „innere, innerliche Ursachen betrachtet" (*Fischer*, 1974-1, 69). Gleichwohl bleibt eine univok-transzendente Perspektive erhalten, ist die Steigerung auf eben das *eine* Sein, auf das Sein selbst, als klare Betonung des Wesens nötig; d.h. „um das Verhältnis jeder (anderen) Ursache zu der ersten und höchsten Ursache aller Dinge, nämlich zu Gott, richtig zu beurteilen." (Prol. op. prop. LW I, 181)

und die Formen in sich trägt und aus sich entläßt zur Verwirklichung und Vollendung.[376]

3.2 *Einschränkungen der ontologischen Einheitsspekulation oder zur Problematik der Formgebung durch das eine Sein*

In diesem Zusammenhang ist auf ein Problem hinzuweisen, auf das bereits das Form-Feuer-Zitat Bezug nimmt und das vom ontologisch-philosophischen Denken Eckharts auf seine Theologie hinweist. Es ist damit zu bezeichnen, daß das *eine* Sein als „formgebende Wirklichkeit" aufgefaßt wird. Liegt hier ein seinsmonistisches Denken vor, oder theologisch: vertritt Eckhart einen Pantheismus[377]? Eckharts These „Das Sein ist Gott"[378] scheint philosophisch wie theologisch[379] einen Monismus zu vertreten.[380] Bleiben wir an dieser Stelle im Bereich der Ontologie und bedenken die „formgebende Wirklichkeit" des *einen* Seins, das unter zweierlei Einschränkungen verstanden werden muß. Zunächst ist, dadurch daß Eckhart die Formgebung hervorhebt (auch im oben genannten Zitat aus dem ‚Prologus generalis in opus tripartitum')[381], die formalursächliche

376 Eingeordnet ist „die Wirkursächlichkeit und die Finalursächlichkeit bei Eckhart in die fundamentalen ontologischen Bestimmungen der ihre Seinsfülle mitteilenden Ideen und Transzendentalien..., und hierbei geht es immer gleichzeitig um die Verleihung von Form und Sein an das Geschöpf, das in sich selbst nichts ist [d.h. der Analogie unterliegt; Anmerkg. v.V., dazu Erläuterungen im zweiten antithetischen Teil vorliegender Untersuchung]." *Eberle*, 74f.

377 Zum Begriff Pantheismus vgl. *Albert*, 1976, 11f.: „Das Mittelalter kannte das Wort Pantheismus noch nicht. Die Sache jedoch war längst bekannt." („Das Wort stammt von J. Toland, der 1720 ein Werk u.d.T. 'Panteisticon' veröffentlichte"; *Schischkoff*, 539)

378 *Largier*, 1993 II, 473 (Prol. gener.) und Prol. op. prop. LW I, 166

379 „Wie schon Aristoteles u. das Mittelalter wußten, bilden Seinslehre u. Gotteslehre nur *eine* Wissenschaft; denn das Gottesproblem ist nur das voll entfaltete Seinsproblem, u. dieses nichts anderes als das unentfaltete Gottesproblem." *Brugger*, 276ff. (Artikel zur Ontologie von Johannes B. Lotz)

380 Zur Thematik wurde in allen forschungsrelevanten Untersuchungen Stellung genommen. Daß bei Eckhart, wenn nicht ein Pantheismus, so ein Monismus vorliegt, hat - unseres Wissens - zuletzt Heinrich *Ebeling* vertreten (vgl. unsere Anmerkg. 410, 413 Bezug auf Dietmar *Mieth*).

381 Der „entscheidende Vorrang der Formalursächlichkeit in der Ontologie Eckharts" - so *Eberle*, 74, der ihn aber mit Bezug auf C. Fabros (Participation et causalité selon S.Thomas d'Arquin, Paris 1961) „'monisme formel' ... die wichtige Präzisierung, die Eckhart seinem Analogiebegriff gibt, wenn er den Unterschied von analog zueinander Stehendem als einen Unterschied dem 'modus' nach bestimmt" (ebd., 119) relativiert - ist durch Eckhart selbst ausgedrückt in der Auslegung des Johannes-Evangeliums, wo es z.B. zu Vers 8: „so ist jeder, der aus dem Geist geboren ist"

Funktion[382] des *einen* Seins positiv bestimmt: „Im Sein ... da ist niemals etwas zugleich ungestaltet und gestaltet noch zugleich durch zwei Gestalten gestaltet. Hierzu ist zu bemerken: wenn Materie und Form durch irgendein Mittel oder nicht unmittelbar durch ihre Substanzen selbst, sondern durch von beider Wesen verschiedene Vermögen geeint würden, so wäre die Folge, daß das aus ihnen Zusammengesetzte keine eigentliche Einheit, sondern eine Vereinigung wäre."[383] Die Univozität des Gerechten als solchen in der Gerechtigkeit selbst wäre dann „keine substantielle, sondern eine akzidentelle Einheit"[384]. Eckhart verlangt in seiner Ontologie das strikte Denken der Einheit als substantielle Einheit, also das *eine* Sein, von dem er in einer deutschen Predigt sagt: „Fände ich mich (nur) einen Augenblick in diesem Sein, ich achtete so wenig auf mich selbst wie auf ein Mistwürmlein"[385] oder - im Sinn der Univozität der ontologischen Einheitsspekulation -: „Das Sein aber ist das, was sich in sich selbst hält und nicht ausschmilzt; es schmilzt vielmehr ein."[386]

---

heißt: „Mit dem Vorausgehenden stimmt erstens überein, daß es im Bereich des Mathematischen weder Wirkendes noch Ziel gibt, sondern nur die Formursache untersucht wird. Bei weitem mehr wird also im Bereich des Göttlichen und Metaphysischen nur das Sein betrachtet. Alles Sein aber rührt von der Form her oder ist die Form." (Joh. LW III, 287; Hervorhebg.v.V.)

382 *Schönberger*, 1986, 342-346, spricht in seinem Kapitel „Sein und Wesen" (d.h. also Sein und Form respektive das „boethianische Begriffspaar: quo est - quod est" (ebd. 342; vgl. Eckharts zweite Genesis-Auslegung, Gen. 2, LW I, 501f.) davon, daß bei der Unterscheidung (*Schönberger* geht also von der Wirkung der endlichen(!) Ursache, somit vom analogen Denken Eckharts aus) der beiden Ursachen Eckharts „primäres Interesse ... offenbar nicht die Analyse der Kooperation auf ihre Möglichkeitsbedingungen hin [ist], sondern deren differentes Funktionieren." (ebd. 344) In Anlehnung daran verwenden wir den Terminus Funktion.

383 Gen. 2, LW I, 500. Eckhart vergleicht das univok Wirkende von Form und Materie mit „Mann und Frau: 'sie waren aber beide nackt, nämlich Adam und sein Weib' (2, 25)" (ebd. 499) Der Terminus „nackt" sagt aus, daß „Materie und Form - je für sich gesehen - in sich selbst nackte Substanz" (ebd. 498) sind, anders, nach Aristoteles (2. Buch De anima), daß „keinerlei vermittelnde Disposition zwischen Form und Materie" (ebd. 499) besteht oder daß beide „schlechthin" (ebd. 501; zum Begriff „schlechthin" vgl. unsere Anmerkg. 427) gelten. Vgl. auch *Eberle*, 81.

384 Gen. 2, LW I, 500

385 *Largier*, 1993 I, 147 (Pred. 12) Diese Predigt handelt vom Lassen und von der Gelassenheit und steht somit für die mystische Theologie Eckharts. Deren Themenpunkte ordnet unser dialektischer Aufriß somit erst in der Synthese an. Dialektisch besteht aber immer der Rückbezug auf These und Antithese. Aus diesem Grund ist das Zitat an dieser Stelle passend; darüber hinaus ist Eckharts Metaphorik in jedem Kontext von außerordentlicher Deutlichkeit.

386 *Largier*, 1993 I, 209 (Pred. 18). Vgl. unsere Anmerkg. 355

Daß wir bei Eckhart aber keine seins-monistische Sichtweise finden, ist als erste Einschränkung dahingehend geltend zu machen, daß die positive Funktion des *einen* Seins als Formgebung nicht darüber hinwegtäuschen darf, daß sie in Bezug auf das geschaffene, endlich-kreatürliche Sein (d.h. also in analogischem Bezug) negativ begriffen werden muß, und zwar unter folgender Rücksicht. Eckhart sagt, daß das *eine* Sein die Dinge und die Formen verwirklicht und vervollkommnet, und deutet so darauf hin, daß sich Verwirklichung und Vervollkommnung auf ein formbestimmtes Sein beziehen. Dieses aber ist nur in Unterschiedenheit und Vereinzelung, nicht als das *eine* Sein gegeben, welches absolut ununterschieden ist.[387] Eckhart unterscheidet strikt zwischen dem *einen* Sein und diesem oder jenem Sein: „'Das Erste ist von Natur reich', wie es im Buch von den Ursachen heißt. Aber es wäre weder 'von Natur reich' noch auch das 'Erste', wenn etwas anderes außer ihm Sein mitteilte. Also teilt keines der Dies- oder Das-Seienden Sein (schlechthin) mit, obwohl die Formen Dies- oder Das-Sein verleihen, (aber nur) sofern es dies und das ist, nicht jedoch, sofern es Sein ist. Das besagt das Wort: 'alle durch ihn gewordenen Dinge sind, und ohne ihn ist das Gewordene nichts' (Joh. 1,3.). Denn 'sind' und 'ist' bezeichnen das Sein.“[388] Dies bedeutet somit, daß die verwirklichende und vollendende Funktion des *einen* Seins als solche positiv ist. Als je einzelne, konkrete Verwirklichung aber - Eckhart nennt es Werden (und Vergehen) - ist sie negativ, d.h. sie wirkt nicht direkt, sondern indirekt[389]. Wir können daher Eckharts „duplex esse“ an dieser Stelle heranziehen, obgleich unser dialektisches Vorgehen sich erst am Anfang befindet, nämlich thetisch „die Gerechten“ (gemäß Eckharts Vers-Interpretation in einer deutschen Predigt: „die Gerechten werden leben ... bei Gott“; Sap. 5,16) aufzuschlüsseln. So sagt Eckhart zum „duplex esse“ im ersten Genesis-Kommentar: „Bemerke: Jedes Geschöpf hat ein zweifaches Sein. Das eine in seinen ursprünglichen Ursachen, das heißt, im Worte Gottes, und das ist das feste und beständige Sein. ... Das andere Sein ist dasjenige, das die Dinge in der äußeren Wirklichkeit, in der ihnen eigenen Form haben. Das erste ist das Sein in der Ursache, das zweite ist das durch die eigene Form bestimmte Sein,

---

387 Vgl. unsere Anmerkg. 309. Die Ununterschiedenheit ist in letzten Endgültigkeit auf Gott zu beziehen; darüber im sich anschließenden theologischen Teil.

388 Prol. op. prop. LW I, 178; Hervorhebg. v.V. Daß „ist“ und „sind“ das Sein bezeichnen, wird in der zweiten Einschränkung noch einmal aufgegriffen. Darüber hinaus ist die Aussage des Johannes-Verses „'alle durch ihn gewordenen Dinge sind...'“ im thetischen Kapitel 7.1 (Die Relation des Sohn-Seins) wiederum behandelt, vgl. unsere Anmerkg. 717, 723, und ist im zweiten antithetischen Teil unserer Dialektik von Relevanz.

389 Vgl. *Albert*, 1976, 131f.

das unstet und veränderlich ist."[390] Das durch die eigene Form bestimmte Sein verweist einerseits auf die eigenmächtigen, weil werdenden Wirkungen der Zweitursachen[391] und andererseits ist dadurch gleichzeitig die negative, indirekte Formursache als das *eine* Sein ausgedrückt, denn: „Eine Kreatur kann wohl der andern *Leben* geben." sagt Eckhart; aber die eigenmächtigen Wirkungen sind nur mittelbar und relativ, somit folgert er: „Eben darum ist alles, was irgendwie *ist*, einzig nur im *Sein* begründet. Sein ist ein erster Name."[392] Zwar ist „Das Wirken des Gewordenen als eines Gewordenen"[393] existent, aber es kann eben nur deshalb stattfinden, da es ein Gewordenes *ist*: insofern es *ist*.

Dieses Insofern-es-*ist* leitet über zu unserer zweiten Einschränkung hinsichtlich der „formgebenden Wirklichkeit" des *einen* Seins, denn hier greift der so wichtige hermeneutische Begriff Eckharts, auf den wir am Beginn der thetischen Erarbeitung bereits verwiesen haben: insofern (inquantum), der den „Blickwinkel, das Formalobjekt...eine ganz bestimmte Beziehung"[394] angibt: der „Gerechte, insoweit er gerecht ist, ist ungemacht und ungeschaffen" - wie Eckhart im ‚Buch der göttlichen Tröstung'[395] sagt. Die Bedingung „insofern" schließt alle anderen Hinsichten aus.[396] Demgemäß sagt Eckhart im ‚Prologus generalis in

---

390 Gen.1 LW I, 238. Den theologischen Aspekt, das Wort Gottes, verschieben wir auf das nächste thetische Kapitel; ebenso die Darstellung des Verhältnisses im duplex esse, die Analogie, auf den zweiten, antithetischen Teil, wobei auch das Unstete und Veränderliche, d.h. Eckharts Begriff des Werdens, berücksichtigt ist.

391 „Wir sehen aber beispielsweise in der Natur, daß innerhalb einer gewissen Zeit aus einem ganz kleinen und gestaltlosen Samenkorn ein sehr hoher und mächtiger Baum hervorwächst mit vielen Zweigen, Blättern, Blüten und Früchten." (Joh. LW III, 246f.) und an anderer Stelle: „die anderen Ursachen neben der Erstursache, die Gott ist, sind nicht Ursache des Seins der Dinge noch des Seienden, insofern es seiend ist, sondern vielmehr Ursache des Werdens. Sobald deshalb ihre Wirkung vollständig und vollendet ist, haben sie weiter keinen Einfluß mehr auf sie. (Eccli. LW II, 276)

392 *Largier*, 1993 I, 99 (Pred. 8) Eckhart vertritt hier wiederum die „Unmittelbarkeit und Einheitlichkeit der Seinsverleihung" (*Largier*, 1993 I, 832; Stellenkommentar) als Entgegnung auf die im 13. Jahrhundert geführte Diskussion über die Vermittlungsfunktion von Intelligenzen, die „so viel des göttlichen Lichts in sich eingedrückt besitzen, daß sie anderen Kreaturen Sein verleihen". (ebd., 99) Eckhart spricht sich hier also gegen ein Emanationsschema aus, welches explizit stufenartig und durch Vermittlung ausgedrückt wird (vgl. *Largier*, ebd. Stellenkommentar; ebenso unsere Anmerkg. 194, 276) und so das transzendent-univoke Verständnis des *einen* Seins, d.h. absolut Gott, aufhebt.

393 *Schönberger*, 1986, 344; vgl. auch *Albert*, 1976, 130f., *Mieth*, 1969, 139f.

394 *Waldschütz*, 1978, 97

395 *Largier*, 1993 II, 239

396 In seiner Rechtfertigungsschrift benennt Eckhart die semantisch-formelle Funktion des 'insofern/inquantum' also, daß es „alles andere, alles auch nur dem Begriff nach

Fremde von dem betreffenden Ausdruck ausschließt" (*Théry*, Gabriel, Édition Critique des Pièces Relative au Procès d'Eckhart contenues dans le Manuscrit 33b de la Bibliothèque de Soest, in: Archives d'Histoire Doctrinale et Littéraire du Moyen Age 1. 1926/27, 186; zitiert: Proc.col. I und II) Vgl. hierzu ebenfalls *Ueda*, 95: „Wenn Eckhart bisweilen formuliert 'in quantum iustus' (bzw. 'bonus'), so handelt es sich um eine streng begriffliche Einschränkung von 'iustus' bzw. 'bonus'." Eine, vielleicht nicht unwichtige, Korrektur möchten wir festhalten: Eckhart formuliert nicht „bisweilen", sondern im Gegenteil häufig die Wendung 'inquantum'. Wir hatten bereits Kurt *Ruh* erwähnt (vgl. unsere Anmerkg. 294), der sie als „hermeneutisches Schlüsselwort" ansieht. Dietmar *Mieth* (1969, 139) expliziert dahingehend: „Vom Pantheismus sind Eckharts Aussagen durch das 'inquantum' getrennt..."
Zu der zitierten Stelle aus *Ueda* noch einige Hinweise: *Ueda* wendet sich dem „inquantum" Eckharts in Bezug auf den Gerechtigkeitsbegriff zu und kritisiert diesbezüglich die Interpretation Otto *Karrers* (*Karrer*, Otto/*Piesch*, Herma, Meister Eckharts Rechtfertigungsschrift vom Jahre 1326. Einleitung, Übersetzung, Anmerkungen. Erfurt 1927) und Raphael *Öchslins* (Der Eine und Dreieinige in den deutschen Predigten, in: Nix, Udo.M./Öchslin, Raphael: Meister Eckhart der Prediger. Freiburg/Basel/Wien 1960, 149-166) als „moralisierende Interpretation" (ebd. 95). Sicherlich hat *Ueda* recht, daß dem Menschen Gerechtigkeit nur „durch die Geburt Gottes in der Seele" (ebd.) gegeben wird, in der alle entfremdende Intention des Eigenen nicht mehr zählt. Aber auch *Karrer* („zu erstrebende Einheit, durch Gnade-Liebe"; ebd., *Karrer*, 137) und *Öchslin* (Eckhart denkt „keineswegs daran, von jenen Unterscheidungen abzuweichen, die der Glaube gebietet. Ist Christus der eingeborene Sohn ... so sind und bleiben wir Geschöpfe...Kinder der Gnade"; ebd., *Öchslin*, 155) scheinen - so meinen wir - im Kontext ihrer Aussage auf keinen Fall der moralischen Eigenmächtigkeit des Menschen gegenüber dem Handeln Gottes am Menschen Priorität einzuräumen. Zudem wäre zu überlegen, ob, wenn auch nicht Moralisierung (mit ohnehin negativer Konnotation), so doch Moral im Sinne von Ethik bei Eckhart statthat. Ethik - so *Largier* im Register seiner Eckhart-Ausgabe (ebd., 1993 II, 1003) - verweist auf Termini wie Tugend und Werk. Aus Kontexten z.B. zum ‚Buch der göttlichen Tröstung' (ebd., 1993 II, 768-775; Stellenkommentar) wird deutlich, daß „göttliche Heilsordnung und Naturordnung immer zutiefst aufeinander bezogen sind und werden in diesem Bezug nur gestört, wo der Mensch sich in der Freiheit seines Willens gegen Gott entscheidet" (ebd., 768). Es besteht bei Eckhart schon - wie *Öchslin* meint, *Ueda* jedoch kritisiert - „konkrete Forderung nach sittlicher Lebensgestaltung" (*Öchslin*, 154), denn Eckhart sagt: „der Mensch hat einen freien Willen, mit dem er Gutes und Böses wählen kann" (*Largier*, 1993 II, 417; RdU). Das Moment der Gottesgeburt, der generatio, wäre sonst ziellos. Deshalb sind beide Ordnungen verschieden: die göttliche verleiht das Sein und die kreatürliche strebt danach (vgl. *Largier*, 1993 II, 768; Stellenkommentar). Zur weiteren Erörterung verweisen wir an dieser Stelle auf den theologischen Teil der These und den zweiten antithetischen Teil der dialektischen Bearbeitung. Vgl. darüber hinaus zum Freiheits- und Willensbegriff: *Siller*, bes. 181-195 und zum Begriff des Werkes: *Hampe*, Susanne, Der Begriff der Tat bei Meister Eckhart. Diss. Weimar 1926.

opus tripartitum': „Alles, was Sein hat, *ist* - wobei ich von allen anderen Bestimmungen absehe - ...“[397]; desgleichen in der Auslegung des Johannes-Evangeliums: „...der Gerechte [ist] der Natur nach nicht ein anderes als die Gerechtigkeit, einmal weil der Gerechte die Gerechtigkeit allein bezeichnet, wie der Weiße diese Eigenschaft allein, sodann weil die Gerechtigkeit niemanden gerecht machte, wenn die Natur hier und dort eine andere wäre, wie auch die Weiße nicht schwarz und die Grammatik nicht musikalisch macht“[398]. Eckhart fordert mit diesen hermeneutisch-semantischen Bemerkungen ein explizites Mitdenken; im Zuge dessen sind auch die Rezipienten angesprochen. Unsere dialektische Untersuchung kann von Eckharts Detailfreude nur profitieren, denn es wird Differenzierung und somit - wie gesagt - konkret abstraktes Verstehen, dem Eckhartschen Wunsch nach scharfsinnigem Durchdenken[399] entsprechend, angestrebt: wir erarbeiten den thetischen Begriff („Die Gerechten“) und bedenken hinsichtlich der Ontologie das Sein als *ein* Sein, dabei thematisch eingeschlossen: den Gerechten als solchen in der Gerechtigkeit selbst. Hiermit ist die Rückbindung an Eckharts Ideenlehre gegeben, nämlich die Idee vor den Dingen zu denken, von jeder proprietären Einzelheit abzusehen. Die Unterscheidung von Sein und Wesen(sform) bei Eckhart hat Rolf *Schönberger* in diesem Zusammenhang hinsichtlich der „Wissensfundierung“[400] bedacht: „Eckhart versucht, [gemäß einer] Realdistinktion[401], die Notwendigkeit, die der Wissensbegriff erfor-

---

397 *Largier*, 1993 II, 475 (Prol. gener.) als Vergleich schließt Eckhart nach Aristoteles an: „...so wie alles, was weiße Farbe hat, weiß ist.“ Dazu *Albert*, 1976, 47: „Das 'quocumque alio circumscripto' bezieht sich auf ein mittelalterliches Verfahren, eine Tilgung in einem Text durch Umschreiben mit einem Kreis (circumscibere) anzuzeigen“; also eine rein formale Methode, um Gesagtes in seiner ausschließenden Spezifik hervorzuheben.

398 *Largier*, 1993 II, 503 (Joh.Evg.) Hier wird sowohl das *eine* Sein angesprochen (vgl. dazu unsere Anmerkg. 310) als auch der Bereich der Trinitätstheologie, durch „der Natur nach“ (im Gegenzug zu: Person), berührt, der aber an dieser Stelle ausgespart bleiben soll. Auf Eckharts gekonnte Stilistik ist wiederum hinzuweisen. Vorauf es hier aber explizit ankommt, ist der Begriff der Bezeichnung „significat“, der dem des 'inquantum' und der Sichtweise der Univozität, von der Eckhart im übrigen im nächsten Abschnitt bezüglich der Trinität auch spricht, gleichkommt.

399 Vgl. unsere Anmerkg. 373

400 *Schönberger*, 1986, 345f.

401 *Schönberger* bezieht sich bei der distinctio realis von Sein und Wesen auf Ägidius Romanus, der „absichtlich die Verdinglichung benutzte, um den 'realen' Charakter ihres Unterschiedenseins zu akzentuieren“ (1986, 342f.). „Ägidius faßt also die essentia gleichsam als receptaculum des esse, an dessen Fassungsvermögen sich das Seinsquantum bemißt (Ägidius macht keine Einschränkung seiner quantifizierenden Redeweise); ein Mehr an inhaltlichen Bestimmungen bedeutet zugleich ein Mehr an esse.“ (ebd., 299, vgl. auch 384f.) Die Verdinglichung von esse (quo est) und essentia (quod est) verhindert Eckhart, weil er annimmt, daß „allein im Ungeschaffe-

dert, auf das Wesen zu gründen. Die Wahrheit von Wesensaussagen ist nicht abhängig von den Instantiierungen dieses Wesens. ... Die strikte Unterscheidung der Kopulafunktion von der Existenzprädikation erlaubt die Prädikation von leeren Klassen; unter der Voraussetzung einer radikal existenzfreien Interpretation der Kopula, einer Voraussetzung, von der alle Vertreter der Realdistinktion sagen, sie sei zur Sicherung des Wissens unabdingbar;..."[402]. Dadurch kann Eckhart sagen: „ein Ding hat das, was es wesentlich ist, von keinem anderen, wie Avicenna sagt. Ob man nun die Existenz irgendeines Menschen annimmt oder nicht: der Mensch ist ein vernünftiges sterbliches Lebewesen. ... Das Sein aber ist Gottes Wesenheit oder Gott. Also ist es ewig wahr, daß Gott ist. Also ist Gott."[403] Die zweite Einschränkung hinsichtlich des *einen* Seins als „formgebende Wirklichkeit" läßt sich somit einerseits als sprachliche feststellen. Eckhart wendet seine Semantik, die als hermeneutische Hilfestellung für seine Hörer/Leser zu nutzen ist, mit der Begrifflichkeit „insofern/inquantum" in konkretsyntaktischer Praxis an. Übertragen hieße das, wie folgt zu verstehen: der gerechte Mensch *ist, insofern* er Gerechter als solcher in der Gerechtigkeit selbst ist. Andererseits gilt es aber die inhaltliche Seite, Eckharts Hermeneutik, zu bedenken. Das gerechte Wesen (oder: die Form) dieses oder jenes Menschen ist unter dem Aspekt des „insofern" sowohl ganz aus dem formgebenden Umkreis des *einen* Seins herausgenommen als auch unter dem Aspekt der Kopula nur auf

---

nen das Wodurch und das Was ein und dasselbe sind, eben auf Grund seiner Ungeschaffenheit. Das also meinen diese Worte: im Anfang schuf Gott Himmel und Erde, das heißt, er schuf die beiden Prinzipien, nämlich das Wodurch und das Was, (die) allem geschaffenen Seienden auf Grund seines Geschaffenseins (eigentümlich sind). Denn diese zwei sind in allem Geschaffenen, und zwar nur in ihm, zwei und nicht eins." (Gen.2, LW I, 502) Daß *Schönberger* feststellt, Eckhart beantwortet „nur die Frage nach der Geschöpflichkeit der Geschöpfe, indem er eine unaufhebbare Zweiheit der Prinzipien ansetzt...die andere, wodurch das geschaffene Ding eine Einheit wird, bleibt ungestellt" (ebd., 343; vgl. auch unsere Anmerkg. 382) ist in diesem exegetischen Zusammenhang sicherlich richtig, denn Eckhart denkt „Realdistinktionen, aber nicht ... Proportionen des Seins, sondern ... Seinsmodi." (vgl. *Mieth*, 1969, 139). Aber Eckharts Gottesgeburt in der Seele verweist doch auf ein Seins-Verhältnis (vgl. Eccli. LW II, 280), das, zwar nur analog aussagbar, d.h. nicht mit Gottes Sein identisch, gleichwohl univok „seinsmäßig und wurzelhaft von Gott und in Gott" (Eccli. LW II, 282) ist, von dem Geschaffenes „zehrt" und nach dem es „hungert" (vgl. Eccli. LW II, 280ff.: „Wer von mir zehrt, hungert weiter" nach Ecclesiasticus Kapitel 24).

402 *Schönberger*, 1986, 345

403 *Largier*, 1993 II, 475 (Prol.gener.) Der Kontext ist hier Eckharts erstes Problem im dreiteiligen Werk von These-Problem-Auslegung (propositio-quaestio-expositio): „Ist Gott?" (ebd.)

das *eine* Sein ausgerichtet.[404] „Auf diese Weise wird nicht nur die Einheitlichkeit der Determinationsstruktur aufgespalten, so daß die Betrachtung des Wesens unter dem Aspekt der Final- und Wirkursache aus der Metaphysik herausfallen muß, sondern auch ein erster Schritt in Richtung auf die Autonomisierung der Wesensstrukturen unternommen, die sich ja gerade auch in der thomistischen Lehre von der Realdistinktion entwickelte."[405]

Zusammenfassend kann hinsichtlich der Problematik der Formgebung festgehalten werden, daß Eckhart das *eine* Sein als „formgebende Wirklichkeit" - gemäß scholastischer Tradition - für Sein und Wesen im geschaffenen Bereich getrennt, im ungeschaffenen als Einheit denkt. Der Univozität gemäß, enthält das *eine* Sein in sich Sein und Wesen und (nur) darin ist es form-gebend, „ursprungsloser Ursprung"[406]. Das *eine* Sein *ist*; gemäß des von Eckhart zitierten Johannes-Verses.[407] Das einzelne, geschaffene, kreatürliche Sein ist[408] nur, inso-

---

404 Vgl. unsere Anmerkg. 366

405 *Schönberger*, 1986, 345f. *Schönberger* stellt an anderer Stelle Thomas von Aquins Analogiedenken und Eckharts nebeneinander: „Thomas von Aquin behauptet... die Kreaturen sind Gott ähnlich, weil und insofern sie sind. Bei Eckhart, pointiert gesagt, scheint es sich genau umgekehrt zu verhalten: Die Kreaturen sind, insofern sie ihm ähnlich sind." (ebd. 172)

406 *Mojsisch*, 1983, 67

407 Vgl. unsere Anmerkg. 388

408 Das Sein des einzelnen Seienden ist in teleologischer Verfaßtheit aufzufassen. Sein Wesen, welches sich in Werden und Vergehen, in Veränderung auszeichnet, ist für Eckhart gerade der ontologische Ausgangspunkt für Leben und Denken. Wäre das Sein des Seienden in seinem Wesen, in sich vollkommen, so wäre es aufgrund dessen mit der Möglichkeit (Potenz) ausgestattet, von sich aus, obgleich in nur relativer Eigenständigkeit, auf Gott zu verweisen. So sagt Eckhart in der ‚Quaestio Parisiensis I' nochmals in der Metapher des Bildes: „Wie auch das Bild als solches ein Nichtseiendes ist; denn je mehr man das Bild seinem Seinsgehalt nach betrachtet, um so mehr lenkt es von der Erkenntnis des Gegenstandes, dessen Bild es ist, ab." (*Largier*, 1993 II, 547, Quaest. Par. I) Vgl. zur imago-Lehre auch Pred. 16A und 16B in *Largier*, 1993 I, 182-197 sowie Stellenkommentare: hier wird univok auf die letztliche Bestimmung des Bildes rekurriert, die darin besteht, daß „ein Bild...sein Sein unmittelbar allein von dem, dessen Bild es ist, [nimmt] und *ein* Sein mit ihm (hat) und dasselbe Sein (ist)." (*Largier*, 1993 I, 191, Pred. 16B), und die trinitätstheologisch im Sohnsein des Menschen (vgl. ebd., 193 sowie 185f., Pred. 16A) gründet. Somit entspricht der Bild-Vergleich bei Eckhart seiner duplex-esse-Lehre. (Vgl. zu Thomas von Aquin: *Imbach*, 142f.; *Mieth*, 1969, 134ff.; *Haug*, 26f.; *Schönberger*, 1986, 384; *Hödl*, 1960, 260f., 265; *Waldschütz*, 1978, 52ff.; *Flasch*, 1974, 305; weiterhin zum Verhältnis Thomas-Eckhart: *Welte*, 1961/62; *Fischer*, Thomas von Aquin und Meister Eckhart, in: Theologie und Philosophie. 49. Jg., Freiburg 1974; 213-235 ; zitiert: 1974-2) Eckhart gesteht eine proportionale Gleichheit des Seins von dem *einen* Sein (letztlich Gott) und dem einzelnen Sein (Kreatur) nicht zu, sondern vertritt eine strikte Attributionsanalogie, nach der einzig

fern es in dem *einen* Sein ist. Das einzelne Seiende in seiner Differenz ist ganz und vollständig nur durch das differenzlose, *eine* Sein konstituiert, dadurch kann es sein.[409] Unsere anfängliche Frage, ob Eckhart mit seiner Ontologie des *einen* Seins, welche die Univozität des Gerechten als solchen in der Gerechtigkeit selbst ausdrückt, einen expliziten Monismus[410] vertritt, muß verneint werden, denn es gilt denkerisch nachzuvollziehen, daß das univoke, *eine* Sein des Gerechten als solchen in der Gerechtigkeit selbst über, vor jedem einzelnen gerechten Sein in seiner Analogie steht: „...was da in vielen Dingen Eins ist, das muß notwendig *über* den Dingen sein."[411] Da aber das Seiende ist, denn „es ist unmöglich, daß irgendein Sein oder irgendeine unterscheidende Seinsweise dem Sein selbst fehle oder abgehe. Eben dadurch, daß es dem Sein fehlt oder abgeht,

---

Gott das Sein ist. Somit gilt: „Alles, was Gott je erschuf, das schuf er als dem Wandel unterworfen." (*Largier*, 1993 I, 245; Pred. 21) „Die Geschöpfe sind als 'esse accipere' unbedingt fundamental-ontologisch darauf angewiesen, Geschöpfe zu sein, um zu sein." (*Kern*, 1994, 22) Unter dem Aspekt des Werdens steht unser zweites dialektisches Kapitel der Antithese: „Die Gerechten - werden leben - ewiglich bei Gott" (*Largier*, 1993 I, 76-87; Pred. 6; Hervorhebg.v.V.)

409 Hinsichtlich der Übertragung ins Schöpfungstheologische sagt Eckhart so auch: „Schöpfung ist Mitteilung des Seins und man braucht nicht hinzufügen: 'aus nichts' (2. Makk. 7,28), denn vor dem Sein ist nichts. Es steht aber fest, daß vom Sein und von ihm allein, von nichts anderem, das Sein den Dingen mitgeteilt wird, wie das Weißsein allein von der Weiße. Also ist es Gott und er allein - denn er ist das Sein - der da schafft oder geschaffen hat." (*Largier*, 1993 II, 477; Prol.gener.) Zur „creatio ex nihilo" sagt *Kern*, 1994, 15f.: „Die Schöpfung aus dem Nichts ist analytische Interpretation und Folge der Definition der Schöpfung als collatio esse. Die creatio ex nihilo wahrt die ontotheologische Intention [Eckharts; Anmerkg.v.V.] in korrekter Konkordanz mit der ontologischen Basis.", nach der - nach Eckhart - „das Nichts ... nicht Träger (subiectum)..." (ebd., 16) sein kann. Eckharts Ontologie ist Ontologie des *einen* Seins, das Nichts würde „kein Seiendes" (*Largier*; 1993 II, 479; Prol. gener.) wirken. Eckharts Theologie ist Ausdruck des „strengen principium dei der creatio" (*Kern*, 1994, 16).

410 *Ebeling* hat bei Eckhart einen „Seinsmonismus" (ebd. 39ff. u.a.), der „vollständigen Immanenz-Pantheismus" (ebd. 79) und „radikalisierten Neuplatonismus" (ebd. 83) aussagt, angenommen: „Damit kommen wir zu dem Resultat, daß das eigentliche Motiv für die Bildung der Eckhartschen Seinslehre in der franziskanisch-skotistischen Thomas-Polemik zu suchen ist, daß die Seinslehre als Konzeption neuplatonisch ist." (ebd. 104) Kritik an *Ebeling* „Die Lehre Eckharts hat zur Konsequenz, daß Gott das esse rerum formale ist." (ebd. 71) üben u.a. *Mojsisch*, 1983, 43, 81 und *Albert*, 1976, 75. Die wichtige Perspektive auf das *eine* Sein, das Sein und Form univok vereint, bleibt in *Ebelings* Aussage verdeckt. Vgl. auch *Fischer*, 1974-1, 78f., womit diesbezüglich nochmals auf die Kopplung der Traditionswege Aristotelismus-Platonismus bei Eckhart hingewiesen wird.

411 *Largier*, 1993 I, 105 (Pred. 9)

ist es nicht und ist es nichts."[412], ist somit das *eine* Sein in jedem Seienden und so muß jedoch gefragt werden, ob Eckhart eine „monistische Tendenz"[413] erkennen läßt. Wenn von Monismus die Rede ist, dann unserer Meinung nach explizit nur tendenziell, nämlich dahingehend, daß er aufzeigt, worin das Seienden seinen „Halt"[414] hat: „Alle Kreaturen sind ein reines Nichts. Ich sage nicht, daß sie geringwertig oder überhaupt etwas seien: sie sind ein reines *Nichts*."[415] Eckhart

---

412 Prol. op. prop. LW I, 175

413 *Mieth*, 1969, 139: „Die Kreatur schwebt ja bei ihm [Eckhart; Anmerkg.v.V.] dauernd zwischen Sein und Nichts, und je nach dem, in welche Richtung man sie akzentuiert, tritt die monistische Tendenz zum univoken Sein auf. Nun ist aber der schwebende Charakter bei Eckhart nirgends aufgehoben, sondern er ist es gerade, der seine Ontologie bestimmt und im Gleichgewicht hält. Des Monismus kann man Eckhart nicht beschuldigen." Das Urteil von *Mieth* ist repräsentativ für Aussagen der Eckhart-Forschung, unbestritten für die neuere. Dieser „schwebende Charakter bei Eckhart", der zudem „nirgends aufgehoben" ist, korrespondiert mit unserem dialektischen Anspruch der Un-aufhebbarkeit, dem sich die vorliegende Untersuchung verpflichtet hat und der Eckharts Lehre gerade in der Nicht-Aufhebung, entgegen der Hegelschen Dialektik, gerecht wird. Vgl. auch: *Largier*,1993 II, 854; Stellenkommentar. Vgl. dazu Wilhelm *Weischedel* über den 'schwebenden' Charakter von Sprache, die sich „radikaler Fraglichkeit" unterstellt (Der Gott der Philosophen. Grundlegung einer philosophischen Theologie im Zeitalter des Nihilismus. 2 Bde., nach der 3. Aufl. von 1975, Darmstadt 1998, Bd. 2, 220ff.). Was hier formal-analytisch als Schweben der Eckhartschen Aussagen festgestellt ist, findet sich bei Eckhart auch inhaltlich, z.B. in der Exposition zum Johannes-Evangelium, wo es heißt: „Den er [Gott; Anmerkg.v.V.] ist außer und über aller Gattung." (Joh. LW III, 89), oder auch wörtlich, wenn er von Gott als dem „vber swebende wesen" (bei *Largier*, 1993 II, 191 Pred. 83, nach der Übersetzung der Gesamtausgabe mit „überseiendes Sein" übersetzt) spricht oder aussagt: „Alle crêatûren hânt kein wesen, wan ir wesen swebet an der gegenwerticheit gotes." (Largier, 1993 I, 53; Pred. 4). Es soll keine philologische Vertiefung vorgenommen werden. Jedoch weist dieser schwebenden Charakter - wie wir meinen - auch auf Eckharts metaphorisch-paradoxe Sprache. Obige Aussage von *Mieth* ist durch *Schönberger*, 1986, 383, vertieft aufzufassen: „Eckhart löst Analogie vollständig vom Seinsbegriff ab; sie besagt eine Struktur, in welcher ein Gehalt jeweils nur im primum analogatum formell realisiert ist. Das Sein kann bei Eckhart beide Pole der Analogie einnehmen und auf diese Weise als kategorial verstandenes den Begriff Gottes als reines Denken provozieren oder als transzendental verstandenes, die Nichtigkeit der Kreatur zur Folge haben." (Hervorhebg.v.V.) Wir nehmen Eckharts Verständnis von Sein jedoch nicht in der Polarität von Nichts und Denken, sondern als Dialektik. Zu vorliegendem Inhalt sowie weiteren Stellen bei *Schönberger* vgl. unsere Anmerkg. 354.

414 Vgl. unsere Anmerkg. 335

415 *Largier*, 1993 I, 53; Pred. 4. Zu dem Inhalt, den Eckhart hier ausdrückt, kommen wir in der zweiten Abteilung der Antithetik und werden ihn im dritten Teil synthetisch auffassen. Es sei hier erwähnt, daß die Arbeit von Holger *Helting* (1997) in

drückt hiermit eine Wertschätzung des kreatürlichen Seins aus, die treffender[416] nicht formuliert werden kann.[417]

3.2.1 Kein Monismus, sondern ein Holismus als objektive Realität

Was Eckhart in seiner ontologischen Einheitsspekulation durch das *eine* Sein vertritt, ist somit vielmehr eine holistische Sicht: „die Form des Feuers (hüllt) in ihrer Ganzheit die ganze Wesenheit ihrer Materie ohne Mittel auf einmal ein und

---

diesem Sinne als gewinnbringend bezeichnet werden kann, weil dort der Begriff des Nichts in seiner - wie wir meinen - Eckhart-adäquaten Tiefe, nämlich nicht in negativer Konnotation, aufgearbeitet wird.

416 Vgl. den Verweis von Alois M. *Haas* (Meister Eckhart und die deutsche Sprache, in: Freiheit und Gelassenheit: Meister Eckhart heute. Kern, Udo (Hrsg.) München 1980, 148; zitiert: 1982-1) auf die „locutio emphatica" Eckharts, auch ausdrücklich in dessen Rechtfertigungsschrift.

417 Walter *Haug* (1983, 33) spricht von einer „Theologie jenseits der Wende", d.h. jenseits der „ontologischen Differenz", die bei Eckhart „schlichtweg ausgefallen ist: das Sein des Menschen ist identisch mit dem Sein Gottes". Zu dieser Aussage kommt *Haug*, das sei erwähnt, nachdem er die Attributionsanalogie Eckharts durchdacht hat. Die erwähnte Identität des Seins trifft auf das univoke Denken Eckharts zu, das wir als Wertschätzung bezeichnet haben. Gleichwohl ist das „schlichtweg ausgefallen" gerade im attributionsanalogischen Verständnis nicht korrekt; dieses wird unser zweiter antithetischer Teil bedenken. Wir möchten aber - wie wir in Anmerkg. 345 dargestellt haben - die besondere Art der Theologie nicht nur durch Eckharts mystische Sprache gegeben sehen, sondern auch (und gerade) in seinem sehr wohl erkennbaren „objektiven System eines hierarchischen Gesamtkonzepts" und den darin eingeschlossenen „subjektiven Weg" (ebd. 35). Daß wir die *Haugsche* Bestimmung „hierarchisch" nicht kritisieren möchten, meint keine Zustimmung, sondern die Ablehnung einer möglichen negativen Konnotation von Hierarchie und darüber hinaus die Bestätigung der dadurch prädikativ ausgezeichneten, d.h. hierarchielosen Eckhartschen Theologie: das Sein ist Gott. Es sei antizipierend auf Kapitel 6.1.1 Ohne Hierarchie verwiesen. Daß wir den subjektiven Weg in das Objektiv-Systematische (oder auch umgekehrt) eingeschlossen sehen, entspricht wiederum unserem dialektischen Ansatz, da er gleichzeitig einerseits Hermeneutik widerspiegelt und andererseits das Mystische (bei Eckhart) nicht als einfachhin durch Sprache erfahrbar oder auch nur nachvollziehbar macht. Ludwig *Hödl* sagt in seinem Aufsatz 'Textwissen und Sprachwissenschaft' (in: Zeitschrift für Kath. Theologie. Bd. 116, Wien 1994, Seite-142 (zitiert: 1994) treffend: „Jede theologische Aussage ist Satz-Aussage....Weil das Objekt als solches, das göttliche Wesen, nicht erkennbar ist, supponiert es in dem das Wesen repräsentierenden Sprach-Objekt. Dieses Satz-Objekt enthält eine noch nicht näher differenzierte Information über das Wesen Gottes, welche in der Analyse näher zur Erkenntnis gebracht werden muß. Daß dieses Sprachobjekt nicht aus der Erfahrungswelt, sondern aus der Offenbarung und Verkündigung stammt, ändert nichts an seiner gnoseologischen Funktion der Erkenntnisvermittlung." (ebd. 142)

durchformt sie, wobei sie nicht einen Teil nach dem anderen durchdringt, sondern die einzelnen Teile durch das Ganze. Daher ist das Sein Sache des Ganzen und ist das Ganze eines. Deswegen heißt es im 7. Buch der Metaphysik auch, daß das Ganze werde und frei, nicht die Teile."[418] Dieser Holismus gilt für den Gerechten als solchen in der Gerechtigkeit selbst, so daß „die Gerechtigkeit ganz in jedem Gerechten ist. Denn eine halbe Gerechtgkeit ist keine Gerechtigkeit."[419] Der Holismus gilt als ebenfalls adäquat zur transzendenten Univozität und erfordert somit wieder den Nachvollzug von Eckharts „underscheit", denn er sagt anschließend: „Wenn sie [die Gerechtigkeit selbst; Anmerkg.v.V.] aber in jedem Gerechten ist, so auch ganz außerhalb von allem und jedem Gerechten."[420]; die transzendente Univozität benennt nämlich gerade „die Differenz von Sein und Seiendem"[421]: „Denn der Gerechte, von dem wir jetzt in unserem Beispiel[422] sprechen, ist an und für sich, nach seinem Wesen, nicht Licht. Deshalb heißt es später selbst von dem gerechten Johannes dem Täufer: 'er war nicht das Licht' (1,8). ...der Gerechte oder das Gerechte ist in sich selbst dunkel und leuchtet nicht; aber in der Gerechtigkeit selbst, leuchtet es und die Gerechtigkeit leuchtet in dem Gerechten, aber das Gerechte erfaßt sie nicht, da es ja das Niedere ist. ... Das besagt das Wort: die Finsternis hat es nicht erfaßt."[423] Das *eine* Sein als Verwirklichung und Vollendung ist also nicht monistisch (oder theologisch: pantheistisch) zu begreifen, wohl aber holistisch; dieser Nuance sollte sich eine Rezeption bewußt sein und sie - auch im Sinne von Eckharts hermeneutischen Hilfestellung des „underscheit" - berücksichtigen. Es sei noch erwähnt, daß Eckhart selbst in seiner Rechtfertigungsschrift zur Verteidigung im Kölner Inquisitionsprozeß die These „Esse est Deus" klar für das *eine* Sein und das differente, formbestimmte Sein unterschieden hat: „Wenn es heißt: 'das Sein ist Gott', so ist zu sagen, daß dies wahr ist hinsichtlich des absoluten Seins, nicht aber hinsichtlich des Seins, das (dem Seienden) als Form innewohnt."[424] Gerade und nur als das absolut *eine* Sein ist es ganz und differenzlos und ist „nicht identisch mit dem 'ens commune' als einem Abstraktionsbegriff, folglich auch nicht mit der allgemeinsten kategorialen 'Eigenschaft' des Seienden: es meint vielmehr das

418 Prol. op. prop. LW I, 174 (Bezug auf Aristoteles)

419 *Largier*, 1993 II, 509 (Joh.Evg.)

420 Ebd. Vgl. auch Eckharts Rede vom „totus intra" und „totus extra" hinsichtlich des *einen* Seins, d.h. Gottes, in Ex. LW II, 143.

421 *Beierwaltes*, 1972, 59. Das Seiende meint hier explizit dieses und jenes endliche, kreatürliche Sein.

422 Eckhart bezieht sich auf das Johannes-Wort „das Licht leuchtet in der Finsternis, und die Finsternis hat es nicht erfaßt" (*Largier*, 1993 II, 507; Joh. Evg.)

423 Ebd., 507f.

424 *Théry*, Proc.col.I, 193

alles Seiende konstituierende und erhaltende Wirken des Seins selbst, ohne daß dieses sich wesenhaft mit einem das Sein empfangenden (esse accipere) Seienden identifiziert."[425] Dieses muß so sein, handelt es sich doch beim *einen* Sein um virtuelles Sein, nicht um formales Sein: „denn was die Wirkung der Form nach hat, das hat die Idee [d.h. das *eine* Sein (oder: die *eine* Gerechtigkeit); Anmerkg. v.V.] nicht bloß, sondern sie hat es zuvor und hat es in erhabenerer Weise, weil der Kraft nach."[426] Die Wirkung der Form nach - wie das obige Zitat der Verteidigunsschrift es aussagt - entspricht formal-materiellem Sein (d.h. diesem und jenem gerechten Menschen, der gerechten Weise etc.); jedoch den Gerechten als solchen in der Gerechtigkeit selbst als Idee, transzendent als *ein* Sein, aufzufassen, verweist auf virtuelles Sein[427], das letztlich - theologisch aufgefaßt - als seinspendendes für das endliche Sein zu verstehen ist (dazu in den folgenden Kapiteln).

Hermeneutisch ist der Begriff des *einen* Seins, genauer: das Konstituieren des *einen* Seins ohne Identifizierung mit dem je einzelnen Seienden, nochmals zu verdeutlichen als - wie wir es für Eckharts Ideenlehre bereits postuliert haben - konkret abstraktes Begreifen. Es ist der Ausdruck der Forderung Eckharts nach dem Verstehen des „underscheit": „Als ich heute hierher ging, da sann ich darüber nach, wie ich euch so verständlich predigen könnte, daß ihr mich gut verstündet, und erdachte ein Gleichnis. Könntet ihr das recht verstehen, so verstündet ihr den eigentlichen Sinn und den Grund meines ganzen Anliegens, über den

---

425 *Beierwaltes*; 1972, 62. Zur Identität vgl. unsere Anmerkg. 349 und 360: die Identität, die durch Univozität aussagbar ist, ist nur für den ideellen Wirkungsbereich feststellbar.

426 *Largier*, 1993 II, 525 (Joh.Evg.): weiter heißt es dort: „Ferner auch ist die Idee im Verstande, durch Denken wird sie gebildet, sie ist nichts als Denken. Ferner ist sie gleichen Alters mit dem Verstand, da sie das Denken selbst und der Verstand selbst ist." Dieses Zitat ist die Zusammenfassung der vier Bestimmungen für einen „wesenhaften Ursprung"; vgl. unsere Anmerkg. 363.

427 *Albert*, 1976, 241, dazu: „Die Begriffe 'formaliter' und 'materialiter' gehören ebenso zusammen wie die Begriffe 'virtualiter' und 'intellectualiter'." Und unter theologischer Sicht wird ein Zitat Eckharts angefügt: „So kann Eckhart sagen: 'ea, quae creata sunt, sunt in deo non materialiter et formaliter, sed virtute et spiritualiter'." (aus: Gen.2, LW I, 512) An anderer Stelle weist *Albert* (57) auf unterschiedliche Bedeutungen des Adverbs formaliter hin: „als Gegenstück zu 'materialiter', als Gegenstück zu 'virtualiter' und als Wirkungsursache einer der Ursachenarten in der Reihe 'materialiter-formaliter-finaliter-efficienter'". Darüber hinaus als „Terminus technicus der Scholastik", indem eine Aussage entweder formaliter oder materialiter genommen wird, d.h. z.B. abstrakt-metaphysisch wird Seiendes als Seiendes oder als solches, das Eine als Eines etc. oder es wird das Materialobjekt als konkret Seiendes - der Mensch, das Feuer, der Stein etc. - benannt. Vgl. weiterhin zur Differenzierung der beiden Begriffe z.B. *Mojsisch*, 1983, 36f.; *Schönberger*, 1986, 170f.

ich seit je gepredigt habe. Das Gleichnis aber hatte es mit meinem Auge und mit dem Holze zu tun: Wird mein Auge aufgeschlagen, so ist es ein Auge; ist es zu, so ist es dasselbe Auge. Durch das Sehen hinwiederum geht dem Holze weder etwas zu noch ab. Nun versteht mich recht genau! Geschieht es aber nun, daß mein Auge eins und einfaltig in sich selbst ist und (nun) aufgeschlagen und im Anschauen auf das Holz gerichtet wird, so bleibt ein jedes, was es ist, und doch werden beide im Vollzug des Anschauen so eins, daß man wahrhaft sagen kann: Auge-Holz, und das Holz ist mein Auge. Wäre nun noch das Holz unstofflich und rein geistig wie das Sehen meines Auges, so könnte man tatsächlich sagen, daß im Vollzug meines Sehens das Holz und mein Auge in *einem* Sein ständen. Trifft dies (nun schon) bei körperlichen Dingen zu, um wieviel mehr gilt es bei geistigen Dingen!"[428] Was Eckhart hier seinen Hörern als hermeneutische Hilfe gleichnishaft anbietet, geleitet uns auf unser angedeutetes Postulat[429], daß Eckhart eine objektive Realität beschreibt, die sich „im Vollzug" ergibt: Das *eine* Sein ist sich vollziehende objektive Realität. Objektive Realität ist transkategorial, ständig und stets präsent durch das *eine* Sein. Objektiv ist es, weil es das *eine* Sein ist, das nicht in subjektiv-eigenmächtiger Erlangung aufgeht, aber sich dennoch jedem einzelnen Menschen in dessen Subjektivität gibt. Realität ist es, weil es - um an Eckhart anzuschließen - mehr ist als bloße Wirklichkeit der Dinge, mehr als das bloße rerum esse formale, mehr als eine creatio ex nihilo. Das *eine* Sein ist Realität, weil es möglich ist, ohne bloße Möglichkeit zu sein, vielmehr notwendig ist als das *eine* Sein[430]: „...weder die Gerechtigkeit noch der Gerechte als solcher [unterliegen] der Bewegung und der Zeit, ebensowenig wie Leben und Licht. Und deshalb wird der Gerechte immer so von der Gerechtigkeit geboren, wie er von Anfang an, seitdem er gerecht ist, (aus ihr) geboren worden ist; so verhält es sich auch mit dem Entstehen und der Erhaltung des Lichtes im Mittel: es entsteht gerade deshalb stetig, weil es dort nicht stetig beharrt".[431] Somit drückt das *eine* Sein oder die *eine* Gerechtigkeit (oder: die Univozität des Gerechten als solchen in der Gerechtigkeit selbst) objektive Realität in zweifacher Hinsicht aus: zum einen bestehen in der univoken Einheit der *einen* Ge-

428 *Largier*, 1993 I, 505f.; Pred. 48. Vgl. Joh. LW III, 91, nach Aristoteles' Einheitslehre des Erkennens mit dem Erkannten: „in ein und demselben verwirklicht sich das Sehen und das Gesehenwerden des andern".

429 Vgl. unser Kapitel 2.3 Gerechtigkeit in der Transzendenz.

430 *Schönberger*, 1987, 258, drückt diesen Sachverhalt wie folgt aus: „*Was* ontologisch vorausgesetzt ist, ist einerseits eine teleologische Verfaßtheit, andererseits aber hat diese Voraussetzung nicht den Status einer Möglichkeit im Verhältnis zu einer Wirklichkeit, sondern eines Wesens-Akzidenz-Verhältnisses [d.h. Verhältnis: *ein* Sein - dieses oder jenes Sein; Anmerkg.v.V.]."

431 *Largier*; 1993 II, 505 (Joh. Evg.)

rechtigkeit (d.h. des Gerechten als solchen in der Gerechtigkeit selbst) objektiv die Wirklichkeit der Dinge (d. h. des gerechten Menschen, der gerechten Tat etc.: das „Geboren-Werden" in die Gerechtigkeit) und der Formen (d.h. das allgemeine Gerechtsein: das „Gebären" der Gerechtigkeit). Zum anderen ist die univoke Einheit der *einen* Gerechtigkeit (d.h. des Gerechten als solchen in der Gerechtigkeit selbst) Realität, d.h. sie beinhaltet Möglichkeit und Notwendigkeit, „Verwirklichung und Vollendung". Wenn wir demgemäß die Univozität, oder: den Gerechten als solchen in der Gerechtigkeit selbst, als eine objektive Realität bezeichnen, wird damit eine Sichtweise geliefert, die sich nicht mit der äußerlichen Benennung, die die Attributionsanalogie wiedergibt[432], erschöpft. Ganz im Sinne Eckharts verweist die Univozität des Gerechten als solchen in der Gerechtigkeit selbst auf das *eine* Sein, nicht auf Weisen des Seins (denen gilt der zweite dialektische Schritt). Das *eine* Sein des Gerechten als solchen in der Gerechtigkeit selbst, konvertibel somit mit der *einen* transzendenten Gerechtigkeit, eint alle Weisen, ohne Differenzierung, sonst wäre es nicht das *eine* Sein. Eckharts Ontologie des *einen* Seins zielt in Form der Univozität folglich auf innere Zusammenhänge der Verwirklichung und Vervollkommnung, also auf die Wirklichkeit der Dinge und der Formen, denn „nichts [ist] so innerlich, so ursprünglich und eigen wie gerade das Sein"[433].

---

432 Die Äußerlichkeit, die die Analogie aussagt, wird klar ersichtlich aus dem Verweischarakter des zweiten Analogats, indem es für das erste als Zeichen fungiert. Dazu: Eckharts aristotelisches Beispiel von der Gesundheit, die eigentlich im Menschen ist, die aber ebenfalls vom Harn oder der Speise ausgesagt werden kann, jedoch nur analog, d.h. die eine, eigentliche Gesundheit anzeigend. (Vgl. Eccli. LW II, 280f.; ebd. das Beispiel von Wein und Kranz) Daß die Attributionsanalogie, der wir uns im übrigen explizit im antithetischen Teil widmen, nicht als alleiniges Interpretationsmodell für die Eckhartsche Lehre angesehen werden kann, hat *Mojsisch* (1983, 37) in Bezug auf H. Hofs Arbeit 'Scintilla animae' und darüber hinaus festgestellt, daß „dem Analogiedenken immer das Signum der Defizienz" (ebd., 56) anhaftet. Vgl. ebenso *Hödl*; 1980, 40: „Eckhart teilt nicht die Meinung des Thomas von Aquin und der aristotelischen Tradition..., daß der menschliche Geist immer nur in der Anspannung und Anstrengung von Potenz und Akt zur aktuellen Erfüllung und Verwirklichung des geistigen und geistlichen Lebens kommen könne. ... Der neuplatonische Formbegriff schafft keine Differenz [somit ist Gott nicht (nur) das rerum esse formale; Anmerkg. v.V.] zwischen Formal- und Materialursache...und schafft in der schöpferischen Entäußerungsbewegung aus dem unerschaffenen und unerschöpflichen Grund des Wesens das Wesentliche." Oder *Imbach*, 187, der auf Eckharts „Deus est intelligere" der ‚Quaestio parisiensis' und „Esse est Deus" des ‚Opus tripartitum' bezüglich meint: „Der Kern der eckhartschen Analogielehre bleibt sich gleich: nur eines der beiden Analogate verwirklicht den Inhalt formaliter. Es ändert sich die Deutung des Wortes Sein." Vgl. unsere Anmerkg. 354; 413.

433 Gen.1 LW I, 186

4. Die theologische Basis des Gerechtigkeitsbegriffs

Wenn uns Eckharts univoke Perspektive des Gerechten als solchen in der Gerechtigkeit selbst auf die erkenntnistheoretische Idee vor den Dingen verweist, die ontologisch als „Ursprung ohne Ursprung“ die Transzendenz des *einen* Seins beschreibt, und wenn er darüber hinaus sagt, daß Aussagen über den Gerechten und die Gerechtigkeit gleich wahr sind „für Gottes Sohn und Gott den Vater, für alles das, was von Gott geboren ist und was keinen Vater auf Erden hat, in das sich nichts von dem gebiert, was geschaffen ist, was nicht Gott ist, in dem kein Bild ist als der bloße, lautere Gott allein“[434], dann hat Eckhart eine Begriffsbestimmung der Gerechtigkeit im Auge, die auf eine andere Ebene als Erkenntnistheorie und Ontologie transformieren will. Bei der Ebene, das ist unschwer erkennbar, handelt es sich um die der Theologie.

4.1 Hermeneutische Überlegung zur theologischen Basis des Gerechtigkeitsbegriffs

Hinsichtlich der theologischen Basis gilt es hermeneutisch Folgendes zu berücksichtigen: Erstens: der Eckhartsche Gerechtigkeitsbegriff ist auch unter theologischer Perspektive in unsere dialektische Aufarbeitung in Form der These eingebunden; d.h. er wurde bisher als Begriff der Idee und des *einen* Seins gesetzt und wird im folgenden theologisch erweitert. Zweitens: um eine Erweiterung handelt es sich deshalb, weil Ideenlehre und Ontologie quasi durch die Theologie ein Weg über die Metaphysik hinaus gewiesen wird, der letztlich ins Eckhartsche Theologoumenon der Gottesgeburt in der Seele mündet; auf unsere Dialektik bezogen hieße das, daß letztlich erst im dritten Teil der Synthese die Kraft des Eckhartschen Denkens vollends erweisbar wird. Drittens: gleichwohl ist Eckharts Theologie im metaphysisch-begrifflichen thetischen Teil verankert, denn sie wird auch als „Überwindung der Metaphysik noch mit Mitteln der Metaphysik durchgeführt....“[435] Die Metaphysik selbst ist somit der Impuls zur Transformation ihrer selbst in das theologische Denken, so sagt Eckhart: „Im Anfang schuf Gott Himmel und Erde.... Zum ersten muß man wissen, daß der Anfang, in welchem Gott Himmel und Erde schuf, die Idee ist. Das besagen die Worte: ‘im Anfang war das Wort’...“[436] und das „Sein ist so hoch und so lauter und Gott so

434 *Largier*, 1993 II, 237 (BgT); vgl. unsere Anmerkg. 294 zum Kontext des hier Zitierten.

435 *Welte*, 1979, 84

436 Gen.1 LW I, 186f. *Albert* (1976, 237) weist in diesem Zusammenhang darauf hin, daß Eckharts „Verhältnis zum Augustinischen Denken längst noch nicht hinrei-

verwandt, daß niemand Sein verleihen kann als Gott allein in sich selbst. Gottes eigenstes Wesen ist Sein."[437] Eckhart nimmt durch die Theologie Ideenlehre und Ontologie ineins. Eine allgemeine Perspektive dazu finden wir bei Ludwig *Hödl*: „Insofern alles Wesenhafte - es ist als solches auch das Seinshafte - das philosophische Denken auf den Grund verweist und insofern umgekehrt der Wesensgrund das Denken in seinem Vorgehen anweist, muß die philosophische Betrachtung das hohe Ende der Gotteserkenntnis angehen."[438] Gemäß dieses hohen Endes setzen auch wir die Theologie an die letzte, umfassende Stelle der thetischen Aufarbeitung, so daß sie worttheologisch (Idee) und schöpfungstheologisch (*ein* Sein), also auch trinitätstheologisch, eine innere (d.h. innerhalb der These) Synthese darstellt. Udo *Kern* ist beizupflichten, wenn er schreibt, daß sich „bei Eckhart das Entsicherte, Gefährliche, Reale der Begegnung mit dem einen Einen, mit Gott Bahn [bricht], das die Radikalität des theologischen Grundes signalisiert, ... das nur von christologischer Basis aus und via trinitarische Struktur erkannt werden kann."[439] Wenn er jedoch das so Reale der „Begegnung mit dem einen Einen, mit Gott" weiterhin als „in dialektischer Spannung mißverständlich, entfremdet verständlich"[440] nennt, so möchten wir diese Bestimmung relativieren. *Kern* geht im Ansatz davon aus, daß „Gott nicht der ideologische Schemen menschlicher Projektionen und Ideale ist."[441] Dementsprechend kann dialektische Spannung unseres Erachtens nur zu Mißverständnissen führen, wenn sie sich absolut setzt und in denkerischem Schein-Widerspruch und ihrer Aufhebung verliert. Das menschliche Wissen kann Gott - wie Eckhart selbst sagt - „niemals erfassen im Meer seiner Unergründlichkeit"[442]. Unsere dialektische Vorgehensweise versucht, sich als nicht absolut auszuweisen. Somit muß „mißverständlich" Verständliches, das *Kern* auch selbst explizit paradox-antithe-

---

chend untersucht und gewürdigt worden ist...". Die theologischen Aspekte werden im nächsten Kapitel gesondert betrachtet.

437 *Largier*, 1993 I, 99 (Pred. 8)

438 *Hödl*, 1960, 266

439 *Kern*, Udo, Eckharts Intention, in: Freiheit und Gelassenheit: Meister Eckhart heute. München 1980, 31 (zitiert: 1980)

440 Ebd.

441 Ebd. Dieser Ansatz ist Grundlage von *Kern*, 1994. Ebenso *Mieth*, 1969, 140: Der Mensch als „jeweiliges individuelles Wesen ist immer von Gott geschieden...als eine vom allgemeinen Sein getrennte Konkretion, die freilich nur aus der Projektion dieses Seins existiert. Der letzte Grund für diese Projektion oder Spiegelung des Seins liegt im Mysterium der Barmherzigkeit Gottes."

442 *Largier*, 1993 I, 93 (Pred. 7); Eckhart weiter: „Ich sage: über diese beiden (über das) Erkennen und (die) Liebe (hinaus) ragt die Barmherzigkeit; im Höchsten und Lautersten, das Gott zu wirken vermag, dort wirkt Gott Barmherzigkeit." Vgl. unsere Anmerkg. 441. Verschiedentliche Hinweise werden für das Wirken Gottes im Verlauf der Studie verfolgt werden.

tisch formuliert, nicht nur negativ besetzt sein, sondern kann sich auf ein Denken, d.h. einen Menschen, beziehen, „der ein neues Leben von vorn beginnen sollte, ...der ... ein Gott in allen Dingen suchender und ... in *allen* Weisen findender Mensch werden müßte. Darin kann man allzeit ohne Unterlaß zunehmen und nimmer an ein Ende kommen des Zunehmens.“[443] Es geht Eckhart – wie hieraus zu entnehmen ist - nicht um „absolute Aufhebung und Vernichtung des Irdischen“[444], somit auch nicht um Verneinung des menschlichen Selbst-Erkenntnisprozesses, sondern um dessen Grundlegung in, durch und mit Gott. Soweit diese hermeneutischen Bemerkungen.

4.2 Eckharts theologische Intention: die Transformation

Erwähnt wurde, daß Eckhart seine Begriffsbestimmung der Gerechtigkeit auf theologische Ebene transformieren will. Unsere Formulierung, daß Eckhart transformieren will, meint nicht missionarischen Zwang oder Verblendung; diese Attribute sprechen per se gegen Eckhart. Vielmehr gilt es zu sehen, daß Eckhart eine Intention verfolgt, die - bei aller wissenschaftlichen Attitüde einer philosophisch-theologischen Lehre - Elemente in sich beherbergt, die weniger Intention als Intension sind, die dadurch auch auf Eckharts Predigertum[445] verweisen. Eckharts intensive Intention der Transformation vereinigt verschiedene Aspekte, und zwar die seiner Rhetorik, seines erstrebten Bemühens zum Bekenntnis, seiner Terminologie der Trans-Formation. Sein Gerechtigkeitsbegriff dient diesen Aspekten als exemplarische Verdeutlichung, und zwar dahingehend, daß er innerhalb der dialektischen These zur Theologie erhoben wird, d.h. er verbleibt nicht mehr nur im erkenntnistheoretischen und ontologischen Begriffsdenken, sondern ist als theologischer die Transformation an sich. Die Aspekte sind unter

443 *Largier*, 1993 II, 419 (RdU). Es sei darauf hingewiesen, daß Udo *Kern* ebenfalls auf diese Aussage Eckharts verweist, jedoch - wie gesagt - in negaviterer Konnotation der Überforderung des Menschen, die Eckhart aber dem Menschen zutraut. Hinweisen möchten wir auch wiederum auf Eckharts gekonnte Rhetorik: ein „neues Leben von vorn beginnen“ wird durch Tautologie emphatisch; ähnlich: sein Begriff „Ursprung ohne Ursprung“ oder „totus intra“/„totus extra“ des *einen* Seins; es lassen sich im Laufe unserer Erörterung noch andere finden. Entsprechend weist auch *Kern* selbst auf diese Sprachgewalt Eckharts hin (1980, 33).

444 Q, 49; Einleitung

445 Vgl. unsere Ausführungen zur Antithese sowie das Kapitel: Biographische Spurensuche im ersten Teil. Diese Intensionalität in Eckharts Intention bedenkt auch Hermann *Kunisch* (Offenbarung und Gehorsam. Versuch über Eckharts Religiöse Persönlichkeit, in: Meister Eckhart der Prediger. Festschrift zum Eckhart-Gedenkjahr. P. Udo M. Nix O.P. und P.Dr. Raphael Öchslin O.P. (Hrsg.), Freiburg/Basel/Wien 1960) bes. 143-148.

dieser Rücksicht somit auch nicht strikt voneinander zu trennen, sondern haben fließende Grenzen. Zu dem von uns gewählten Terminus der Transformation ist im Vorfeld noch zu sagen, daß er sich aus einem Eindruck, den die Rezeption der Eckhartschen Gedanken auf uns gemacht hat, unmittelbar ergeben hat. Eckharts Worte beeindrucken im wahrsten Sinne des Wortes; kraftvoll und drängend, dabei beruhigend und abwartend sprechen sie jegliche psychische und physische Konstitution an. Das Aufnehmen der Worte wirkt dabei immer noch direkt und empirisch, anders gesagt: Eckharts Sprache und Reflexionen sind von einer immanenten Diaphanie, sie wirken und lassen wirken. 'Gewirkt' hat überhaupt Eckharts Wortwahl: „überformen", „überbilden", „einbilden", „durchformen" - um sie hier ohne weitere Verweise zu benennen - und sie war auch ausschlaggebend dafür, den Terminus mit dem Hilfsverb 'wollen' zu versehen; d.h. daß wir bei Eckhart eine Intention vermuten (nicht: unterstellen). Darüber hinaus hat ein Hinweis von Kurt *Ruh* unseren Terminus beeinflußt: „...die mystische Sprache [ist] als im *transitus* zu verstehen. Sie bewegt sich von der Vielheit, dem Kategorialen und dem Zeitcharakter der menschlichen Sprache, hin zum *simul et semel* der Sprache, in der sich Gott offenbart."[446] Wir wollen mit Eckharts theologischer Intention der Transformation zeigen, daß der *transitus* für Eckharts Lehre, explizit auch Theologie, charakteristisch ist und – darüber hinaus - welche unterstützende Funktion die Perspektive der Transformation für unsere Dialektik als un-aufhebbare, d.h. nicht primär eigenmächtig-subjektivistischen Erkenntniszuwachs beanspruchende, hat.

Eckhart spricht seine Hörer/Leser an, fordert auf, ihm hörend zu folgen. Er setzt ein kommunikatives Potential ein, das, obgleich überwiegend rezipierend und präsentierend auf den Monolog angewiesen, in seiner rhetorischen Dichte unerschöpflich ist. Er wird nicht müde, Hinsichten anzudeuten, Rückblicke aufzunehmen, Kristallisationspunkte zu setzen, um seine Gedanken nachvollziehbar, d.h. kommunikativ zu gestalten. Es erscheint uns nicht so, daß Eckhart so gut wie ohne „argumentative Strategie"[447] auskommt, die - im übrigen - nicht gegen den Bezug auf ein Schriftwort stehen muß, sondern im Gegenteil dieses als Strukturvorgabe übernehmen kann (z.B. eindeutig bei der Predigt ,Vom ed-

---

446 *Ruh*, 1990, 24. „Der Begriff des *transitus* im ontologisch-theologischen Bezug verwenden Johannes Eriugena im 10., Bonaventura im 13. Jahrhundert. 'Transitus betrifft sowohl den Hervorgang des Gottes aus sich selbst und in der Welt (*processio*), als auch die Rückkehr (*reditus, reversio, restitutio in integrum, recapitulatio, adunatio*) des Geschaffenen in seinen Ursprung.' Diese 'Rückkehr' entspricht dem Sprachvollzug des Mystikers." (*Ruh* bezieht sich auf Werner Beierwaltes, Anmerkg. 29, ebd.)

447 *Haug*, 1983, 36

len Menschen'[448], aber auch bei anderen). Argumentation und Strukturierung müssen somit nun auch nicht vordergründig einen „persuativen Diskurs"[449] meinen, und sie bei Eckhart nicht festzustellen, weil er von immer derselben „Wahrheit"[450] (was durchaus zutrifft) spricht, ist nicht nachzuvollziehen. Wie sollten Zuhörer verstehen, wenn alles unverständlich ist? Für eine Formung der Gedanken bei Eckhart spricht darüber hinaus auch folgendes: „Bei aller Volkstümlichkeit, bei allen Beispielen und Gleichnissen aus dem täglichen Leben ist die Wissenschaft, von der er herabkommt, ihm doch viel zu hoch, als daß er sie hinzuziehen wagen würde. Vielmehr schlägt er den umgekehrten Weg ein, seine Hörer zu ihr hinaufzubilden."[451] Zur Rhetorik gesellt sich somit die Begrifflichkeit, d.h. hier Sprache im weitesten Sinne, vom philosophisch-theologischen Begriff bis hin zum (mystischen) Erfahrungs-Begriff[452], gleichwohl in apophatischer oder kataphatischer[453] Sprechweise.

Hierin ist Eckharts Transformieren-Wollen von einer fundamentalen Kraft - und hier beziehen wir uns nochmals auf oben genannte Wahrheit - gekennzeich-

---

448 Wir haben bereits auf Eckharts Dialektik als formale, diskursive Strukturierung, durch die er seine Reden organisiert, im ersten Teil (Dialektik als Formgebung) hingewiesen.

449 *Haug*, 1983, 36

450 Ebd., 37

451 *Hampe*, 36; zu fragen ist, ob diese Aussage als Bildungsanspruch Eckharts gelesen werden kann. Dennoch sehen wir einen solchen, wie ihn auch in neuester Zeit *Largier* erwähnt; vgl. unsere Anmerkg. 4

452 Dazu die fragende Feststellung von Alois M. *Haas* (Was ist Mystik? in: Abendländische Mystik im Mittelalter. Symposion Kloster Engelberg 1984, Stuttgart 1986, 319-341; zitiert: 1986): „Ist 'Mystik' nur die Erfahrung selbst oder auch das Kommunikationsgeschehen, das sich an sie heftet, d.h. deren narrative oder reflektierende Wiedergabe? Faktisch wird meist beides - da die Erfahrung ohne Vermittlung stumm bliebe - dem Begriff der Mystik eingeborgen." (ebd. 320) Gerade für die christliche Mystik ist „der unsagbare Gott selbst der Logos, der sich - um mit Eckhart zu sprechen - selber 'gewortet'." (ebd.331; das Eckhart-Zitat bezieht *Haas* aus DW I, 66, 3; bei *Largier*, 1993 I, 46-57; Pred. 4).

453 Dazu Ausführungen von Alois M. *Haas* (1994, 52) über Dionysius Areopagita: „Wenn es auch klar ist, daß Dionysius neben diesem negativ apophatischen Weg zu Gott auch einen positiven, symbolischen Weg zu Gott hat gelten lassen, so ist doch ebenso klar, daß der negative Weg dem positiven weit überlegen bleibt. /.../ Ein Doppeltes scheint mir mit Dionysius' Theologica mystica erfüllt: Der hier aufgezeigte Weg der Apophatik fordert von jedem, der sich um die darin eingeschlossene Katharsis bemüht, durchaus die Anstrengung des Begriffs. Denn alle Verneinung muß positiv wissen, was sie verneint und warum sie es verneint." (Mystik als Theologie, in: Zeitschrift für katholische Theologie (ZKTh) 116, Wien 1994, 30-53; zitiert: 1994) Es ist ebenso ein Anliegen Eckharts, den Begriff zu erfordern, um ihn erhellend wirken zu lassen; vgl. z.B. unsere Anmerkg. 335.

net, welche mehr in der Erfahrung[454] als im rein denkerischen Prozeß zu wurzeln scheint und aus ihr gespeist wird. Eckhart widmet sich in einer deutschen Predigt dem Matthäus-Vers (5,3): „'Selig sind die Armen im Geiste, denn das Himmelreich ist ihrer.'"[455] und spricht diesbezüglich von „innerer Armut"[456]: „Nun bitte ich euch, ebenso (arm) zu sein, auf daß ihr die Rede verstehet; denn ich sage euch bei der ewigen Wahrheit: Wenn ihr dieser Wahrheit, von der wir nun sprechen wollen, nicht gleicht, so könnt ihr mich nicht verstehen."[457], um die Predigt, fast als hätte er diese fundamentale Kraft, die sie trägt, als nicht nachvollziehbar erkannt, fast als wolle er sich selbst in sein Gesagtes zurücknehmen, relativierend zu schließen: „Wer diese Rede nicht versteht, der bekümmere sein Herz nicht damit."[458] - aber auch, um mit dieser Aussage letztlich nicht zu enden: „Denn solange der Mensch dieser Wahrheit nicht gleicht, solange wird er diese Rede nicht verstehen. Denn es ist eine unverhüllte Wahrheit, die da gekommen ist aus dem Herzen Gottes unmittelbar."[459], sondern für jeden zu erbitten: „Daß wir so leben mögen, daß wir es ewig erfahren, dazu helfe uns Gott. Amen."[460] Eckharts „unverhüllte Wahrheit", die er als „unmittelbar" beschreibt, kann nur Eckhart für sich mit dieser Bestimmung charakterisieren. Mißverständlich erscheint uns die Feststellung *Haugs*, wenn er sagt, daß „Eckhart die Wahrheit nur denjenigen darstellen [kann], die schon in ihr stehen."[461] Sicherlich nehmen die Hörer unmittelbar auf, die im eigenen Menschsein wahrhaft erfahren haben, d.h. Eckharts Worte sind nicht mehr Eckharts, sondern eigene. Jedoch in

454 Erfahrung widerspricht aber nicht Strukturierung. (vgl. zur Position *Haugs*; Anmerkg. 439)

455 *Largier*, 1993 I, 551 (Pred. 52)

456 Ebd.

457 Ebd.; Eckhart sagt von denjenigen, die die Innerlichkeit des Menschen nicht sehen, sondern nur auf Äußeres schauen und dieses als die Wahrheit annehmen: „von innen sind sie Esel" (ebd. 553; Hervorhebg.v.V.). Ohne einen beleidigenden Ton nimmt er das, was er denen erklären möchte, als Mittel zur Erklärung. Wiederum rhetorische Detailfreude.

458 Ebd., 563

459 Ebd.

460 Ebd. Eckharts Schlußformeln seiner Predigten, die homiletischer Grundsatz sind, interpretieren wir auf keinen Fall als „fragwürdiges Trostwort" (*Haug*, 1983, 37) und nicht als "letzten Rest" (*Haug*, 1986, 505), der nach der Art des Eckhartschen „Antigesprächs" (ebd.) notwendig ein solcher sein muß. Zum „Antigespräch": *Haug* sieht Eckharts Rede als eindeutig und ausschließlich die „Differenz" zwischen Gott und Mensch betonend. Ein analoges Denken ist bei Eckhart nicht zu bestreiten, aber auch ein univokes, letztlich als Einheit der Gottesgeburt in der Seele, nicht; vgl. in diesem Sinne die Beanstandung von Dietmar *Mieth* in: *Ruh*, 1986, 533.

461 *Haug*, 1983, 37

der Wahrheit steht jeder Mensch: „wie ich schon öfter gesagt habe, daß etwas in der Seele ist, das Gott so verwandt ist, daß es eins ist und nicht vereint“[462]; jede andere Feststellung würde eine Hierarchisierung begünstigen und entspräche nicht Eckharts Denken, nicht seinem Seins-, Schöpfungs- und Gottesbegriff, würde nicht nachvollziehen können: „Warum geht ihr aus? Warum bleibt ihr nicht in euch selbst und greift in euer eigenes Gut? Ihr tragt doch alle Wahrheit wesenhaft in euch.“[463] Überhaupt ist die „unverhüllte Wahrheit“ als mystische Erfahrung zu bezeichnen, die sich sprachlich[464] äußert. „Eckharts eigene Ein-

---

462 *Largier*, 1993 I; 147 (Pred. 12)

463 *Largier*, 1993 I, 75 (Pred. 5B)

464 Zur Konstellation Erfahrung und Sprache ist zu sagen: „Sprache ist, wenn man es genau nimmt und von allen anderen Formen und Möglichkeiten der Mitteilung absieht...das Mittel, das von der Erfahrung Zeugnis gibt. Aber nicht nur so, als ob es zunächst eine sprachlose Erfahrung gäbe, die dann eingeht in das Regelsystem menschlichen Sprechens, sondern so, daß Sprache - als eine unabdingbar vorgegebene - den Inhalt möglicher Erfahrung mindestens immer auch schon im voraus mitbestimmt hat und so an Erfahrung immer auch leitend und begründend mitbeteiligt ist. Hat es oft den Anschein, als möchte der Mystiker sich der Sprache entschlagen, so ist noch diese Emanzipationsbewegung letztlich nur mittels der Sprache möglich.“ (*Haas*, Alois, M., Mystische Erfahrung und Sprache, in: Perspektiven der Philosophie - Neues Jahrbuch, Bd. 4, R. Berlinger, E. Fink, F. Kaubach, W. Schrader (Hrsg.), Hildesheim 1978, 319; zitiert: 1978-1) So auch Walter *Haug*: „Die Sprache ist nicht primär Instrument gegenüber einer nichtsprachlichen Erfahrung..., sondern die Sprache ist selbst Medium der Erfahrung und als solche funktional in den Ich-Welt-Bezug eingebunden.“ (Zur Grundlegung einer Theorie des mystischen Sprechens, in: Abendländische Mystik im Mittelalter. Symposion Kloster Engelberg 1984, Kurt Ruh (Hrsg.), Stuttgart 1986, 495; zitiert: 1986)
Auf das Schweigen des Mystikers, das *Haas* mit Verweis auf Josef Quint (‘Mystik und Sprache. Ihr Verhältnis zueinander, insbesondere in der spekulativen Mystik Meister Eckharts, in: Altdeutsche und altniederländische Mystik. Kurt Ruh (Hrsg.), Darmstadt 1964, 113-151) anspricht, geht auch Walter *Haug* ein, indem er Quints Position kritisiert, „Als erhabenste Ausdrucksform des Mystikers habe das *sanctum silentium* zu gelten. Wenn der Mystiker trotzdem spreche, komme es zu einem ‘Kampf gegen die Sprache’, zu einem ‘Sturmlauf gegen den Begriff und damit gegen das Wort’. ... Das Ergebnis dieser sprachschöpferischen Umgestaltung ist eine spezifisch mystische Semantik, die Quint im Sinne von Jost Trier als ein ‘umfassendes und innerlich geschlossenes mystische Wortfeld’ [bestehend aus „Sprachformen und Bildungsweisen“; Anmerkg.v.V.] versteht.“ (*Haug*, 1986, 494) Sicherlich ist *Haug* recht zu geben, daß ein „mystisches Wortfeld“ an sich und gesondert nicht gegeben ist, so daß auf es zurückgegriffen werden kann, sondern daß Sprache selbst als „Sich-selbst-Überschreiten,... Selbstreflexion ...Übergang ins Schweigen“ (ebd., 495. Vgl. zur weiteren Erörterung des *Haugschen* Aufsatzes den Diskussionsbericht von Barbara Küper, in: *Ruh*, Kurt (Hrsg.): Abendländische Mystik im Mittelalter. Symposion Kloster Engelberg 1984, Stuttgart 1986, 529-534; zitiert: 1986)) „generell verfügbar“ (ebd.) ist. Wenn die mystische Erfahrung geschieht,

heitslehre ist zutiefst mystisch, Unionsmystik des Seelengrundes und Gottesgrundes... Trotz der überkühnen Formeln von dieser letzten geistigen Armut ist ihr die theosophische und gnostische Hybris so fern wie möglich. ... In Wahrheit ist es [das „Nebenergebnis der Urgrundlehre“, „daß Gott auch *das Sein selbst*, nicht nur reiner Geist ist; Anmerkg. v.V.] gerade im Gegensatz zum Pantheismus eine großartige Fassung der Schöpfungslehre. ... Eckhart selbst sah in der Dreifaltigkeit das Nebeneinander von Seinsheit, Wahrheit und Gutheit.“[465] Gegen diese Aussage *Dempfs* könnte geltend gemacht, daß sie „im üblichen Sinne, im Kategorisieren, im Bezeichnen, [im] auf den Begriff bringen“[466] interpretierend vorgeht. Aber die entscheidenden Begriffe wie Seelengrund, Gottesgrund,

---

geschieht Sprache oder auch eine andere (nicht-sprachliche!) Handlung. Aber die mystische Erfahrung ist anders als jede normal-existentielle Erfahrung, ist nicht bloßer „Ich-Welt-Bezug“ und geht über „generell“ Verfügbares hinaus: sie transzendiert sich selbst, weil sie sich transzendieren muß. Es wäre an *Haug* die Frage zu richten, ob nicht gerade dieser Drang des Transzendierens ihrer selbst die mystische Sprache/Handlung zu einer „instrumentellen“ (um einen von *Haug* gegen Quint kritisierten Begriff zu übernehmen, ebd., 495) werden läßt; d.h. daß das mystische Erleben stets dieselbe, also: eine instrumentalisierte Form hervorbringt, natürlich verschieden im Personalen. Diese Form ist dann sehr wohl „phänomenologisch“ (ebd., 495), indem sie eine bestimmte Semantik ‚erschafft‘; und diese kann als solche auch identifiziert werden; d.h. - wie *Haas* (1978-1, 334) es ausdrückt -, „daß die mystische Rede gewissermaßer Zeugnis ablegt ... ein Erfahrungszeugnis, das unmittelbar über den lebendigen, seinsspendenden Gott abgelegt wird.“ Dazu *Haas* in der ‚Typologie der Mystik‘ (in: Honnefelder, Ludger/Schüßler, Werner (Hrsg.): Transzendenz. Zu einem Grundwort der klassischen Metaphysik, Paderborn 1992, 279-295; zitiert: 1992-1): „Wenn wir die Erfahrungsvollzüge der Mystik zu beschreiben haben, fallen uns sofort fundamentale Denk- und Vorstellungsstrukturen zeitlicher und räumlicher Art auf: früher-später; alt-jung; innen-außen; unten-oben; vorne-hinten usw.“ (1992-1, 288). Der Vollzug selber, das sei nochmals erwähnt, liegt eingebunden in „einer großen Diversität verschiedener mystischer Haltungen und Erfahrungsweisen“ (ebd., 289).

465 *Dempf*, 176f., verweist auf Nikolaus von Kues, der „den Vater das existentielle Seinkönnen neben dem essentiellen Könnensein des Logos nennt“ und damit Verständnishilfe für Eckharts „metaphysische Deutungsmöglichkeit dieses christlichen Grundgeheimnisses“ (ebd. 177) liefern kann. Es sei nochmals erwähnt - nach der Transzendentalienlehre Eckharts ist die Gerechtigkeit mitzudenken. Wie sich die Unionsmystik des Seelengrundes und Gottesgrundes gestaltet, wie Gottes Grund zu verstehen ist und wie auch der Mensch an diesem Grund partizipiert wird der synthetische Teil unserer dialektischen Aufarbeitung der Eckhartschen Lehre von der Gerechtigkeit analysieren.

466 *Ruh*, 1990, 25

Seinsheit, Wahrheit und Gutheit verwendet Eckhart selbst[467]. Sie sind Eckharts Mystik nicht aufoktroyiert. Dementsprechend unterstützt *Dempfs* in der Forschung keineswegs singuläre Begrifflichkeit, mit der er die Eckhartsche Mystik belegt, unsere Frage, ob Mystik nicht eine instrumentalisierte, d.h. inhärente, Form ist[468], die natürlich differenziert hinsichtlich des jeweiligen erfahrenden Individuums, somit aber auch als je verschiedenes Phänomen phänomenologisch erkennbar ist. Hermeneutisch maßgebend bleibt aber immer, daß Mystik als „metaphysisches Modell, weit davon entfernt, nur theoretische Verbindlichkeit zu beanspruchen"[469], aufzufassen ist: „Es zeigt an, daß die mystische Sprache grundsätzlich, auch in ihren durchaus affirmativen Aussagen, uneigentlich, aber

467 Vgl. in den deutschen Werken z.B. Predigt 5B (*Largier*, 1993 I, 71); Predigt 12 (*Largier*, 1993 I, 147) oder im ‚Buch der göttlichen Tröstung' (*Largier*, 1993 II, 235f.)

468 Vgl. unsere Anmerkg. 464. Es sei nochmals darauf hingewiesen, daß unser Verständnis von Mystik als instrumentalisierte Form (des Denkens, Sprechens, Handelns) nicht bezeichnet, wie der Mystiker erfährt, sondern daß er erfährt, „...im Sinne eines erfahrungshaften Innewerdens der Vereinigung mit Gott" (*Haas*, 1978, 60, gemäß der Mystik nach christlicher Väter-Tradition). Seine Existenz ist im mystischen Erleben auf eine explizite Weise hin instrumentalisiert: er denkt, spricht, handelt - wie auch im nicht-mystischen, aber bewußten Zustand - im mystischen Erfahren, das aber nicht explizit un-bewußt genannt werden kann, nach einem ebenso bestimmten Instrumentarium. Aber: die Bestimmung der instrumentalisierten Form kann nur so vor sich gehen, daß sie von Außenstehenden als Phänomen beschrieben, d.h. also hermeneutisch aufgearbeitet werden kann, sie kann nicht in ihrer inneren Funktion, d.h. wie und was genau erfahren wird, benannt werden; vgl. hierzu unsere Anmerkg. 22 zu Bernhard *Weltes* ‚Sehen'. Erwin *Waldschütz* (1989, 324ff.) hat demgemäß auf die Unterscheidung der „überwältigenden Erfahrung" Eckharts von psychisch-subjektivem „‚Erlebnis'", objektgebundener „empirischer Erfahrung" und pragmatischer „alltäglicher Erfahrung" hingewiesen. Es kann daher auch nicht mit letzter Sicherheit gesagt werden, daß die mystische Sprache in der allgemein-täglichen Sprache enthalten ist, daß sie Medium der Erfahrung und somit funktional ist, daß sie schöpferisch ist, etc., vgl. dazu nochmals unsere Anmerkg. 464 zur Meinung von *Haug;* sowie *Aschtiani*, Manutschehr, Der dialektische Vorgang in der mystischen „Unio-Lehre" Eckharts und Maulanas und seine Vermittlung in der Sprache. Diss., Heidelberg 1971, 14ff.; auch *Stachel*, Günter: Streit um Meister Eckhart: Spekulativer Theologe, beinahe häretischer Scholastiker oder großer Mystiker? in: Zeitschrift für katholische Theologie. Bd. 111, Wien 1989, 63f., der „drei Möglichkeiten" der Beurteilung mystischer Erfahrungen durch Nicht-Praktizierende anführt: „auf hermeneutischem Weg", durch den „Vergleich ... mit anderen Mystikern", durch das „Befragen von Menschen, deren 'Erfahrungen' in einer anerkannten mystischen Tradition akzeptiert...wurden"; vgl. auch *Largier*, 1995, 60f.; weiterhin *Bader*, 216f. erer

469 *Ruh*, 1990, 25

auf dem Weg zur Eigentlichkeit ist."[470] Das Thema der Mystik wird im dritten Teil unserer Dialektik anhand Eckharts expliziter Terminologie nochmals aufgegriffen.

Auf die Terminologie im vorliegenden Kontext geht Eckhart auch mit einer deutschen Predigt zum Bibelvers 2 Kor. 3,18 ein: „'Wir werden völlig in Gott transformiert und verwandelt'."[471] Daß wir postulieren, Eckhart würde transformieren wollen, somit eine Intention verfolgen, verdeutlicht ein Gleichnis, welches er anschließt: „Vernimm ein Gleichnis! Ganz so, wie wenn im Sakramente Brot in unseres Herrn Leib verwandelt wird: wieviel Brote es auch wären, so wird doch nur *ein* Leib. ... Was in ein anderes verwandelt wird, das wird eins mit ihm. Ganz so werde ich in ihn verwandelt, daß er mich als sein Sein wirkt, (und zwar) als eines, *nicht* als *gleiches*: beim lebendigen Gotte ist es wahr, daß es da keinerlei Unterschied gibt."[472] Jegliche Perspektive, die wir bis jetzt durch unsere dialektische Untersuchung angesprochen haben, taucht in dieser gleichnishaften Aussage wieder auf: erstens, auf unseren thetischen Aufriß bezogen, die der Ideenlehre, eingebunden in Univozitäts- und Transzendenzlehre: in Gott geschieht alles; zweitens die der ontologischen Lehre vom *einen* Sein, unterstützt von unserer Feststellung des Eckhartschen Holismus: völlig und ganz sowie die der Indistinctum-Lehre: „*nicht* als *gleiches*", keinerlei Unterschied; drittens die Perspektive seiner Sprachkraft und letztlich viertens Eckharts alles umfassendes Bekennen: „beim lebendigen Gotte ist es wahr". Es zeigt sich bei Eckhart eine Intention ohne Relativierung und Zweifel. Trans-Formation ist zielgerichtet vorausgesetzt und beansprucht. Zählen wir noch weitere, die Transformation ausdrückende Begriffe auf, ohne ihren inhaltlichen Zusammenhang zu erklären, da dies auf die kommenden Kapitel im dialektischen Sinne verlagert wird; so nennt Eckhart z.B. herausgehen, eingehen, lassen, gelassen, durchbrechen, hineinbilden, durchdrungen, durchformt, verwesentlicht, ausziehen, zurückkommen, entbildet, entkleidet, überbildet etc. Die Termini dürfen nicht wörtlich verstanden werden; gleichwohl mildert das nicht die Forderung nach - wie wir es bezeichnet haben - konkret abstraktem Begreifen, denn auch die „Abstracta können im *transitus* verstanden werden: sie sind nämlich auf dem Wege von der Vielfalt konkreter Begriffe zur Eigentlichkeit ewiger Sprachbilder, sie abstrahieren das Viele zum Einen hin"[473]. Es gilt somit zu beachten, daß Eckharts Terminologie, mit der er eine Transformation beschreibt, einerseits im übertragenen Sinn zu nehmen ist und andererseits - weitaus wichtiger - theologische Erkenntis, genauer:

470 Ebd.
471 *Largier*, 1993 I, 85 (Pred. 6)
472 Ebd.
473 *Ruh*, 1990, 25

Bekenntnis vermitteln kann. Transformation bedeutet Prozeß, etwas geschieht, verändert sich; wir haben bereits darauf hingewiesen, daß Eckhart vom „Werden“[474] spricht, wollen aber die endliche, existentiell-zeitliche Perspektive des Ontischen im nächsten Teil der Antithese berücksichtigen. Transformation im vorliegenden, d.h. eben thetischen Kontext, muß unter einer Rücksicht gesehen werden, die für das eingangs zitierte Eckhartwort nach Paulus festzustellen ist: „'Wir werden völlig in Gott transformiert und verwandelt'“. Das kann nicht vordergründig und generell heißen, daß wir Gott werden, auch nicht, daß wir aus uns selbst die Transformation einleiten, sondern sie ereignet sich in Gott. Damit ist impliziert und so will das Pauluszitat verstanden sein, daß die Transformation immer schon und stets gegeben ist. Die Formung ist immer schon als Idee und als das *eine* Sein, in Gott: der Gerechte als solcher ist in der Gerechtigkeit selbst. Eckharts spricht in einer deutschen Predigt davon, daß transformierend „Gott mit *seinem* Licht einzieht, und er bringt ... eine neue Form, die alles in sich beschlossen hält...“[475]. Wie kann nun aber etwas, das sich als prozeßhaft ausweist, als bereits gegeben, so auch beendet, verstanden werden? Diese Art paradoxer Frage an Eckhart konfrontiert uns als Rezipienten mit seinem „underscheit“, d.h. - wie gesagt - möglichst konkret abstrakt zu verstehen, und trifft direkt in den Bereich der Transformation. Wir finden eine Antwort in Eckharts Auslegung zum Johannes-Evangelium zu Vers 8,17: „'Zweier Menschen Zeugnis ist wahr.'“, von dem auch schon Thomas und Augustinus gehandelt haben, unter Hinweis auf Deuteronomium 19,15: „'auf die Aussage zweier oder dreier Zeugen hin wird jedes Wort bestehen.'“[476] Der Einheitsgedanke der Ideenlehre und Ontologie wird hier von Eckhart theologisch interpretiert und auf die Trinitätslehre fortgeführt oder anders - aus hermeneutischem Blickwinkel: der statische Begriff - verstehbar als Idee vor den Dingen, als *ein* Sein - dynamisiert sich im Theologi-

474 Vgl. unsere Anmerkg. 389. Zu Verweisstellen bei Eckhart: vgl. *Largier*, 1990 II, 854; Stellenkommentar.

475 Q, 433, Pred. 59 (diese Predigt ist in der Ausgabe *Largier* nicht enthalten). Das von uns Zitierte ist - im Blick auf unsere Dialektik - verkürzt, da es an dieser Stelle nur um das (gleichwohl: konkret abstrakte - nach unserem Postulat) Verständnis der Prädeterminierung (explizit nicht: Prädeterminismus (Thomas) od. Prädestination (Augustinus) durch die Form(ung) geht. Wir verzichten auf die Ausführungen Eckharts, wie sich der auf den Menschen bezogene Vollzug der Formung darstellt; dazu im antithetischen und synthetischen Teil unserer Aufarbeitung. Die Predigt ist unserer Meinung nach eine exzellente 'Zusammenschau' der Eckhartschen Gedanken. Sie ist von *Quint* (vgl. ebd., 527; Anmerkungen) aus Franz Pfeiffers Ausgabe (Nr. IV) übersetzt. Vgl. auch die Information *Ruhs*, 1996, 266: „Quint hat sie für DW IV aufgespart, wo sie nächstens als Predigt 104 erscheinen wird.“ (vgl. unsere Anmerkg. 163 zur Information Kohlhammer-Verlag)

476 Joh. LW III, 370ff.

schen mehr und mehr. Ganz so muß auch versucht werden, Eckhart zu folgen, wenn er sagt: „Ganz allgemein ist sowohl in göttlichen wie folgerichtig in allen Dingen, da sie ja den göttlichen nachgebildet sind und von den göttlichen stammen, ein Zeugnis nur wahr oder von Bestand, das zwei abgeben und nur zwei abgeben können, nämlich der Vater und der Sohn. In diesem Sinne spricht gleich darauf der Sohn: 'ich bin es, der ich von mir selbst Zeugnis abgebe, und Zeugnis gibt von mir, der mich gesandt hat, der Vater'."[477] Wenn Eckhart das Gesagte beispielhaft an der Gerechtigkeit weiterhin verdeutlicht, gilt es zu berücksichtigen, daß es nicht um vordergründige Moral oder Ethik geht, sondern es geht um exegetisches Verständnis, das jedoch der Wahrheit entgegenkommen und diese finden kann: "...besonders bei den Worten Christi, der die Wahrheit ist (14,6), ist ein doppelter Sinn zu beachten: einer, der gemäß der Oberfläche des Wortlautes offen daliegt, und ein anderer, der unter der Schale verborgen ist."[478] „Was aber den verborgenen Sinn betrifft, so ist zu bemerken, daß jedes Zeugnis nur dazu dient, daß die Wahrheit dessen offenbar und bekannt wird, was ausgesagt wird... ."[479] Ausgesagt ist nun in der Heiligen Schrift, daß „bei jedem Zeugnis das Zeugnis des Sohnes selbst gefordert wird und hinreicht. Der Sohn selbst, der Gerechte, bezeugt durch das Zeugnis seiner selbst, daß er gerecht ist."[480] Der Gerechte als solcher in der Gerechtigkeit selbst meint, daß „der Sohn in seiner ganzen Natur bezeugt, weil nämlich der Sohn, das heißt der Gerechte, sein ganzes Sein, von der Gerechtigkeit empfängt, die ihn gebiert und ihm das Gerechtsein verleiht, und von niemand anderem. Gerade daraus, daß er durch sein von der Gerechtigkeit empfangenes Sein weiß und bezeugt, daß er gerecht sei, folgt, daß auch der Vater, das heißt die Gerechtigkeit, bezeugt, er (der Sohn) sei gerecht."[481] Die Trinitätslehre bezeichnet nun aber drei Personen: „Es bleibt aber

477 Ebd., 372. Wieder leuchtet hier das Bekenntnis auf, die Aussage der Wahrheit, wenn er erläutert: „außer diesen beiden...verschafft zwar Glaubwürdigkeit, beweist aber nicht die Wahrheit und verschafft keine Gewißheit. Deshalb sagt Chrysostomus hierzu, daß ein Mensch in eigener Angelegenheit, von der er nämlich eine Einsicht hat, kein Zeugnis braucht." Deutlich wird, daß Eckhart Glauben und Wissen nicht in strenger Trennung sieht, daß er - gemäß der bekannten Eingangsformel „exponere per rationes naturales philosophorum" (ebd. 4) - exegetisch natürlich philosophisch <u>und</u> theologisch vorgeht: „das Evangelium betrachtet das Seiende,...", daß er <u>aber</u> auch dem Glauben Raum gibt: „...insofern es Seiendes ist." (ebd., 380); vgl. z.B. *Dempf*, 175; *Flasch*, 1974, 299ff.

478 Joh. LW III, 371; Eckhart zitiert nach Thomas von Aquins „Summa theologica" (siehe Anmerkung 3) weiterhin zunächst den „ersten, buchstäblichen Sinn" (ebd.).

479 Ebd.

480 Ebd. 373

481 Ebd. 373f. Die Univozität der beiden Zitate unterstreicht nochmals unser bisher Erarbeitetes: die Ideenlehre, den Holismus des *einen* Seins. Vgl. auch unsere Anmerkg. 339: „der Gerechte ist das Wort der Gerechtigkeit, durch das die Gerechtig-

noch zu erklären, warum von einem dritten Zeugen die Rede ist...überall, wo es Vater und Sohn, Erzeuger und Erzeugtes gibt, muß auch der Geist sein und zugegen sein, die Liebe, das Band von Erzeuger und Erzeugtem...“[482] Man sollte sich in diesem Zitat durch den Begriff Liebe nicht in eine ausschließlich gefühlsmäßige, (zwischen)menschliche Richtung treiben lassen[483], obgleich es durch den Geist-Begriff ohnehin leicht vereitelt wird: „'und diese drei sind eins' (1.Joh.5,8)“[484], denn Eckhart äußert sich trinitätstheologisch: Vater, Sohn, Heiliger Geist. „Gleich wie wir vom Gerechten, vom Sohn ..., und der Gerechtigkeit, seinem Vater, sagen, sie sind eins, sie bezeugen eins, sie wirken eins...so sagen wir auch gewöhnlich: der Gerechte, insofern er gerecht ist, ist die Gerechtigkeit selbst, tut die Werke der Gerechtigkeit und ähnliches.“[485] Eckhart läßt einen sprachwissenschaftlich-sematischen Hinweis bezüglich des Wortes „insofern“ folgen, welches verdoppelt, somit zwei Teile dergestalt einander zuordnet, daß sie nicht nur ver-eint, sondern eins sind: „So ist der Geist, die dritte Person in der Dreifaltigkeit, die Verknüpfung zweier, nämlich des Vaters und des Sohnes.“[486] Zur näheren Erklärung der Trinität (und damit auch seiner bekennenden Transformation) wendet sich Eckhart im weiteren Verlauf dem „Bereich der Natur“[487] zu, wobei er auf Aristoteles' Physik und Metaphysik zurückgreift. Eckhart bedient sich des Aristotelischen Hylemorphismus: „Form, Materie und Beraubung, welche die Prinzipien der gesamten Natur sind“[488]; diese drei Prinzipien bestimmen jeden Werdeprozess, auch den der Erkenntnis[489]. Aus dem Physikalischen abgeleitet sieht Aristoteles mit diesen drei Prinzipien ein Kontradiktionsprinzip[490] als Ursprung allen Werdens gegeben: die Materie ist entweder Form oder der Form beraubt, d.h. in Veränderung. Aus der christlichen Tradition der Trinitätsspekulation heraus faßt Eckhart die Beraubung (Privation), respektive die dritte Person der Trinität, abweichend von der Aristotelischen Perspektive nunmehr so auf, daß sie „nicht so unmittelbar Zeugnis [gibt] von der Wahrheit

---

keit sich ausspricht und kundgibt. ... wenn die Gerechtigkeit nicht gerecht machte, würde niemand sie erkennen, sondern sie wäre sich allein bekannt“.

482 Ebd., 375

483 Damit ist nicht gesagt, daß Eckhart hier nicht die Liebe meint, jedoch Liebe im reinsten Sinne, denn „Gott 'selbst verursacht in uns die Liebe und gibt uns die Liebe, durch die wir lieben'.“ (*Kern*, 1991, 736; nach einer lateinische Sermo); vgl. unsere Anmerkg. 342

484 Joh. LW III, 375

485 Ebd., 375f.

486 Ebd., 376

487 Ebd.

488 Ebd.

489 vgl. ebd. 377

490 *Aristoteles*, Metaphysik vgl z.B. 1005b (104), 1007b (110), 1069b (308f.)

eines Dinges, weil sie zum Sein des Dinges nur mittelbar beiträgt..."[491]. Das Prinzip des Werdens, das Aristoteles in Form der Privation negativ bestimmt, verbleibt dabei bei Eckhart in positiver Konnotation, „insofern nämlich das Werden, dessen Prinzip die Beraubung ist, auf ein Sein zielt und zu dessen Gattung gehört"[492]. Eckhart rekurriert mit dieser Aussage wieder auf seine Ideenlehre und Ontologie des *einen* Seins. Uns deutet sie an, daß es den „underscheit" zu verstehen gilt, daß konkret abstraktes Begreifen gefordert ist, so wie Eckhart es eingangs mit Hinweis auf den „verborgenen Sinn"[493] postuliert. Auf ein Sein zu zielen, heißt, in der Transformation zu stehen: „Deshalb sagt auch hier die Wahrheit selbst: zweier Zeugnis ist wahr. Sie schweigt von dem dritten Zeugen [Bezug auf Deut. 19,15; Anmerkg.v.V.], weil dieser, nämlich die Beraubung, nichts zum Sein des Dinges beiträgt und auch nicht bezeugt, daß das Ding ist, sondern (nur) daß es sein kann."[494] Hinsichtlich der Transformation als Seinkönnen oder „Eignung und Fähigkeit der Materie zur Form"[495] sagt Eckhart in einer deutschen Predigt, daß sie ist wie ein „beständiges Vorwärtsdrängen und Erreichen und Erfüllen der Anlage [zur „vermögenden Empfänglichkeit, worin du vollendet werden sollst"; Anmerkg.v.V.]. Diese (Anlage) ruht nimmer, bis sie mit vollem Sein erfüllt wird. Und recht so, wie die Materie nimmer ruht, sie werde denn erfüllt mit allen Formen, die ihr möglich sind... "[496] Es wird deutlich, Transformation unterliegt insofern einem konträren Prinzip, als sie immer (nur) werdend[497] ist. Hierin bleibt Eckhart in der Tradition des Aristoteles.[498]

---

491 Joh. LW III, 378

492 Ebd. Vgl. ebd., 424, wo Eckhart aussagt, daß „vielleicht bei allen Wundern, die Christus gewirkt hat, das Wesen der naturhaften Dinge und deren Prinzipien, nämlich Materie, Form und Beraubung, das heißt Eignung und Fähigkeit der Materie zur Form, angedeutet und gelehrt wird...". Dazu z.B. *Waldschütz*, 1989, 86ff.

493 Vgl. unsere Anmerkg. 478, 479

494 Joh. LW III, 378. Vgl. dazu unser Kapitel 3.2.1 Kein Monismus, sondern ein Holismus als objektive Realität

495 Vgl. unsere Anmerkg. 490; Verweis auf Aristoteles-Stellen

496 Q, 434. Das Wie des Vollendetwerden des Menschen lassen wir vorerst außer acht (siehe Synthese-Teil); wichtig ist hier die apriorische Determinierung des Naturhaften, damit auch wiederum ein Hinweis auf Ideenlehre und Holismus des *einen* Seins. (Vgl. unsere Anmerkg. 475) Der Begriff der „Anlage" wird noch weiterhin Bestandteil der Analyse sein.

497 So sagt Eckhart zum „Werden der Dinge, das vor dem Sein und vor dem Entstehen liegt. Das Entstehen bezieht sich auf das Sein und ist das Sein. Das Werden hängt von Mittelursachen, Zufallendem und besonderen Zurichtungen ab; hierauf bezieht sich die Veränderung, die ein Weg zum Entstehen und damit zum Sein ist." (Ex. LW II, 56) Vgl. auch unsere Anmerkg. 390, in der wir auf Eckharts duplex esse hingewiesen haben. Dazu sind aufschlußreich die zahlreichen Stellenkommentare von *Largier* zur Eckhartschen Unterscheidung von „alteratio" und „generatio",

Aber er endet sein Denken nicht bei dem Kontradiktionsprinzip, sondern geht darüber hinaus, und zwar mit seinem Denken der Einheit, denn „die Veränderung [d.h. Werden; Anmerkg.v.V.] ist ihrem Wesen nach von der Form und wegen der Form und wegen des Entstehens [d.h. des einen Seins; Anmerkg.v.V.].“[499] Für Eckhart ist die Veränderung, d.h. - naturphilosophisch - die Beraubung (Privation) oder - trinitätstheologisch - die dritte Person, der Heilige Geist, nicht der Form negatives Gegenüber, sondern sie „dient dem Entstehen und der Form...“[500]. Der Terminus des Dienens impliziert ein Doppeltes und zeigt die Differenz zur Aristotelischen Denkweise: zum einen die untergeordnete, weil mittelbare Position der Veränderung im Triadischen und zum anderen ihre dienende Funktion als Form-ung, als Form und Ge-Formtes. Eckhart verdeutlicht dies mit einem Gleichnis des Heiligen Hieronymus, der sagt, „daß ein reines Wachs, das ganz weich ist und gut dazu, alles daraus zu bilden, was man soll und will, alles das in sich beschlossen hält, was man daraus bilden kann, wenngleich auch äußerlich sichtbar niemand irgend etwas daraus bildet. Auch ich habe oben beschrieben, daß der Stein nicht weniger schwer ist, wenn er nicht äu-

---

Veränderung und (Gottes)Geburt (z.B. 1993 II, 768: „Dabei ist die Natur in der Art der Entfaltung ihrer Dynamik von Gott absolut unterschieden. ...“; weiter z.B. ebd., 826, 838, 855). Vgl. auch die Ausführungen von Reiner *Manstetten*, 512ff.

498 Johannes *Hirschberger* (1992, 43) weist darauf hin, daß „wenn Aristoteles seine Bewegung fassen und beschreiben will, er das allerdings nur mit Formfaktoren tun [kann]. Wenn er Bewegung definiert als Überführung des Potentiellen in den Akt, worauf schließlich jede Veränderung zurückgeführt wird, dann steht am Anfang eine Form und ebenso am Ende, aber der Übergang selbst wird als Übergang nicht anders sichtbar denn durch Verweis auf den Formenwechsel.“ *Hirschberger* fügt hinzu, dies sei noch erwähnt im Hinblick auf die (neu)platonische Traditionslinie bei Eckhart: „Das [der Verweis auf den Formenwechsel; Anmerkg.v.V.] allein bleibt, und darum ist Aristoteles über das eidetische Prinzip Platons doch nicht hinausgekommen.“

499 Joh. LW III, 121

500 Ebd. So ist Heiliger Geist / Privation nicht - wie Karl *Bormann* (Das Verhältnis Meister Eckharts zur Aristotelischen Philosophie. Zu einer Aristotelischen Lehre bei Meister Eckhart, in: Freiheit und Gelassenheit – Meister Eckhart heute. Udo Kern (Hrsg.), München 1980, 57) unserer Meinung nach mißverständlich sagt - „Abwesenheit der Form“, sondern vielmehr immerwährende Formung; vgl. *Flasch*, 1974, 304: „Alles Werden ist für Eckhart - aristotelisch, platonisch - ein Formungsprozeß, in dem die Form der Formen sich ausspricht. Das Geformte ist in der Form - nicht umgekehrt, wie es das unkorrigierte Denken sich vorstellt.“ Die Transformation verdeutlicht somit auch den von uns postulierten deduktiven Ansatz Eckharts (vgl. unsere Anmerkg. 95, 128, 235).

ßerlich sichtbar auf der Erde aufliegt; seine ganze Schwere liegt vollkommen darin, daß er niederwärts strebt und in sich selber bereit ist, abwärts zu fallen."[501]

Rekurrieren wir nochmals auf die eingangs gestellte Frage und unsere hermeneutischen Hinweise dazu, dann ist einsichtig geworden, daß die Transformation, die „in Gott" bereits geschehen ist und so immer geschieht, als expliziter Prozeß leicht mißverständlich interpretiert ist. Wesentlich eindeutiger wird sie, wenn sie mehr als Umschlag oder Rückschlag gedacht ist - mit Blick auf Eckhart: „wofür wir ein Gleichnis am Blitz finden: Was der trifft, wenn er einschlägt, sei's Baum oder Tier oder Mensch, das kehrt er auf der Stelle zu sich hin; und hätte ein Mensch (auch) den Rücken hingewendet, im selben Augenblick wirft er ihn mit dem Antlitz herum. Hätte ein Baum tausend Blätter, die alle kehren sich mit der rechten Seite dem Schlage zu."[502] Was Eckhart seinen Hörern mitteilen will und was sich in seiner Exegese und Predigt ausspricht, ist die Transformation, die - prozessual und ewig - in jedem Augenblick neue Formen als ganze schafft, „denn zweifellos hätte Gott seinen eingeborenen Sohn in der Ewigkeit nie geboren, wäre das Geboren-haben nicht dem Gebären gleich. Darum sagen die Heiligen, daß der Sohn so ewiglich geboren *ist*, daß er doch ohne Unterlaß noch geboren *wird*. Auch hätte Gott die Welt nie geschaffen, wenn Geschaffen-sein nicht mit Erschaffen eins wäre. Drum: Gott hat die Welt in der Weise geschaffen, daß er sie immer noch ohne Unterlaß erschafft."[503] Eckhart abstrahiert - gemäß seiner Ideenlehre, Ontologie und Theologie, gemäß seiner Vorgabe: der Gerechte als solcher ist in der Gerechtigkeit selbst; wonach auch unsere thetische Ausgangsbasis Eckhartschem Denken entspricht - vom sinnfälligen Erkennen oder Wissen. Es geht um das konkret abstrakte Begreifen von Eckharts „underscheit". Seine Theologie wird im Hinblick auf die Transformation von einer Dynamik getragen, die theoretisch Ideenlehre und Ontologie in sich einbindet und praktisch auf eine weiterreichende Konkretion deutet. Eckharts Theologie ist nämlich in einer hervorragenden Mittlerstellung[504] verankert, nicht nur Wissenschaft und Lehre, sondern vielmehr auch bekennendes Denk- und Lebensprinzip: „Denn die Prinzipien des Seins des Erkennens sind identisch,

---

501 *Largier*, 1993 II, 303 (BgT). Das Gleichnis weist wiederum auf Eckharts Ideenlehre und Ontologie hin, denn es geht um das Wesenhafte, das dem Stein als Stein inhärent ist; an anderer Stelle wird dies deutlicher am „Stein: dessen äußeres Werk es ist, daß er niederfält und auf der Erde aufliegt. *Dieses* Werk kann gehindert werden, und er fällt nicht jederzeit noch ohne Unterlaß." (ebd., 275)

502 Q, 437 (Pred. 59); vgl. dazu auch die Äußerungen von *Kopper*, 1955, 36f; *Aschtiani*, 48.

503 *Largier*, 1993 II, 285 (BgT)

504 Vgl. unsere Ausführungen zur Dialektik unter Kapitel 4.1 Hermeneutische Überlegung zur theologischen Basis des Gerechtigkeitsbegriffs

und die Dinge verhalten sich in der Wahrheit auf die gleiche Weise wie im Sein"[505], „...denn was nicht ist, das erkennt man auch nicht"[506] oder „...nichts wird durch etwas Fremdes erkannt"[507]. Eckhart denkt sein holistisches Ideen- und Seinskonzept dialektisch zur (Trinitäts)-Theologie weiter, und zwar in dem Sinne, daß sie, weil sie explizit univoke Einheit meint, Sein und Erkennen umgreift: „'Denn was an Gott unsichtbar ist, wird von dem Geschöpf in der Welt durch das Geschaffene erkannt und erschaut: auch seine ewige Kraft', „das ist der Sohn", 'und seine Gottheit', „das ist der Heilige Geist", wie die Glosse zu Röm. 1,20 sagt."[508] Der Tenor liegt - in vorliegendem Kontext der oben genannten weiterreichenden Konkretion der Eckhartschen Theologie - auf der additiven Aufzählung. Mit ihm beschreibt Eckhart Personales[509], nämlich Glauben, der transformiert, zum Bekenntnis werden sollte: „Boethius sagt in der Frage

---

505 Joh. LW III, 377; Eckhart zitiert nach Aristoteles ‚De anima'.

506 *Largier*; 1993 I, 43 (Pred. 3); vgl. unsere Anmerkg. 501

507 *Largier*, 1993 II, 511 (Joh.Evg.) vgl. unsere Anmerkg. 501

508 Ebd. 489; vgl. auch unsere Anmerkg. 255, in der obiges Zitat für den erkenntnistheoretischen Kontext Eckharts herangezogen wurde.

509 Vgl. zum Personalen: 1) als christologischen Ansatzpunkt einer Eckhart-Interpretation die Arbeiten von Reiner *Manstetten*, Dietmar *Mieth*; 2) Erwin *Waldschütz* zum Personalen als „phänomenologisch-personal" (1991, 120f.), aber nicht neuzeitlich-subjektiviert, was *Waldschütz* mit dialektisch-aufhebend (dem Anspruch unserer Dialektik als un-aufhebbare entsprechend!) gleichsetzt; 3) Burkhard *Mojsisch*, der das Personale nicht nur erkenntnistheoretisch - wie Kurt *Flaschs* Ansatz verdeutlicht -, sondern vielmehr als erkenntnis-praktisches Denken („Wissen als Handeln", ohne „Selbstzweck"; ebd., 1983, 146) auffaßt. Wichtig ist hinsichtlich der weiterreichenden Konkretisierung des Eckhartschen Einheitsdenkens durch das Personale, darauf hinzuweisen, daß „das neuplatonische Einheitsdenken eine Ergänzung [erfährt]: Einheit ist Ich, ein Ich, das sogar die univok-korrelationalen Personen der Gottheit seit je transzendiert hat, das Grund für Gott ist, sofern unter ‚Gott' Sein im transzendentalen wie analogisierten Sinne verstanden wird, und das dem werdenden Ich als vorausgesetzt gedacht werden muß, um überhaupt erklärbar werden zu lassen, warum ein gewordenes Ich geworden ist." (*Mojsisch*, 1983, 123) Hierzu muß folgendes gesagt werden: Es besteht kein Zweifel darüber, daß Eckhart die neuplatonische Tradition christlich weitergedacht hat; dieses am Beispiel des Exodus-Satzes ‚Ich bin, der ich bin' (Ex. LW II, 20ff.) - mit Augustinus - als „unwandelbare Selbstidentität (firmitas und stabilitas) und Ewigkeit" (*Beierwaltes*, 1972, 47) Gottes und - über Augustinus hinaus - als „‚Sein selbst' oder das ‚reine Sein'...sich selbst denkende Bewegtheit" (ebd.), somit einen „charakteristischen Umschwung in der Interpretationsgeschichte von Exodus 3,14" (ebd.) einleitend. Zweifelhaft erscheint uns jedoch an *Mojsischs* Ansatz, daß das Ich substantiell-letztliches Prinzip der Eckhartschen „neuen Metaphysik" (1983, 145f.) und der „göttliche Grund" (ebd., 141) Ermöglichung der reinen Innerlichkeit des Ich (vgl. ebd.) sind. Nicht nur, daß Eckharts Gnadenlehre unberücksichtigt bleibt, auch fehlt der Ausdruck der Intensität der Eckhartschen Theologie.

von der Dreifaltigkeit der Personen in der einen Wesenheit[510]: ‚schau genauer zu und verbinde, soweit du kannst, Glauben und Verstehen‘. Denn wie es ein Anzeichen von Anmaßung und Unbesonnenheit ist, nur glauben zu wollen, wenn man eingesehen hat, ebenso ist es ein Anzeichen von Trägheit und nachlässig, das, was man im Glauben annimmt, nicht mit Vernunftgründen und Gleichnissen zu erforschen, zumal ja jedes Geschöpf zum mindesten eine Spur des Schöpfers und ganz allgemein die Wirkung eine Spur ihrer Ursache ist.“[511] und weiter an anderer Stelle: „Also ist das Glauben und der Glaube gleichsam eine Bewegung und ein Werden (hingeordnet) auf das Sohnsein; alles aber, was in Bewegung ist, war (vorher) in Bewegung und wird es (nachher) sein und hat (so) etwas vom Ausgangs- und Zielpunkt an sich.“[512] Zur Intention der Transformation läßt sich abschließend aus Eckharts Aussagen hermeneutisch ableiten, daß er nicht einseitig ontologisiert, d.h. er nimmt keine Trennung[513] zwischen den Ideen, dem *einen* Sein und dem Leben, Wissen an, was einer rein Aristotelischen Perspektive gleichkäme, wo diese (nur) durch das Was des endlich-kreatürlichen Seienden determiniert[514] ist: „Nun sage ich, daß es diesem ‚edlen Menschen‘ nicht genügt am Sein, das die Engel formlos erfassen und an dem sie unmittelbar hängen; ihm genügt's einzig am einigen Einen.“[515] Eckharts Theologie bewahrt nicht nur vor

510 Der Hinweis auf die „Dreifaltigkeit der Personen in der einen Wesenheit“ wird im Laufe dieses theologischen Kapitels näher berücksichtigt.

511 Joh. LW III, 306f. Eckhart konfrontiert hier erneut mit einer konzentrierten Wiedergabe seiner Gedanken, die er nach Thomas von Aquin (ebd., Anmerkg. 2) formuliert.

512 Ebd., 131

513 Vgl. hierzu unsere Kritik (Anmerkg. 239) an der Interpretation von Maria *Bindschedler* sowie in Anmerkg. 264 und 349 unser Bezug auf *Bader*.

514 Unsere Anmerkg. 347

515 *Largier*, 1993 I, 179 (Pred. 15), Hervorhebg.v.V., worauf im dritten Teil, Kapitel 6. Das „einig Eine“, innerhalb der thetischen Aufarbeitung explizit eingegangen wird. Der „edle Mensch“ bezieht sich auf das Leitmotiv der Predigt nach Lk 12, 19: „‘Es war ein edler Mensch, der ging aus in fremde Lande‘, weg von sich selbst ‚und kam reicher wieder heim‘“ (ebd., 173) und legt den Grundakzent - gegen die Aristotelische Auffassung vom Menschen wohl als erkennender, aber durch Abstraktion und durch das seiende Was determinierter - für den in Gott überformten, transformierten Menschen, für den „Gott aber, das Sein, Beginn und ‚Anfang und Ende‘ [ist] (Off. 1,8; 22,13). Wie nämlich vor dem Sein nichts ist, so ist nach dem Sein nichts; denn das Sein ist das Ziel alles Werdens. Das Seiende als solches wird nämlich nicht und kann nicht werden.“ (*Largier*, 1993 II, 481; Prol.gener.) Vgl. zum Begriff „Engel“ *Largiers* Stellenkommentar (ebd., 902f.) mit dem Hinweis auf die Aristotelische Physik der Bewegung und deren ontologische Neuauffassung durch den Neuplatonismus sowie auf die Ablehnung Eckharts von Avicennas Kosmologie, „wonach die Intelligenzen [respektive Engel; Anmerkg.v.V.] eine vermittelnde Stellung im Schöpfungsprozeß einnehmen“ (ebd. 903; vgl. auch Stellenkommentar, 831). Vgl.

einer objektivistisch-dualistischen Vorgängigkeit des *einen* Seins, sondern fordert sogar die Transformation in dieses *eine* Sein: „Ich sagte einst: Was im eigentlichen Sinne in Worten geäußert werden kann, das muß von innen heraus kommen und sich durch die innere Form bewegen, nicht dagegen von außen herein kommen, sondern: von innen muß es heraus kommen. Es lebt recht eigentlich im Innersten der Seele. Dort sind dir alle Dinge gegenwärtig und im Innern lebend und suchend und sind (dort) im Besten und Höchsten.“[516] Die „innere Form“ ist im vorliegenden Kontext der Transformation von Wichtigkeit, da sie dem Äußern von Worten, dem, was „gewortet“[517] ist, seine Wesentlichkeit verleiht. Wenn Eckhart anschließend fragt: „Weshalb merkst du nichts davon?“[518] dann ist seine Antwort: „Weil du dort nicht daheim bist.“[519], denn: „Dies meinte Christus, als er zu Nikodemus sprach: ‚Der Geist geistet, so er will; du hörst die Stimme, weißt aber nicht, woher er kommt oder wohin er zieht....Du *empfängst* ihn (=den Geist) und weißt doch nichts davon. Wisse! Gott kann nichts leer noch unausgefüllt lassen.“[520]. Hier werden sowohl Trinitätsspekulation als auch naturphilosophische Privation, wovon wir oben handelten, erkennbar. Eindeutiger kann der eigentliche Sinn der Transformation nicht ausgedrückt werden, denn eindeutiger kann Eckhart die Univozität nicht hervorheben, die das rein Ideelle und Ontologische verläßt und sich theologisch dynamisiert. Eindeutig wird darüber hinaus der von ihm geforderte „underscheit“ im Hinblick auf das Verstehen seiner Aussagen, demgemäß er über den Gerechtigkeitsbegriff sagt, daß „Gott und die Gerechtigkeit völlig eins sind“[521]. Eckharts Transformationsgedanke lebt aus einer univoken Geistigkeit heraus, die mit Blick auf Heiligen Geist/Privation selbst kaum vernehmbar ist, aber dennoch den „underscheit“ in sich impliziert: „Soweit ein solcher Mensch, Gottes Sohn, gut als Sohn der

---

unsere Anmerkg. 276. Insgesamt vgl. in unserem zweiten Teil, Kapitel 2.2 ‚Liber benedictus‘, wo zum Traktat ‚Vom edlen Menschen‘ die dialektische Form in ihrer Äußerlichkeit besprochen wird; der vorliegende Kontext berücksichtigt mit Blick auf den Gerechtigkeitsbegriff die dialektische Form als innere.

516 *Largier*, 1993 I, 51 (Pred. 4)

517 Ebd. Es ist zweifellos nicht unwichtig, daß Eckhart hier vom (Aus)Sprechen handelt, auch im Hinblick auf sein Selbstverständnis. Es zielt auf den Bereich der mystischen Rede, auch der Predigt, „wo Begriff und Sache nicht mehr auseinanderfallen“ (*Ruh*, 1996, 352). Dieser mystische Erfahrungswert soll an dieser Stelle nicht weiter befragt werden, ohnehin haben wir auf Schwierigkeiten diesbezüglich bereits hingewiesen (vgl. unsere Anmerkg. 464, 468) Im dritten Teil der thetischen Aufarbeitung, das heißt in Eckharts Theologie, wird der primäre Charakter von Sprache als Bezeichnung nochmals erwähnt.

518 *Largier*, 1993 I, 51 (Pred. 4)

519 Ebd.

520 Q, 436 (Pred. 59)

521 *Largier*, 1993 II, 239 (BgT)

Gutheit, gerecht als Sohn der Gerechtigkeit einzig *ihr* (d.h. der Gerechtigkeit) Sohn ist, ist *sie* ungeboren-gebärend, und ihr geborener Sohn hat dasselbe eine Sein, das die Gerechtigkeit hat und ist, und er tritt in den Besitz alles dessen, was der Gerechtigkeit und der Wahrheit eigen ist."[522]

Fassen wir Eckharts Intention der Transformation zusammen und nutzen sie als hermeneutische Antizipation unserer Dialektik: Eckharts Theologie trägt seine Rhetorik, Begrifflichkeit, seine (mögliche mystische) Erfahrung und sein diaphanes Bekennen: Sie kann den Hörer erreichen, wenn er auf den „underscheit", der apriorische Möglichkeit, Wesenheit, Transformation meint, hinhört. Eckharts Theologie begründet und vollendet im synthetischen Höhepunkt Ideenlehre und Ontologie. Unsere dialektische Untersuchung hat somit innerhalb des thetischen Begriffs „Die Gerechten" (- werden leben ewiglich bei Gott; Sap. 5,16) bereits ihre Synthese erreicht, oder genauer: eine Synthese, die gerade als theologische die Basis, das Telos für alles Weitere, den Gerechtigkeitsbegriff betreffend, ausmacht. Unser anfängliches dialektisches Postulat des konkret abstrakten Begreifens erweitert sich in eine Hermeneutik der Konkretion der trinitarischen Theologie: „Die Gerechten": das meint anfänglich Idee, *ein* Sein des Gerechten als solchen in der Gerechtigkeit selbst, synthetisch aber vielmehr: Gott-Sohn-Heiliger Geist.

4.3 Nochmals: hermeneutische Überlegung zur Theologie des Gerechtigkeitsbegriffs

Folgende Detaillierung muß in Zusammenschau der letzten beiden Kapitel und bezüglich einer weiteren Präzisierung des „underscheit" in die hermeneutischen Überlegungen einfließen: Hinsichtlich der oben genannten Konkretion des Gerechtigkeitsbegriffs in Eckharts Theologie sollten im vorliegenden thetischen Kontext keine ethisch-moralischen Standpunkte, weder objektive Prinzipien noch subjektive Handlungsanweisungen, erwartet werden. Diese, wenn und wie sie überhaupt im Eckhartschen Gedankengut explizit verankert sind, haben ihren Platz in der antithetischen Rubrik unserer Dialektik. Die Detaillierung, welche an dieser Stelle vorgenommen werden muß, kennzeichnet eine Konkretion deshalb, weil Eckharts Theologie sowohl den philosophischen Begriff als auch das existentiell-gläubige Sein zusammendenkt. Denken und Sein sind keine Gegensätze.[523] Konkretion meint somit auch eine Überwindung der von uns in Ideenlehre

522 Ebd., 237f.
523 Eckhart sagt mit Aristoteles, daß „Gegensätze...Gegenstand ein- und desselben Wissens sind" (*Largier*, 1993 II, 463; Prol. gener.).

und Ontologie Eckharts festgestellten objektiven Realität.[524] Eckhart denkt konkret theologisch: Theologie ist Wissenschaft und Lebenslehre. In ihr drückt sich „Gottes Weisheit“[525] aus, die „sich durch die Annahme des Fleisches so als unser Erlöser [hat] erweisen wollen, daß sie nicht vergaß, unser Lehrer in göttlichen, natürlichen und sittlichen Dingen zu sein“[526]. Mit Gottes Weisheit als Lehrer deutet Eckhart Theologie als Lehre und meint weiterhin theologisches Lehren des Menschen[527]. Theologie als Lehre rekurriert auf Ideelehre und Ontologie und transformiert in Theologie, sie rekurriert auf seiendes Denken und transformiert in denkendes Sein, sie rekurriert auf „Wissen“[528] und transformiert in ein „Unwissen“[529]. Die Assoziation des Begriffs „Unwissen“ mit individuellem Erkenntnisvermögen ist eine primäre und wird von Eckhart auch als diese befragt: „Je nun, Herr, was soll denn meine Vernunft tun, wenn sie so ganz ledig stehen muß ohne alles Wirken?“[530], da doch „die *Vernunft* der ‚Tempel Gottes‘“[531] ist. Wir wollen diese primäre Assoziation mit Eckhart im vorliegenden Kontext nicht weiter verfolgen, sondern die oben erwähnte, wohl sekundärere hervorheben, daß nämlich die Theologie Eckharts ein „Unwissen“ meint. Betonen wollen wir somit einen wissenschafttheoretischen Bezug, der, obgleich er sekundärer erscheint als die Primärassoziation und letztlich für das Lehr- und Predigeramt Eckharts auch so einzustufen ist, dennoch einen Vorschub für das allgemeine Verständnis der Eckhartschen Positionen leistet. Rolf *Schönberger* hat im Zusammenhang mit „Gründzügen der Scholastik“[532] darauf hingewiesen, daß gerade bei Meister Eckhart eine Abweichung in der theologischen Wissenschaft festzustellen ist. Der mittelalterlich-theologische Gegenstand der „Offenbarung hat das zum Inhalt, was der Mensch zu seinem Heil wissen muß“[533]. Für Eckhart „ist dieser Gedanken einer (Heils-)Ökonomie des Wissens mit dem Begriff der Wahrheit unvereinbar. Daher begegnet bei ihm bereits die – sich dann auch bei Hegel wiederfindende – These von der Totaloffenbarung.“[534] Dementsprechend

---

524 Vgl. unsere Anmerkg. 428-430 sowie im Kapitel 3. Gerechtigkeit als Sein: bes. 366-368, in 2.3 Gerechtigkeit in der Transzendenz bes. 326-328

525 Joh. LW III, 156

526 Ebd., Hervorhebg.v.V.

527 Vgl. dazu Udo *Kerns* (1994) Forschungsansatz der „theologischen Teleologie“ (ebd. 5) der Anthropologie.

528 Q, 430 (Pred. 58, diese Predigt findet sich nicht in der *Largier*-Ausgabe)

529 Ebd.

530 Q, 433 (Pred. 59)

531 *Largier*, 1993 I, 109 (Pred. 9)

532 *Schönberger*, 1991, 56

533 Ebd.

534 Ebd., 56f. Der Begriff der Wahrheit ist im letzten Kapitel innerhalb der Aspekte zur Transformation angesprochen und wird im folgenden, theologischen Teil Bestand-

korrespondiert Eckharts „Unwissen“ (der Theologie) mit dem von uns oben dargestellten, trinitätstheologischen Aspekt des Heiligen Geistes (naturphilosophisch mit Aristoteles: Privation), gerade weil er „zum Sein des Dinges nur mittelbar beiträgt...“[535]. Das Paradoxe dieser Feststellung wird in den folgenden Abschnitten zur Theologie Eckharts näher beleuchtet. Neben dem wissenschaftstheoretischen Hintergrund ist das „Unwissen“ weiterhin ein Hinweis auf Eckharts hermeneutisches Angebot der Berücksichtigung des „underscheit“; damit auch auf unsere dialektische Analyse. In der Einleitung zur These wurde Eckharts „underscheit“ von Gerechtigkeit und Gerechtem an sich als dialektischer Prozeß konstatiert, der jedoch nicht dem bloßen Erkenntniszuwachs dient - dieses ist zur Dialektik als un-aufhebbare im ersten Teil der vorliegenden Untersuchung als Grundlegung der Eckhart-Rezeption dargestellt worden -, sondern sich selbst transzendiert.[536] Daran anschließend ließen sich philosophische Denkwege der Eckhartschen Ideenlehre und Ontologie in konkret abstraktem Begreifen nachvollziehen. Mit seiner Theologie fordert Eckhart, noch einen Schritt weiterzugehen. Der „underscheit“ in abstrakter Determinierung muß als Konkretion[537] determiniert werden. Die Theologie Eckharts läßt sich einerseits als Fixpunkt der Transzendenz, der Univozität, des Holismus, andererseits auch als das weite Feld der Immanenz, der Analogie, der Kontingenz denken. Gleichzeitig aber ist sie als Trinitätstheologie die Überwindung jeglicher Dualismen[538]: Eckharts theolo-

---

teil der Erörterung sein. Zu *Schönbergers* Vergleich mit Hegel ist relativierend zu sagen, daß Eckharts Sicht der Totaloffenbarung nicht deduktiv im subjektiv-menschlichen Sinn, sondern deduktiv im objektiv-göttlichen Sinn zu verstehen ist; dazu die Ausführungen unserer Antithese. Bei Eckhart weiß der Mensch nur durch, in und mit Gott, so weiß er wesenhaft, dem *einen* Sein gemäß, nur der Gerechte als solcher, der die Gerechtigkeit selbst ist, ist gerecht. Die vorliegende Untersuchung will dieser spezifisch Eckhartschen Deduktion durch die Perspektvie einer un-aufhebbaren Dialektik entsprechen. Vgl. zum „Prinzip der Totalität“, auch im Vergleich mit Georg Friedrich Wilhelm Hegel, aber die Eckhartsche Mystik kennzeichnend, Günter *Ralfs*, 152-169. Der Ablehnung der „(Heils)-Ökonomie“ – wie *Schönberger* es sinnfällig benennt – ist uneingeschränkt zuzustimmen, sie entspricht der Eckhartschen Ablehnung jeglicher „Vermittlung“ (vgl. unsere Anmerkg. 276, 392, 197).

535 Vgl. unsere Anmerkg. 491-494

536 Vgl. unser Kapitel 1.1 Der „underscheit“: Determinierung des Abstrakten sowie im Einleitungs-Teil zur Problemstellung der Dialektik als un-aufhebbare.

537 Die Konkretion fungiert als explizit konkret Konkretes in unserer dialektischen Aufarbeitung weiterhin als Überleitung zur Antithese „die Gerechten - werden leben - ewiglich bei Gott“; d.h. zur Thematik der Analogie/Partizipation/Borge.

538 Vgl. *Largier*, 1993 I, 758 (Stellenkommentar) zur Überwindung der bei Eckhart „immer latent vorhandenen“ (ebd.) dualistischen Gedankenkonstrukte durch die christliche Trinitätstheologie; auch ebd., 964. Der trinitarische Dualismus wurde im vorigen Kapitel hinsichtlich der mittelbaren Funktion des Heiligen Geistes (wie

gisches Denken gestaltet sich – wie sich zeigen wird – durchaus mit wissenstheoretisch-abstrakten, verbindlichen Begrifflichkeiten und Inhalten.[539] Im trinitäts-theologischen Kontext wird jedoch verstehbar werden, daß Eckharts Theologie sich konkretisierend darlegt. Grundlage dafür ist der „underscheit", dieser ist konkret, da, um es thematisch zu benennen, „Gott und die Gerechtigkeit völlig eins sind"[540]. Eckharts Theologie gründet auf der Konkretion durch „Unwissen" und „underscheit", und so kann abschließend Eckharts folgende Aussage als Prämisse und Ausdruck seiner Hermeneutik und theologischen Transformation, wie das vorangehende Kapitel zeigte, gelten: "Gerechtigkeit aber ist dies: die Ursache aller Dinge in der Wahrheit"[541].

5. Gerechtigkeit ist Gott

5.1 Zur Konkretion als trinitarische Basis der Theologie Eckharts

"Gerechtigkeit aber ist dies: die Ursache aller Dinge in der Wahrheit": so lautet die hermeneutische Basis für die Theologie Eckharts; es geht – wie bereits erwähnt – nicht primär um Ethik oder Moral. Eckhart wendet weiterhin ein streng transzendent, univokes Denken an: „Gott und die Gerechtigkeit (sind) völlig eins." Dieses Denken ist für uns als Rezipienten Eckharts eine Richtschnur, der es zu folgen gilt; ein Gleichnis Eckharts, welches wir zunächst kontextuell auf die zu leistende Rezeptionsarbeit übertragen, mag eine Begründung geben: „Recht so, wie wenn einer einen runden Kreis machte, der rundum voll Pünktlein wäre und mitten drin ein Punkt: diesem Punkt wären die anderen Pünktlein alle gleich nahe und fern; sollte ihm ein Pünktlein näher werden, das müßte aus seiner Statt rücken, denn der Mittelpunkt bleibt (unverrückbar immer) gleich in

---

Privation) und der unmittelbaren, die Wahrheit bezeugenden, des Vaters und des Sohnes benannt; bes. Anmerkg. 472ff.

539 Eckhart sagt im Exodus-Kommentar (Ex. LW II; 67): „Die Wahrheit einer Aussage [d.h. auch über Gott; Anmerkg.v.V.] entspricht in erster Linie und ihrer Natur nach nicht so sehr den Dingen als unseren Begriffen von den Dingen und der Art, sie zu bezeichnen." Vgl. hierzu unsere Anmerkg. 517. *Welte* (1979, 98) spricht von einer „Begriffsmetaphysik": „Sofern man also von Gott auf der Ebene der Aussage-Wahrheit spricht, solange man also von ihm Aussagen macht, solange man sich demgemäß in der Ebene einer Begriffsmetaphysik bewegt, ist es durchaus sinnvoll, ja unvermeidlich..." Gott entsprechend zu benennen.

540 *Largier*, 1993 II, 239 (BgT)

541 *Largier*, 1993 I, 119 (Pred. 10)

der Mitte."[542] Um der Eigenart des Eckhartschen Denkens gerecht zu werden, muß – so entnehmen wir - aus der eigenen Perspektive herausgegangen werden; dieses nicht nur um Eckharts Aussagen willen, sondern auch gerade wegen der eigenen Perspektive, die sich formt, indem sie sich selbst durch-schaut; methodologisch entspricht solcher Per-spektive unsere Dialektik als un-aufhebbare: „...Denken als Hinwendung zu der Sache, die uns der Meister zu denken vorlegt. Das heißt, wir wollen uns nicht mit seinen Begriffen und Ideen allein beschäftigen, sondern vor allem mit den Sachverhalten, die er mit Hilfe seiner Begriffe oder Ideen ausgedrückt hat."[543] „Aus seiner Statt rücken" nimmt Denken als immer wieder zu denkendes, als Phänomen seiner selbst, ohne selbstgenügsamen Erkenntniszuwachs, sondern explizit dialektisch un-aufgehoben. „Aus seiner Statt rücken" ist also nicht nur - wie oben eingeleitet - als Rezeption, sondern vielmehr als Konkretion zu verstehen, auf die das letzte Kapitel der Transformation Bezug nahm. Eckharts Theologie meint genau diesen Punkt, der immer „Mittelpunkt" bleibt.[544] Inhaltlich, d.h. von Eckharts Ideenlehre und Ontologie her gefaßt und über sie hinausweisend, deutet sich dieser Mittelpunkt als das „göttliche Sein", und so führt Eckhart sein Gleichnis weiter aus: „So (auch) ist es um das göttliche Sein: es sucht nach nichts außerhalb seiner, sondern bleibt beständig in sich selbst. Soll es (so) sein, daß die Kreatur von ihm empfange, so muß es notwendig so sein, daß sie außerhalb ihrer selbst gerückt werde."[545] Wenn also – wie oben erwähnt - Eckhart sagt, daß „Gott und die Gerechtigkeit völlig eins sind", wenn es heißt, "Gerechtigkeit aber ist dies: die Ursache aller Dinge in der Wahrheit", dann stellt Eckhart an seine Hörer eine theologische Denkleistung, die sogar von allen anthropologischen, ethischen, psychologischen

---

542 *Largier*, 1993 II, 117f. (Pred. 75). Der Pleonasmus „runder Kreis" verdeutlicht wiederum Eckharts emphatischen Duktus; vgl. den oben (unsere Anmerkg. 512, 513) zitierten Begriff des „einigen Einen" oder in der Predigt ‚Homo quidam nobilis' (*Largier*, 1993 I, 173-181) die Wendungen „erster Beginn" und „letztes Ende" (ebd., 179); vgl. unsere Anmerkg. 443

543 *Welte*, 1979, 24. *Welte* beschreibt seinen hermeneutischen Anspruch mit „Denken als Phänomenologie...Freilegen und Bergen des sich selbst Zeigenden" (ebd., 25); vgl. unsere Anmerkg. 22, 468 und die dortigen weiteren Verweise bezüglich unserer kritischen Einschätzung des (mystischen) ‚Sehens' bei *Welte*. Nun könnte gesagt werden, daß Phänomenologie eine mystische Aura umgibt oder Mystisches den phänomenologischen Anspruch erfüllt. Auch der hermeneutische Vorgang verankert den Gegenstand gänzlich in sich, wie es *Welte* auch avisiert. Dennoch kann unseres Erachtens nicht das Nachempfinden mystischen Erlebens (wenn es Eckhart denn so „gesehen"- *Welte* - hat) hermeneutisches Ziel sein. Dieses beansprucht unser vorliegender Kontext mit der Rezeption als Per-spektive in keiner Weise.

544 Vgl. dazu die vorherigen Einleitungskapitel unter: Die theologische Basis des Gerechtigkeitsbegriffs

545 *Largier*, 1993 II, 119 (Pred. 75)

oder ontologischen Erwägungen und Bestimmungen absieht, und zwar aus dem Grunde, weil diese den Anspruch des Einheitsdenkens, der Konkretion, somit „underscheit" und „Unwissen", nicht erfüllen können. Eckharts Aussagen sind nur nachzuvollziehen, wenn das Sein seine Position in Ideenlehre und Ontologie überragt und als göttliches Sein verstanden wird; wenn so - für das Anliegen unserer Dialektik - aus konkret abstraktem Verstehen theologische Konkretion[546] wird: denn „Gottes eigenstes Wesen ist Sein"[547], weil, „Sein ist so hoch und so lauter und Gott so verwandt, daß niemand Sein verleihen kann als Gott allein in sich selbst."[548]. Diese Aussagen Eckharts korrespondieren mit seiner umfassenden These des ‚Opus tripartitum': „Esse est Deus"[549], die, gemäß der Konvertibilität der Transzendentalien und allgemeinen Vollkommenheiten, gleichzeitig ausgedrückt werden kann als: Gerechtigkeit ist Gott. Die Formulierung ist folgerichtig aus Eckharts Ideenlehre und Ontologie zu vertreten und kann somit als theologischer Kernsatz des Eckhartschen Gerechtigkeitsbegriffs gelten. Seine Tragweite liegt nicht primär in der Perspektive als ethisch-moralische Maxime, sondern weist vielmehr auf die Konkretion, die sich nur in der Trinität aufschlüsseln läßt.

---

546 Es sei nochmals darauf verwiesen, daß es hier in der dialektischen These noch nicht um konkret Konkretes (vgl. unsere Anmerkg. 537) gehen kann, sondern dieses im antithetischen Teil zum Tragen kommt. Die Theologie Eckharts – wie wir bereits angemerkt haben – ist nicht mehr (nur) als konkret abstraktes Begreifen wie Ideenlehre und Ontologie zu determinieren, sondern vielmehr als deren Konkretion, ist dabei aber gleichwohl in der Sprache der „setzenden Begriffe" verankert. (*Welte*, 1979, 98; vgl. unsere Anmerkg. 435, 70 zur Äußerung von *Schönberger;* vgl. dazu auch *Schwarz*, 24, der feststellt, daß bei Eckhart im Anschluß an Augustinus die Perspektive einer „Wirklichkeit der Gnade" grundlegend ist. Wenn dahingehend Werner *Schüßler* (167) sagt: „Eckhart lehrt ... nur den logischen Wahrheitsbegriff, nicht den ontologischen.", dann erscheint das gerade im Blick auf die Gnadentheologie als überaus einseitig.

547 *Largier*, 1993 I, 99 (Pred. 8)

548 Ebd.; vgl. unsere Anmerkg. 391, 392, 437

549 *Largier*, 1993 II, 473 (Prol. gener.). Zur Umkehrung der These durch Eckhart im ‚Prologus in opus propositionum': „Gott ist aber das Sein" (Prol. op. prop. LW I, 175), wo er darüber hinaus sagt, daß das „Seiende selbst" Gott ist; ebd. Der Tenor liegt einmal mehr auf dem hermeneutisch wichtigen Zusatz „selbst", wodurch das vereinzelte Seiende ausgeschlossen ist; an anderer Stelle (ebd., 166f) sagt Eckhart: „Man muß anders urteilen über das Seiende (als solches) als über dieses und jenes Seiende. Desgleichen anders über das Sein an sich und schlechthin ohne nähere Bestimmung als über das Sein dieses oder jenes (Seienden)." Vgl. *Beierwaltes*, 1972, 59. Zur These „Esse est Deus" vgl. weiterhin die Arbeiten von *Mojsisch*, 1983, *Albert*, 1976, *Manstetten.*

Gerechtigkeit ist Gott: nochmals in rezeptionstheoretischer Hinsicht gemäß unserer Dialektik verdeutlicht, heißt, daß es notwendig ist, sich die Konkretion, die sich mit der Sinneinheit „die Gerechten" im Eckhartschen Bibelvers „Die Gerechten werden leben ewiglich bei Gott" (Sap. 5,16) vermittelt, trinitätstheologisch in den Blickpunkt zu rücken. Das meint, daß vom ideellen und ontologischen konkret abstraktem Begreifen zur trinitarischen Konkretion gedacht werden muß. Wir sprachen eingangs von der exponierten Position der Theologie Eckharts. In diesem Sinne stellen wir an unsere Dialektik die Forderung, sozusagen vom Begriff zum Wort zu führen. Das metaphysische, transzendentale Univozitätsdenken transformiert in theologisches Trinitätsdenken, rückblickend auf Eckharts Augustinus-Zitat zum Johannesvers: „'Im Anfang war das Wort.' Das griechische Wort Logos bedeutet im Lateinischen sowohl Idee als Wort. Aber an dieser Stelle übersetzen wir es besser mit Wort, damit nicht nur die Beziehung zum Vater zum Ausdruck kommt, sondern auch zu all dem, was durch das Wort in wirksamer Macht geworden ist. Denn die Idee wird mit Recht auch dann Idee genannt, wenn nichts durch sie Dasein erhält."[550] Die „Beziehung zum Vater" und das „Wort in wirksamer Macht" als Werden zum „Dasein" implizieren trinitätstheologisches Denken in reinster Form, d.h. mit Blick sowohl auf die drei Personen als auch die eine Natur: „Denn das Wort, das in Christus, außer uns, Fleisch geworden ist, macht uns eben dadurch, daß es außer uns ist, nicht vollkommen; aber nachdem und dadurch, daß es in uns Wohnung genommen hat, gibt es uns Namen und Vollkommenheit, ‚daß wir Gottes Söhne genannt werden und sind' (1. Joh. 3,1)."[551]; „deshalb ist das Wort nicht nur das Leben der Menschen, sondern das Leben ist auch ihr Licht."[552] Diese Aussagen Eckharts werden noch weiterhin berücksichtigt werden. Im vorliegenden Kontext ist grundlegend, daß wir Eckharts Theologie nicht primär als Onto-Theologie, wie in der Forschung oft konstatiert, auffassen möchten, sondern explizit als Wort-Theologie. „Ich sage", so Eckhart in einer deutschen Predigt, „hätte Maria Gott nicht zuerst geistig geboren, er wäre nie leiblich vor ihr geboren worden."[553] Wenn Niklaus *Largier*, auch im Sinne der von uns festgestellten Mittlerposition der Eckhartschen Theologie[554], in seinem Stellenkommentar sagt, daß die

550 Vgl. unsere Anmerkg. 256, 262
551 Joh. LW III, 103
552 *Largier*, 1993 II, 497 (Joh. Evg.)
553 *Largier*,1993 I, 255 (Pred. 22)
554 Vgl. Kapitel 4.1 Hermeneutische Überlegung zur theologischen Basis des Gerechtigkeitsbegriffs und weitere Ausführungen in den nächsten Kapiteln.

„Worttheologie zweifellos als das Zentrum von Eckharts Denken anzusehen“[555] ist, so ist dem zuzustimmen, denn Ideenlehre und Ontologie lassen sich erst worttheologisch konkret bestimmen, wodurch sie aber dennoch nicht obsolet werden. Vergegenwärtigen wir uns noch einmal, daß der Mensch die Idee vor den Dingen und das *eine* Sein erkennen soll und kann, denn dann ist die Erkenntnis, die „sinnlich“[556] ist: „Das Auge sieht gar weithin die Dinge, die außerhalb seiner sind“[557], transformiert in die Erkenntnis, die „vernünftig und viel höher“[558] ist. Aber eine dritte Erkenntnis ist eine „edle Kraft der Seele..., die so hoch und so edel ist, daß sie Gott in seinem bloßen, eigenen Sein erfaßt.“[559] „Jene Kraft erfaßt alle Dinge in der Wahrheit“[560], somit erfaßt sie, daß „Gott und die Gerechtigkeit völlig eins sind“. Dieses erkennende Erfassen, welches wir mit dem Begriff der theologischen Konkretion belegen, drückt Eckhart an anderer Stelle worttheologisch aus: „Es gibt ein hervorgebrachtes Wort: das ist der Engel und der Mensch und alle Kreaturen. Es gibt ein anderes Wort, gedacht und vorgebracht, durch das es möglich wird, daß ich mir etwas vorstelle. Noch aber gibt es ein anderes Wort, das da sowohl unvorgebracht wie ungedacht ist, das niemals austritt; vielmehr bleibt es ewig in dem, der es spricht. Es ist im Vater, der es spricht, immerfort im Empfangenwerden und innebleibend.“[561] Die Triade des Wortes bezieht Eckhart hier auf die Schöpfung, das menschliche Wort und auf die Trinität im innertrinitarischen und inkarnationstheologischen Prozeß. Eckharts Hinweise auf das Erfassen Gottes bloßen, eigenen Seins und auf das Empfangen des innebleibenden Wortes verdeutlichen die Transformation von Ideenlehre und Ontologie in worttheologisch-trinitarische Konkretion. Die Transformation, die wir im Kapitel über Eckharts theologische Intention[562] in ihrer Bestimmtheit dargestellt haben, ist im vorliegenden Kontext als Konkretion noch einmal überhöht, auch paradoxal akzentuiert, denn – wie Eckhart selbst sagt: „Es ist ein wunderlich Ding, daß etwas ausfließt und doch drinnen bleibt. Daß das Wort ausfließt und doch drinnen bleibt, das ist gar wunderlich...“[563]. Gerechtigkeit, die - wie festgestellt - als allgemeine Vollkommenheit mit den Transzen-

555 *Largier*, 1993 II, 860 (Stellenkommentar)
556 *Largier*, 1993 I, 137 (Pred. 11) Eckhart handelt von „dreierlei Erkenntnis“ (ebd.).
557 Ebd.
558 Ebd.
559 Ebd.
560 Ebd.
561 *Largier*, 1993 I, 115 (Pred. 9)
562 Vgl. unser Kapitel 4.2 Eckharts theologische Intention: die Transformation
563 *Largier*, 1993 I, 339 (Pred. 30) Eckharts Worte lassen vermuten, daß er sich seiner Redeweise bewußt ist und seine „formules paradoxales“ (*Gandillac*, 61ff. sowie 88f.) als „...bien plutôt comme le signe d'une structure dialectique...“ (ebd., 62) einsetzt. Vgl. unsere Anmerkg. 150

dentalien Sein, Eines, Wahres, Gutes konvertibel ist, ist also Gott allein. Wir sind hier mit einer Perspektive Eckharts[564] konfrontiert, die von Ideenlehre und Ontologie so explizit abstrahiert, daß der Nachvollzug des Gerechten als solchen in der Gerechtigkeit selbst, auch der Nachvollzug des *einen* Seins kaum mehr hinzureichen scheint, aber dennoch dergestalt aufrechterhalten, transformiert wird, daß er sich bewähren muß: bewähren in theologischer Konkretion, denn – so Eckhart weiter – „was Gott gegeben hat und was Gott zu geben gelobte, das ist gar wunderlich und ist unbegreiflich und unglaublich. Und dem ist recht so; denn, wäre es begreiflich und glaubhaft, so stünde es nicht recht darum."[565] Wenn nämlich „Gottes eigenstes Wesen Sein" ist, dann heißt das im univoken Sinne gleichzeitig: „Gott wirkt oberhalb des Seins in der Weite, wo er sich regen kann; er wirkt im Nichtsein. Ehe es noch Sein gab, wirkte Gott; er wirkte Sein, als es Sein noch nicht gab."[566] Eckharts Theologie verdeutlicht hier durch die Bestimmung des „Nichtsein", daß es auch theologisch nicht (oder dialektisch gesagt: noch nicht, weil thetisch) um diesen oder jenen Gerechten gehen kann, denn „Gott ist weder dies noch das"[567]. Gott wirkt im Nichtsein[568], d.h. – wie

564 *Hödl* (1960, 262) merkt zur Eckhartschen Perspektive an: „Eckhart kann der Wegweisung göttlichen Seins folgend nur unter der Bedingung vom Einen, Wahren und Guten sprechen, daß er dabei gleichzeitig von Gott spricht. Sosehr die ... metaphysische Wegweisung für Meister Eckhart vom göttlichen Sein her gegeben ist, so steht eben dieses göttliche Sein als das lautere Wesen immmer schon als 'Geistwesen' richtungsweisend und maßgebend da." (*Hödl* bezieht sich mit „Geistwesen" auf die bei Eckhart zu findende „aristotelische Metaphysik", die aber ihre „pneumatische, geistige Substanz .. nicht so sehr ur-bildlich als vielmehr ur-sächlich" (ebd.) versteht.) Vgl. zu *Hödls* „metaphysische(r) Wegweisung" unsere Anmerkg. 331 und 345.

565 *Largier*, 1993 I, 339 (Pred. 30)

566 *Largier*, 1993 I, 107 (Pred. 9)

567 Ebd.

568 Im Nichtsein zu wirken entspricht der creatio dei (vgl. unsere Anmerkg. 409). So sagt Eckhart im ‚Prologus generalis': „Also schuf Gott alles nicht nach Art anderer Schaffender [d.h. menschlich; Anmerkg. v.V.] so, daß es außer, neben und jenseits von ihm bestünde, sondern er rief es aus dem Nichts, das heißt aus dem Nichtsein zum Sein, das es in ihm finden, empfangen und haben sollte. Denn er ist das Sein." (*Largier*, 1993 II, 479) Die Klärung der Begrifflichkeit des „Nichtsein" ist erstens ein Problem der logisch-semantische Aussageweise, zweitens auch das der Ontologie, drittens wohl der Theologie. So verhält es sich z.B. auch mit Eckharts Begriff des Nichts (vgl. unsere Anmerkg. 415). In seiner Verteidigungsrede sagt Eckhart dazu folgendes: „Zu Punkt fünfzehn, wo gesagt wird, die Kreatur sei ein reines Nichts, ist zu sagen, daß dies eine reine, demütige und nützliche Wahrheit ist, die der Sittlichkeit, der Weltverachtung und der Gottesliebe dient. Das Gegenteil zu behaupten ist ein Irrtum und die Verteidigung dieser Behauptung zweifellos eine

oben – „in sich selbst“, ist „Gott ... kein Sein und ... *über* dem Sein“[569], so Eckhart und er erklärt weiter: „... so habe ich ihm damit nicht das Sein abgesprochen, vielmehr habe ich es in ihm erhöht.“[570] Das Sein ist in Gott erhöht, weil nur Gott im Sein wirkt. „Dies sollte der Mensch begreifen und erkennen, daß das Sein so edel ist.“[571] Eckhart unterstützt diese Forderung, indem er sein theologisches Einheitsdenken mit Augustinus veranschaulicht: „Wenn die Engel die Kreaturen *ohne* Gott erkennen, so ist das ein Abendlicht; wenn sie aber die Kreaturen *in Gott* erkennen, so ist das ein Morgenlicht. Erkennen sie (wiederum) Gott, wie er rein in sich selbst Sein ist, so ist das der lichte Mittag.“[572] Es kann festgestellt werden, daß Eckhart in seiner Theologie die Rückbindung an Er-

---

gefährliche Häresie.“ (*Théry*, Proc.col. II, 249) Zur Verbindung von Wirken und Werden verweisen wir auf den antithetischen Teil der Untersuchung.

569 *Largier*, 1993 I, 107 (Pred. 9)

570 Ebd.; Hervorhebg.v.V. Diese Aussage Eckharts korrespondiert mit seiner über die nicht-akzidentielle Form der Transzendentalien im ‚Prologus in opus propositionum‘: „Mit dieser Behauptung nehmen wir den Dingen nicht das Sein noch zerstören wir ihr Sein, sondern geben ihm erst den rechten Halt.“ (Vgl. unsere Anmerkg. 335 und folgende Ausführungen)

571 *Largier*, 1993 I, 101 (Pred. 8)

572 Ebd. *Largier* merkt im Stellenkommentar (ebd., 833) an, daß Eckhart „sich in der Regel nicht auf Engel, sondern auf den Menschen bezieht.“ An anderer Stelle verknüpft Eckhart Mensch-Engel, wodurch deutlich wird, daß der Engel die menschliche Vernunft „erleuchtet...durch Gleichheit mit sich“. Jedoch vermag der Mensch die geschaffene, aber unvergängliche Engelsnatur (vgl. *Largier*, 1993 II, 714; Stellenkommentar), die seiner Seele als „Licht...von Gott gesandt“ und ihm nur dadurch „schmackhaft“ ist, zu überragen, „wenn der Sohn ‚gesandt‘ und in ihr [der Seele des Menschen; Anmerkg. v.V.] geboren werden soll“. (*Largier*, 1993 II, 147-151; Pred. 78; vgl. z.B. auch in Predigt 1, *Largier*, 1993, 17) Eckhart bezieht sich in dieser Predigt übrigens auf Lk. 1, 26/27: „Ein Engel ward gesandt von Gott in ein Land...“. Daß der Mensch in seinem Seelengrunde, entgegen dem Engel, Gottes Ebenbild ist, d.h. als solcher im univoken Sinne ungeschaffen ist (wobei hiervon das analoge Verhältnis des Menschen zu Gott in dessen Geschaffenheit und Seelenvermögen zu unterscheiden ist; dazu Ausführungen im antithetischen Teil), hat Günter *Stachel* (62) anhand des Wortes „‘gleich‘“, das Eckhart im Lateinischen mit „‘similis‘“ anstatt mit „‘aequalis‘“ wiedergibt, betont: „Insofern ist die Seele in ihrem Tiefsten größer als die Engel.“ (ebd.); dazu ist Eckharts zweite Pariser Quaestio aufschlußreich: Utrum intelligere angeli, ut dicit actionem, sit suum esse? in: Lateinische Werke. Bd. 5, hrsg. und übers. von Bernhard Geyer, Stuttgart 1936 ff., 49-54 (zitiert: Q.P.2 LW V). Vgl. zu den Erkenntnisarten weiterhin im Traktat ‚Vom edlen Menschen‘ „Wenn man die Kreatur in ihrem eigenen Wesen erkennt, so heißt das eine ‚Abenderkenntnis‘, und da sieht man die Kreaturen in Bildern mannigfaltiger Unterschiedenheit; wenn man aber die Kreaturen in Gott erkennt, so heißt und ist das eine ‚Morgenerkenntnis‘, und auf diese Weise schaut man die Kreaturen ohne alle Unterschiede und aller Bilder entbildet und aller Gleichheit entkleidet in dem Einen, das Gott selbst ist.“ (*Largier*, 1993 II, 327; VeM)

kenntnistheorie und Ontologie nicht aufhebt (dieses – wie bereits mehrfach angesprochen – würde seinem wissenschaftlich-philosophischen und rhetorischen Anspruch widersprechen), vielmehr verbindet die Theologie Denken und Sein. Vom Begriff, d.h. konkret abstraktes Begreifen, zum Wort, d.h. Konkretion, meint Angesprochen-Sein. Denn: „Gott ist das Allermitteilsamste./.../ Gott ... teilt das *Seine* mit...“[573] Die trinitarisch-worttheologische Ebene in Eckharts Denken führt zum Höhepunkt der thetischen Aufarbeitung des Gerechtigkeitsbegriffs und leitet zur Antithese, die das Angesprochen-Sein in seiner Konkretheit aufnimmt, über.

6. Das „einig Eine“

„Gott teilt das *Seine* mit, weil er aus sich selbst ist, was er ist, und in allen Gaben, die er gibt, gibt er zuerst stets sich selbst“.[574] Was Eckhart durch diese Aussage formuliert zielt über die anfangs festgestellte ideentheoretische und ontologische Univozität hinaus auf einen Begriff von absoluter Univozität, d.h. auf Gottes Selbstmitteilung. Absolut univok nennen wir Gottes Selbstmitteilung, weil sie einen dreifachen Aspekt impliziert, der sich aus der formal-inhaltlichen Ebene der Eckhartschen Aussage ersehen läßt: erstens ist sie substantiell in Form eines monologischen Selbst, zweitens erscheint sie relational als Aus-sprechen und An-sprechen, drittens als dialogisch sich vollziehendes Werden[575], weil Gott eben das „Allermitteilsamste“ ist.

Die Aspekte in Eckharts Aussage lassen erkennen, daß Gottes Selbstmitteilung sowohl trinitarisch als auch einheitlich ist, wobei die Perspektive der Einheit, die Gott als Subjekt[576], als in sich substantiell in Form eines monologischen

---

573 *Largier*, 1993 I, 109 (Pred. 9)

574 Ebd.

575 Vgl. dazu *Helting* (1997, 25), der sagt, „daß Gott seine ‚Mitteilungsfähigkeit‘ mitteilt ... Die Mitteilung Gottes besteht darin, daß es dem Seienden ermöglicht wird, sich mitzuteilen.“ Auch *Kern* (1994, 26f.): „in wem Gott Wohnung hat, der wird zur dialogischen Existenz...Diese ist nicht anthropologisch oder weltimmanent verursacht.“

576 In seiner Exodus-Auslegung handelt Eckhart vom Begriff „Subjekt“ in Zusammenhang mit dem Vers: „‘Ich bin, der ich bin‘“ (Ex. LW II, 20ff.): „...bin ist hier, wenn (Gott) sagt: ich bin, das Prädikat des Satzes und bildet dessen zweites Glied [nach dem ‚ich‘; Anmerkg.v.V.]. So oft das der Fall ist, bezeichnet es das lautere Sein und das bloße Sein am Subjekt und vom Subjekt, und daß es selbst das Subjekt, das heißt die Wesenheit des Subjekts ist, also die Identität von Wesenheit und Sein, die allein Gott zukommt, dessen Washeit [„oder Wesenheit“, ebd. 24; Anmerkg.v.V.] seine Obheit [„oder Sein“; ebd.; Anmerkg.v.V.] ist, wie Avicenna sagt, und der

Selbst beinhaltet, überwiegt; denn: Es ist Gott, der das *Seine* mitteilt, es ist Gott, der das *Seine* mitteilt, es ist Gott, der das *Seine* mitteilt. Das Einheitsdenken[577] Eckharts verbindet trinitätsttheologisch den schöpfungstheologischen (Vater), inkarnationstheologischen (Sohn) und worttheologischen (Heiliger Geist) Standpunkt: „Kleine Meister lehren in der Schule, alle Wesen seien geteilt in zehn Seinsweisen und diese sprechen sie sämtlich Gott ab. Keine dieser Seinsweisen berührt Gott, aber er ermangelt auch keiner von ihnen. Die erste, die am meisten Sein besitzt, in der alle Dinge ihr Sein empfangen, das ist die Substanz, und die letzte, die am allerwenigsten Sein enthält, die heißt Relation, und die ist in Gott dem Allergrößten, das am meisten Sein besitzt, gleich: sie haben ein gleiches Urbild in Gott. In Gott sind aller Dinge Urbilder *gleich*; aber sie sind *ungleicher* Dinge Urbilder.“[578] In Gott sind Substanz und Relation, Urbild und Abbild ununterschieden, gleich, eins. In Gott, da er nichts, auch der Kategorien, nicht ermangelt, sondern als *Seines* mitteilt, ist Unterschiedenheit. In Gott ist sowohl Ununterscheidenheit als auch Unterschiedenheit aufgrund der durch, mit und in sich selbst mitgeteilten Einheit: „Ich predigte einst in lateinischer Sprache, und

---

keine Washeit außer der bloßen Obheit hat, die durch sein Sein bezeichnet wird.“ (ebd., 21) Weiter unten sagt Eckhart in Anschluß an Maimonides, daß das Subjekt nicht wie „im allgemeinen ... unvollkommen“ (ebd., 25) ist, da es bereits wesenhaft aus Subjekt und Prädikat besteht: ich bin, und - daraus folgend - daß das Prädikat nicht als „Vervollkommnung des Subjektes“ (ebd.) hinzutreten muß, weil jenes wesenhaft ist.

577 Zu Eckharts Einheitsdenken in neuplatonischer Tradition ist zu sagen, daß er darüber hinaus natürlich nicht das christliche Trinitätsdenken der Einheit der Personen vernachlässigt. Eine gewisse Priorität der Einheit, wie sie in verschiedenen Rezeptionen betont wird, ist - besonders im Blick auf die Gottesgeburt in der Seele, also implizit auch auf die existentielle Ebene der Einung des Menschen mit Gott – festzustellen. Vgl. z.B. *Beierwaltes*, 1972, 37-67; ferner: *Beierwaltes*, Werner, Denken des Einen: Studien zur neuplatonischen Philosophie und ihre Wirkungsgeschichte. Frankfurt/Main 1985, bes. 9-31 (zitiert: 1985): „In der *christlichen Theologie* werden die zwei Aspekte der neuplatonischen All-Einheits-Lehre: das In- und zugleich Über-Sein des Einen *und* die Einheit der reflexiven Relationalität - das Prinzip ‚Geist‘ - in die Einheit des Ersten zusammengedacht.“ (ebd., 65; Hervorhebg.v.V.; vgl. zur „reflexiven Relationalität“ auch *Beierwaltes*, 1972, 47); *Koch*, 1956/57; *McGinn*, Bernard, The God beyond God: Theology and Mysticism in the Thought of Meister Eckhart, in: The Journal of Religion. Vol. 61, No. 1, Chicago 1981, 1-19 (zitiert: 1981): "...priority of ...God beyond God, over the Trinity of Persons. But...the *unum* dialectically demands expression as a Trinity of Persons...“ (ebd., 13); *Siller*, 30; *Seeberg*, 18f oder auch – gemäß unserer obigen Bemerkung zur existentiellen Perspektive Eckharts - *Largier*, 1993 I, 806; Stellenkommentar: „...letztlich immer Überwindung des trinitarischen Schemas auf die Fülle des Lebens in der Einheit hin ...“.

578 *Largier*, 1993 I, 107f. (Pred. 9)

das war am Tage der Dreifaltigkeit, da sagte ich: Die Unterschiedenheit kommt aus der Einheit, (ich meine) die Unterschiedenheit in der Dreifaltigkeit. Die Einheit *ist* die Unterschiedenheit, und die Unterschiedenheit *ist* die Einheit. Je größer die Unterschiedenheit, um so größer ist die Einheit, denn das (eben) ist die Unterschiedenheit ohne Unterschied."[579], denn „alles, was Gott wirkt, das ist Eins"[580] und „Jederart von Vermittlung ist Gott fremd. ‚Ich bin', spricht Gott, ‚der Erste und der Letzte' (Geh. Offenb. 22,13). Unterschiedenheit gibt es weder in der Natur Gottes noch in den Personen entsprechend der Einheit der Natur. Die göttliche Natur ist Eins, und jede Person ist auch Eins und ist dasselbe Eine, das die Natur ist. Der Unterschied zwischen Sein und Wesenheit wird als Eins gefaßt und ist Eins. (Erst) da, wo es (d.h. dieses Eine) nicht (mehr) in sich verhält, da empfängt, besitzt und ergibt es Unterschied."[581] Die stringente Ausschließlichkeit in Eckharts Einheitsdenken korrespondiert mit der Univozität des Seins, in dem der Gerechte „keinen gemachten oder geschaffenen Vater hat und Gott und die Gerechtigkeit völlig eins sind und die Gerechtigkeit allein sein Vater ist..."[582]. Damit erscheint die von uns postulierte Konkretion des Gerechtigkeitsbegriffs, die in Eckharts Theologie begegnet, auch im Blick auf die erste Person der Trinität in einer Unzugänglichkeit, die paradox anmutet. Gerade aber diese paradoxe Perspektive ist es, die deutlich der Konkretion verlangt, denn die Idee vor den Dingen und das *eine* Sein reichen nicht hin in ihrer Bezeichnung des „underscheit". Der „underscheit", den Eckhart in Bezug auf Gerechtigkeit und Gerechten lehren will, ist trinitätstheologisch in die Einheit des „einig Einen" transformiert. Die Einheit meint, daß die Idee des Gerechten als solchen in der Gerechtigkeit selbst die „Idee, worin Gott alles schuf"[583] ist, daß das transzendentale *eine* Sein seine Ursache in Gott hat, „denn nichts ist seinem Wesen nach in der Ursache und im Verursachten, vorausgesetzt, daß die Ursache eine wahre Ursache ist. Gott aber ist die Ursache alles Seins."[584] In theologischer

579 *Largier*, 1993 I, 131 (Pred. 10); zu Eckharts Rückverweis nennt *Largier* (1993 I, 863; Stellenkommentar) zwei lateinische Sermones: Nr. II und IV. *Gandillac* bezieht sich ebenfalls abschließend auf diese Aussage Eckharts, die er aber nicht als das „einig Eine", als Gott, interpretiert, sondern als die Ausdruckskraft der „dialectique eckhartienne" (ebd. 94), die nur noch in „l'accumulation des *oxymora*: le distinct qui est indistinct et l'indistinct distinct..." (ebd.) kennzeichnend wirken kann. (Vgl. unsere Anmerkg. 232) Dieses Fazit *Gandillacs* läßt die „dialectique eckhartienne", die er von der „cusanienne", hégélienne" und „kierkegaardienne" (ebd.) abgrenzt, letztlich als rein philologisches Problem bei Eckhart erscheinen.

580 *Largier*, 1993 I, 85 (Pred. 6)

581 *Largier*, 1993 II, 325 (VeM)

582 *Largier*, 1993 II, 239 (BgT)

583 Gen. 1 LW I, 186

584 *Largier*, 1993 II, 549 (Quaest. Par. I)

Konkretion müssen wir Eckhart zwecks der Einheit konsequent folgen (d.h. rezeptionstheoretisch auch, innerhalb unseres dialektisch-thetischen „die Gerechten" zur Synthese zu denken), wenn das „einig Eine"[585], das „einfaltige Eins"[586], nicht mehr nur erkenntnistheoretisch die konstitutive Idee und in freier reflexiver Setzung den Seinsbegriff liefert, sondern vielmehr in seiner absolut selbstbestimmenden Apriorität[587], auch als Verbindung von Einheitsmetaphysik und Seinsmetaphysik, fungiert. Das „einig Eine" ist absolut selbstbestimmend und apriorisch, d.h., um mit Eckhart zu sprechen: „Gott ist auf alle Weisen und in jedem Betracht nur *Einer*, so daß in ihm selber keinerlei Vielheit zu finden ist, weder in der Vernunft noch außerhalb der Vernunft; wer nämlich Zweiheit oder Unterschiedenheit sieht, der sieht Gott nicht, denn Gott ist Einer außerhalb aller Zahl und über aller Zahl und fällt mit nichts in Eins zusammen. Daraus folgt: In Gott selbst kann demnach keinerlei Unterschied sein oder erkannt werden."[588] Daß in Gott kein Unterschied sein kann oder erkannt werden kann, verdeutlicht, daß das „einig Eine" gänzlich aus erkenntnistheoretischen und ontologischen

---

585 *Largier*, 1993 I, 179 (Pred. 15); vgl. unsere Anmerkg. 509

586 *Largier*, 1993 I, 73 (Pred. 5B) Eckhart hat verschiedene Wendungen für Gott; in der Genesis-Auslegung 1 ist „Gott, der eine Einfache" (Gen. 1 LW I, 185) oder in der ersten Pariser Quaestio korrespondiert die Bezeichnung „Lauterkeit des Seins", die Eckhart identisch setzt mit der These „in Gott ... ist ganz Erkennen" (*Largier*, 1993 II, 549).

587 Harald *Holz* hat in seinem Aufsatz: ‚Über einen zureichenden Begriff des Absoluten in philosophischer Hinsicht' (in: Neue Zeitschrift für Systematische Theologie und Religionsphilosophie. Oswald Bayer (Hrsg.), 39. Bd., Berlin 1997, 220) den „Begriff des Absoluten, ... in der Perspektive von Ursächlichkeit insgesamt als immanent, in derjenigen von Begründung als *transzendental*, in der von wesensmäßiger Selbstbestimmung als transzendent" gekennzeichnet. Ebenso hat *Largier* in seinsmetaphysischer Terminologie (mit Bezug auf Predigt 9; *Largier*, 1993 I, 107: „Grobsinnige Meister sagen, Gott sei ein lauteres Sein; er ist so hoch über dem Sein, wie es der oberste Engel über einer Mücke ist. Ich würde etwas ebenso Unrichtiges sagen, wenn ich Gott ein Sein nennte, wie wenn ich die Sonne bleich oder schwarz nennen wollte. Gott ist weder dies noch das....Wenn ich aber gesagt habe, Gott sei kein Sein und sei *über* dem Sein, so habe ich ihm damit nicht das Sein abgesprochen, vielmehr habe ich es in ihm erhöht.") verdeutlicht, und zwar im Kommentar, 1993 I, 842, zu obiger Eckhart-Stelle, die wir im vorangegangenen Kapitel (5.2 Vom Begriff zum Wort) bereits angesprochen haben, daß Eckhart Gottes Sein in einem „spezifischen Sinn..., insofern er gleichzeitig Grund des Seins, Sein und seinsverleihender Grund ist" auffaßt.

588 Q, 453; der inkriminierte Artikel 24 aus der Bulle ‚In agro dominico' findet sich im Exodus-Kommentar: Ex. LW II, 66,6; auch in: *Denifle*, 1886, 636-640. Dazu Kurt *Ruh* (1996, 55): „Ob die Inquisitoren den Zitatcharakter der Stelle [nach Maimonides; Anmerkg. v.V.] bemerkt haben oder nicht, sei dahingestellt. Jedenfalls sah man in ihr die Dreipersonalität Gottes in Frage gestellt."

Bezügen heraushebt, denn es gilt gemäß Eckharts Feststellung: „Es unterscheidet sich nämlich unser Wissen vom Wissen Gottes, weil das Wissen Gottes Ursache der Dinge ist, während unser Wissen von den Dingen verursacht ist.“[589] Eckharts theologische Konkretion, d.h. Gott als den „einig Einen“ zu wissen, verlangt nunmehr: „*aus Wissen* muß man in ein Unwissen kommen. Dann werden wir wissend werden mit dem göttlichen Wissen, und dann wird unser Unwissen mit dem übernatürlichen Wissen geadelt und geziert werden.“[590] Die kausalen Ergänzungen Eckharts weisen bereits auf die Transformation der Gottesgeburt in der Seele.[591] Entscheidend ist an dieser Stelle vorerst das Wissen, das zum Unwissen werden muß. Das Wissen, welches Eckhart dem Menschen als vernunftbegabten zugesteht, gleichsam abfordert, denn „wo Unwissen ist, da ist Mangel und Leere; ... – das ist wahr, solange er in diesem Unwissen *verharrt.*“[592], ist dennoch nicht das Wissen, das dem „einig Eine“ gerecht werden kann, da es als „aller *Kreaturen* Wissen ... *deine eigene* Weisheit ... *dein gesamtes* Wissen“[593] vereinzelt und vermannigfaltigt, den Einschränkungen dieses und jenes Seienden unterliegt, somit, um Gott zu erkennen, unvollkommen ist. Darüber hinaus: befragt sich dieses Wissen in Bezug auf sein erkennendes Verhältnis zu Gott ernsthaft, so muß es zugeben: „Hätte ich einen Gott, den ich erkennen könnte, ich würde ihn nimmer für Gott ansehen!“[594] Eckhart bindet die Fehlbarkeit des Wissens in Grundsätze aus der Attributenlehre und negativen Theologie ein; so handelt er ferner von der Inadäquatheit sprachlicher Aussagen und Namensgebungen, die Gott betreffen. Im Verweis auf die Ursachen- und Einheitslehre des ‚Liber de causis‘[595] stellt Eckhart fest: „Was wir von der ersten Ursache erkennen und aussagen, das sind wir mehr selbst, als daß es die erste Ursache wäre; denn sie ist über alles Aussagen und Verstehen erhaben.“[596] Eckhart will nicht sagen,

589 *Largier*, 1993 II, 549 (Quaest. Par. I)

590 Q, 430 (Pred. 58; nicht in *Largier*-Ausgabe)

591 Der Synthese-Teil „Die Gerechten werden leben – ewiglich bei Gott“ wird darauf eingehen und dahingehend Eckharts mannigfaltig-rhetorische Intension betrachten.

592 Q, 430 (Pred. 58); vgl. unsere Anmerkg. 255, 508

593 Q, 433 (Pred. 59)

594 *Largier*, 1993 II, 193 (Pred. 83); Eckhart zitiert Augustinus.

595 Vgl. hierzu *Ruh*, 1996, 19-32

596 *Largier*, 1993 II, 191, (Pred. 85); zum gleichen Inhalt vgl. weiterhin besonders die Predigten 20 A (*Largier*, 1993 I, 225, nach dem ‚Liber de causis‘: „Nun sagt ein Meister von der ersten Ursache, daß sie über das Wort erhaben sei. Die Unzulänglichkeit liegt in der Sprache. Das kommt von der Überschwenglichkeit der Lauterkeit seines (=Gottes) Seins.“) und 20B (*Largier*, 1993 I, 237f.: „Gott hat keinen Namen. Ein heidnischer Meister sagt, daß keine Zunge ein treffendes Wort über Gott auszusagen vermag wegen der Hoheit und Lauterkeit seines Seins.“); ferner steht die Thematik der Namenlosigkeit Gottes im Kontext des „‘ich bin, der ich bin‘“-Verses des Exodus-Kommentars: „‘Das Erste nämlich ist von Natur

daß unser Wissen, das - natürlichem Erkennenwollen gemäß - bestrebt ist, nicht in der Lage ist, Gott erkennend auszusagen: „*Alle* Kreaturen *wollen* Gott in *allen* ihren Werken sprechen; sie sprechen alle, so annähernd sie nur können, sie können ihn jedoch nicht sprechen. Ob sie nun wollen oder nicht, es sei ihnen lieb oder leid: sie *wollen* alle Gott sprechen, und er bleibt doch ungesprochen."[597]; denn „Gott *wird* (‚Gott'), wo alle Kreaturen Gott aussprechen: da *wird* Gott"[598]. Eckhart weist darauf hin, daß unser Wissen in der seienden Geschiedenheit von Wesen und Sein verbleibt, wenn zum Beispiel die Bezeichnung: Gott ist gerecht[599] nicht als unzureichend erkannt wird. Hieraus etabliert sich „Erkenntnislosigkeit"[600]. Diese verhindert eine Weiterentwicklung (entsprechend Eckharts Begriff des „Werdens") unseres Wissens zu der Einsicht, daß es sich in Bezug auf Gott scheinbar nicht um die Erlangung von Wissen und Erkennen handelt, sondern um eben dieses „Unwissen", um das „nichterkennende Erkennen"[601]. Nun sagt Eckhart selbst über diese Perspektive des Erkennens, das nicht erkennt, daß es „das ... doch gar nicht geben kann. Denn erkennte ich etwas, so wäre das

---

reich.'[aus: ‚Liber de causis', Prop. 21; Anmerkg. v.V.] Wenn er [Eckhart bezieht sich auf Moses Maimonides' Behandlung des Verses; Anmerkg. v.V.] also sagt: ich bin, der ich bin, lehrt er: das Subjekt ich bin ist identisch mit dem an zweiter Stelle stehenden Prädikat ich bin, das Benennende selbst ist das Benannte selbst, die Wesenheit ist das Sein, die Washeit ist die Obheit, ‚die Wesenheit genügt sich', die Wesenheit ist das Genügen selbst." (Ex. LW II, 26; vgl. unsere Anmerkg. 576) Vgl. zur Tradition Eckharts im Blick auf Maimonides u.a. *Ueda*, 1965, bes. 140ff; *Ruh*, 1996, 50-56.

597 *Largier*, 1993 I, 565f. (Pred. 53)

598 Q, 273 (Pred. 26; nicht in der *Largier*-Ausgabe)

599 Vgl. *Largier*, 1993 II, 191f. (Pred. 83). Festzustellen ist übrigens eine Staffelung, die Eckhart vornimmt: er beginnt mit „Gott ist gut", geht über zu „Gott ist *weise*", anschließend zu „Gott ist *ein Sein*" bis hin zu „Gott ist *über* allem Erkennen" (alle Zitate: ebd.). Nicht nur der Formgedanke Eckharts kommt hierin wieder zur Geltung (vgl. unsere Kapitel zu diesem Thema), sondern auch in inhaltlicher Hinsicht ist bemerkenswert, daß Eckhart von einer mehr alltäglich-allgemeinen Aussage über Gott zu einer vielleicht an existentiellen Erfahrungen gereiften, darüber hinaus zu einer philosophisch geschulten Sichtweise Gottes führt, bis letztlich das Denken (d.h. Erkennen) in die Pflicht genommen wird, explizit und konsequent zu denken. Eckharts Gedankengang verläuft dialektisch, obgleich in umgekehrter, d.h. induktiver, weil - als theologischer - nicht mit Gott beginnender Weise gegenüber seiner sonstigen deduktiv-dialektischen Vorgehensweise. Adäquat unserem hermeneutischen Anliegen einer Dialektik, die als un-aufhebbare definiert ist, zeigt sich, daß Eckhart dem Denken sein Denken abnimmt, damit es frei werde für den „im Wort unaussprechlichen Gott" (ebd., 193).

600 Ebd., 193

601 Q, 433 (Pred. 59). Vgl. zum Begriff des Werdens unsere Anmerkg. 497

kein Nicht-Erkennen...“[602] und diskutiert - hinsichtlich der ‚Prologus-generalis‘-Frage: „Ist Gott?“[603] - im Schlußverfahren -, „daß er ist“[604]. Wie können wir nunmehr Eckhart verstehen?

6.1 Das „einig Eine“ in seiner Konsequenz

Um Eckhart folgen zu können, ist es Voraussetzung, daß das „einig Eine“ und das „Unwissen“ zusammengedacht werden. Ein kurzer hermeneutischer Rückblick: In den ersten beiden Teilen der These, in denen wir von der Idee und dem *einen* Sein gehandelt haben, wurden die erkennende Abstraktion von realen Dingen und die Vielheit dieses und jenes Seienden als unzureichend vermittelt. Der Eckhartsche Ausgang von der Univozität und Transzendentalität des erkenntnistheoretischen und ontologischen Begriffs entspricht exakt dem, daß „weder in der Vernunft noch außerhalb der Vernunft“[605] Vielheit aufgefaßt wird. Nun aber ist diese denkerische Handlung ein Wissen, das transformiert werden soll in „Unwissen“, um dem „einig Einen“ adäquat zu sein. Aus dieser Voraussetzung ergeben sich bei Eckhart verschiedene Konsequenzen, die das Wissen, Erkennen von Gott einschränken, um es erst daraus effizient einschätzen zu können. Diese Kausalität liegt auch im hermeneutischen Rahmen unserer postulierten theologischen Konkretion.

6.1.1 Ohne Hierarchie

Die erste Konsequenz ist eine gewisse Hierarchielosigkeit (wir haben diese bereits beiläufig angedeutet[606]), die in vorliegendem Kontext der theologischen Konkretion eine nicht unerhebliche Rolle spielt. Wenn vom *verharrenden* Unwissen, das sich als dieses selbst behindert, und vom Wissen/Erkennen, welches zu Unwissen werden muß, die Rede ist, ist leicht das Mißverständnis möglich, daß Eckhart von einem philosophisch-elitären Wissen sprechen würde. Das ist nicht der Fall, denn „es ist keiner von euch so grobsinnig noch so klein an Fassungskraft noch so weit davon entfernt, daß er diese Freude nicht mit Freude und mit Erkenntnis so, wie sie wahrheitsgemäß ist, in sich finden könnte, noch ehe ihr heute aus dieser Kirche kommt, ja, noch ehe ich heute meine Predigt beendige; er kann's ebenso gewiß in sich finden, erleben und haben, wie Gott Gott ist

602 Ebd. Vgl. unsere Anmerkg. 530
603 *Largier*, 1993 II, 475 (Prol. gener.)
604 Ebd. Vgl. unsere Anmerkg. 147-149
605 Vgl. unsere Anmerkg. 588
606 Vgl. unsere Anmerkg. 396

und ich Mensch bin!"[607] Jeder Mensch ist von seinem Wesen, seiner menschlichen Natur her auf ein Streben angelegt: „Alle Kreaturen richten ihren Lauf auf ihre höchste Vollkommenheit."[608] und „alle Menschen begehren von Natur nach Erkenntnis, denn selbst böser Dinge Erkenntnis ist gut"[609]. Jeder Mensch besitzt „vermögende Empfänglichkeit"[610]. Eckhart sagt somit über die natürlich-dynamischen Werdeprozesse: „Und recht so, wie die Materie nimmer ruht, sie werde denn erfüllt mit allen Formen, die ihr möglich sind, so auch ruht die Vernunft nimmer, sie werde denn erfüllt mit alledem, was in *ihrer* Anlage liegt."[611]

6.1.2 Ohne Dualismen

Aus Vorgenanntem ergibt sich in zweiter Konsequenz eine Anforderung an Wissen und Denken zur Überwindung jeglicher Dualismen, die dem univoken Einheitsdenken des „einig Einen" entgegenstehen.[612] Dualismus impliziert Gegen-

---

607 *Largier*, 1993 II, 15 (Pred. 66); die Freude, die der Mensch in sich finden kann, bezieht Eckhart auf den Leitvers: „'Wohlan, geh ein, guter, getreuer Knecht, in die Freude deines Herrn! Weil du getreu gewesen bist über Kleines, darum will ich dich setzen über all mein Gut.' (Matth. 25,21 u. 24, 47)." (ebd. 11) Der gnadentheologische Kontext, dem diese Predigt unterliegt, kommt dem Bereich der dritten Person der Trinität, dem Heiligen Geist, nahe und wird im Verlauf der theologischen These Berücksichtigung finden. Vgl. dazu unsere Anmerkg. 99, die auf eine Aussage Eckharts aus den ‚Reden der Unterweisung' (RdU) eingeht, die - in ihrem generellen Tenor - menschliches Vermögen verstärkt im geistigen Leben ansiedeln: „Dieses wahrhafte Haben Gottes liegt am Gemüt und an einem innigen, geistigen Sich-Hinwenden und Streben zu Gott, nicht (dagegen) an einem beständigen, gleichmäßigen Darandenken; denn das wäre der Natur unmöglich zu erstreben und sehr schwer und zudem nicht das Allerbeste. Der Mensch soll sich nicht genügen lassen an einem *gedachten* Gott; denn wenn der Gedanken vergeht, so vergeht auch der Gott. Man soll vielmehr einen wesenhaften Gott haben, der weit erhaben ist über die Gedanken des Menschen und aller Kreatur."

608 Q, 272 (Pred. 26)

609 *Largier*, 1993 II, 327 (VeM)

610 Q, 434 (Pred. 59)

611 Ebd. Vgl. unsere Anmerkg. 496. Eckhart setzt „vermögende Empfänglichkeit" mit der „Vernunft" gleich. Gleichwohl ist in dieser die Differenzierung der aktiven, tätigen Vernunft zu beachten (im Lateinischen das Stichwort des intellectus agens und des intellectus possibilis). Auf diese Diskrepanz kommen wir im zweiten Teil der Antithetik zurück, das Kapitel 6.2.1 (Natürliche Ordnung, göttliche Ordnung – Gott) nimmt bereits Bezug darauf.

612 „Maître Eckhart s'efforce d'exprimer ... dialectiquement ...: une vision de l'unité de l'être qui n'est pas celle d'un monisme panthéiste, mais plutôt d'un ‚non-dualisme' chrétien, répondant à l'idée de la création du monde *ex nihilo* par le Dieu tout-puissant de la Bible - ‚Celui qui est.'" so: *Lossky*, 263, zitiert nach M. Rudolf Otto,

sätzlichkeit; das hervorstechendste Beispiel Eckharts ist, daß Gott einerseits als Sein („Gottes eigenstes Wesen ist Sein“[613]) und andererseits als Nichts („Ich habe gelegentlich gesagt, Sankt Augustinus spreche: ‚Als Sankt Paulus *nichts* sah, da sah er Gott.‘ Nun kehre ich das Wort um, und so ist es wohl besser, und sage: ‚Als Sankt Paulus sah *das Nichts*, da sah er Gott.‘“[614]) bezeichnet wird. Ein weiteres ist die ‚Prologus generalis‘-These „Esse est Deus“ gegen die der Pariser Quaestio „Deus est intelligere“; weiterhin ein anderes Beispiel hinsichtlich der Thematik des Gerechtigkeitsbegriffs: Der Gerechte, der „ungemacht und ungeschaffen und doch geborenes Kind und Sohn“[615] der Gerechtigkeit ist. Einerseits verhindert Dualismus aufgrund der der Prädikation inhärenten, sprachlich wie gedanklich, Subjekt-Objekt-Trennung das Erkennen des „einig Einen“, dessen Einheit bei gleichzeitiger Ununterschiedenheit und Unterschiedenheit. Das Denken muß sich aus der Reflexion auf jeweilig fixierte Prädikate lösen, was bedeutet, daß es selbst erkenntnistheoretische und ontologische Bezugspunkte überwinden muß. Soll das „einig Eine“ als das Transformieren vom Wissen ins „Unwissen“ gelingen, soll der „underscheit“ verstanden werden, so heißt das andererseits aber auch, daß Widersprüche in Denken und Sprechen über Gott nicht einfach verschwinden können, - quasi synthetisiert, als subjektive, bewußte Verneinung aller Gegensätze in Gott, als coincidentia oppositorum. Hermeneutisch gesehen: diese Aufrechterhaltung des Widerspruchs entspricht exakt dem Anspruch unserer Dialektik als un-aufhebbare.[616] „Sankt Paulus sagt: ‚*Ein* Gott‘.

West-östliche Mystik, Gotha 1926. Vgl. auch *Gandillac*, der ebenfalls die „sources bibliques“ (62, auch 71f.) bei Eckhart hervorhebt.

613 Vgl. unsere Anmerkg. 437, 547, 566-568

614 *Largier*, 1993 II, 57 (Pred. 70); weiterhin: Gott als „reines Nichts“ im Traktat ‚Von Abgeschiedenheit‘, *Largier*, 1993 II, 451 (VA); die erste ‚Quaestio parisiensis‘ gibt diese Perspektive ebenfalls wieder.

615 Vgl. z.B. unsere Anmerkg. 294, 327

616 Dazu *Kopper*, 1961, 37: „Aber da das Begreifen gleichwohl dem Gegenständlichen verhaftet bleibt, besteht im transzendentalen Verstehen der Gegenwart Gottes....für Eckahrt das Erfahren des un-aufhebbaren Widerstreits zwischen dem Sichwissen aus Gott und der Bindung der menschlichen Existenz in das Nichts, wie belanglos diese Bindung auch vor dem Sichwissen aus Gott sein mag. Es ist die Größe des transzendentalen Denkens Meister Eckharts, daß es dies unwesentliche Moment ganz in seiner Unwesentlichkeit belassen hat. Ihm geht es um das Sicherfahren des weltlichen Selbstbewußtseins aus Gott.“ (Hervorhebg.v.V.) Im Rückblick auf die obige Feststellung der Eckhartschen Aussage, Gott sei ein Nichts, ist ein weiterer Hinweis auf *Koppers* Ausdruck „Bindung der menschlichen Existenz in das Nichts“ wichtig; er beinhaltet verschiedene Konnotationen: 1) die von *Kopper* intendierte Eckhartsche Perspektive des Geschaffenen und Gegenständlichen als das Nichts: „Alles, was geschaffen ist, das ist nichts.“ (*Largier*, 1993 I, 147; Pred. 12); 2) die *Kopper* entgegenstehende Bedeutung: „Alle Dinge sind geschaffen aus nichts; dar-

Eins ist etwas Lautereres als Gutheit und Wahrheit [resp. - wegen der festgestellten Konvertibilität - auch die Gerechtigkeit als geistige Vollkommenheit; Anmerkg. v.V.]. Gutheit und Wahrheit legen nichts zu, sie legen wohl im Gedanken zu; wenn es gedacht wird, da legt es zu."[617] Das „einig Eine" ist kein nominalistisches Allgemeines! Es läßt sich nicht unter dem Terminus der (subjektivistisch-dialektischen) Auf-hebung subsumieren, gemäß Eckharts „Jederart Vermittlung ist Gott fremd"; und so sagt Eckhart weiter: „Eins dagegen legt nichts zu, dort, wo (=Gott) in sich selbst ist, ehe er ausfließt in den Sohn und in den Heiligen Geist. ... Ein Meister sagt: Eins ist ein Verneinen des Verneinens und ein Verleugnen des Verleugnens. Was meint Eins? Eins meint das, dem nichts zugelegt ist. ...Eins ist ein Verneinen des Verneinens. Alle Kreaturen tragen eine Verneinung in sich; die eine verneint, die andere zu sein. ... Gott aber hat ein Verneinen des Verneinens; er ist Eins und verneint alles andere, denn nichts ist außerhalb Gottes. Alle Kreaturen sind in Gott und sind seine eigene Gottheit,... Er ist ein Vater der ganzen Gottheit. Ich sage deshalb *eine* Gott*heit*, weil dort noch nichts ausfließt und nichts berührt noch gedacht wird. Darin, daß ich Gott etwas abspreche – spreche ich Gott z. B. die Gutheit ab, in Wahrheit kann ich (natürlich) Gott gar nichts absprechen -, darin also, daß ich Gott etwas abspreche, erfasse ich etwas, was er *nicht* ist; eben das nun muß hinweg. Gott ist *Eins*, er ist ein Verneinen des Verneinens."[618] Es ist somit im „einig Einen", in

---

um ist ihr wahrer Ursprung das Nichts..." (*Largier*, 1993 I, 73; Pred. 5B). Die Verbindung beider Perspektiven geht deutlich aus folgender Stelle hervor: „Alle Kreaturen sind ein reines Nichts. Ich sage nicht, daß sie geringwertig oder überhaupt etwas seien: sie sind ein reines *Nichts*. Was kein Sein hat, das ist nichts. Alle Kreaturen (nun) haben kein Sein, denn ihr Sein hängt an der Gegenwart Gottes." (*Largier*, 1993 I, 53; Pred. 4) Vgl. in diesem Sinne auch unsere Anmerkg. 568 und dortige Verweise sowie unsere Anmerkg. 354. Der antithetische Teil unserer dialektischen Untersuchung wird anhand der Attributionsanalogie näher auf den Perspektivwechsel bei Eckhart eingehen.

617 *Largier*, 1993 I, 247 (Pred. 21); vgl. unsere Anmerkg. 248, die Eckharts Metaphorik für das „einig Eine" als „Kleiderkammer" bereits aufgegriffen hat, ohne jedoch den (trinitäts)-theologischen Nachsatz Eckharts zu berücksichtigen, der im vorliegenden Kontext des „einig Einen" treffend ist: „So bleibt ihr in ihm."

618 ebd, 249. Die Bearbeitung der ‚negatio negationis' ist zu finden bei Thomas von Aquin, Maximus Confessor und Heinrich von Gent (vgl. die Anmerkg. bei *Siller*, 84). Eckhart greift die negative Theologie des Dionysius Areopagita auf. *Koch* (1956/57, 132) weist darauf hin, daß sich Eckharts „Einheitsmetaphysik im Geist des dionysischen Neuplatonismus" gestaltet, und zwar im Blick auf folgende Perspektiven: „Für ihn [Dionysius Areopagita; Anmerkg. v.V.] ist ‚das Eine' die letzte und höchste Aussage über Gott. Er legt trinitarische Bekenntnisse ab, betrachtet aber sowohl Monas wie Trias als unzulängliche Bezeichnungen der verborgenen Natur Gottes. So schließt die konsequent durchgeführte Einheitsspekulation nicht nur die negative Theologie ein – die natürlich auch Augustinus vertraut ist – son-

Gott, nicht die bloße Koinzidenz der Gegensätze und deren Auf-hebung aufzufassen, sondern - wie Eckhart im lateinischen Werk mehrfach betont -: „Die Verneinung der Verneinung aber ist die reinste und vollste Bejahung: ‚ich bin, der ich bin'."[619]. „Reinste und vollste Bejahung" bedeutet keinerlei Subjekt-Objekt-Trennung, die Identität von Wesen und Sein, von Subjekt und Prädikat[620]: „So wie es Gott in sich trägt, so kann es keine Kreatur begreifen."[621] Den eigentlichen Gehalt des „einig Einen", somit auch des Einheitsdenkens, sieht Eckhart also nicht ausschließlich im erkenntnistheoretischen und ontologischen, ganz und gar nicht im logischen, Vollzug des Begreifens.[622] Wo setzt er an? Eckhart setzt bei einer - von uns genannten - theologischen Konkretion an. Erst in der (trinitäts-)theologischen Entfaltung: *„Im Anfang war das Wort und das Wort war bei Gott*"[623] gewinnt das philosophische Denken seine notwendige Zielsetzung, notwendig deshalb, weil der trinitarische Prozeß zugleich Rückführung in den göttlichen Ursprung[624] ist, den - zumindest unter der Prämisse des Ursprungs - auch alle philosophische Reflexion[625] sucht. So sagt Eckhart, daß

dern darüber hinaus die Abwertung sowohl der affirmativen wie der negativen Theologie und als höchste Weisheit das, was Cusanus später *coincidentia oppositorum* nannte. ... für Dionysius ist sie noch der Ausdruck der Überzeugung, daß Gott nur im mystischen Schweigen berührt, aber nicht irgendwie im eigentlichen Sinne erkannt werden kann." (*Koch*, 1956/57, 127)

619 Ex. LW II, 77

620 Vgl. ebd. Vgl. auch unsere Anmerkg. 596

621 *Largier*, 1993 I, 245 (Pred. 21)

622 Vgl. *Hödl*, 1980, 49: „Eckhart will gar nicht beweisen, daß es dieses Eine, Einzige und Einzigartige gibt, er will es aufweisen und herzeigen, damit das religiöse Bewußtsein von diesem Blick erfüllt werde."

623 *Largier*, 1993 II, 491 (Joh.Evg.); vgl. Eckharts Triade des Wortes (unsere Anmerkg. 561)

624 Dazu Eckhart: „Es ist dem Verstand eigen, seinen Gegenstand, das geistig Erfaßbare, nicht in seinem An-sich zu nehmen, insofern er ein Ganzes, Vollkommnenes und Gutes ist, sondern ihn in seinen Ursprüngen zu nehmen. Und das besagt der Ausspruch: *im Anfang war das Wort*, und wiederum: *dieses Wort war im Anfang bei Gott*." (ebd., 497); auch: „Niemals kann man ein Ding recht in sich selbst erkennen, wenn man es nicht in seiner Ursache erkennt." (*Largier*; 1993 I, 101; Pred. 8)

625 Hans-Georg *Gadamer* sagt in diesem Sinne treffend: „... daß das Anfangen nichts Reflektiertes, sondern etwas Unmittelbares ist. Die Rede vom ‚Principium' ist nach meiner Auffassung viel zu reflektiert, um auf etwas hinzuweisen, was noch keine Stufe auf dem Weg der Reflexion ist, sondern ... für konkrete Erfahrung offen ist." *Gadamer*, Hans-Georg, Der Anfang der Philosophie. (Vorlesungen von 1988 am Istituto Italiano per gli Studi Filosofici; Neapel, hrsg. Von Vittorio De Cesare), vom Autor revidierte Fassung, Stuttgart 1996, 22.

„das Eine ... Beginn ohne allen Beginn“[626] ist, d.h. auch – mit Augustinus –, daß „ohne vielfältige Begriffe, vielfältige Gegenständlichkeit und bildliche Vorstellungen“[627] erkannt werden muß. Trinitäts-theologisches Denken des „einig Einen“ fordert somit explizit Konkretion in Form univoker Einheit, denn „die Gerechtigkeit ist ja Vater und zeugt ganz und gar den Gerechten, insofern er gerecht ist. Weil sie also ganz und gar den Gerechten zeugt, so folgt daraus, daß sie eins sind, die hervorbringende Gerechtigkeit oder der Vater und der hervorgebrachte Gerechte oder der gezeugte Sohn.“[628]. Das „einig Eine“ ist ununterschieden in sich bleibend aus sich keinerlei Unterscheidung bewirkend, worin aber gleichzeitig „Gottes höchstes Streben...: gebären“[629] ausgedrückt ist: „Ihm genügt es nimmer, er gebäre denn seinen Sohn in uns.“[630] Die Sohnschaft aus Gott, dem Vater, impliziert „...lauteres Gebären“[631] und trägt „ein Söhne-Haben in sich“[632]. Die Lauterkeit und Innigkeit des „einig Einen“ als bestimmendes und apriorisches Prinzip wird verdeutlicht, wenn wir - im Rückblick auf die univoken, ursächlichen Transzendentalien Sein, Eins, Wahres und Gutes - Eckhart verstehen, daß er im Anschluß an die Aristotelische Metaphysik sagt: „Das Eine ..., das sich unter den vorgenannten Vier am unmittelbarsten zum Sein verhält[633], bestimmt dieses zuerst und im geringsten. Deshalb ist es als erstes bestimmt und grenzt das Sein gegen das Viele ab, wie aus dem zehnten Buch der Metaphysik erhellt. Darum kommt es dem Einen seinem Sinngehalt und seiner Eigentümlichkeit nach zu, erstes Hervorbringendes und Vater der gesamten Gottheit und der Geschöpfe zu sein.“[634] Das „einig Eine“, Gott, der Vater, ist in sich unmittelbar, bestimmend, abgrenzend hervorbringend, somit Substanz und Relation: „Deshalb sagen die Heiligen und die Theologen treffend, daß in Gott die Wesenheit nicht zeugt. Die Theologen sagen auch übereinstimmend, das Zeugungsvermögen sei nicht die Wesenheit schlechthin, sondern die Wesenheit (in Verbindung) mit der Beziehung. /.../ Die Beziehung also muß es sein, auf Grund de-

626 *Largier*, 1993 II, 263 (BgT)
627 Ebd., 313
628 Joh. LW III, 442f.
629 *Largier*, 1993 I, 133 (Pred. 11)
630 Ebd.
631 *Largier*, 1993 I, 55 (Pred. 4)
632 Ebd.
633 Vgl. oben unsere Anmerkg. 617
634 Joh. LW III, 444; weiter erklärt Eckhart: „Daher kommt es auch, daß die Heiligen und die Theologen dem Vater in der Gottheit die Einheit zueignen.“ (ebd.) – wobei er auf Augustinus und Thomas rekurriert.

ren es in Gott Fruchtbarkeit und Ausströmen gibt."[635] Um es hermeneutisch aufzuschlüsseln, ist zu sagen, daß das „einig Eine" nicht im erkenntnistheoretisch-ontologischen Versuch der Gegensatzauf-hebung verbleibt, sondern als theologische Konkretion transformiert und sich - trinitäts- und wort-theologisch - als Wort *„im Anfang"*[636] entfaltet, d.h. es trägt als Einheit das Ansprechen (durch den Vater, die Gerechtigkeit) und Angesprochen-Sein (als Sohn, als Gerechter) in sich.

6.1.3 Lauterkeit und Innigkeit

Daß das „einig Eine" in, mit und durch[637] seine Lauterkeit und Innigkeit hervorbringend, somit bestimmend ist, führt uns zu einer dritten Konsequenz, vom Wissen in ein „Unwissen" zu gelangen, dieses als „underscheit" zu erfassen. Diese vereint die beiden ersteren dahingehend, daß explizit jedes, auch wissenschaftlich-abstraktes, Denken und Erkennen sich als nicht-aus-sich-selbst-kommend[638] erkennen muß. Die Bestimmung durch das „einig Eine", seine Lauterkeit und Innigkeit, meint - wie wir bereits angedeutet haben - seine selbstbestimmende und apriorische Einheit: „Gott und die Gerechtigkeit sind völlig eins", „denn ganz allgemein (gilt): eine göttliche Vollkommenheit kennt niemand, ‚als wer sie empfängt'; so ist die Gerechtigkeit sich allein bekannt und dem Gerechten, der von der Gerechtigkeit angenommen ist. Und das besagt der Ausspruch: die Dreifaltigkeit, Gott, ist sich allein bekannt und dem angenomme-

635 Eccli. LW II, 240f.; Eckhart bezieht sich auf Augustinus, Petrus Lombardus und Thomas von Aquin (vgl. ebd., Stellenkommentar); vgl. dazu weiterhin: Joh. LW III, 443.

636 *Largier*, 1993 II, 495 (Joh. Evg.) Eckhart erklärt durch den Begriff *„im Anfang"* letztlich die Gottesgeburt in der Seele, der wir uns im dritten, synthetischen Teil widmen; grundlegend für den Begriff ist die Zeit- und Bewegungslosigkeit, es geht nicht primär um veränderndes Werden, sondern um Entstehen, das „Ziel und Ende der Bewegung, da es die Substanz und das Sein des Dinges betrifft" (ebd.), ist. Vgl. dazu unsere Anmerkg. 497

637 Vgl. z.B. Predigt 11 (*Largier*, 1993 I, 137), in der Eckhart die Triade aus Röm. 11, 36 übernimmt: „'In ihm, mittels seiner und durch ihn.'"

638 Vgl. in diesem Sinne die Ausführungen von *Kern*, 1994, 41-57; besonders der kritische Hinweis auf die ausschließlich induktive Analyse von Rüedi *Imbach* (ebd., 43), dem zuzustimmen ist, insbesondere da eine Induktion an sich der korrekten Auffassung des Eckhartschen „underscheit" diametral entgegensteht. Das induktive Vorgehen wird in unserer Arbeit insoweit eine Rolle spielen, als es die Antithese des „werden leben" in seiner Immanenz verdeutlicht; aus der Induktion läßt sich aber - im Sinne *Kerns* – keine dem menschlichen Intellekt inhärente Erkenntnisqualität ableiten.

nen Menschen."[639]. Das „einig Eine" (und – in hermeneutischer Perspektive – Eckharts Trinitätstheologie als theologische Konkretion) kann nicht eindeutiger benannt werden, was auch sein Zitat aus dem Johannes-Evangelium verdeutlicht: „'Wie der Vater das Leben in sich selbst hat, so hat er dem Sohn gegeben, daß auch er das Leben in sich selbst habe.' (Joh. 5,26) Er sagt: ‚*in* sich selbst', nicht: ‚*von* sich selbst', denn der Vater hat es ihm gegeben."[640] Es wird klar, das „einig Eine" deutet auf Denken und Erkennen als nicht-aus-sich-selbst-kommend, womit aber Denken und Erkennen nicht abgesprochen werden, sondern vielmehr in ihrem Wesenhaften angesprochen werden. Die dritte Konsequenz, die das „einig Eine" impliziert, ist also das Denken in seiner Wesenhaftigkeit, welches auf zweierlei verweist: einmal, daß das Denken ein innerlicher Vorgang ist, d.h. – wie bereits zitiert – „ohne vielfältige Begriffe, vielfältige Gegenständlichkeit und bildliche Vorstellungen innerlich erkennt, was kein äußeres Sehen eingetragen hat..."[641] und daraus folgt zum anderen, daß „wer...innerlich erkennt..., der weiß, daß dies [was er erkennt; Anmerkg.v.V.] wahr ist"[642]. An anderer Stelle hieß es demgemäß: "Gerechtigkeit aber ist dies: die Ursache aller Dinge in der Wahrheit."[643] Das „einig Eine" besagt nichts anderes als das „Unwissen", als die erwähnte „vermögende Empfänglichkeit, worin du vollendet werden sollst"[644]. Unser Denken, Erkennen, Wissen ist in der Perspektive der Innerlichkeit und Empfänglichkeit immer ein Angesprochen-Sein durch das „einig Eine" – wie auch der Gerechtigkeit „Gebären" und des Gerechten „Geboren-Werden" „völlig *ein* Sein, *ein* Leben"[645] ist: „Der Prophet spricht: ‚Gott sprach Eines, und ich hörte Zwei' (Ps. 61,12). Das ist wahr: Gott spricht stets nur Eines. Sein Spruch ist nur einer. In diesem *einen* Spruch spricht er seinen Sohn und zugleich den Heiligen Geist und alle Kreaturen, und es gibt (doch) nur *einen* Spruch in Gott."[646] In diesem „*einen* Spruch" teilt Gott, der „einig Eine", ganz und gar und

639 *Largier*, 1993 II, 501 (Joh.Evg.) Eckhart zitiert aus Off. 2.17.
640 *Largier*, 1993 II, 235 (BgT)
641 *Largier*, 1993 II, 313 (BgT); vgl. unsere Anmerkg. 627
642 Ebd.
643 Vgl. unsere Anmerkg. 541 und das folgende Kapitel 5.1, Zur Konkretion als trinitarische Basis der Theologie Eckharts, das die Aussage als hermeneutische Basis der Theologie Eckharts tituliert.
644 Q, 434 (Pred. 59); vgl. unsere Anmerkg. 496, 611. Auf das Vermögende und Empfängliche des menschlichen Geistes werden das Kapitel 6.2.1 (Natürliche Ordnung, göttliche Ordnung:-Gott) im trinitätstheologischen Rahmen sowie der antithetische und synthetische Teil unserer dialektischen Aufarbeitung eingehen; vgl. zum intellectus possibilis und intellectus agens: *Siller*, 95-108
645 *Largier*, 1993 II, 235 (BgT); vgl. unsere Anmerkg. 329, 359
646 *Largier*, 1993 I, 341 (Pred. 30)

immer[647] das „*Seine*“ mit. Nur durch, mit und in Gottes Selbst-Mitteilung wird der Mensch ein „Gott-wissender Mensch“[648]. Eckharts Theologie des „einig Einen“ verdeutlicht als Wort-Theologie die theologische Konkretion, denn - so Eckhart weiter - „*dieser* Mensch erfaßt Gott in seinem Eigensein und in seiner eigenen Einheit und in seiner eigenen Gegenwart und in seiner eigenen Wahrheit“[649]. Das „einig Eine“ transformiert, als theologische Konkretion, die erkenntnistheoretische Idee und das ontologische *eine* Sein in seine Einheit: „Sein und Erkennen sind ganz eins, denn was nicht ist, das erkennt man auch nicht; was am allermeisten Sein hat, das erkennt man auch am allermeisten. Da denn Gott ein überschwengliches Sein hat, darum übersteigt er auch alle Erkenntnis...“[650]. Das „einig Eine“ erfordert also die Transformation des Wissenden in den un-wissend Wissenden.

6.2 Das „einig Eine“: anagogische Aspekte?

Gott übersteigt alle Erkenntnis: Aus vorgenannten Konsequenzen läßt sich schlußfolgern, daß Gott-Erkenntnis letztlich nicht möglich ist. Es wurde aber auch hermeneutisch darauf hingewiesen, daß wir uns mit der Theologie Eckharts an einem synthetischen Scheideweg befinden, der innerhalb der dialektischen These Erkenntnistheorie und Ontologie transformiert in Theologie. Gerade die dritte Konsequenz, die Denken in seiner Wesenhaftigkeit postuliert, verliert sich in Nicht-Erkenntnis. Obgleich die Wesenhaftigkeit sich gemäß Eckhart definiert als Innerlichkeit und Wahrheit, dergestalt sie das „einig Eine“ in seiner Univozität, transzendent-immanenten Einheit und - unserer hermeneutischen Basis entsprechend - den Umbruch vom konkret abstrakten Denken in das der theologischen Konkretion in sich zu umfassen vermag, verbleibt sie mit der Transformation in das „Unwissen“ im offenen Raum. Aus diesem Grunde wäre aber nochmals kritisch zu fragen, ob es überhaupt in der Theologie Eckharts um Gottes-Erkenntnis geht, ob das „einig Eine“, Gott in seinem trinitarisch-ununterschiedenen Unterschied, diese überhaupt impliziert oder gar fordert, trotz aller Konsequenzen im Verstehen des „einig Einen“, denen sich der menschliche Geist unterwerfen muß und in Form einer docta ignorantia wohl leisten kann? Eck-

647 Der zeitliche Aspekt, mithin der schöpfungs- und inkarnationstheologische, der bereits im vorigen Zitat durch den Prophetenausspruch angeklungen ist, wird in der zweiten Trinitätsperson stärker berücksichtigt.

648 *Largier*, 1993 I, 121 (Pred. 10); von der „Unwissenheit“, die Eckhart an gleicher Stelle erwähnt, haben wir oben bereits gehandelt: das *verharrende* Unwissen, das Gott nicht zu wissen verlangt. Vgl. *Kern*, 1994, 47f.

649 *Largier*, 1993 I, 121 (Pred. 10)

650 *Largier*, 1993 I, 43 (Pred. 3), vgl. unsere Anmerkg. 504, 505

harts Theologie als theologische Konkretion erfordert somit vom unwissenden Gott-erkennenden Denken ein tieferes Eingehen in das, was Eckhart als *die* „Anlage“[651] des Denkens und der Vernunft des Menschen benennt, nämlich „vermögende Empfänglichkeit, worin du vollendet werden sollst“[652], zu sein. Darüber hinaus erfordert die theologische Konkretion in eigener Sache das Verständnis für eine anagogische Perspektive, die sich als Gott-Erkenntnis ausweisen läßt. Diese möchten wir im folgenden aufzeigen; dazu ist die trinitarische Struktur, innerhalb der These natürlich immer unter dem Vorbehalt des „einig Einen“, zugrundegelegt.

6.2.1 Natürliche Ordnung, göttliche Ordnung: - Gott

Der Ausdruck „vermögende Empfänglichkeit“ zeichnet in fast unmerklicher Weise den „underscheit“ nach. „Vermögende Empfänglichkeit“ ist als Oxymoron zu charakterisieren, denn Vermögendes impliziert Können, Tätigkeit, Aktivität; dagegen Empfänglichkeit Aufnahmebereitschaft, Möglichkeit, Passivität. Diese Widersprüchlichkeit erinnert uns an Eckharts univoke Aussage zum „underscheit“: die Gerechtigkeit ist ungeborenes Gebären des Gerechten und der Gerechte ist nur als diese geborene Gerechtigkeit.[653] Wie aber die Univozität, das Einheitsdenken, das Verstehen des „underscheit“ beeinflußen soll, so ergänzen sich auch beide Teile des obigen Ausdrucks dahingehend, daß nicht explizit eruiert werden kann, welcher von beiden überwiegt, den anderen bestimmt. Aus grammatikalisch-syntaktischem Blickwinkel bestimmt das Substantiv das Adjektiv; in semantischer Hinsicht ist jenes gerade durch das Adjektiv ergänzt. Richtig ist, er meint „keineswegs Passivität“[654], aber auch nicht „korrelative Passivität“[655]. Drückt sich nicht vielmehr korrelative Aktivität aus? – und dabei die

651 Vgl. unsere Anmerkg. 496, 611

652 Vgl. unsere Anmerkg. 644 Vgl. auch *Kern*, 1994, 50ff.

653 Vgl. unser Kapitel 2.2.1 Gerechter und Gerechtigkeit: das Verhältnis

654 *Bindschedler*, 69; der Kontext bei *Bindschedler* bezieht sich nicht explizit auf unseren beispielhaften Ausdruck Eckharts, sondern meint allgemein Eckharts Ethik, des Gerechten „Bereitschaft, Gottes Einwirkung zu empfangen“ (ebd.).

655 Ebd., Hervorhebg.v.V.; korrelativ, weil „von Gottes eigener Aktivität überformte und erfüllte“ Passivität (ebd.). Zu fragen bleibt, ob auf Gott der Begriff „Aktivität“ angewendet werden kann? Wenn ja, dann nur unter dem expliziten Hinweis auf Eckharts Traditionslinie zu Thomas von Aquins ‚actus purus‘ oder auf die Attributionsanalogie Eckharts, beide Hinweise sind bei *Bindschedler* nicht erwähnt. Überhaupt widerspricht „korrelative Passivität“ der Attributionsanalogie Eckharts. Darüber hinaus erscheint uns der Begriff „Passivität“ als sehr mißverständlich, denn weder Eckharts Gerechtigkeitsthema noch seiner Mystik wird der Begriff gerecht. *Bindschedler* geht aber so vor, daß beide Themenbereiche in negativer Konnotation

besagte Korrelation in zweifacher Hinsicht: einerseits in der der menschliche Geist vermögend, d.h. empfangende Tätigkeit, und empfänglich, d.h. als tätige Möglichkeit ist; und andererseits, daß er dieses nur ist durch und für Gottes Geist, das „einig Eine", „worin du vollendet werden sollst". Im folgenden Zitat Eckharts wird sich zeigen: der Tätigkeit ordnet sich trinitarisch der Vater zu, der Möglichkeit der Sohn (als „neues Sein"); oder erkenntnistheoretisch: intellectus agens und intellectus possibilis. Denn, und das geht den „underscheit" an: der Gerechte (resp. der menschliche Geist) ist, insofern er in der Gerechtigkeit (resp. göttlicher Geist) ist. Es sei demnach nochmals betont: die „vermögende Empfänglichkeit" ist in keinem Fall auf die dualistische Polarisierung von Aktivität (Gott) und Passivität (Mensch) zu reduzieren, was nicht nur den bisher erörterten Konsequenzen und Forderungen für das univoke Denken des „einig Einen" diametral entgegenstehen würde, sondern auch der Eckhartschen Ursachenlehre, dem ursprungslosen Ursprung Gottes, und dem werdenden Weg im duplex esse des Menschen, darüber hinaus auch Eckharts Gerechtigkeitsbegriff, eingeschlossen unserem Ansatz der un-aufhebbaren Dialektik.[656] Nehmen wir das angekündigte Zitat auf, so sind eben - gemäß Eckharts Aussage zur Unterscheidung von Gottes Wissen und unserem Wissen[657] - der menschlichen Vernunft, als vermögende und empfängliche, „'zwei Söhne'"[658] gegeben: „Der eine ist die ‚Möglichkeit' (=die mögliche Vernunft), der andere ist die ‚Tätigkeit' (=die tätige Vernunft). Nun sagt ein heidnischer Meister: ‚die Seele hat in dieser Kraft (d.h. in der ‚möglichen' Vernunft) das Vermögen, geistig alles zu werden'. In der *wirkenden* Kraft gleicht sie dem Vater und wirkt alles zu einem neuen Sein. Gott hätte die Natur aller Kreaturen in sie eindrücken wollen; nun aber war sie noch nicht *vor* der Welt. Gott hat diese ganze Welt *geistig* geschaffen in einem jeglichen Engel, ehe diese Welt in sich selbst geschaffen wurde."[659] Eckharts anima-Lehre wird im antithetischen und synthetischen Teil unserer un-aufhebbaren Dialektik bedacht werden. Gerade aber auch für den vorliegenden Kontext der Gott-Erkenntnis verdeutlicht sich im obigen Zitat eindrucksvoll die von uns im

---

des Realismus der Idee (vgl. unsere Anmerkg. 239) stehen, weil sie Eckhart als Mystiker (ebd., 59) interpretiert; eine Rezeption, die unserer Ansicht den Gerechtigkeitsbegriff zu sehr relativiert.

656 Dazu die Verdeutlichungen im antithetischen „werden leben" und synthetischen „ewiglich bei Gott" vorliegender Studie.

657 Vgl. unsere Anmerkg. 589

658 *Largier*, 1993 I, 403 (Pred. 37); Eckhart predigt über die Verse 4. Kö. 4, 1/4 u. 7.

659 Ebd.; der Meister ist, in Aristotelischer Provenienz der Unterscheidung von intellectus agens und intellectus possibilis, Avicenna (vgl. *Largier*, 1993 I, 996, Stellenkommentar); vgl. auch *Siller*, 95-108. Zum Aspekt des Engels bei Eckhart haben wir bereits in unseren Anmerkg. 515, 572 Hinweise geliefert; zum *geistigen* Schaffen Gottes vgl. unsere Anmerkg. 553.

Denken Eckharts als un-aufhebbar postulierte Dialektik. Eckhart handelt nämlich nicht von einem Widerspruch, der die Vernunft als tätige (resp. empfangende Tätigkeit) und mögliche (resp. tätige Möglichkeit) thetisch bzw. antithetisch charakterisiert, welche dann synthetisch einfachhin alles wird, sondern von der Vernunft als un-aufhebbarer Widerspruch in sich. Das heißt einerseits, daß die tätige Vernunft in ihrem erkenntnisfähigen Vermögen damit nicht negiert ist und - als eben diese - auch nicht werden kann, sondern daß sie ihre Erzeugnisse, die Idee vor den Dingen, in die geistige Empfänglichkeit der möglichen Vernunft aufnimmt, in der sie jene, somit auch sich selbst, in dem *einen* Sein erkennt.[660] Das heißt weiterhin, die tätige Vernunft muß, dem „Vater" gleich, ohne „vielfältige Begriffe, vielfältige Gegenständlichkeit und bildliche Vorstellungen"[661] auskommen, die Wesenhaftigkeit des Denkens – wie es das Kapitel zu unserer obigen, dritten Konsequenz ausgearbeitet hat – repräsentieren.[662] Impliziert ist so-

---

660 Unser Rückverweis des duplex intellectus auf Ideenlehre und Ontologie, läßt sich mit folgender Aussage Eckharts bestätigen: „Die wirkende Vernunft haut die Bilder von den äußeren Dingen ab und entkleidet sie vom Stofflichen und Zufälligen und setzt sie sodann in die leidende Vernunft, und sie gebiert ihre geistigen Bilder in sie." *Pfeiffer*, Franz (Hrsg.): Meister Eckhart, Bd. 2, in: Deutsche Mystiker des 14. Jahrhunderts. Leipzig 1859 (Neudruck, Aalen 1962), 19 (Pred. 3)

661 Vgl. unsere Anmerkg. 641

662 Rolf *Siller* hat auf den sowohl intrinsischen als auch extrinsischen Modus („aliquid in anima", ebd., 101f.) der wirkenden Vernunft aufmerksam gemacht, der im lateinischen Werk Eckharts keine Entscheidung nach sich zieht. Auch der extrinsische ist letztlich als Durch-formung dieser gekennzeichnet; vgl. Eckharts Aussage in LW III Joh. Evg., 128. Eckhart bewegt sich hiermit in aristotelisch-thomasischer Tradition (vgl. *Siller*, 96-100). Die deutschen Predigten weisen mehr auf den intrinsischen Modus der tätigen Vernunft hin, allerdings unter dem Vorbehalt, daß „das Spezifische der menschlichen Vernunft ... nicht der intellectus agens, sondern vielmehr der intellectus possibilis" (ebd., 105) ist. Vgl. auch *Mojsisch*, 1983, 35f., der folgert, daß Eckhart sich somit von Thomas distanziert, nämlich „insofern, als er die Implikate der im Begriff des möglichen Intellekts liegenden Möglichkeit für seine eigentümliche Univozitätstheorie fruchtbar werden läßt", welche *Mojsisch* als „transzendental-univoke Erkenntnis (ebd., 126) bezeichnet. *Siller* (vgl. ebd., 104-106) dagegen macht eindeutig auf die Einnahme des intellectus possibilis durch Gott und mithin auf die notwendige Abgeschiedenheit des menschlichen Geistes aufmerksam. Vgl. auch die Ausführungen durch *Largier*, 1995, 58f., der bei Eckhart ein „christlich theologisches Konzept" (ebd., 58) sieht, das natürlich nicht, weil mit Blick auf Eckharts Hermeneutik, „eminent philosophisches Denken" (ebd., 59) ausspart, sondern grundlegend als „in der Überschreitung des Selbstbezuges der Gotteserfahrung oder –schau sich ereignende Befreiung des Menschen" (ebd., 61) zu verstehen ist und damit „die Rede ... vom ‚Ich als *causa sui*' [*Largiers* Bezug auf *Mojsisch*, 1983, 118-120; Anmerkg. v.V.] ... allzuviel ungeklärt" (ebd.) läßt. Im Zusammenhang der *Largierschen* Perspektive möchten wir auch auf den Dialektik-Artikel von *Mojsisch* verweisen: *Mojsisch* erklärt Dialektik bei Meister Eckhart als

mit andererseits, daß, „wäre der Mensch ganz so geartet, er wäre völlig ungeschaffen und unerschaffbar; wäre alles das, was körperlich und bresthaft ist, so in der Einheit begriffen, so wäre es nichts anderes, als was die Einheit selbst ist.“[663] Nun ist aber, obgleich auf Erkenntnis hin angelegt, der menschliche Intellekt in sich selbst in einem Widerspruch: er denkt und umschließt sich selbst und die übrige Welt, zugleich aber bestimmt er sich denkend als ein der Welt Gegenüberstehender, denn „in *Einem* steckt nicht die *ganze* Menschheit, denn *ein* Mensch ist nicht *alle* Menschen.“[664] Gegenüber diesem Widerspruch in sich muß sich auch das Gott-Erkennen wachsam und aufmerksam verhalten. Es ist ein Unterschied, ob nach der „natürlichen Ordnung“, welche „...weiß und erkennt, daß sie Gott schaut, erkennt und liebt ..., ein Ausschlag aus dem und ein Rückschlag in das Erste“[665] vollzogen wird, oder ob die „*göttliche Ordnung*“ des „einig Einen“ die Erkenntnis bestimmt.[666] Jene erkennt, daß sie erkennt, und macht Gott somit zu einem Objekt jenseits ihrer[667]; sie konzentriert sich auf ihr wesenhaftes Denken als Gott-Erkennen; dazu nochmals Eckhart: „Du darfst

„Ich-Prozessualität“, in der das Ich „als Identität von Sein und Erkennen Prinzip und als solches zugleich Grund für sich als Prinzipiat ist, darüber hinaus zu seinem Prinzip, zu sich als Prinzip, erkennend und wollend zurückkehrt, um sich stets neu als Prinzipiat zu begründen, dies alles im Ausgang von sich selbst, sofern es Ich als Ich, Ich als Identität von absolutem Grund und unerschaffbarem Seelengrund, ist.“.(in: Lexikon des Mittelalters. Bd. III, 945) Hier liegt unseres Erachtens ein rein philosophisches, aufgeklärtes Ich-Verständnis vor, daß jeglichen Bezug zum rein theologischen Denken verloren hat. Sicherlich liegt bei Eckhart eine Prozessualität des menschlichen Geistes vor, aber ausschließlich in Verbindung mit dem göttlichen Geist, d.h. mit Gott, so daß auch die Identität des menschlichen Seelengrundes mit dem absoluten Grund einzig vom göttlichen Geist begründet ist. Der menschliche Geist ist bei Eckhart niemals aus sich selbst Prinzip, sondern, wenn er in dieser außergewöhnlichen Position ist, ist er göttlicher Geist. Die dialektische Struktur hebt sich bei Meister Eckhart gerade nicht im Sinne *Mojsischs* auf; vgl. unsere Anmerkg. 509.

663 *Largier*, 1993 I, 147 (Pred. 12). Beachtet werden sollten die Termini „ganz“/“völlig“, die hermeneutisch wiederum Eckharts holistisches Denken (vgl. Kapitel) belegen. Weiterhin antizipieren sie – so unscheinbar sie in diesem Kontext auftauchen – die anima-Lehre, die Gottesgeburt in der Seele (unsere Kapitel zum synthetischen Teil der Dialektik). Sie sind somit nicht konsequent negativ konnotiert, sondern es ist zu berücksichtigen, daß Eckhart die Predigt aus der „Perspektive der Einheit mit Gott“ (*Largier*, 1993 I, 875; Stellenkommentar) heraus formuliert.

664 *Largier*, 1993 II, 39 (Pred. 68)

665 *Largier*, 1993 II, 329 (VeM)

666 *Largier*, 1993 I, 351 (Pred. 31); vgl. unsere Anmerkg. 590

667 Vgl. *Largier*, 1993 II, 787; Stellenkommentar zu VeM: Hinweis auf Thomas von Aquins „Erkenntnisakt“ aristotelischer Provenienz.

nicht wähnen, daß deine Vernunft dazu aufwachsen könne, daß du Gott zu erkennen vermöchtest. Vielmehr: wenn Gott *göttlich* in dir leuchten soll, so hilft dir *dein natürliches Licht* ganz und gar nichts dazu..."[668]. Diese dagegen erkennt das „einig Eine": „Aus der göttlichen Macht bricht aus die Weisheit, und aus ihnen beiden bricht aus die Liebe, das ist der Brand; denn Weisheit und Wahrheit und Macht und die Liebe, der Brand, sind im *Umkreis* des Seins, das ein überschwebendes Sein ist, lauter ohne Natur. Dies ist *seine* Natur, daß er (=Gott) *ohne* Natur ist. Wer Gutheit oder Weisheit oder Gewalt bedenkt, der verdeckt das Sein und verdunkelt es in diesem Gedanken. Ein einziges Hinzudenken verdeckt das Sein. Dies also ist denn göttliche Ordnung."[669] Das „einig Eine" wird hier von Eckhart nach augustinischer Trinitätsspekulation als Macht-Weisheit-Liebe[670], d.h. Vater-Sohn-Heiliger Geist, deutlich in seiner einigenden, univoken Einheit, die das trinitarische Schema in sich einschließt[671], herausgestellt. Gibt sich das natürliche Gott-Erkennen der *göttlichen Ordnung* anheim, so kann es nicht anders sein, als daß es nach deren Regeln geht, denn „zu Gott gibt es keinen Zugang"[672]: „'Die Welt ist durch ihn geschaffen, und was da geschaffen ist, das erkannte ihn nicht.' (Joh. 1,10). Wer da wähnt, daß tausend Welten zu Gott hinzugenommen irgendwie mehr genommen wäre als Gott allein, der erkennte

---

668 Q, 433 (Pred. 59); wir verweisen auf unsere Anmerkg. 673.

669 Ebd. Zum hier angeführten ontologischen Tenor vgl. unser Kapitel 5.2 Vom Begriff zum Wort, welches Eckharts Kernsatz „Gottes eigenstes Wesen ist Sein" (Kapitel 4.1 Hermeneutische Überlegungen zur theologischen Basis des Gerechtigkeitsbegriffs; vgl. dort unsere Anmerkg. 437, sowie folgende Kapitel) aus eben der ontologischen Überfrachtung worttheologisch in theologische Konkretion transformiert. Weiterhin: zum Begriff der Natur, die hier kreatürlich verstanden wird, vgl. unsere Anmerkg. 497 sowie 515, in der wir wie folgt zitierten: „Gott aber, das Sein, ist Beginn und ‚Anfang und Ende' (Off. 1,8; 22,13). Wie nämlich vor dem Sein nichts ist, so ist nach dem Sein nichts; denn das Sein ist das Ziel alles Werdens. Das Seiende als solches wird nämlich nicht und kann nicht werden." (*Largier*, 1993 II, 481; Prol.gener.). Die vorliegende ontologische duplex-esse-Perspektive geht konform mit obigem Ausgangszitat zur menschlichen Vernunft, wo Eckhart sagt: „Gott hätte die Natur aller Kreaturen in sie eindrücken wollen; nun aber war sie noch nicht *vor* der Welt. Gott hat diese ganze Welt *geistig* geschaffen in einem jeglichen Engel, ehe diese Welt in sich selbst geschaffen wurde." (vgl. unsere Anmerkg. 659)

670 Vgl. *Largier*, 1993 I, 974 (Stellenkommentar zu Pred. 31): *„memoria-potentia, intellectus-sapientia, amor-voluntas"*

671 Zum Detailpunkt des expliziten Einheitsdenkens bei Eckhart vgl. unsere Anmerkg.: 347, 538, 577, 618. Daß aber auch „bei aller Betonung der Einheit der göttlichen Natur, die Dreiheit der Personen bestehen" (*Öchslin*, 152) bleibt, wird in weiteren anagogischen Aspekten des „einig Einen" und in den anschließenden Kapiteln zur Theologie erkennbar werden.

672 *Largier*, 1993 II, 67 (Pred. 71); Eckhart bedenkt die Aussage des Paulus 1 Tim. 6,16 (ebd., 65).

Gott nicht, noch wüßte er im mindesten, was Gott wäre, und er wäre ein (grober) Tölpel. Darum soll der Mensch außer Gott nichts beachten."[673] Die *göttliche Ordnung* wird durch einen anagogischen Aspekt getragen, denn sie verlangt vom menschlichen Geist das „einig Eine", somit ein Gott-Erkennen: „Gott will immer allein sein; es ist eine notwendige Wahrheit, und es kann nicht anders sein, als daß man Gott immer allein im Sinne haben muß."[674] Dabei kann der Intellekt auch keinen Kompromiß geltend machen, wenn er für sich dahin tendiert, „gern zu *einem* Teil durch *dich* [d.h. sich; Anmerkg.v.V.] und zum *andern* Teil durch *ihn* bereitet werden, was doch nicht sein *kann*. Du kannst nimmer so schnell an das Bereiten denken oder nach ihm begehren, daß Gott nicht schon vorher da wäre, auf daß *er* dich bereite."[675]

Vergegenwärtigen wir uns noch einmal in hermeneutischer Perspektive die theologische Konkretion, die sich an Eckharts Theologie des „einig Einen"

---

673 *Largier*, 1993 I, 443 (Pred. 41) Bei Josef *Quint* (Q, 373) finden wir nach dem Johanneszitat noch den Satz: „Warum? *Weil* es geschaffen ist, darum erkennt es Gott nicht, denn Gott ist ungeschaffen.", den *Largier* (ebd.) nicht aufführt. Er belegt aber noch einmal sehr plastisch-stofflich (und diese sinnliche Art von Gleichnis benutzt Eckhart, wenn auch oft mit eben diesem qualitativen Hinweis; z.B.: „Im Leibe sind alle Teile des Leibes geeint und so eins, daß.../.../alle Gnade, die in Maria ist, mehr und eigentlicher dem Engel gehört.../.../ Diese Deutung ist aber zu grob und stofflich, denn sie haftet an einem sinnenhaften Gleichnis"; *Largier*, 1993 II, 129; Pred. 76), die Wichtigkeit des „underscheit" zwischen Gottes Gerechtigkeit und des Menschen Gerechtigkeit, letztlich zwischen Gottes Heils-Ordnung und des Menschen Natur-Ordnung.

674 *Largier*, 1993 I, 445 (Pred. 41). Einige Anmerkungen: 1) Wenn im vorhergehenden Zitat (vgl. unsere Anmerkg. 673) Eckhart sagt: „Darum soll der Mensch außer Gott nichts beachten" so ist die Präposition im trinitarischen Sinne: durch ihn, mit ihm, in ihm aufzufassen und meint das „einig Eine"; vgl. auch unsere Anmerkg. 295; 2) Der Ausdruck „allein im Sinne haben" im vorliegenden Zitat aus Predigt 41 ist gerade auch unter dem Gesichtspunkt des „einig Einen" als trinitarische Einheit, d.h. also als – wie wir bereits zitiert haben – „lauteres Gebären" und „Söhne-Haben" (vgl. unsere Anmerkg. 631, 632), durchaus – so meinen wir mit Raphael *Öchslin*, vgl. unsere Anmerkg. 396 – konkret; nach unserer hermeneutischen Terminologie: theologische Konkretion. Die Trinität fungiert als theologische Widerspiegelung anthropologisch-ethischen Denkens, ist also ein theoretisches Denk-Modell für das Denken, welches auch explizit praktisch verwirklicht werden kann, nicht muß. Insofern ist Eckharts trinitarisches Denken als theologische Konkretion besonders durch den, im „underscheit" verankerten, Gerechtigkeitsbegriff beschreibbar; wie er selbst in hermeneutischer Absicht sagt: „Ein Beispiel für alles Vorausgehende und manches andere, von dem wir noch öfter zu sprechen haben, bietet die Betrachtung des Gerechten..." (*Largier*, 1993 II; 501; Joh. Evg.)

675 Q, 435 (Pred. 59); daß Gott immer schon „vorher" ist, korrespondiert mit der von uns erwähnten Selbstbestimmung und Apriorität des „einig Einen" (unsere Anmerkg. 584 sowie folgende Ausführungen).

knüpft: Die „*göttliche Ordnung*", die das „einig Eine" charakterisiert, ist explizit bindend für den menschlichen Intellekt, will er die Transformation in theologisches Denken ernst nehmen, d.h. das „einig Eine" nicht einem Abstraktionsverfahren zu unterwerfen, somit rein erkenntnistheoretisch-onto-logisch zu verfahren. Dazu eine bereits von uns aufgegriffene Aussage Eckharts: „So ...vermag aller *Kreaturen* Wissen noch *deine eigene* Weisheit noch *dein gesamtes* Wissen dich nicht dahin zu bringen, daß du Gott auf *göttliche* Weise zu wissen vermöchtest. Willst du Gott auf *göttliche* Weise wissen, so muß dein Wissen zu einem reinen Unwissen und einem Vergessen deiner selbst und aller Kreaturen werden."[676] Das Unwissen, das bereits als un-wissendes Wissen, Eckhart spricht vom „nichterkennenden Erkennen", zur Sprache gekommen ist, ist hier nochmals überhöht zu einem „Vergessen deiner selbst und aller Kreaturen". Dadurch wird nicht nur die explizite Ernsthaftigkeit der „*göttlichen Ordnung*" für das Denken verdeutlicht, sondern auch Eckharts hermeneutisches Anliegen der Transformation[677]. Wenn wir – auf unsere Dialektik bezogen – dieses „Vergessen deiner selbst und aller Kreaturen" an dieser thetischen Stelle der theologischen Konkretion nennen, so scheint, gerade wegen der impliziten, strikten Anforderung, die antithetische Aufarbeitung hinsichtlich der ontischen Konkretheit; d.h., daß die „Gerechten" eben auch „leben", übersprungen zu sein, denn weitaus verständlicher wird das Vergessen im mystischen Kontext, womit aber bereits die synthetische Perspektive der Gerechten „bei Gott" erreicht wäre. Ohne Zweifel ist das Vergessen eine Antizipation auf Eckharts Mystik. Aber unsere Dialektik versteht sich als un-aufhebbare und dieses hermeneutische Programm beinhaltet, die Reichweite der theologischen Konkretion in Eckharts Theologie zu zeigen: mystische(s) Leben/Erfahrung fällt nicht vom Himmel, sondern ist durch, in, mit Gott eine Vereinheitlichung des Menschen mit der „*göttlichen Ordnung*". Das „einig Eine" ist ganz und gar nicht einer abstrakten Vorstellung, wenn auch konkret abstrakt - wie wir es zu Beginn formulieren - vorbehalten, sondern als theologische Konkretion die Voraussetzung für den menschlichen Geist das von ihm erstrebte Gott-Erkennen in seiner durchaus innerlichen, wahren Wesenhaftigkeit (gemäß unserer dritten Konsequenz) mehr noch auf das Wesentliche[678], d.h. Gott-Erkennen, zu ver-einheitlichen. „Man muß wissen, daß

676 Ebd., 433; vgl. unsere Anmerkg. 590

677 Vgl. unser Kapitel 4.2 Eckharts theologische Intention: die Transformation.

678 Vgl. unsere Anmerkg. 607, 99 „Der Mensch soll sich nicht genügen lassen an einem *gedachten* Gott; denn wenn der Gedanken vergeht, so vergeht auch der Gott. Man soll vielmehr einen wesenhaften Gott haben, der weit erhaben ist über die Gedanken des Menschen und aller Kreatur." oder 649 „*dieser* Mensch erfaßt Gott in seinem Eigensein und in seiner eigenen Einheit und in seiner eigenen Gegenwart und in seiner eigenen Wahrheit". In diesem Zitat wäre auf die syntaktisch-

Gott zu erkennen und von Gott erkannt zu werden, Gott zu sehen und von Gott gesehen zu werden, der Sache nach eins ist. Darin erkennen wir Gott und sehen, daß er uns sehen und erkennen macht."[679] Diese Einleitung in eine deutsche Pre-

semantische Struktur durch das Pronomen „sein" aufmerksam zu machen; ohne es allzu konstruiert erscheinen zu lassen, ist aus der Syntax nicht zu entscheiden, ob es sich auf das Subjekt oder das Objekt bezieht. Man möge dahin tendierten, daß Gottes Eigensein, Einheit etc. gemeint ist, aber auch für den Menschen fordert Eckhart gerade dieses. Es zeigt sich wieder einmal Eckharts hohe rhetorische Kraft.

679 *Largier*, 1993 II, 127 (Pred. 76). Diese Aussage Eckharts ist aristotelischer Provenienz, gemäß der Lehre von der Einheit des Erkennenden mit dem Erkannten (vgl. z.B. *Largier*, 1993 I, 774; Stellenkommentar zu Pred. 3); an anderer Stelle sagt Eckhart: „Mir kam gestern der Gedanke, daß alles Gleichnis nur ein Vorwerk ist. Ich kann kein Ding sehen, es sei mir denn gleich; noch kann ich ein Ding erkennen, es sei mir denn gleich. Gott aber hat alle Dinge auf verborgene Weise in sich selbst, jedoch nicht dies oder das in Verschiedenheit, sondern als Eins in der Einheit." (*Largier*, 1993 I, 543f., Pred. 51); vgl. zur metaphysisch-naturphilosophischen Basis unsere Anmerkg. 319, 428; dagegen zu Eckharts Einschränkung dieser Basis 347. Aus den genannten Anmerkungen ist deutlich geworden, daß Eckhart die rein ideentheoretische und ontologische Perspektive, somit auch Thomas' „Distinktion von kategorial bestimmtem Natursein einerseits, bloßem Gedankending andererseits" (*Flasch*, 1974, 318), die „die Vereinigung von Erkennendem und Erkannten kategorial in den Bereich der Akzidentien plaziert" (ebd.), nicht aufrechterhält, sondern sie - wie im vorliegenden Kontext - durch Einheits- und Trinitätsspekulation bestimmt auffaßt, mit welcher Eckhart aber über Augustinus hinausgeht und die historische Inkarnation aus ihrer Einschränkung als bloßes geschichtliches Faktum (vgl. unsere Anmerkg. 696 im folgenden Teil hinsichtlich der Anagogik des „einig Einen") heraushebt. *Flasch* verbindet Meister Eckhart mit Dietrich von Freiberg (vgl.: Von Meister Dietrich zu Meister Eckhart. Hamburg 1984, zitiert: 1984; sowie in: Ruh, 1986: Procedere ut imago. Das Hervorgehen des Intellekts aus seinem göttlichen Grund bei Meister Dietrich, Meister Eckhart und Berthold von Moosburg, 125-134; ebenfalls den Ansatz von *Mojsisch* (1983), auch in Ruh, 1986: ‚Dynamik der Vernunft' bei Dietrich von Freiberg und Meister Eckhart, 135-144, zitiert 1986); zu dieser Verbindung muß aber gesagt werden, daß „Dietrich in Anlehnung an Augustinus von zwei Erkenntnisordnungen (spricht), die eine gültig für dieses Leben, die andere für dieses und jenes. /.../ Eckhart hat die Disjunktion ‚dieses Leben - jenes Leben' verworfen: Die Vernunft erkennt niemals nur das, was sie (in diesem Leben) erkennen darf, sie erkennt vielmehr, was sie (stets) erkennen kann, weil sie gerade das, was sie erkennen kann, selbst ist." (*Mojsisch*, 1986, 137f.; vgl. auch *Flasch*, 1974, 318 zu Dietrich). Diese Traditionslinie bei Eckhart abstrahiert in verstärktem Maße von der aristotelisch-thomasischen. Dazu ist ein Detailpunkt von Werner *Beierwaltes* gewinnbringend, der die Aristotelische Metaphysik generell dahingehend befragt, ob sie mit ihren inhärenten „anthropologischen und ethischen Fragen, Fragen der Sprache, Logik und Theologie als Naturontologie" ausschließlich bezeichnet werden könne. (*Löser*, Freimut, Diskussionsbericht, in: Ruh, 1986, 104; vgl. die korrelierende Diskussion *Beierwaltes'* mit Theo *Kobusch*, Mystik als Metaphysik des moralischen Seins. Bemerkungen zur

digt erinnert an jene der ersten ‚Quaestio parisiensis': „Ist in Gott Sein und Erkennen identisch?": „Darauf ist zu sagen, daß sie der Sache nach identisch sind, und vielleicht der Sache und dem Begriffe nach."[680] Predigt wie auch ‚Quaestio parisiensis' gehen beide deduktiv von Gottes eigenem Erkennen aus, welches des Menschen erkennendes Sein bestimmt. „Gott macht uns sich selbst erkennen, und erkennend macht er uns sich selbst erkennen und sein Sein ist sein Erkennen, und es ist dasselbe, daß er mich erkennen macht und daß ich erkenne. Und darum ist sein Erkennen mein, so wie es ein und dasselbe ist: im Meister, daß er lehrt, und im Jünger, daß er gelehrt wird. Und da denn sein Erkennen mein ist und da seine Substanz sein Erkennen und seine Natur und sein Sein ist, so folgt daraus, daß sein Sein und seine Substanz und seine Natur mein sind. Und wenn denn seine Substanz, sein Sein und seine Natur mein sind, so bin ich der Sohn Gottes. ‚Sehet', Brüder, welche Liebe uns Gott geschenkt hat, daß wir der Sohn Gottes geheißen werden und sind."[681] In eindeutigerer Dialektik, d.h. aber – wie postuliert – als un-aufhebbare, die thetisch immer von Gott ausgeht, die die Antithese im Menschen annimmt und synthetisch Gott mit dem Menschen dergestalt vereint, daß der Mensch „Sohn Gottes" wird und ist, hätte Eckhart seine theologische Konkretion nicht formulieren können. Beispielhaft fungiert diesbezüglich die rhetorisch-syntaktische Fertigkeit, von der Eckharts Verschachtelung der Termini Substanz-Natur-Sein zeugt. Auf diese möchten wir kurz eingehen und eine Konstellation ausdeuten, sie sich triadisch zu erkennen gibt: Das Zitat zeigt diese als 1) Substanz-Natur-Sein, 2) Sein-Substanz-Natur und 3) Substanz-Sein-Natur. Die erste Dreiheit fassen wir im Argumentationsgang Eckharts als Grundlage, die wir trinitarisch als Gott-Sohn-Heiliger Geist übersetzen und als Verhältnis Gott-Sohn-Mensch verstehen wollen.[682] Daraus ließe sich folgendes

---

spekulativen Ethik Meister Eckharts, in: Ruh, Kurt (Hrsg.): Abendländische Mystik im Mittelalter. Symposion Kloster Engelberg 1984, Stuttgart 1986, 49-62, zitiert: 1986) Im Zuge dessen sehen wir den intellekttheoretischen Zugang (z.B.) *Mojsischs* und *Flaschs* immer auch als ein explizites Angesprochen-Sein durch Gott, somit als eine Einbindung des menschlichen Geistes in den trinitarischen Prozeß, und damit eine explizit theologische Konkretion des Eckhartschen Denkens. (vgl. unsere Anmerkg. 662). Vgl. dazu die Ansicht von *Haas*, 1982, 209, die auch auf das ‚Deus est intelligere' und das ‚Esse est Deus' bezogen eine Versöhnung vorschlägt.

680 *Largier*, 1993 II, 541 (Quaest. Par. I); die Predigt soll – so *Largier* im Stellenkommentar (1993 II, 705) – „im Jahre 1311, 1316 oder 132 gehalten" worden sein, Eckhart bezieht sich jedoch nicht ausdrücklich auf die ‚Quaestio parisiensis'.

681 *Largier*, 1993 II, 131f. (Pred. 76); Eckhart wendet sich mit dem Vers 1. Joh. 3,1 an seine Hörer, tauscht dabei den Terminus „Gottes Kinder" durch Gottes Sohn aus.

682 Unsere Intention rechtfertigen etliche Stellen in Eckharts Gedanken; zum Beleg diese, die von intensiver Aussagekraft ist, die wir an dieser Stelle unkommentiert lassen, da sie im weiteren Verlauf der Erörterungen zur Trinität aus anderen Kontexten repetiert wird: „Ursprung des Heiligen Geistes ist der Sohn. Wäre der Sohn

ablesen: Die thetische Vorgabe des trinitarischen Einheitsdenken Substanz-Natur-Sein (1) ist dadurch gewährleistet, daß Gott als die Substanz in primärer Position steht, auch als Erkennen bestimmte. Die antithetische (2) stellt das Sein an erste Stelle, womit bereits das im Heiligen Geist aufgehobene Sohn-Sein des Menschen gemeint ist, das erst durch Gottes substanzielle Einheit mit dem Sohn aufgrund ihrer göttlichen Natur synthetisch zustandekommt. Die synthetische Vorgabe (3) nimmt Gott wiederum zuerst und auf sie bezieht sich direkt antithetisch das im Heiligen Geist seiende Sohn-Sein des Menschen, welches sich synthetisch immer erst im göttlichen Sohn vervollkommnet. Die dreifache Triade ergibt das Bild von Gott-Mensch-Gott; der Mensch oder: der menschliche Geist steht nie am Anfang und nie am Ende des Verhältnisses (somit kein Gott-Erkennen, weil keine subjektivistische Aufhebung), sondern dieses ist allein Gott (Gott-Erkennen) vorbehalten. Hierin sehen wir die von uns postulierte theologische Konkretion und es wird weiterhin deutlich, daß – so meinen wir – Eckhart in dieser Rücksicht von einer un-aufhebbaren Dialektik spricht, und zwar auch in Verbindung mit der Wendung „geheißen werden und sind", worauf er letztlich, gemäß „*göttlicher Ordnung*", folgert: „Gott könnte nicht machen, daß ich der Sohn Gottes wäre, ohne daß ich das Sein des Sohnes Gottes hätte, so wenig, wie Gott machen könnte, daß ich weise wäre, ohne daß ich Weise-Sein hätte."[683] Ebenso gilt: Der Gerechte als solcher ist nur gerecht, insofern er in der Gerechtigkeit selbst ist.

Abschließend ist hinsichtlich der „*göttlichen Ordnung*" zu sagen, daß diese adäquat zu Gott in seiner göttlichen Substanz und Relation steht, zum „einig Einen", und demgemäß den menschlichen Intellekt beeinflußt: – wie gesagt – „Gottes eigenstes Wesen ist Sein. ... Eben darum ist alles, was irgendwie *ist*, einzig nur im *Sein* begründet. Sein ist ein erster Name. Alles was mangelhaft ist, ist Abfall vom Sein. Unser ganzes Leben sollte ein Sein sein. Soweit unser Leben ein Sein ist, soweit ist es in Gott."[684] Rekurrieren wir nochmals auf den Beginn dieses Kapitels: Ganz im Sinne der „Anlage" des menschlichen Geistes, vollendet werden zu können, durch, in und mit Gott, ganz und gar, aber ohne seiner

---

nicht, so wäre auch der Heilige Geist nicht. Der Heilige Geist kann nirgends sein Ausfließen noch sein Ausblühen nehmen als einzig vom Sohne. Wo der Vater seinen Sohn gebiert, da gibt er ihm alles, was er in seinem Sein und in seiner Natur hat. In diesem Geben quillt der Heilige Geist aus. So auch ist es Gottes Streben, daß er sich *uns* völlig gebe." (*Largier*, 1993 I, 135; Pred. 11)

683 Ebd., 127f. Korrelierend im Sinne der Transzendentalienlehre kann für die Weisheit die Gerechtigkeit eingesetzt werden; vgl. *Largier*, 1993 I, 439 (Pred. 41) „Weisheit und Gerechtigkeit sind eins in Gott..."

684 *Largier*, 1993 I, 99 (Pred.8); angeführtes Zitat ist eingebunden in bereits Zitiertes; vgl. unsere Anmerkg. 392, 547, 548

passiv zu harren[685], rät Eckhart: „(Fragst du darum,) wie *förderlich* es sei, diese Anlage zu verwirklichen, sich ledig und bloß zu halten und einzig dieser Finsternis und diesem Unwissen nachzuhängen und nachzuspüren und nicht umzukehren? -: in ihr liegt die Möglichkeit, *den* zu gewinnen, der da alle Dinge ist!“[686] Die „Möglichkeit“[687], Gott zu gewinnen, Gott-Erkenntnis, ist eben die „vermögende Empfänglichkeit“.

6.2.2 „Ein besseres Sein“: – Sohn

Gott übersteigt alle Erkenntnis: Eckhart spricht hinsichtlich des anagogischen Aspekts des „einig Einen“ auch noch den Bereich des Eschatologischen an, den die von uns postulierte theologische Konkretion nicht aussparen kann. Er bedenkt die Eschatologie nur vereinzelt explizit; z.B. die achte Predigt zum zweiten Hebräerbrief (11,37) handelt davon: „Man liest von den Märtyrern, daß ‚sie gestorben sind unter dem Schwerte‘....‘Sie sind tot.‘“[688] „Der Tod (aber) gibt ihnen ein Sein. /.../ Sie haben ein Leben verloren und haben ein Sein gefunden.“[689]; bis hin zu der Aufforderung: „Der Mensch soll sich willig in den Tod geben und sterben, auf daß ihm ein besseres Sein zuteil werde.“[690] Ein eschato-

---

685 Vgl. unsere Anmerkg. 592 und zu Beginn des Kapitels 6.1.1 (Ohne Hierarchie) zum in sich verharrenden Unwissen oder Anmerkg. 431: Eckhart gibt das Gleichnis vom Licht, das „entsteht gerade deshalb stetig, weil es dort [im Mittel; Anmerkg.v.V.] nicht stetig beharrt“; vgl. auch unsere Anmerkg. 497 „...Veränderung, die ein Weg zum Entstehen und damit zum Sein ist.“ (Ex. LW II, 56)

686 Q, 434 (Pred. 59); zum hermeneutisch-dialektischen Verständnis: 1) der Begriff „Finsternis“ ist identisch mit dem bisher von uns aufgegriffenen „Unwissen“; 2) das Ledig- und Bloßhalten wird im antithetischen Teil der Dialektik in seiner Konkretheit und Verweiskraft auf den synthetischen Teil deutlicher werden; 3) „nicht umzukehren“ ist nicht mit Weltflucht gleichzusetzen, vgl. dazu *Mieth*, 1969, und unsere kritische Anmerkg. 239 zu *Bindschedler*; 4) zur Aussage Eckharts über die „Möglichkeit, *den* zu gewinnen, der da alle Dinge ist!“ vgl. unser Kapitel 2.3 (Gerechtigkeit in der Transzendenz), in dem wir diese unter der Perspektive der objektiven Realität bearbeitet haben, und die Einleitung dazu unter Kapitel 2.2 Die metaphysisch-transzendente Grundlage.

687 Q, 434, (Pred. 59); vgl. unsere Anmerkg. 686, bes. Pkt. 4; auch unser Kapitel 6.2.1 Natürliche Ordnung, göttliche Ordnung: -Gott.

688 *Largier*, 1993 I, 97 (Pred. 8). Eckhart wendet neben dem anagogischen Sinn auch noch den literalen, allegorischen und tropologischen Schriftsinn an. Zur Theorie des Schriftsinns bei Eckhart vgl. *Winkler*, 1965. Darüber hinaus *Kern*, 1994, 46, der bei Eckhart „auch endeschatologische Orientierung“ sieht, gegenüber „präsentischer Eschatologie“; Bezug *Kerns* auf Eckharts Predigt „‘Die Heiligen haben die Reiche mit dem Glauben überwunden.‘“ (*Largier*, 1993 I, 367ff.; Pred. 33)

689 Ebd. 97, 99

690 Ebd. 101

logischer Tenor klingt darüber hinaus aber auch in dem Sapientia-Vers „'Die Gerechten werden leben ewiglich, und ihr Lohn ist bei Gott.'", den wir von Eckhart als dialektisch-hermeneutisches Leitmotiv entliehen haben, mit. Bleiben wir im theoretisch-formalen Kontext, so zeigt sich dieser Tenor auch im deduktiven Denk- und Methodenweg Eckharts.[691] Ferner – darauf sei hingewiesen – spielt der anagogisch-eschatologische Bereich auch in der Eckhartschen Mystik (Stichworte: Gottesgeburt in der Seele, Entwerden etc.) eine Rolle. Der eschatologische Bereich wirft Fragen auf: Das „einig Eine" somit eschatologisch? In letzter Konsequenz kein Gott-Erkennen? Die theologische Konkretion wäre daraufhin keine Konkretion? Dazu einige Hinweise aus Eberhard *Winklers* ‚Exegetische Methoden': Die Vierer-Teilung der Auslegung ins Literale, Allegorische, Tropologische und Anagogische wird im Laufe der Geschichte der Exegese in eine Zweierteilung des „literalen und ... geistlichen, mystischen oder allegorischen Gehalts"[692] umfunktioniert. Auf der einen Seite die historisch-wörtliche Interpretation, auf der anderen die geistlich-überzeitliche, die die Allegorie an erste Stelle setzte, der Moral und Eschatologie untergeordnet wurden.[693] Eckhart widmet sich – nimmt man die Predigt zum 2. Hebräer 11, 37 – mehr der zweiten geistigen Interpretation, was sich auch quantitativ zu Beginn einleitend feststellen läßt (wir geben hier aber keine Wertung über Eckharts Vorgehen ab; dieses war ohnehin in „altkirchlicher und mittelalterlicher Schriftauslegung"[694] verbreitet). Der eschatologische Aspekt steht, aus vorgenannten theoretischen Überlegung heraus verständlich, somit nicht für sich allein, sondern ist im Allegorischen eingebettet und hat einen ethischen Aspekt zur Seite. Josef *Quint* weist in seinem Kommentar zu obiger Predigt dementsprechend auch auf ihre „aus der Metaphysik entwickelten Ethik"[695] hin. Gerade die geistige, per se überhistorische, überzeitliche Exegese weist das Denken des Menschen, sein Gott-Erkennen-Wollen oder -Streben, das gleichwohl in seinem Anspruch nicht geleugnet werden kann, und welches Eckhart niemals geleugnet hat, das aber auch in denkerischem Hochmut verankert ist, in seine Schranken: „Die Leute wähnen" – so Eckhart – „Gott sei nur *dort* (=bei seiner historischen Menschwer-

691 Vgl. z.B. unsere Anmerkg. 128, 147, 372, 373

692 *Winkler*, 1965, 1

693 Vgl. ebd., 2

694 Vgl. ebd. 3; vgl. dazu auch *Mieth*, 1969, 229f. zur Differenz der Auffassung der Eschatologie bei zwischen Eckhart und Thomas von Aquin.

695 Q, 478; vgl. auch *Quints* Einleitung, ebd. 23. *Quint* spricht bezüglich obiger Predigt (in Q übrigens Predigt 9) nicht von Eschatologie, sondern von Seins-Metaphysik. Dieses Faktum verweist wohl einmal mehr auf die Diskrepanz der Eckharts-Rezeption als Philosophie und/oder Theologie und/oder Mystik, ohne *Quint* in die eine oder andere Kategorie einzuordnen. Unser Interpretationsansatz, das sei hier nochmals gesagt, vermeidet gerade als dialektischer eine Zuweisung.

dung) Mensch geworden. Dem ist nicht so, denn Gott ist *hier* (=an dieser Stelle hier) ebenso wohl Mensch geworden wie dort...".[696] Was Eckhart hier ausdrückt, ist komplexes Einheitsdenken auf theologischer Ebene, in dessen Kontext er durch primäre Schöpfungs- und Inkarnationstheologie (creatio continua/incarnatio continua) auch worttheologische und gnadentheologische Akzente vermittelt. Er hebt die Restriktion durch den historisch-literalen Zugang auf in einen Gegenwartsbezug, der allgemein in eschatologischer (wie auch in tropologischer) Exegese vollziehbar ist und in dem sich somit weitaus eindeutiger der Charakter des Angesprochen-Seins durch Gott, so auch Gottes Offenbarung an den Menschen, kristallisiert. Wenn also im „einig Einen" die Eschatologie statthat, dann unter dieser Rücksicht des Angesprochen-Seins. Wenn unter dieser Rücksicht, dann ist das „einig Eine" das allerhöchste, vollkommenste „Wort", welches jemals an den Menschen und an seinen Geist gerichtet werden wird, denn „das Allereigentlichste, was man von Gott aussagen kann, das ist ‚Wort' und ‚Wahrheit': Gott nannte sich selbst ein ‚Wort' (Joh. 1,1)."[697] „Es spricht Sankt Johannes: 'Das Wort war bei Gott' (Joh. 1,1). (Auch) sagt er 'bei', und darum ist der Gerechte Gott gleich, denn Gott ist die Gerechtigkeit. Und darum: Wer in der Gerechtigkeit ist, der ist in Gott... ."[698]

6.2.3 Vollkommenheit der Werke Gottes: - Heiliger Geist

Gott übersteigt alle Erkenntnis: Nun ist Gott „intellectus et intelligere"[699] und „beginnt bei seinen Werken mit dem Vollkommensten"[700], so gibt er „zuerst aller Kreatur das Sein, und danach in der Zeit und doch ohne Zeit ... alles das, was dazu (d.h. zum Sein) hinzugehört"[701]. In Gott, der „nicht erkennt, weil er ist,

---

696 *Largier*, 1993 I, 341 (Pred. 30); vgl. auch Joh. LW III, 101f: „Denn wenig bedeutet es mir, daß das Wort für die Menschen Fleisch wurde in Christus, jener von mir verschiedenen Person, wenn es nicht auch in mir persönlich (Fleisch annähme), damit auch ich Gottes Sohn wäre. Denn ‚wenn Sohn, dann auch Erbe' (Gal. 4,7)." Den Anschluß aus ersterem Zitat: „und er ist aus *dem* Grunde Mensch geworden, daß er *dich* als seinen eingeborenen Sohn gebäre und als nicht geringer" verlegen wir auf den Trinitätsbereich des Sohnes und des Heiligen Geistes sowie auf den dritten Teil der Dialektik: „Die Gerechten werden leben - ewiglich bei Gott." Die Anrede „Leute" ist so allgemein gemeint wie sie erscheint; vgl. dazu *Largier*, 1993 I, 967; Stellenkommentar zur Predigt 29.

697 *Largier*, 1993 I, 113 (Pred. 9)

698 *Largier*, 1993 I, 423 (Pred. 39)

699 *Largier*, 1993 II, 545 (Quaest. Par. I)

700 *Largier*, 1993 II, 331 (VeM)

701 Ebd.

sondern weil er erkennt, deshalb ist er“[702] - wie Eckhart gegen Thomas bemerkt -, hat so auch des Menschen Vernunftfähigkeit ihren Ursprung, denn „obschon ‚Mensch‘ und ‚vernünftig‘ in der Aussage vertauschbar sind, so ist doch das Verhältnis beider nicht so aufzufassen: weil etwas vernünftig ist, deshalb ist es Mensch, sondern vielmehr so: weil einer Mensch ist, deshalb ist er vernünftig.“[703] Ebenso heißt es: weil der Gerechte ist, deshalb ist er gerecht. Das Sein, konvertibel die geistige Vollkommenheit der Gerechtigkeit, ist „das erste der geschaffenen Dinge“[704] und muß daher, sozusagen als esse idealiter, in Gott, in Gottes Erkennen sein, jedoch formaliter, der Kraft nach. Gott allein erkennt das Sein in sich selbst; hierin ist er der „einig Eine“, hier ist Gott - wie wir zu Beginn anhand Eckharts Ausspruch „Gott teilt das *Seine* mit, weil er aus sich selbst ist, was er ist...“[705] festgestellt haben - substantiell in Form eines monologischen Selbst. In diesem Sinne gilt, in Fortführung des VeM-Zitats: „Auch gibt Gott den Heiligen Geist eher als die Gaben des Heiligen Geistes.“[706] Die theologische Konkretion, die wir für Eckharts Theologie postulieren, muß sich in Rücksicht auf Gott als reinen Intellekt zurücknehmen, wenn es um Gott-Erkenntnis, nicht aber um Gott-Erkenntnis, geht, denn das endliche Denken wird immer und nur durch das Sein verursacht: der Mensch ist (zuerst), dadurch erst erkennt er. So sagt Eckhart: „die Gerechtigkeit oder der gerechte Geist wird im Geist nicht wie ein Gebilde außerhalb des Geistes erschaut, noch auch so, als wäre sie etwas Fernes, wie man etwa Karthago oder Alexandria (innerlich) schaut. Sie wird zwar im Geist erschaut als etwas, was dem Geist gegenwärtig ist; aber (der Geist) steht doch gleichsam außerhalb der Gerechtigkeit, bei ihr, ihr zwar irgendwie ähnlich, doch ohne sie schon zu erreichen.“[707] Im Zusammenhang der theologischen Intention Eckharts (Kapitel 4.2) wurde festgestellt, daß Eckhart diesbezüglich meint: „Gott kann nichts leer noch unausgefüllt lassen; Gott und die Natur können nicht dulden, daß irgend etwas unausgefüllt oder leer sei.“[708] Nach Augustinus heißt es somit bei Eckhart über den menschlichen Geist in seiner Endlichkeit weiter: „Er strebt aber danach, ob er sie [die Gerechtigkeit; Anmerkg.v.V.] etwa erreiche oder erfasse, in sie eingehe und eins mit ihr werde und die Gerechtigkeit mit ihm. Das wird erreicht, wenn der Geist sich an eben diese Form anschmiegt, damit er von da aus geformt werde und (so) selbst ge-

702 *Largier*, 1993 II, 543 (Quaest. Par. I)
703 Ebd.
704 Ebd., 545
705 Vgl. unsere Anmerkg. 574
706 *Largier*, 1993 II, 331 (VeM)
707 *Largier*, 1993 II, 531 (Joh. Evg.) Eckhart zitiert Augustinus „6. Kapitel des 8. Buches Von der Dreifaltigkeit“ (ebd.)
708 Q, 436 (Pred. 59); vgl. unsere Anmerkg. 520

recht sei. Und wie anders könnte er sich an jene Form, die die Gerechtigkeit ist, anschmiegen, wenn nicht durch die Liebe zur Gerechtigkeit?"[709] Das bloße, intentionale Gott-Erkennen kann also im „einig Einen" nicht intendiert sein, denn „was ich erkennen soll, das muß mir völlig gegenwärtig sein und meiner Erkenntnis gleichen."[710]

7. Gegenwärtigkeit und Gleichheit des „einig Einen" als Sohn

Das letzte Zitat: „Die Meister sagen: was ich erkennen soll, das muß mir völlig gegenwärtig sein und meiner Erkenntnis gleichen" ist textgeschichtlich in einen – wie erwähnt[711] – naturphilosophischen Kontext einzuordnen, der intellekttheoretische, ontologische und auch metaphysische Elemente impliziert, und im traditionellen Wandel von der christlichen Theologie aufgenommen wurde. „Die Heiligen sagen, im Vater sei Macht, im Sohne Gleichheit und im Heiligen Geist Einigung. Weil der Vater dem Sohn vollends gegenwärtig und der Sohn ihm vollends gleich ist, darum erkennt niemand den Vater als nur der Sohn."[712] Die trinitätstheologische Übersetzung der (natur)philosophischen Definition der menschlichen Erkenntnis wiederholt den Tenor aller Konsequenzen und anagogischen Aspekte, die dem menschlichen Geist durch das „einig Eine" - wie wir es erarbeitet haben - auferlegt sind: „niemand erkennt den Vater als nur der Sohn". Im Blick auf die zweite Person der Trinität, den Sohn, verdichtet sich nämlich immer mehr die von uns postulierte theologische Konkretion der Eckhartschen Theologie. Für das Gott-Erkennen des menschlichen Intellekts, dem wir in thetischer Aufarbeitung im Gegenstand des Gerechtigkeitsbegriffs vom erkenntnistheoretischen, über den ontologischen zum theologischen Standpunkt nachgespürt haben, bleibt im Verlauf theologischer Konkretion, d.h. im Denken des „einig Einen" als Sohn, nunmehr die Perspektive der Gegenwärtigkeit und Gleichheit wegweisend. Diese Wegweisung ist dem „einig Einen" in seiner substantiellen Form des monologischen Selbst, in dem „Gott das *Seine* mit(teilt), weil er aus sich selbst ist, was er ist, und in allen Gaben, die er gibt, gibt er zuerst

---

709 *Largier*, 1993 II, 533 (Joh. Evg.)
710 *Largier*, 1993 I, 39 (Pred. 3); vgl. unsere Anmerkg. 679
711 Vgl. unsere Anmerkg. 710
712 *Largier*, 1993 I, 39 (Pred. 3); Eckhart zitiert gemäß Augustinus und Thomas von Aquin den Vers Matth. 11, 27 (vgl. *Largier*, 1993 I, 774 sowie 758 zu Pred. 2 im Stellenkommentar; auch unsere Anmerkg. 670). Zur „Einigung" im Heiligen Geist verweisen wir auf das entsprechende Kapitel innerhalb der These.

stets sich selbst"[713], inhärent, denn im Vater ist die Macht, das „*Seine*" mitzuteilen. Die Macht des Vaters besteht – weiter gemäß obigem Zitat – im vollkommenen Gegenwärtigsein im Sohn als das *Seine*, in der *memoria*[714], nach Augustinischem Ternar. Das Sein des Sohnes ist somit vom Status der Gleichheit[715] geprägt.

7.1 Die Relation des Sohn-Seins

Dieser Status des Sohnes in seiner Gegenwärtigkeit und Gleichheit, in dem allein er den Vater erkennt, bestimmt den weiteren Verlauf der dialektischen Aufarbeitung, und zwar dahingehend, daß das Sohn-Sein nur in und durch die monologische Selbstmitteilung des „einig Einen" etabliert ist und wird. Innerhalb unserer trinitäts- und worttheologischen Hermeneutik zum „einig Einen" läßt sich das gegenwärtige und gleiche Sohn-Sein auf zweiter, formal-inhaltlicher Ebene der Selbstmitteilung Gottes - als „das *Seine*" - in der Relation des Aus- und Ansprechens[716] charakterisieren. Der Sohn steht in Relation zur Substanz des Vaters: das Sohn-Sein liegt im Spannungsfeld zwischen Aussprechen und Ansprechen, d.h. im „Wort" des Vaters, „der es spricht, immerfort im Empfangenwerden und innebleibend"[717]. Die - von uns postulierte - theologische Konkretion der Eckhartschen Theologie kann nun mit Blick auf das Sohn-Sein weiterhin konkretisiert werden. Nach genannter erkenntnistheoretisch-ontologischer Definition unterliegt der menschliche Geist einem doppelten Aspekt: dem, „was ich erkennen soll" und dem, daß es „mir völlig gegenwärtig" sein muß. Der sich ausdrückende kausale Imperativ ist - trinitätstheologisch - gleichbedeutend mit dem relationalen Aussprechen und Ansprechen des Sohn-Seins. Des Vaters

---

713 Vgl. unsere Anmerkg. 574, dort auch zum dreifachen Aspekt, den wir in dieser Gottes Selbstmitteilung betreffenden Aussage Eckharts sehen.

714 Zur memoria vgl. unseren Hinweis zum „einig Einen" als selbstbestimmend-apriorisch in Kapitel 6. (Das „einig Eine") sowie in den weiteren Erörterungen. Ferner sei auf eine diesbezügliche Aussage Eckharts hingewiesen, in der er die Kraft der Seele mit der Dreifaltigkeit vergleicht: „Die erste Kraft ist das Gedächtnis, womit ein geheimes, verborgenes Wissen gemeint ist; dies bezeichnet den Vater. Die zweite Kraft heißt intelligentia, das ist die Vergegenwärtigung, ein Erkennen, eine Weisheit. Die dritte Kraft heißt Wille, eine Flut des Heiligen Geistes." (*Largier*, 1993 I, 165; Pred. 14) Das Thema der Seele nimmt der synthetische Teil unserer Dialektik auf. Das memoria-Element ist übrigens auch in Eckharts Spiegel-Gleichnis (vgl. unsere Anmerkg. 296) enthalten.

715 Eckharts mittelhochdeutsches Wort ist das vielbeachtete „glîcheit" (*Largier*, 1993 I, 38; Pred. 3).

716 Vgl. unser Kapitel 3.3 Das „einig Eine"

717 Vgl. unsere Anmerkg. 561

Macht erwirkt aussprechend im Sohn Gegenwärtigkeit und Gleichheit, oder – in traditionell-augustinischer Begrifflichkeit – intellectus und sapientia, wodurch und worin dieser angesprochen ist: „*Im Anfang war das Wort*. Es ist zu bemerken: jede Wirkung hat zwar ein wahreres und edleres Sein in ihrer Ursache, aber in der ersten Ursache allein hat sie Sein ohne Einschränkung und schlechthin. Das besagt dieser Ausspruch: *im Anfang war es*. Denn in jeder Ursache (diesseits) von Gott hat deren Wirkung dieses oder jenes Sein, wie sie selbst auch dieses oder jenes Seiende ist; in Gott allein aber, der das Sein schlechthin ist, hat jede Wirkung Sein, gemäß dem Wort: ‚alles durch ihn Gewordene *ist*' (1,3), wie dort ausgelegt ist."[718] Eckharts eigene Wendung des Johannesverses ‚alles durch ihn Gewordenes *ist*' verdeutlicht einerseits die substantielle Macht des Vaters, das Wort auszusprechen und den Sohn (Intellekt) anzusprechen, andererseits den Sohn in seinem relationalen, im Aussprechen und Ansprechen des Vaters liegenden, Sein. Einerseits eint der Vater „zwei Kategorien, Substanz und Relation"[719] in sich, da er sonst nicht Substanz wäre; die Substanz an sich aber hat „nicht die Eigenschaft sich auszuströmen"[720]. In diesem relationslosen Sinne ist der Vater rückblickend das „einig Eine", das *eine* Sein, die Idee vor den Dingen, die Gerechtigkeit als solche: „So haben wir also bei Gott das Sein oder die Wesenheit, die weder zeugt noch gezeugt ist, das Eine, ..."[721]. Gemäß christlicher Trinitätsaussage spricht Eckhart auch vom Vater – und so haben wir weiter: „...den Vater, der zeugt und ungezeugt ist..."[722]. Durch das Zeugen des Vaters, d.h. indem er das Wort ausspricht und den Sohn zeugt (anspricht), haben wir – fährt Eckhart fort: „...das Wahre, das von dem Einen allein gezeugt ist, und das Gute, das von beiden hervorgeht, nämlich vom Einen und vom Wahren, insofern sie eins sind."[723] Andererseits meint das „Wahre" den Sohn, oder: das Sohn-Sein, der/das die relationale Einheit mit dem Vater durch dessen Wort eingeht.[724] „Und somit

---

718 *Largier*, 1993 II, 529 (Joh. Evg.); vgl. unsere Anmerkg. 388

719 Eccli. LW II, 240

720 Ebd. Die Substanz bearbeitet Eckhart in Anschluß an Avencebrols aristotelisch-neuplatonische Auffassung (vgl. ebd.; Anmerkungen); vgl. unsere Anmerkg. 274

721 Joh. LW III, 444

722 Ebd. Eckhart geht theologisch vor („bei Gott) und verbindet durch das metaphysische „Eine" philosophische (=Sein, Wesenheit) und theologische Grundbegriffe (=Vater). Vgl. unsere Anmerkg. 634; vgl. zum Vater-Begriff unsere Anmerkg. 631, 632

723 Ebd.; das „Gute" bezieht sich auf den Heiligen Geist; darüber im dritten Trinitätsteil der Theologie Eckharts.

724 Unsere Diktion einerseits/andererseits soll keine Ausschließlichkeit andeuten, sondern Ergänzung; ganz im Eckhartschen Sinne, wenn er über die nicht-zeugende Wesenheit Gottes und die zeugende Wesenheit durch die Relation sagt: „Was aber

haben wir in Gott eine Wesenheit, drei Personen: Vater und Sohn und Heiligen Geist: ‚Und diese drei sind eins.' (1. Joh. 5,8): eins in der Wesenheit, eins im Sein."[725] Das Sein des Sohnes ist also von der Gegenwärtigkeit und Gleichheit mit dem Vater in der einen Wesenheit auf univoke Weise erfüllt, d.h. es ist aussprechendes und ansprechendes Wort: „Denn Joh. 1,1 heißt es: ‚im Anfang war das Wort, und das Wort war bei Gott, und Gott war das Wort'. Nicht aber hat der Evangelist gesagt: ‚im Anfang war das Sein, und Gott war das Sein'. Das Wort aber ist seinem ganzen Wesen nach auf den Intellekt bezogen, und es ist dort als sprechendes oder als gesprochenes (Wort) und nicht als ein (aus Sein und Intellekt) gemischtes Sein oder Seiendes."[726] „Seht, Gott der Vater hat eine vollkommene Einsicht in sich selbst und ein abgründiges volles Erkennen seiner selbst durch sich selbst, nicht durch irgendein Bild. So denn gebiert Gott der Vater seinen Sohn in wahrer Einheit (=unter voller Wahrung der Einheit) der göttlichen Natur."[727] In dieser „göttlichen Natur", d.h. in der Univozität des (aus)sprechenden und (an)gesprochenen Wortes, das somit sowohl empfangen wird als auch innebleibend ist, ist der Sohn in der Gegenwart des Wortes und in der Gleichheit mit dem Wort zugleich göttliche Person.[728] Hier ist - als innertrinitarische ununterschiedene Unterschiedenheit der Personen - die Relation angesiedelt; hier ist in Gott Relation, „weil...die Beziehung allein ihr Sein nicht im Träger noch vom Träger hat, sondern vielmehr vom Objekt, das heißt vom Gegenüberstehenden, geht sie nicht in die Substanz über. So bleiben nur zwei Kategorien, Substanz und Relation, auf Gott anwendbar."[729] Schöpfungstheolo-

den Vorrang hat, ist eine verwickelte Frage." (Joh. LW III, 445); vgl. unsere Anmerkg. 274

725 Joh. LW III, 444f.

726 *Largier*, 1993 II, 543f. (Quaest. Par. I); Hervorhebg. v.V.

727 Q, 418 (Pred. 57, diese Predigt findet sich nicht in der *Largier*-Ausgabe); Bild versteht Eckhart hier als „'Mittel', Bild oder Gleichnis." (ebd.), nicht als auf das Bild als Sohn bezogen.

728 Dazu *Largier*, 1993 II, 660; Stellenkommentar zur Pred. 67: „Christus ist als Wort Gottes (*logos*) Person, und zwar ungeschaffen in der Weise der innertrinitarischen unmittelbaren Entfaltung der Personalität."

729 Eccli. LW II, 239. Zum Punkt der Relation vgl. unsere Anmerkg. 671 zur Aussage *Öchslins*. Ebenfalls hebt *Fischer*, 1960, 39-45 die Wichtigkeit der Relation - nicht nur trinitätstheologisch, sondern auch in hermeneutischer Hinsicht - hervor: „Als bestimmend für die *innere* Struktur der deutschen Predigten kann der Begriff der ‚relatio' angesehen werden, wenn Eckharts Lehre in seinem Gesamtwerk berücksichtigt und zur Erklärung herangezogen wird. Eckhart betrachtet diesen Gedanken der Relation als wesentlich für das Verständnis seiner Lehre: ‚iuxta naturam relativorum', mit diesen Worten spricht er das selbst an entscheidender Stelle in der Rechtfertigungsschrift [*Fischer* zitiert Daniels, S. 4, 6; Anmerkg. v.V.] aus."; vgl. auch unsere Anmerkg. 373. Hier noch ein Hinweis: *Kirchner*, mit Bezug auf die

gisch nimmt Eckhart die Substanz-Relation-Korrelation im Exodus-Kommentar folgendermaßen auf: „Daher kommt es, daß das Ausfließen der Personen in der Gottheit der Grund für die Schöpfung ist und ihr vorangeht. Denn so (heißt es): ‚im Anfang war das Wort' und dann erst: ‚alles ist durch es geworden' (Joh. 1,1.3)."[730] In Eckharts semantischer Veränderung des Johannes-Verses „‚alles

den Eckhartschen Leitvers behandelnde Predigt, sieht den „underscheit" als Relation: „...aus der Relation Gerechtigkeit - Gerechter wird die Relation Gott - Seele." (ebd., 237) Sicherlich ist eine Entwicklungslinie in besagter Predigt enthalten. Wir möchten aber die Übersetzung des „underscheit" mit Relation in Frage stellen: die Relation impliziert nicht primär den Unterschied, sondern meint das Verhältnis an sich. Eckharts „underscheit" aber wird durch die begriffliche Gleichschaltung mit „Relation" in seiner komplizierten Tragweite für das hermeneutische Verstehen des Eckhartschen Denkens nicht nur nicht einsichtig, sondern vielmehr übergangen. Meister Eckhart sagt in einer anderen Predigt, die er ebenfalls zum Sapientia 5,16 „Iustus in perpetuum vivet" gehalten hat: „Nun wollen wir weiter über das Wort ‚gerecht' sprechen. Er [der Weise; Anmerkg.v.V.] sagt nicht: ‚der gerechte Mensch' noch auch ‚der gerechte Engel', er sagt nur: ‚der Gerechte'." (*Largier*, 1993 I, 423; Pred. 39) Hieraus läßt sich wieder eindeutig der deduktive Denkansatz Eckharts ablesen. Das Verhältnis, die Relation setzt nicht beim gerechten Menschen ein, sondern beim Gerechten. Der Gerechte an sich zu sein, heißt, den „underscheit" als gerechter Mensch, als gerechtes Werk etc. in sich zu tragen. Dieses bedeutet wiederum eine Überformung des gerechten Menschen zum Sohn-Sein einzig durch und in Gott.

730 Ex. LW II, 22; zur Emanation der Personen sollte auf Eckharts vorherigen Absatz hingewiesen werden, der in seiner, an Proklos und den ‚Liber de causis' anschließenden, plastischen Diktion zum Vers ‚ich bin, der ich bin' der Einheit wie der Dreiheit gerecht wird: „Drittens ist zu bemerken: ich bin, der ich bin zeigt die Lauterkeit der Bejahung unter Ausschluß jeder Verneinung von Gott an. Wiederum auch eine Art Rückwendung des Seins zu sich und auf sich selbst und ein Verharren oder Feststehen in sich, ferner aber gleichsam ein Aufwallen und Sichselbstgebären – (das Sein ist) in sich brausend, und in sich und aus sich fließend und wallend, Licht, das in Licht und zu (neuem) Licht (erstrahlt), das sich selbst ganz durchdringt, das von allen Seiten ganz auf sich selbst zurückfließt und –strahlt, nach dem Wort des Weisen: ‚die Einheit zeugt – oder zeugte – die Einheit, und auf sich selbst strahlte sie ihre Liebe – oder ihre Glut – zurück.' Daher heißt es: ‚in ihm war das Leben' (Joh. 1,4). Leben nämlich bedeutet eine Art Überquellen, wodurch etwas in sich selber anschwillt und sich selbst durchdringend, bevor es sich ausgießt und überwallt." (ebd., 21f.) Eckhart bezieht sich „nach dem Wort des Weisen" auf die axiomatische Sammlung ‚Liber XXIV philosophorum', eine „angeblich vor- und außerchristliche, indes die christliche Wahrheit bestätigende Weisheitslehre" (*Ruh*, 1996, 36), dem Hermes Trismegistos zugeschrieben, und zuerst von Alanus de Insulis (1120-1203) in dessen ‚Theologicae regulae' zitiert, danach u.a. auch von Albertus Magnus, Thomas von Aquin, Thomas Bradwardine, Berthold von Moosburg in Auszügen benutzt: „In der überlieferten Gestalt ist der ‚Liber XXIV philosophorum' in der 2. Hälfte des 12. Jahrhunderts entstanden" (ebd., 37), wenn man von Exzerpten des Alanus aus dem ‚Liber' ausgeht.

durch ihn Gewordene *ist*‘“ - wie oben bereits zitiert - deutet sich die Relation, die fünfte unter den scholastischen Kategorien, in einer anderen, differenzierteren Perspektive: „...‘alles ist durch ihn geworden‘, was so gelesen werden muß: alles durch ihn Gewordene ist, so daß dem Gewordenen nachher Sein zukommt. Deshalb sagt der Verfasser des Buches Von den Ursachen: ‚das erste der geschaffenen Dinge ist das Sein‘.“[731] Differenzierter wird diese Wendung aus einer vielmehr undifferenzierteren Änderung heraus, nämlich dergestalt, daß das Prädikat eigentlich fehlt[732] und die Aussage, „sobald wir zum Sein kommen, kommen wir zum Geschöpf“[733], paradox wird: „‘alles durch ihn Gewordene *ist*...‘“ – wie/was? Was für die Aussagen im göttlichen Bereich, über Gott, akzeptabel, ja für das Verstehen förderlich ist, ist im geschöpflich-kreatürlichen Bereich unvollständig und unverständlich. Wie ist also Eckharts prädikative Formulierung in „alles durch ihn Gewordene ist“ exakt zu verstehen?

7.2 Der Selbstand des Sohnes

Die Trinität, mithin die Kategorie der Relation, durch die sich die göttlichen Personen in der Dreiheit bei wesentlicher Einheit befinden, hat Werner *Beierwaltes* als „Paradoxie der Trinitätslehre“[734] bedacht, die für „Eckhart fast einer Aporie nahekommt: aufgrund der Prävalenz der Einheit im Gottes-Begriff überhaupt noch Verschiedenheit der göttlichen Personen denken zu können“[735]. Dazu ein Blick auf Augustinus, dem zuzustimmen ist: „Die allmächtige Dreifaltigkeit, wer faßt sie? /.../ wie völlig unscheidbar dieses Dreischiedliche ist, und gleichwohl doch dreischiedlich, das fasse, wer es kann.“[736] An gleicher Stelle heißt es aber auch: „Und doch, wer spräche nicht von ihr – fragt sich nur, ob wirklich von ihr!“[737] Augustinus‘ Sichtweise korrespondiert mit einem Hinweis, den wir auch bei Eckhart finden: „Hier nun ist besonders hervorzuheben, daß der Verstand in Gott vor allem, und vielleicht in ihm allein, als dem ersten Ursprung von allem, ganz und gar wesenhaft Verstand ist, ganz und gar reines Denken. In ihm ist Wirklichkeit und Verstand dasselbe. Darum sind die Beziehungen, die der Tätigkeit des Verstandes in der Gottheit folgen, wirklich. Und so ist das Wort, nämlich der Sohn, das nach Art der Verstandeserkenntnis vom Vater ausgeht, nicht eine bloße Beziehung der Idee nach, sondern der Wirklichkeit nach, weil

---

731 *Largier*, 1993 II, 545 (Quaest. Par. I)
732 Vgl. unsere Anmerkg. 596
733 *Largier*, 1993 II, 545 (Quaest. Par. I)
734 *Beierwaltes*, 1972, 49
735 Ebd.
736 *Augustinus*, 13. Buch, 11,12, 769f,
737 Ebd.

auch der Verstand und die Idee Wirklichkeiten sind oder vielmehr eine Wirklichkeit ist.‘ Daher sagt Augustin: ‚die Wirklichkeiten, die uns selig machen, sind der Vater und der Sohn und der Heilige Geist‘.“[738] Hier wird etwas deutlich, was der Trinitätslehre aus - der von *Beierwaltes* charakterisierten - „Aporie“ heraushilft, vielleicht - so meinen wir Eckhart zu verstehen - gar nicht erst als Aporie aufzufassen ist. Wenn nämlich, mit Augustinus, Eckhart von Wirklichkeit redet, dann hat die Trinität ihre Basis nicht nur im Denken und sprachlichen Ausdruck, sondern auch im Sohn-Sein. Gerade die Relationskategorie - wie es auch Heribert *Fischer* ausdrückt[739] - verweist auf diese Wirklichkeit, auf das „alles durch ihn Gewordene“, welches „ist“. Die schöpfungstheologische Perspektive der Wirklichkeit, in der Gott Schöpfer ist, wird durch das prädikative „ist“ überholt, der Schöpfungsgedanke aus seiner Statik in eine Dynamik geleitet.[740] Das „ist“ in seiner Dynamik verweist auf das Sohn-Sein; es ist ein Äquivalent zum Aussprechen des Wortes und Ansprechen durch das Wort, ist äquivalent zum Gerechten, insofern er gerecht, in der Gerechtigkeit selbst ist. Unsere Hervorhebungen haben nun den Sinn, auf das aufmerksam zu machen, was der schöpfungstheologischen Dynamik inhärent ist. Sie ist nicht nur natürlich-kreatürliches Werden, von dem Eckhart ja selbst spricht, sondern - wie er ebenfalls anmerkt[741] - Wegführung: „Der Vater gebiert seinen Sohn als *den Gerechten* und den Gerechten als seinen Sohn.“[742] Weitaus ausdrücklicher als die begriffliche Erkenntnis des Gerechten als solchen (d.h. *den Gerechten*), mit der Eckhart auf den Einheitsgedanken seiner Ideenlehre und Ontologie rekurriert, ist hier das Aus- und Ansprechen durch Gott vernehmbar, und zwar in der oben erwähnten vollendeten Gegenwärtigkeit und Gleichheit: es „erkennt niemand den Vater als nur der Sohn“. „Niemand kommt im eigentlichen Sinn zum Sohn, insofern dieser *Sohn* ist, als der, der (selbst) Sohn *wird*, und niemand *ist* dort, wo der Sohn ist, der in des Vaters Schoß und Herzen Eins in Einem ist, als der, der Sohn *ist*.“[743] Der oszillierende Satzbau von werden und sein beschreibt die Dynamik sehr plastisch. Betrachten wir ihn genauer, so läßt sich wiederum eine deduktive Konstruktion[744] feststellen, die Eckhart formal wie inhaltlich bevorzugt und die

---

738 *Largier*, 1993 II, 519 (Joh. Evg.); Eckhart zitiert Augustinus' De doctrina christiana (vgl. ebd. 862; Stellenkommentar)

739 Vgl. unsere Anmerkg. 729

740 Vgl. hierzu die Ausführungen von *Mieth*, 1969, 132-140 sowie z.B. *Largier*, 1993 II, 810; Stellenkommentar (442,27-446,27) zu Eckharts Traktat ‚Von Abgeschiedenheit‘; vgl. unsere Anmerkg. 696 sowie 503

741 Vgl. unsere Anmerkg. 489

742 *Largier*, 1993 I, 423 (Pred. 39)

743 *Largier*, 1993 II, 289 (BgT); vgl. unsere Anmerkg.647

744 Vgl. besonders unsere Kapitel im ersten Teil vorliegender Untersuchung.

dialektisch aufzuschlüsseln ist. Er beginnt nämlich thetisch mit dem Allgemeinen, dem „eigentlichen Sinn", d.h. „insofern *Sohn*", was einem Ist-Zustand gleichkommt. Antithetisch muß dieser durch ein Werden erreicht werden, welches bereits thetisch im „niemand kommt" antizipiert wird. Die Synthese des Ist-Zustandes („*Sohn*") und des Werdens („der selber Sohn *wird*") verwirklicht sich, indem „der Sohn *ist*". Es wird deutlich: die Dynamik hat einen un-dynamischen Ausgangspunkt, sie ist in ihrem eigentlichen Wesen, d.h. in der Gegenwärtigkeit und Gleichheit des Sohnes, keine Dynamik, sondern ein immer schon und immer wieder gegebener Zustand, der aber nicht Still-Stand meint. „Im Anfang war das Wort und das Wort war bei Gott" - wie Eckhart zitiert -: der worttheologische Aspekt vereinigt in sich den der Schöpfung und der Inkarnation.[745] Das Sohn-Sein manifestiert sich worttheologisch, als Aus- und Ansprechen Gottes. Noch deutlicher wird dieses in Eckharts Ausdruck des „ewigen Wortes": „Ich sage wahrheitsgemäß: Solange sich irgend etwas in dir erbildet, was das ewige Wort nicht ist oder aus dem ewigen Wort auslugt, und mag es noch so gut sein, so ist es wahrlich nichts Rechtes damit. Darum ..., der ... auf das ewige Wort hin gerichtet steht und darein eingebildet und wiedergebildet in der Gerechtigkeit, ... empfängt dort, wo der Sohn empfängt und ist der Sohn selbst. Eine Schrift sagt: ‚Niemand erkennt den Vater als der Sohn' (Matth. 11,27), und deshalb: Wollt ihr Gott erkennen, so müßt ihr dem Sohne nicht allein gleich sein, sondern müßt der Sohn selber sein."[746] Was Eckhart hier formuliert, entspricht wiederum seiner theologischen Intention, indem Gleichheit und Gegenwärtigkeit des Sohnes nochmals überhöht werden, und zwar in einen Selbstand des Sohnes. Die Überhöhung ist intensiviert durch den sprachlichen Charakter, der einer Forderung Ausdruck gibt, „der Sohn selber" zu sein, und der erneut das Aus- und Ansprechen Gottes verstehbar macht. Der Selbstand des Sohnes ist durch diese Forderung in doppelter Weise vor einem Mißverstehen geschützt: einerseits ist er nicht als eine (denkerische) Machenschaft des Menschen zu interpretieren, andererseits wird er als Gott-Erkennen im menschlichen Geist aber auch nicht zu einer

745 Dazu *Largier*, 1993 II, 812; Stellenkommentar zum Traktat ‚Von Abgeschiedenheit': „Aus der Perspektive des einen Gottes, der sich in seiner Güte mitteilt, ist keine Unterschiedenheit zwischen Schöpfungsakt und Inkarnationsakt zu denken."; vgl. auch *Mieth*, 1969, 138f.: „Als ewiger Akt Gottes ist die Inkarnation ein ständiges und zugleich augenblickliches Fruchtbarwerden der Logosgeburt für die Erhöhung des in der ‚creatio continua' ständig verliehenen Seins."

746 *Largier*, 1993 I; 193 (Pred. 16B); das Zitat ist, da es auch vom „gerechten Menschen" und „zunichte"-Werden spricht, hinsichtlich unserer thetischen Perspektive auf den Gerechten als solchen in der Gerechtigkeit, verkürzt. Die ausgesparten Teile werden im antithetischen Teil wieder aufgenommen.

numinosen Angelegenheit degradiert.[747] Der Selbstand des Sohnes sagt nicht mehr und nicht weniger folgendes aus: „Der Vater kann nichts als gebären und der Sohn kann nichts als geboren werden. Alles, was der Vater hat und was er ist, die Abgründigkeit göttlichen Seins und göttlicher Natur, das gebiert er alles in seinen eingeborenen Sohn. *Das* ‚hört' der Sohn von dem Vater, *das* hat er uns geoffenbart, auf daß wir derselbe Sohn seien. Alles, was der Sohn hat, das hat er von seinem Vater, Sein und Natur, auf daß wir derselbe eingeborene Sohn seien."[748] Das Zusammenspiel des gebärenden Vaters und geborenen Sohnes verdeutlicht nochmals die Hermeneutik des Gerechtigkeitsbegriff; Eckharts Aussagen z.B. im ‚Buch der göttlichen Tröstung' reflektieren eben diese Einheit.[749] Der Selbstand des Sohnes, etabliert sich - wie es aus Eckharts Aussagen deutlich wurde - einzig in relationaler Gegenwärtigkeit und Gleichheit mit des Vaters Aus- und Ansprechen. Augustinus hat betont, daß das Sohn-Sein sich befragen lassen muß, wenn es nicht nur im dogmatisch-trinitarischen Sinn als wirklich verstanden werden will. Eckhart benennt dementsprechend diese Wirklichkeit: „auf daß wir derselbe eingeborene Sohn seien", an anderer Stelle: „daß wir ein einziger Sohn sein sollen..."[750]. Hierin - so meinen wir - zeigt sich die theologische Konkretion seiner Theologie: „daß wir ein einziger Sohn sein sollen, den der Vater ewiglich geboren hat. Als der Vater alle Kreaturen gebar, da gebar er mich, und ich floß aus mit allen Kreaturen und blieb doch drinnen in dem Vater. Ganz so, wie das Wort, das ich jetzt spreche: das entspringt in mir, zum andern verweile ich bei der Vorstellung, zum dritten spreche ich es aus, und ihr alle nehmt es auf; dennoch bleibt es im eigentlichen Sinne in mir. So auch bin ich im Vater geblieben. Im Vater sind die Urbilder aller Kreaturen. Dieses (Kanzel-) Holz hier hat ein geistiges Urbild in Gott. Das ist nicht nur vernunfthaltig, son-

---

747 Vgl. dazu die Ausführung Rainer *Manstettens*, 583-601, in denen die Frage der Ich-Aussage des Menschen in Bezug auf Gott erörtert wird; diese ist „keine Selbstüberhebung des endlichen Ich ins Unendliche" (ebd., 594), sondern oszilliert vielmehr zwischen „Analogie und Univozität" (ebd.), wobei letztlich die Einheit des an Gott sich wendenden Menschen mit Gott nur auf die „volle Wirklichkeit des Sohn-Seins" (ebd., 596) gerichtet ist. *Manstetten* verweist auch kritisch auf *Mojsischs* (1983) causa sui-Perspektive (ebd., 600f.); vgl. unsere Anmerkg. 662.

748 *Largier*, 1993 I, 333 (Pred. 29); „*Das* ‚hört' der Sohn von dem Vater, *das* hat er uns geoffenbart..." hiermit bezieht sich Eckhart auf den Vers :"'Alles, was ich von meinem Vater gehört habe, das habe ich euch geoffenbart.' (Joh. 15,15)" (ebd., 331f.) Das Hören und Offenbaren kann hermeneutisch als hervorhebende Lesart unserer Formulierung des Sohn-Seins als Aus- und Ansprechen Gottes verstanden werden.

749 Vgl. unsere Anmerkg. 329; 434 oder 522, wo die Diktion „ungeboren-gebärend" die univoke Ausdrücklichkeit der Einheit widerspiegelt.

750 *Largier*, 1993 I, 255 (Pred. 22); Hervorhebg. v.V.

dern es ist reine Vernunft."[751] Der Selbstand des Sohnes ist demnach nicht bloß „vernunfthaltig" oder reflexiver Vollzug des menschlichen Denkens, sondern es geht im Sohn-Sein um „reine Vernunft". Wie diese Perspektive zu erklären ist, kann Eckharts „underscheit" zeigen.

7.3 Eckharts „underscheit" im Sohn-Sein

Was hier begegnet, erinnert an unsere Aufarbeitung der Eckhartschen Intention der Transformation[752]. Deren Ernsthaftigkeit und Stärke kommt im vorliegenden Kontext nochmals zum Ausdruck. Eckharts Wort-Theologie des Aussprechen und Ansprechen Gottes, die Gegenwärtigkeit und Gleichheit im Sohn bewirkend, ist hier zu einem Anspruch Gottes entwickelt. Dieser Anspruch trifft den menschlichen Geist, der nach erkenntnistheoretisch-ontologischer Maßgabe des „was ich erkennen soll, das muß mir völlig gegenwärtig sein und meiner Erkenntnis gleichen"[753] in „alles durch ihn Gewordene ist" transformiert werden muß. Gottes Wort als Anspruch zu interpretieren, vereint in sich einerseits die Univozität, die im Nachvollzug des Einheitsdenkens hinsichtlich des „Gerechten" gegeben ist, und andererseits die Analogie[754], die den gerechten Menschen in seinem konkreten Leben („werden leben"; nach Eckharts Zitat Sap. 5,16) bezeichnet. Vertiefen wir diesen hermeneutisch-dialektischen Hinweis auf den Anspruch Gottes im Sohn-Sein, so leuchtet hierin der „underscheit" als theologische Konkretion auf: „Denn der Gerechte, das Wort der Gerechtigkeit, ist die Gerechtigkeit selbst: ‚ich und der Vater sind eins:' (Joh. 10,30)."[755] Gott - so Eckhart in einer deutschen Predigt, aus der wir bereits bezüglich der incarnatio continua zitierten, und wo es weiter heißt: „ist aus *dem* Grunde Mensch geworden, daß er *dich* als seinen eingeborenen Sohn gebäre und als nicht geringer"[756]. Präziser und - entsprechend seiner intentionalen Transformation – auch eindeutiger kann Eckhart den Gedanken vom Anspruch Gottes nicht formulieren; im vorherigen Teil zum Selbstand des Sohnes ist diese Diktion bereits angeklungen. Wir hatten zu Beginn des These zum Begriff des „Gerechten" (nach Sap. 5,16) den „underscheit" - mit Blick auf Eckhart - konkret im abstrakten Begreifen selbst festgemacht und postuliert, daß der „underscheit" somit gegen das Kon-

---

751 Ebd.
752 Vgl. unser Kapitel 4.2 Meister Eckharts theologische Intention: die Transformation
753 Vgl. unsere Anmerkg. 710
754 Der Hinweis auf den Analogiebegriff bei Eckhart stellt eine Antizipation unserer Antithese dar, die jedoch an dieser Stelle im Blick auf den Anspruch Gottes ihre Berechtigung hat.
755 *Largier*, 1993 II, 535 (Joh. Evg.)
756 Vgl. unsere Anmerkg. 696 zur Predigt 30

krete wirkt[757]: im Verlauf unseres Nachvollzuges der Eckhartschen Aussagen haben Abstraktes und Univokes seiner Ideenlehre und Ontologie ein Ziel in der theologischen Konkretion gefunden. Der Ausgang vom Begriff hat auf das Hören des Wortes gezielt. Das menschliche Erkennen ist so weit in Distanz zu sich gerückt, bis die Apriorität des „einig Einen" erkannt war. An vorliegender Stelle nun, an der es um den Sohn geht, stehen wir an dem Scheideweg, der unserem Denken die theologische Konkretion in Eckharts Theologie abfordert. Das Sohn-Sein selbst bezeichnet den „underscheit". Der „Gerechte" ist der Sohn und der Sohn ist der „Gerechte": „Der Gerechte lebt in Gott und Gott in ihm, denn Gott wird geboren in dem Gerechten und der Gerechte in Gott."[758] Das Sohn-Sein ist nicht reflexiv, im konkreten Denken nachträglich zu konstituieren, sondern als oben genannte „reine Vernunft"[759] immer schon absolut und jedem Begriff enthoben. Es ist als Urbild eigentlich und ewig nur in der reinen Vernunft Gottes. Dieser Weg der reinen Vernunft ist für den menschlichen Geist nicht gangbar, egal welcher Abstraktheit er sich konkret bedient, ihm bleiben Konstrukte über einen „gedachten Gott"[760], einen Gott, der „*wird*"[761], ihm bleibt Vermittlung, die Gott fremd ist, denn „... wie edel sie [die „reine Erkenntnis"; Anmerkg.v.V.] auch sei, sie ist doch ein ‚Zufall'; und so klein ein Wörtlein ist, verglichen mit der ganzen Welt, so klein ist alle die Weisheit, die wir hier lernen können, gegenüber der bloßen lauteren Wahrheit"[762]. Nun sagt Eckhart aber, daß Gott uns als dem eingeborenen Sohn gleich gebiert; an anderer Stelle heißt es sogar: „Ein Meister sagt: Wenn ich daran denke, daß unsere Natur über die Kreaturen erhoben worden ist und im Himmel über den Engeln sitzt und von ihnen angebetet wird, so muß ich mich aus tiefstem Herzensgrunde freuen, denn Jesus Christus, mein lieber Herr, hat mir alles das zu eigen gemacht, was er in sich besitzt. Er (=der Meister) sagt auch, daß der Vater es in allem dem, was er seinem Sohn Jesus Christus je in der menschlichen Natur verlieh, eher auf mich abgesehen und mich mehr geliebt hat als ihn und es mir eher verlieh als ihm. Wieso denn? Er gab es ihm um meinetwillen, denn mir tat es not. Darum, was immer er ihm gab, damit zielte er auf mich und gab mir's recht so wie ihm..."[763] Hier deutet Eckhart

757 Vgl. unser Kapitel 1.1 (Der „underscheit": Determinierung des Abstrakten)
758 *Largier*, 1993 I, 421 (Pred. 39); vgl. unsere Anmerkg. 721, Bezug auf *Kirchner*.
759 Vgl. unsere Anmerkg. 751
760 Vgl. unsere Anmerkg. 99, 607, 678
761 Vgl. unsere Anmerkg. 598
762 *Largier*, 1993 I, 41 (Pred. 3)
763 *Largier*, 1993 I, 59 (Pred. 5A); das Meisterzitat – so *Largier* im Stellenkommentar (ebd., 795) meint Thomas von Aquin. In einer anderen Predigt kritisiert Eckhart Thomas hinsichtlich seiner Inkarnationsgedanken: „Nun sagt ein Meister: Gott ist Mensch geworden, dadurch ist erhöht und geadelt das ganze Menschengeschlecht. ... Dieser Meister hat recht gesprochen; aber wahrlich, ich gäbe nicht viel darum.

einen anderen Weg an. Auf diesem kann der Anspruch Gottes, das Sohn-Sein konkret werden zu lassen, sich entfalten. Die Konkretion erschöpft sich nicht gemäß des ersteren Weges im reflexiven Erkenntnisvermögen und begrifflicher Annäherung, sondern geht den zweiten Weg, der nicht mittelbar ist, sondern unmittelbar: er kennt keinen „underscheit“. So wie Gott die menschliche Natur angenommen hat, so ist der Gerechte als solcher in der Gerechtigkeit, so ist der Mensch Sohn. Die inkarnationstheologische Basis korrespondiert nicht nur mit der univoken des Gerechtigkeitsbegriffs, vielmehr erfährt er auf ihr eine Erhöhung. „Alles, was Gott gefällt, das gefällt ihm in seinem eingeborenen Sohn; alles, was Gott liebt, das liebt er in seinem eingeborenen Sohn. Nun soll der Mensch so leben, daß er eins sei mit dem eingeborenen Sohne und daß er der eingeborenen Sohn sei. Zwischen dem eingeborenen Sohne und der Seele ist kein Unterschied.“[764]

An dieser Stelle muß ein hermeneutischer Hinweis eingeschoben werden, der Eckharts Gedankengang ins rechte Licht rückt. Wir haben bereits im Kapitel (4.2) zu Eckharts theologischer Intention kurz darauf hingewiesen, daß der primäre Charakter von Sprache als Bezeichnung beachtet werden muß. Auch Eckhart selbst spricht - wie wir sahen - die Schwierigkeit der „Unzulänglichkeit“[765] der Sprache an. Der Bezeichnungscharakter läßt zum Beispiel in Eckharts Aussage aus der Auslegung zum Johannes-Evangelium: „Wir alle haben die (menschliche) Natur mit Christus gemeinsam, und zwar in gleicher Weise und in gleichem Sinne.“[766] einen Vergleich von Christi und des Menschen menschlicher Natur feststellen. Die als Vergleich ausgesagte Univozität bekommt so - mißverständlich - pantheistische Züge.[767] Sprache als Be-zeichnung sollte, um zu ver-

---

Was hülfe es mir, wenn ich einen Bruder hätte, der da ein reicher Mann wäre und ich wäre dabei ein armer Mann? Was hülfe es mir, hätte ich einen Bruder, der da ein weiser Mann wäre, und ich wäre dabei ein Tor? Ich sage etwas anderes und Eindringenderes: Gott ist nicht nur Mensch geworden, vielmehr: er hat die menschliche Natur angenommen.“ (*Largier*, 1993 I, 67; Pred. 5B) Auf die Perspektive Eckharts zur hypostatischen Union haben wir bereits hingewiesen; vgl. unsere Anmerkg. 696. Sie ist übrigens in der Bulle ‚In agro dominico‘ (Art. 11, Q, 451) inkriminiert worden.

764 *Largier*, 1993 I, 127 (Pred. 10); Eckharts Bezug auf Lebensführung und Seele wird im antithetischen bzw. synthetischen Teil der Dialektik weiterhin bedacht werden.

765 Vgl. unsere Anmerkg. 596 ; auch 478

766 Joh. LW III, 241

767 Vgl. dazu *Langer*, 1987, 282, Bezug auf O.Schweitzer, der Thomas von Aquin zum Problem der Inkarnation aufgreift: „‘In diesem Vergleich liegt die Gefahr verborgen, ihn univok aufzufassen, statt analog.‘ Dieser Gefahr ist Eckhart, vom thomistischen Standpunkt aus betrachtet, erlegen.“ *Langer* bezieht sich auf Eckharts oben zitierte Aussage (vgl. unsere Anmerkg. 766 zu Joh. LW III, 241). *Langers* Sicht, Eckhart sei dem Vergleich des Thomas „erlegen“, widerspricht seine Thomas-

stehen, aber überwunden werden: „Die Schale muß entzwei sein, soll der Kern herauskommen."[768] Sprache ist zwar natürlicherweise primär Be-zeichung, denn, gleichnishaft, „...wenn das Antlitz vor den Spiegel gerückt wird, so *muß* das Antlitz darin abgebildet werden, ob es wolle oder nicht."[769] - „...aber die *Natur* erbildet sich *nicht* in das Bild des Spiegels; vielmehr der Mund und die Nase und die Augen und die ganze Bildung des Antlitzes - *dies* bildet sich in dem Spiegel ab."[770] - Sprache darf also nicht enggeführt, als bloßes Zeichen aufgefaßt werden, was gemeinhin, d.h. explizit im Hermeneutischen, auch nicht der Fall ist. Hermeneutisch kann nicht häufig genug darauf hingewiesen werden, daß Eckhart streng deduktiv denkt. Das, was in obiger univoker Aussage im inkarnationstheologischen Kontext als Vergleich des Sohnes und der Seele, der menschlichen Natur Christi und des Menschen, verstehbar ist, muß jedoch, um nicht als oberflächlicher Vergleich enggeführt zu werden, deduktiv verstanden werden: „...das einfaltige göttliche Bild, das der Seele eingedrückt ist im Innersten der Natur, (wird) unvermittelt empfangen. /.../ Jedoch ist Gott auf viel edlere Weise in dem Bild, als das Bild in Gott."[771] Eckharts Einschränkung gibt exakt Deduktion wieder: Gott steht immer an erster Stelle. Eckhart denkt vom Allgemeinen zum Besonderen, vom Gerechten als solchen in der Gerechtigkeit, vom *einen* Sein, vom „einig Einen" her. Die deduktive Vorgabe kann als Metamethode angesehen werden; in diesem Sinne gilt sie sowohl für das Univozitäts- als auch für das Analogiekonzept Eckharts, wobei sie für letzteres quasi implizit nachvollziehbar ist, da es sich um die Attributionsanalogie handelt, worin eben nur ein Analogat dem anderen die Ähnlichkeit zuteilt, für ersteres ist die deduktive Vorgabe explizit maßgebend, da Univozität als Denkansatz als solche deduktiv ist. Rainer *Manstetten* hat es treffend formuliert: „...die Analogielehre gewinnt ihren Sinn nur im Kontext der Univozitätstheoreme. Was nämlich unter dem Gesichtspunkt der Analogie in radikaler Differenz erscheint, manifestiert sich unter dem

---

Rezeption, die wir bereits aufgezeigt haben; vgl. unsere Anmerkg. 763. Die folgende Äußerung *Langers*, die durchaus richtig ist, ist gleichwohl im Kontext schwer einzuordnen, wenn er sagt: „Er [Eckhart; Anmerkg.v.V.] faßt also nicht, wie gewöhnlich die Scholastiker, die unterschiedliche, analoge Daseinsweise der menschlichen Natur im Menschen und in Christus ins Auge, sondern betont ihre Einheit." (ebd.) Rainer *Manstetten* weist übrigens auf die Schwierigkeiten des Verstehens der „Kölner Inquisitoren" (299) hin.

768 *Largier*, 1993 I, 153 (Pred. 13)

769 *Largier*, 1993 I, 189 (Pred. 16B)

770 Ebd.; vgl. unsere Anmerkg. 296

771 Ebd.; trinitätstheologisch ist das Bild der Sohn, der „den *ersten* Ausbruch aus der Natur hat; darum heißt *er* im eigentlichen Sinne ein Bild des Vaters" (ebd.). Vgl. unsere Anmerkg. 408

Gesichtspunkt der Univozität als essentielles Moment der Einheit."[772] Eckhart präferiert das univoke Denken nicht vor dem analogen, im Gegenteil: beide konstellieren sein Denken: „Die Gerechten werden leben ewiglich bei Gott." Der deduktive Ansatz ist dabei jedoch hermeneutisch hilfreich, indem er als Denk-Beginn Eckharts Aussagen ‚modelliert'. Wir orientieren uns im dialektischen Verfahren an eben dieser deduktiven Denk- und Arbeitsmethode Eckharts: der thetische Begriff „die Gerechten" äußert sich - wie es sich bis zum vorliegenden Kontext gezeigt hat - in univoken Aussagen und gibt somit den deduktiven Denkweg vor, der antithetische Begriff „werden leben" wird zwar durch analoge Gedanken induktiv gekennzeichnet sein, aber als Attributionsanalogie unter deduktivem Vorzeichen stehen, welches der synthetische Begriff „ewiglich bei Gott" nicht nur bestätigt, sondern immer wieder fordert; im Sinne einer unaufhebbaren Dialektik.

Kommen wir zurück auf unseren vorliegenden Kontext des „underscheit", welcher im Sohn-Sein in „underscheit"-losigkeit liegt. Eckharts theologische Konkretion gewinnt hier in derzweiten trinitarischen Person dahingehend Konturen, daß sie dem Anspruch Gottes gerecht werden muß. Das heißt aber, daß das menschliche Erkennen, das - im rezeptionalen Rückblick - der thetische Begriff „die Gerechten" erkenntnistheoretisch, ontologisch und theologisch nachvollzieht, um eben Eckharts postulierten „underscheit" zu verstehen, und das an das Ziel der Wesentlichkeit[773] des Gott-Erkennens gelangt ist, um den Erkenntnisstand des Sohn-Seins: „was ich erkennen soll, das muß mir völlig gegenwärtig sein und meiner Erkenntnis gleichen"[774] in sich aufzunehmen, sich nicht mehr als Erkennen erkennen kann: „So also sage ich, daß es zwar Seligkeit nicht gibt, ohne daß der Mensch sich bewußt werde und wohl wisse, *daß* er Gott schaut und erkennt; doch verhüte Gott, daß meine Seligkeit darauf beruhe!"[775] Denn, und hier zeigt sich der von uns oben beschriebene deduktive Denkansatz Eckharts, es geht nicht einmal mehr nur um das Gott-Erkennen, sondern des Menschen Erkennen ist der Anspruch Gottes, der sich als Gegenwärtigkeit, Gleichheit, als „einziger Sohn" ausspricht. Dieser „underscheit"-losen Einheit Gottes kann der Mensch nur dort entsprechen, wo er sich selbst kaum mehr bekannt ist, „denn mein wesentliches Sein ist oberhalb von Gott, sofern wir Gott als Beginn der

772 *Manstetten*, 299f.; vgl. ebd. auch 296ff. Vgl. *Largier*, 1993 II, 757f. (Stellenkommentar zum BgT): die Inkarnation „unterläuft die ontologische und logische Ebene der Analogie".

773 Vgl. unser Kapitel 6.2.1 Natürliche Ordnung, göttliche Ordnung: - Gott

774 Vgl. unsere Anmerkg. 710 und die folgenden Kapitel.

775 *Largier*, 1993 II, 331 (VeM); vgl. unsere Anmerkg. 747, dort die Verweise auf *Manstetten* und *Mojsisch.*

Kreaturen fassen."[776] Der menschliche Geist, der seinem Denken, in mehr oder weniger mühsamer Digression, nachspürt, kann sich nur im Punkt seiner eigenen Innerlichkeit, d.h. seiner menschlichen Natur, sammeln, um von dort sein Denken zu steuern und zu kontrollieren. In dieser Innerlichkeit aber gibt es keinen „underscheit": „Die Meister sagen, die menschliche Natur habe mit der Zeit nichts zu tun und sie sei völlig unberührbar und dem Menschen viel inniger und näher, als er sich selbst sei. Und deshalb nahm Gott die menschliche Natur an und vereinte sie mit seiner Person. Da ward die menschliche Natur Gott, denn er nahm die reine menschliche Natur und nicht einen Menschen an."[777] In diese Innerlichkeit spricht Gott sein „ewiges Wort"[778] hinein, nur hier erfährt der Mensch den Anspruch Gottes, Sohn zu sein, denn ihm „tut es not"[779]: „Gott ist

---

776 *Largier*, 1993 I, 561 (Pred. 52). Maria R. *Lichtman* in ihrem Aufsatz ‚The ‚Way' of Meister Eckhart' (88): „He [Eckhart; Anmerkg. v. V.] confronts us on every page, not merely with the niceties of metaphysical discussion, but with an imperative that involves the overturning of the whole person – thoughts, ideas, feelings and acts." Nur im Anspruch Gottes ist der Umschwung des ganzen Menschen bewirkt und vorausgesetzt. Er trifft, wie *Lichtman* auch sagt, den Menschen nicht nur, indem er sich als metaphysischer Diskurs in ihm bemerkbar macht. Sicher ist aber, daß sich der denkende Mensch in der metaphysischen Perspektive nicht in einfachhin nachvollziehbaren Gedanken wiederfindet, sondern gemeinhin auch sein Nichtverständnis und seine (Selbst)zweifel angesprochen werden. Zu fragen ist, ob sich nicht gerade in der metaphysischen Konstellation des menschlichen Geistes die Radikalität einer Veränderung, die er im Verhältnis zu Gott erfahren kann, ausdrückt? Sicher geht es Eckhart weitaus mehr um den „superconceptual God" (ebd., 91), aber um diese Erkenntnisstufe zu erfahren, muß ein Konzept erst einmal überwunden sein, d.h. (metaphysisches) Denken ist in jedem Fall vorausgesetzt. Unserer Meinung nach ist in diese Voraussetzung einzuordnen, daß Eckhart „from the start a deliberately thinker" (ebd., 90) ist. Dialektisches Denken ist in seiner Wesentlichkeit der Widersprüchlichkeit nicht nur auf statisch-konzeptionelles wissenschaftiches Denken („static concept"; ebd.) theoretisch anzuwenden, sondern das Fließende des menschlichen Denkens („fluid concept"; ebd.) ist mit eben dieser Wesentlichkeit zu charakterisieren. *Lichtman* unterstützt zwar unseres Erachtens mit obiger static-fluid-Konzeption die Zweiteilung des Eckhartschen Werkes, obgleich sie letztendlich von einer Parallele (vgl. 99) zwischen lateinischem und deutschem spricht. Wir möchten explizit von einer Gleichberechtigung sprechen.

777 *Largier*, 1993 I, 281 (Pred. 24), der Meisterbezug meint Thomas von Aquin (vgl. Stellenkommentar, 946); der Hinweis auf die Zeit ist ebenfalls im vorigen Zitat (vgl. unsere Anmerkg. 776 impliziert und gibt Eckharts eigene inkarnations- und schöpfungstheologische Perspektive wieder. Das Eckhartsche Theorem der Gottesgeburt in der Seele, das seinem ganzen Denken zugrundeliegt und auch den Zeitfaktor beinhaltet, wird im synthetischen Teil verdeutlicht werden.

778 Vgl. unsere Anmerkg. 746

779 Vgl. unsere Anmerkg. 763. An anderer Stelle sagt Eckhart: „Alles denn, was Gott je seinem eingeborenen Sohn gab, das hat er mir ebenso vollkommen gegeben wie

allzeit bereit, *wir* aber sind sehr unbereit; Gott ist uns ‚nahe', *wir* aber sind ihm fern; Gott ist drinnen, *wir* aber sind draußen; Gott ist (in uns) daheim, *wir* aber sind in der Fremde. Der Prophet spricht: ‚Gott führt die Gerechten durch einen engen Weg in die breite Straße, auf daß sie kommen in die Weite und in die Breite' (Weish. 10,10ff), das heißt: in die wahre Freiheit *des* Geistes, der mit Gott *ein* Geist geworden ist."[780] Im Blick auf unsere Hermeneutik drückt sich hier die Dialektik als un-aufhebbare aus, was durch den bemerkenswert einfühlsamen Duktus Eckharts noch unterstrichen wird: „...*wir* sind sehr unbereit...".

8. Der Heilige Geist des „einig Einen"

Soweit also ist unser bisheriger Rezeptionsstand des Eckhartschen Gerechtigkeitsbegriffs in der Univozität des thetischen Begriffs „die Gerechten" gediehen: „...in die wahre Freiheit *des* Geistes, der mit Gott *ein* Geist geworden ist." Hierin ist der Kern theologischer Konkretion, die wir in der Theologie Eckharts postulieren, ausgedrückt. Im folgenden steht innerhalb der thetischen Aufarbeitung noch aus, daß die theologische Konkretion in der Perspektive der dritten trinitarischen Person - des Heiligen Geistes - zu bedenken ist. Ansatzweise wurde bereits in den Erörterungen zum „einig Einen" die trinitarische Kumulation vorweggenommen, und zwar explizit im Kapitel 6.2.4. Vollkommenheit der Werke Gottes: - Heiliger Geist. Im dialektischen Fortgang der folgenden Kapitel hat das Sohn-Sein unserem denkerischen Nachvollzug seinen Standpunkt, nämlich die Einheit des Sohnes mit dem Vater, zugewiesen, dabei primär in theologisch-trinitarischen, sekundär in erkenntnistheoretischen und ontologischen Zusammenhängen des Eckhartschen Gerechtigkeitsbegriffs. Der Geist, „der mit Gott *ein* Geist geworden ist", verweist nunmehr auf die dritte Trinitätsperson. Die anschließenden Ausführungen werden sich somit der theologischen Konkretion in der dritten Person des Heiligen Geistes widmen, d.h. in formaler Synthese des „einig Einen" und des Sohn-Seins, bzw. in inhaltlicher Synthese der Gerechtigkeit und des Gerechten als solchen: „Im gleichen Ursprung, in dem der Sohn entspringt, wo der Vater sein ewiges Wort ausspricht, und aus dem gleichen Herzen entspringt auch und fließt aus der Heilige Geist. Und wäre der Heilige

---

ihm und nicht weniger, ja, er hat es mir in höherem Maße gegeben: er gab meiner Menschheit in Christus mehr als ihm (selber), denn ihm *gab* er's nicht, mir hat er's gegeben und nicht ihm; denn er *gab's* ihm nicht, *besaß* er's doch von Ewigkeit her im Vater." *Largier*, 1993 I, 291 (Pred. 25)

780 *Largier*, 1993 II, 41 (Pred. 68); zum Freiheitsbegriff wäre auf *Sillers* Untersuchung, speziell der Teil II, und auf die Perspektive, die *Helting* (1997) vertritt, zu verweisen. In der dialektischen Antithese wird der Freiheitsbegriff berücksichtigt werden.

Geist nicht aus dem Sohne ausgeflossen, so hätte man keinen Unterschied zwischen dem Sohne und dem Heiligen Geiste erkannt."[781] Mit konditionaler Aussageform betont Eckhart nochmals die Univozität seiner Einheitslehre, die sowohl für die theologische als auch die erkenntnistheoretisch-ontologische Perspektive gilt: zum einen für die göttlichen Trinität als in sich selbst ruhend, wo

781 *Largier*, 1993 I, 311 (Pred. 27). Bei *Quint* (Q, 390; Pred. 50) steht der Zusatz: „...Sohne *und* aus dem Vater ausgeflossen...." Obgleich der mittelhochdeutsche Text den Zusatz nicht ausweist, erscheint uns *Quints* Übersetzung in hermeneutischer Hinsicht passender; man denke an das Augustinische Ternar *„memoria-potentia, intellectus-sapientia, amor-voluntas*" und das damit ausgedrückte innertrinitarische Verhältnis. Vgl. auch unsere Anmerkg. 682, wo wir bereits zitierten: „Ursprung des Heiligen Geistes ist der Sohn. Wäre der Sohn nicht, so wäre auch der Heilige Geist nicht. Der Heilige Geist kann nirgends sein Ausfließen noch sein Ausblühen nehmen als einzig vom Sohne. Wo der Vater seinen Sohn gebiert, da gibt er ihm alles, was er in seinem Sein und in seiner Natur hat. In diesem Geben quillt der Heilige Geist aus. So auch ist es Gottes Streben, daß er sich *uns* völlig gebe." (*Largier*, 1993 I, 135; Pred. 11) Eckhart weiterhin in der Predigt 10: „Sankt Philippus sprach: ‚Herr, weise uns den Vater, so genügt es uns.' (Joh. 14,8). Nun kommt niemand zum Vater, es sei denn durch den Sohn (Joh. 14,6). Wer den Vater sieht, der sieht den Sohn (Joh. 14,9), und der Heilige Geist ist ihrer beider Liebe." (*Largier*, 1993 I, 121) *Largier* bemerkt im Stellenkommentar zur Predigt 69 (1993 II, 669) folgendes: „Innerhalb der trinitarischen Entfaltung ist der Hl. Geist daher [*Largiers* Verweis meint das von uns oben genannte Ternar Augustinus'; Anmerkg. v.V.] als die Liebe zu sehen, in der sich Vater und Sohn liebend aufeinander beziehen, ohne dabei eine Zweiheit zu bilden." Das Bezugsverhältnis haben wir bereits im Kapitel 2.2.1 (Gerechter und Gerechtigkeit: das Verhältnis) explizit thematisch zur Sprache gebracht. Der Begriff des Herzens, den Eckhart hier verwendet, kann in Verbindung mit dem die Predigt einleitenden Johannes-Vers: „'Ich habe euch meine Freunde geheißen, denn ich habe euch alles offenbart, was ich von meinem Vater gehört habe.' (Joh. 15,15)" (*Largier*, 1993 I, 311, Pred. 27; vgl. unsere Anmerkg. 748) verständlich werden. Das Herz, so Eckhart in anderen Predigten, ist der Seele dergestalt untergeordnet, daß sie „ganz und ungeteilt vollständig im Fuße und vollständig im Auge und in jedem Gliede ist." (*Largier*, 1993 I, 105; Pred. 9) Die Seele ist nicht identisch mit dem Herzen, nur liegt „der Seele Sein vornehmlich ... ihr Wesen und der Ursprung ihrer Werke insbesondere im Herzen..." (*Largier*, 1993 II, 181; Pred. 82) Das Herz „ist das edelste Glied am Leibe und es liegt mitten drin..." (*Largier*, 1993 II, 177; Pred. 81), es hat eine wichtige Aufgabe, denn es bewegt, im doppelten Sinne des Wortes (vgl. unsere Anmerkg. 229); jedoch „so wie die Seele dem Körper im eigentlichen Sinne ohne Vermittlung des Herzens und aller (sonstigen) Glieder das Leben gibt...so auch bewirkt Gott unvermittelt das lautere Leben der Gnade und der Gutheit in der Seele." (*Largier*, 1993 II, 173; Pred. 81) Was Eckhart meint, ist, daß die Seele über alle Kräfte und Bewegungen des menschlichen Organismus, auch besonders in geistiger Hinsicht, erhaben sein muß, um als Stätte Gottes, wo - nach obigem Vers - Gottes Wort gehört wird, verstanden werden zu können.

der „Vater als Vater sich im einigen Einen...genießt“, „alle Dinge Eines“ sind und „alles, was die Natur aufzubringen vermag, das schließt sie da hinein, das stürzt in die Vaterschaft, auf daß sie Eins sei und ein Sohn sei und allem anderen entwachse und nur in der Vaterschaft sei und, wenn sie Eines nicht sein kann, daß sie doch (wenigstens) ein Gleichnis sei des Einen.“[782] und - zum anderen - für das philosophische Verständnis des Gerechtigkeitsbegriffs auf Basis von Ideenlehre und Ontologie, „denn der (von der Gerechtigkeit) gezeugte Gerechte, kennt die zeugende Gerechtigkeit, die in sich ungezeugt ist, einmal weil die Gerechtigkeit selbst nur in sich ist, sodann weil der Gerechte selbst, insofern er gerecht ist, nicht ist, und nicht gerecht ist als nur von ihr, durch sie und in ihr, gemäß dem Wort: ‚Gott hat niemand je gesehen; der Eingeborene, der im Schoß des Vaters ist, er hat ihn kundgetan.‘ (Joh. 1,18), das heißt, er hat ihn gesehen.“[783] Durch den Sohn hat uns der Vater den „underscheit“ als Anspruch an uns aufgegeben. Dieser Anspruch Gottes vollzieht sich im Sohn-Sein durch den Heiligen Geist, dieser ist Gottes Kraft, die unser Denken so verändern will, daß der „underscheit“ unterschiedslos erfaßbar ist. Das ist mehr als frommes Gedankengut. Denn, dem Geist nachzuspüren, der „mit Gott *ein* Geist geworden ist“, impliziert, den Geist zu suchen, „der mit Gott *ein* Geist“ wird. Die unterschiedliche Dimension sehen wir in Eckharts Aussage über Werden und Sein[784] maßgeblich, d.h. deduktiv nachvollziehbar, vorgegeben. Es wird sich zeigen, womit wir unser Postulat der theologischen Konkretion in Eckharts Theologie erweitern, daß die theologische Konkretion in der dritten Person des Heiligen Geistes explizit eine Hermeneutik meint, die unsere Dialektik als un-aufhebbare wiedergibt.

8.1 Zurück zur Abstraktheit?

Im Gegensatz zu Vater und Sohn und deren Einheit, die aus der Univozität der erkenntnistheoretisch-ontologischen Perspektive des Gerechtigkeitsbegriffs verstehbar wird, als theologische Konkretion dem Menschen in Denken und Sein Weisung abverlangen kann, ist der Heilige Geist eine recht abstrakt anmutende Komponente der Trinität, die - auch dogmatische[785] - Diskussionen aufwirft. Eckhart verfährt traditionsgemäß, „...daß ‚diese drei sind eins‘ (1. Joh. 5,7) und

---

782 *Largier*, 1993 I, 543 (Pred. 51)
783 Joh. LW III, 435
784 Vgl. unsere Anmerkg. 497 sowie 661
785 Eine göttliche Substanz (Wesen) und drei Relationen (Person) bei gleichzeitiger realer Identität, die Gott als absolut eins versteht. Vgl. *Langer*, 1987, 254, Verweis auf Anselm von Canterbury als erster, der die Trinität dementsprechend formulierte und das diesen bestätigende Konzil von Florenz 1441.

nicht einer;...daß sie gleich ewig, gleich vollkommen und gleichen Wesens sind, eins in allem, was zur Natur gehört, verschieden aber nur in dem, und in all dem, was das Zeugen und das Gezeugtwerden, das Hauchen und das Gehauchtwerden betrifft, einschließt oder mit sich bringt."[786] Entsprechend der einen göttlichen Natur und der Verschiedenheit der Personen ist im ,Buch der göttlichen Tröstung' die *eine* Gerechtigkeit des Gerechten und der Gerechtigkeit sowie die Unterscheidung des Gebärens durch die Gerechtigkeit und Geborenwerdens des Gerechten aufzufassen. Im Verlauf der thetischen Erarbeitung („die Gerechten...") zu Ideenlehre und Ontologie Eckharts ist die Univozität verdeutlicht worden. Die von uns aufgestellte theologische Konkretion in Eckharts Theologie hat das Verstehen des Eckhartschen „underscheit" bis zum Sohn-Sein, das im Anspruch Gottes, des Vaters, Ausgang und Ziel[787] findet, geleitet. Was die schwierige Faßbarkeit des Heiligen Geistes anbelangt, so liegt sie in eben diesem – werden. Das Werden geschieht einerseits durch den Gebärenden (Vater) und andererseits im Geborenen (Sohn). Es ist nur mittelbar, weil es nicht an sich vernehmbar ist[788]; daher ist das Werden in gewisser Weise als abstrakt zu bezeichnen. Diese Abstraktheit läßt sich in Eckharts imago-Lehre, rückblickend auf ein bereits verwendetes Zitat, ablesen: „Denn die Meister verlegen das Bild nicht in den Heiligen Geist, vielmehr verlegen sie es in die mittlere Person, weil der Sohn den *ersten* Ausbruch aus der Natur hat; darum heißt er im eigentlichen Sinne ein Bild des Vaters, nicht aber so der Heilige Geist: der ist (vielmehr) nur ein Ausblühen aus dem Vater und dem Sohn und hat doch *eine* Natur mit ihnen beiden."[789] Der Heilige Geist kennzeichnet das Verhältnis des Vaters zum Sohn, des Sohnes zum Vater: dieses ist primär ein mittelbares, denn „Sohn heißt und ist der, welcher ein anderer, ... wird"[790]. Eckhart verweist auf die „männliche...Wortform"[791]. Diese ist Aussageform für den gerechten Menschen in je eigener individueller Kreatürlichkeit; hinsichtlich des dialektischen Fortgangs verweist uns Eckhart somit auf den folgenden antithetischen Teil zum „die Gerechten - werden leben - ...". Durch die Mittelbarkeit des Werdens, resp. des Heiligen Geistes, versperrt sich das Erkennen selbst die erkennende Sicht, d.h. das univoke Sein wird im werdenden Charakter, dem der gerechte Mensch konkret unterliegt, nicht erkannt; das univoke Sein ist nur als Abstraktheit versteh-

786 Joh. LW III; 132
787 Vgl. unsere Anmerkg. 512
788 Vgl. unser Kapitel 4.2 (Eckharts theologische Intention: die Transformation) zur Verknüpfung von Aristoteles' naturphilosophischer Privation und der Heiligen-Geist-Thematik bei Eckhart.
789 *Largier*, 1993 I, 189 (Pred. 16B); vgl. unsere Anmerkg. 771
790 Joh. LW III, 132
791 Ebd.

bar. Also ist - so wäre hermeneutisch zu fragen - letztlich davon auszugehen, daß die Position des Heiligen Geistes jede Möglichkeit des konkret abstrakten Verstehens des Gerechtigkeitsbegriffs als „underscheit“, den Eckhart selbst als gegeben voraussetzt, scheitern läßt? Ist die theologische Konkretion in Eckharts Theologie gescheitert? Ja - und nein: „Sohn heißt und ist der, welcher ein anderer, aber nicht ein anderes wird“[792]; hier ist die „sächliche Wortform“ ausgedrückt, „denn er wäre nicht Sohn, wenn er nicht dieselbe Natur wie der Vater hätte.“[793] „Niemand ... hat den Heiligen Geist, er sei denn der eingeborene Sohn. (Denn) da, wo der Heilige Geist gegeistet wird, da geisten ihn der Vater und der Sohn, denn dies ist wesentlich und geistig. Wohl magst du empfangen die *Gaben* des Heiligen Geistes, oder die *Ähnlichkeit* mit dem Heiligen Geist; aber es *bleibt* dir nicht, es ist unbeständig. Ganz ebenso, wie wenn ein Mensch vor Scham rot wird und (wiederum) bleich, das ist etwas, was ihn befällt und ihm weder vergeht. Dem Menschen aber, der von Natur rot und schön ist, dem bleibt es allwegs. So (auch) ist es mit dem Menschen, der der eingeborene Sohn ist, dem bleibt der Heilige Geist seinsmäßig. Darum steht im Buche der Weisheit geschrieben: ‚Ich habe dich heute geboren‘ im Widerglanz meines ewigen Lichtes der Fülle und ‚in der Klarheit aller Heiligen‘ (Ps. 2,7 und 109,3). Er gebiert ihn *jetzt* und *‚heute‘*. Da ist Kindbett in der Gottheit, da werden sie ‚getauft im Heiligen Geiste‘ – das ist ‚die Verheißung, die ihnen der Vater gelobt hat‘ – ‚nach Tagen, deren nicht viele oder wenige sind‘ – das ist die ‚Fülle der Gottheit‘, wo es weder Tag noch Nacht gibt‘; darin ist, was tausend Meilen (entfernt) ist, mir so nahe wie die Stätte, auf der ich jetzt stehe; da ist Fülle und Vollheit der ganzen Gottheit, da ist *Einheit*.“[794] Das, was uns konkret abstraktes Verstehen des Eckhartschen „underscheit“ lehrt, ist die Deduktion des im Werden stets implizierten transzendenten *einen* Seins oder die Deduktion der im gerechten Menschen immer wirkenden *einen* Gerechtigkeit (erkenntnistheoretisch: der Gerechte als solcher in der Gerechtigkeit selbst) oder - trinitätstheologisch - die Unmittelbarkeit[795] des Heiligen Geistes im Vater-Sohn-Verhältnis, die Eckhart traditionell nach Augustinischem Ternar mit amor-voluntas, Liebe und Wille, erklärt: „Es erhellt..., daß in der Gottheit Vater und Sohn ist. Es erhellt..., daß der Vater, indem er den Sohn zeugt, zugleich die Liebe haucht, (die Liebe) des Vaters zum Sohn und des Sohnes zum Vater: sie ist das Band zwischen beiden und der Geist,

---

792 Ebd. Vgl. unsere Anmerkg. 579 zu *Gandillac*, der die ja-nein-Formulierungen Eckharts als paradoxe einstuft.

793 Ebd.

794 *Largier*, 1993 I, 333 (Pred. 29); Eckhart bezieht sich auf den Leitvers aus Apg. 1, 4-5.

795 Vgl. unser Anmerkg. 706

der von beiden gehaucht wird, von zweien, insofern die zwei eins sind."[796] Diese Unmittelbarkeit des Heiligen Geistes ist sekundär; nicht im Sinne von zweitrangig oder gar unwichtig, sondern hinsichtlich ihrer unfaßbaren Tragweite: „Niemand kann den Heiligen Geist empfangen, er wohne denn über der Zeit in der Ewigkeit. In zeitlichen Dingen kann der Heilige Geist weder empfangen noch gegeben werden."[797] Die Mittelbarkeit des Heiligen Geistes ist somit einzig durch seine Unmittelbarkeit gegeben, anders: der menschliche Geist, der „der mit Gott *ein* Geist" wird, impliziert, den Geist zu suchen, der „mit Gott *ein* Geist geworden ist". Diese chiastische Wiedergabe unserer Implikation aus dem vorherigen Kapitel betont etwas sehr Wichtiges, das in Eckharts Einheitsdenken berücksichtigt werden muß und das auch unserem Anliegen einer un-aufhebbaren Dialektik entspricht. Nämlich dieses, daß einerseits das mittelbare Werden des Heiligen Geistes in seiner Unmittelbarkeit gründet und andererseits des Heiligen Geistes Unmittelbarkeit auf das mittelbaren Werden angewiesen ist.

8.2 Das Maß des Heiligen Geistes

Die Unmittelbarkeit des Heiligen Geistes konfrontiert mit einer bestimmenden Abstraktheit, die die bisher geleistete Denkarbeit - auch im trinitätstheologischen Bereich - ad absurdum zu führen scheint. Auf dieser Grundlage läßt sich hinter unserer Überschrift vom Maß des Heiligen Geistes Paradoxes vermuten. Wie kann Unmittelbarkeit einen Maßstab abgeben? Ist Maß nicht nur als Mittelbarkeit zu erfassen? Wie kann die unmittelbare Dimension des Heiligen Geistes ein Maß sein? Was ist mit der Breite und Weite gemeint, die Eckhart nach dem Buch der Weisheit - wie oben angemerkt - zitiert? Ebenso fragt Eckhart in Bezug auf die Liebe zu Gott: „Wie sollen wir sein?"[798] und sagt mit Augustinus: „Was der Mensch liebt, das wird er in der Liebe."[799] Es drückt sich einmal mehr die trinitätstheologische Gegenwärtigkeit und Gleichheit des Sohnes im Vater aus. Einmal mehr wird die erkenntnistheoretische Grundlage aristotelischer Provenienz verständlich, daß ich nur erkenne, es sei mir denn gleich. Aber gerade deshalb - so Eckhart weiter einschränkend: „Sollen wir nun sagen: Wenn der Mensch Gott liebt, daß er dann Gott werde? Das klingt, wie wenn es Unglaube sei."[800] Für den Rezipienten weist Eckharts Hinweis in tragisch-realer Antizipation auf das Verständnis seiner Ankläger. Wiederum nämlich macht Eckhart implizit deutlich, daß im oberflächlichen Verstehen ein Standpunkt verankert ist,

---

796 Joh. LW III, 133
797 *Largier*, 1993 I, 327 (Pred. 29)
798 *Largier*, 1993 I, 61 (Pred. 5A)
799 Ebd.
800 Ebd.

der keine Entwicklung zuläßt.[801] Wenn Eckhart demgemäß von Unglauben spricht, meint er vielmehr einen unbeweglichen, in sich verharrenden Glauben, der weder sich selbst noch dem Wissen eine Chance gibt[802]: „Man muß nämlich wissen," - so Eckhart in der Johannes-Auslegung - „daß glauben und schauen oder vollkommen erkennen sich zueinander verhalten, wie Meinung und Beweis verhalten, nämlich wie das Unvollkommene zum Vollkommenen. Daher ist die Anschauung (Gottes), wie die Lehrer sagen, eine Gabe, die dem Glauben entspricht: ‚unser Erkennen ist Stückwerk und unser Weissagen ist Stückwerk. Kommt aber das Vollkommene so wird das Stückwerk aufhören' (1. Kor. 13,9). Daraus erhellt, daß der Glaubende noch nicht eigentlich Sohn ist; denn diesem kommt es zu, den Vater zu schauen und zu kennen (Matth. 11,27). Und doch ist er der Sohnschaft nicht ganz bar, vielmehr verhält er sich zu ihr wie die Zurichtung und das Unvollkommene: ‚der Glaube ist' ja ‚eine feste Überzeugung von unsichtbaren Dingen' (Hebr. 11,1). ‚Eine feste Überzeugung, wäre aber der Glaube an die ‚unsichtbaren Dinge' nicht, wenn er nichts von ihrer Anschauung an sich hätte. Wäre er anderseits vollendete Anschauung, so wäre er nicht (Glaube) an ‚unsichtbare Dinge'. ‚Denn was jemand sieht, wie kann er das erhoffen?' (Röm. 8,24) ‚Der Glaube ist aber eine feste Zuversicht auf Dinge, die man erhofft' (Hebr. 11,1)." /.../ er gab ihnen Macht, Gottes Söhne zu werden, denen, die an seinen Namen glauben. Gottes Söhne zu werden, sagt er; werden ist etwas Unvollkommenes, ist bewegt werden; Söhne ist das Vollkommene. An den Namen des Sohnes glaubt also, wer den Glauben hat, wer schon Sohn wird, es aber noch nicht ist...".[803] Diese verschränkte Konstellation des Glaubens, des Glauben-Habens, Werdens und Noch-nicht-Seins ist eine trinitätstheologische Ausformung Eckharts zur Perspektive des Werden und Sein oder zur „Veränderung und Entstehen"[804]. In hermeneutischer Hinsicht verdeutlicht sich in ihr auch Eckharts deduktives Denkmodell, welches - gemäß obigem Chiasmus - den Geist meint, der „mit Gott *ein* Geist geworden ist", der für den mit Gott *ein* Geist werdenden Geist Ursprung ist: denn „Veränderung und Entstehen verhalten sich zueinander wie Bewegtwerden und Bewegt-worden-sein oder wie Werden und Geworden-Sein, wie das Ungeformte und Unvollendete zur Form und zum Vollendeten. ‚Denn die Bewegung ist die Wirklichkeit des Unvollendeten'. /.../ Die Veränderung ist der Weg, der zur Form hinführt, ein Weg, der an der Form selbst teilhat und sie bereits spüren läßt; die Bewegung ist die Form selbst im

801 Vgl. unsere Anmerkg. 512; auch allgemein unser Kapitel 4.2 Eckharts theologische Intention: die Transformation

802 Vgl. unsere Anmerkg. 511

803 Joh. LW III, 130f., Eckhart bezieht sich auf Bonaventura und Thomas von Aquin; anschließend spricht er vom Glauben als ein Werden (vgl. unsere Anmerkg. 512).

804 Joh. LW III, 120ff.; vgl. unsere Anmerkg. 784

Fluß."[805] Eckharts Perspektive macht klar, daß der Glaube, entgegen dem Unglauben, wesentlich Bewegung ist; er hindert nicht, sondern ist immer eine Phase, die dem Weg in die Breite und Weite zugute kommt. Das Verständnis der trinitarischen Struktur der Macht (memoria-potentia, nach Augustinischem Ternar) des Vaters und der Weisheit (intellectus-sapientia) des Sohnes, die auch worttheologisch als Einheit im wahrsten Sinne des Wortes plastisch wird, „insofern das Wort [der Sohn; Anmerkg.v.V.] nicht ohne Hauch [die Liebe (amor-voluntas) im Heiligen Geist; Anmerkg.v.V.] ist"[806], wird durch die naturphilosophische Lehre von der Bewegung adäquat unterstützt, denn „...aus dem Natürlichen, durch es und in ihm (ist) zu zeigen, daß es im Göttlichen und vorzüglich in Gott notwendig ist, den Vater, den Sohn und den Heiligen Geist zu bekennen."[807] Der Heilige Geist kann also, insofern er den Vater und den Sohn verbindet, nicht nur nicht übergangen werden, sondern ist vielmehr in seiner konstitutiven Position des beidseitigen Verhältnisses hervorzuheben. So sagt Eckhart auch: „Es erhellt also, daß es in der Gottheit oder in Gott eine ausgehende Liebe gibt; alles aber, was in der Gottheit zum Ausgang gehört, ist einer Person eigen oder den Personen[808]. Die Person wird aber in jeder Natur kund oder erkannt durch das, was ihr eigen ist. Deshalb nennen die Theologen jene Liebe personbildend. Denn sie ist ein Ausblühen und eine Blume der Zeugung, und zwar des aktiven Zeugens von seiten des Vaters, des Geborenwerdens von seiten des Sohnes, gemäß dem Wort: ‚einmal hat Gott gesprochen' (Ps. 61,12), nämlich der Vater, ‚diese zwei (Dinge) habe ich gehört', nämlich die Zeugung und die Hauchung."[809] Diese personbildende Dimension ist im innertrinitarischen Prozeß

805 Ebd. 120f.; Eckhart meint im ersten Teil die aristotelische Bewegungslehre, im zweiten Teil unseres Zitats bezieht er sich auf Avicenna. Nochmals (vgl. unsere Anmerkg. 492) verdeutlicht sich, daß Eckhart - abweichend von Aristoteles - die Bewegung (Privation/Beraubung/Heiliger Geist) positiv auffaßt.

806 Ebd. 131

807 Ebd., 131f. In Eckharts Predigt zu Apg. 12,11 „‚Nunc scio vere...': ‚Nun weiß ich wahrhaft, daß Gott mir seinen Engel gesandt und mich erlöst hat aus der Gewalt des Herodes und aus den Händen der Feinde'." (*Largier*, 1993 I, 39) findet sich übrigens für den Begriff „erkennen" das mittelhochdeutsche Wort „bekennen", für Erkenntnis steht „bekantnisse". Es kann hier keine etymologische Eruierung geleistet werden, nur dieser Hinweis: „Die Präfixbildung *mhd.* bekennen, *ahd.* bikennan bedeutete ursprünglich ‚[er]kennen'...". (Duden, Herkunftswörterbuch, 72)

808 Vgl. unser Kapitel 7: Gegenwärtigkeit und Gleichheit des „einig Einen" als Sohn zur Relation in der trinitarischen Struktur.

809 Joh. LW III, 134f., Hervorhebg.v.V. Vgl. unsere Anmerkg. 646. Die Theologen sind Thomas von Aquin und Bonaventura. Zu „diese zwei" fügt Eckhart hinzu: „Freilich wird das sächliche duo haec (‚diese zwei') nicht im eigentlichen Sinne bezüglich der Gottheit ausgesagt [weil die Gottheit reine Einheit ist; Anmerkg. v. V.]". (ebd.)

von Vater, Sohn, Heiligem Geist als Unmittelbarkeit zu fassen: „Der, den Gott gesandt hat, redet Gottes Worte; denn Gott gibt den Geist nicht nach Maß.“[810] Der Sohn ist dem Vater völlig gleich und gegenwärtig: der Sohn ist das aus- und ansprechende Wort des Vaters in dessen Selbstmitteilung; daher - Eckhart weiter - : „Zu dem Wort: Gott gibt den Geist nicht nach Maß, sagt die Glosse, daß dies von Christus, dem Sohn, zu verstehen sei, daß den übrigen Menschen aber der Geist nach Maß gegeben werde.“[811] So ist das Maß des Heiligen Geistes maßlos und unmittelbar im Sohn. Im Menschen hingegen ist das Maß des Heiligen Geistes maß-voll, denn er ist selbst die Mittel-barkeit für den Heiligen Geist.

8.3 Der Heilige Geist als dialogisch sich vollziehendes Werden: un-aufhebbare Dialektik

In Kapitel zum „Einig Einen“ haben wir die Selbstmitteilung Gottes unter einen dreifachen Aspekt gestellt, der im weiteren Verlauf unserer Erörterungen die Eigenart des Vaters, des Sohnes kennzeichnete und im vorliegenden, die These zum thetischen Begriff „die Gerechten“ abschließenden Teil den Heiligen Geist als dialogisch sich vollziehendes Werden verstehbar macht. Wenn wir auf die letzte Aussage Eckharts rekurrieren (Gott gibt den Geist nicht nach Maß), so wird klar, daß der Heilige Geist nicht primär als kreatürliche Instanz angesehen werden kann; Abstraktheit und Unmittelbarkeit des Heiligen Geistes sind in ihr nochmals bestätigt. Nun sagt Eckhart aber ja - mit Blick auf die göttliche Selbstmitteilung -: „Und wäre der Heilige Geist nicht aus dem Sohne ausgeflossen, so hätte man keinen Unterschied zwischen dem Sohne und dem Heiligen Geiste erkannt.“[812] Das weist, entgegen Abstraktheit und Unmittelbarkeit, auf das Ziel des Heiligen Geistes in letzter Konsequenz: nämlich auf den Menschen in seinem mittelbaren Werden. Wir erinnern uns des Eckhartschen Zitats: „Das Wort war bei Gott‘ (Joh. 1,1). (Auch) sagt er ’bei‘, und darum ist der Gerechte Gott gleich, denn Gott ist die Gerechtigkeit. Und darum: Wer in der Gerechtigkeit ist, der ist in Gott...“[813], in dem wir die abschließende Formulierung „und *ist* Gott“ ausgespart haben. Im vorliegenden Kontext zum Heiligen Geist nimmt sich dieses Fazit Eckharts weitaus verständlicher aus als in jenem Zusammenhang, in dem sich das erkenntnistheoretisch und ontologisch univoke Denken im thetischen Thema der „Gerechten“ auch noch den trinitätstheologischen Weg bahnen muß. In der Dimension des Heiligen Geistes nämlich ist es dem mensch-

810 Joh. LW III; 303; Eckhart bespricht den Johannes-Vers 3, 34.
811 Ebd. 312; die Glosse bezieht sich auf Überliefungen von Augustinus, Thomas von Aquin und Albertus Magnus. Vgl. unsere Anmerkg. 706
812 Vgl. unsere Anmerkg. 781
813 Vgl. unsere Anmerkg. 698

lichen Geist möglich, Gottes Sein zu leben. Eckhart spricht davon, daß, „wo die Kreatur endet, da beginnt Gott zu sein. Nun begehrt Gott nichts mehr von dir, als daß du aus dir selbst ausgehest deiner kreatürlichen Seinsweise nach und Gott Gott in dir sein läßt. Das geringste kreatürliche Bild, das sich je in dich einbildet, das ist so groß, wie Gott groß ist. Warum? Weil es dich an einem *ganzen* Gotte hindert. Eben da, wo dieses Bild (in dich) eingeht, da muß Gott weichen und seine ganze Gottheit. Wo aber dieses Bild ausgeht, da geht Gott ein. Gott begehrt so sehr danach, daß du deiner kreatürlichen Seinsweise nach aus dir selber ausgehest, als ob seine ganze Seligkeit daran läge. Nun denn, lieber Mensch, was schadet es dir, wenn du Gott vergönnest, daß Gott Gott in dir sei?"[814]

Formulieren wir an dieser Stelle einen kurzen Exkurs zum trinitätstheologischen Begriff der Gottheit[815]: einerseits verstärkt er zwar noch einmal die abstrakte Perspektive: „Alles das, was in der Gottheit ist, das ist Eins, und *davon kann* man nicht reden..."[816]. Was Eckhart aber andererseits mit dem Begriff betonen will und kann, ist seine deduktiv konsequente Einheitslehre. Diese ermöglicht es ihm, weder den Standpunkt der Franziskaner noch den der dominikanischen Mitbrüder gänzlich einzunehmen: „Einige Meister meinen, der Geist schöpfe seine Seligkeit aus der Liebe, manche meinen, er schöpfe sie aus dem Anschauen Gottes. Ich aber sage: Er schöpft sie weder aus der Liebe noch aus dem Erkennen noch aus dem Anschauen. Nun könnte man fragen: Hat denn der Geist im ewigen Leben kein Hinschauen auf Gott? Ja und nein! Sofern er geboren *ist*, hat er kein Aufschauen und kein Hinschauen (mehr) auf Gott. Insofern er aber (noch) geboren *wird*, hat er ein Hinschauen auf Gott. Darum liegt des Geistes Seligkeit da, wo er geboren *ist*, und nicht, wo er (noch) geboren *wird*, denn er lebt, wo der Vater lebt, das heißt: in der Einfaltigkeit und in der Bloßheit des Seins."[817] Die vorliegende Perspektive Eckharts korreliert mit oben zitiertem Gedanken zum „Kindbett in der Gottheit"[818]. Die Abstraktheit, die vorschnell als unzugänglich, unverständlich und den konkret denkenden Nachvollzug behindernd eingestuft wird, wird minimiert, indem sie gerade deduktives Denken fordert, worin eben abstraktes Denken impliziert ist.[819] Hermeneutisch befinden wir

---

814 *Largier*, 1993 I, 73 (Pred. 5B)

815 Vgl. dazu z.B. *Manstetten*, 583-598; *Mieth*, 1969, 126f.; *Ueda*, 113-125

816 Q, 273 (Pred. 26)

817 Largier, 1993 I, 427 (Pred. 39); vgl. auch den Stellenkommentar, *Largier*, 1993 I, 1009.

818 Vgl. unsere Anmerkg. 794

819 *Manstetten* (583): „Die Schwierigkeit, davon [von der Gottheit; Anmerkg. v.V.] zu reden, besteht darin, daß sich die *gotheit*, ...nicht thematisieren läßt als ein Gegenstand neben anderen Gegenständen der Rede, obwohl sie in jeder Rede mitthematisiert ist."

uns an dieser Stelle wiederum nicht nur in unserem grundlegend postulierten konkret abstrakten Denken, sondern auch in der theologischen Konkretion, die Eckharts Theologie meint. Eckhart beweist durch die Konsequenz seiner Einheitslehre, wobei er sowohl nicht nur die franziskanische Position der Vorrangigkeit von Wille und Liebe im erkennenden Verhältnis des Menschen zu Gott als auch nicht nur die dominikanische Lehre von Vernunft und Schau (beide Haltungen bedenkt Eckhart auch im Traktat ,Vom edlen Menschen') einnimmt, daß einerseits die Unmittelbarkeit des innertrinitarischen Prozesses, d.h. auch des Heiligen Geistes, gewahrt (gegen Pantheismus-Vorwürfe) wird und andererseits die Mittelbarkeit im menschlichen Geist nicht verleugnet, sondern vielmehr sein Grund und Ziel in der Wesenhaftigkeit, die nur werdend erreicht werden kann, erkannt wird.[820] Auf die implizit-grundgelegte Thematik der Gottesgeburt in der Seele, zu der wir im dritten synthetischen Teil der un-aufhebbaren Dialektik „die Gerechten werden leben - ewiglich bei Gott" explizit kommen, spielt Eckhart dann auch durch einen persönlichen Hinweis an: „Wieder will ich sagen, was ich (noch) nie gesagt habe: Gott und Gottheit sind so weit voneinander geschieden wie Himmel und Erde."[821]; in demselben Gedankengang führt er weiter aus: „Ich

820 Dazu Joseph *Bach*, Meister Eckhart als Vater der Deutschen Spekulation. Als Beitrag zu einer Geschichte der deutschen Theologie und Philosophie der mittleren Zeit, Wien 1864: „In der Erkenntnislehre folgt Eckhart dem heiligen Thomas. Sein Unterschied von dem System der beiden großen Scholastiker, von Thomas und Skotus, möchte vielleicht darin liegen, dass er das unmittelbare Gottesbewusstsein, welches in dem ontologischen Gottesbeweis seinen Ausdruck gefunden, in dieser Fassung aber von Thomas und Skotus bekämpt worden war, wieder in seiner fast übertriebenen Weise ausspricht. Auch darin geht Eckhart über die Scholastik hinaus, dass er Gott nicht blos als ,reine Wirklichkeit', sondern als ,reines Wesen' bestimmt. /.../ Dabei wird die mittelbare Erkenntniss, auf welcher Albert, Thomas und Skotus stehen, keineswegs in Abrede gestellt, sondern nur tiefer zu begründen versucht. Alles mittelbare Wissen gründet und zielt auf die Intuition. Wenn Eckhart apophatisch eine Einheit Gottes und der Welt behauptet, so kennt er recht gut deren Unterschiedensein in der Wirklichkeit. Auch er weiss, wie der heilige Thomas, dass das Sein Gottes ein unbeschränktes ist, das der Welt aber ein bedingtes, von Gott gesetztes, kein Insich sein. Die Welt ist nicht Gott und Gott nicht die Welt." (*Bach*, 37f.) Vgl. auch *Mojsisch*, 1983, 104: „Trotz der angesprochenen Identität von essentia und esse dürfte sich Eckhart mit dem Wesensbegriff von der Metaphysik des Thomas von Aquin abgewandt haben. Nicht die Analyse des esse - so bei Thomas -, sondern die der essentia erbringt die Identität von essentia und esse, wobei Eckhart der essentia aufgrund der Selbstsuffizienz dem esse gegenüber eine Priorität zuerkennt. Eckharts Metaphysik ist insofern nicht primär Seins-, sondern Wesensmetaphysik." Es ist allerdings im Vergleich zu *Bach* bei *Mojsisch* davon auszugehen, daß dieser rein erkenntnistheoretisch und nicht - wie jener - theologisch deduziert; vgl. ebd. 141.

821 Q, 272 (Pred. 26)

sage mehr noch: Der innere und der äußere Mensch sind so weit voneinander verschieden wie Himmel und Erde."[822] Ebenso können wir mit Eckhart formulieren: der Gerechte in der Gerechtigkeit selbst ist verschieden vom gerechten Menschen. Oder hermeneutisch aufgefaßt: die Univozität des thetischen Begriffs „die Gerechten" steht dialektisch zur Analogie des antithetischen Begriffs „werden leben"; letztere folgt im nächsten Teil. Die Synthese, die in der Perspektive der Eckhartschen Thematik der Gottesgeburt in der Seele mitgedacht werden muß, kann nicht anders verstanden werden, als daß die Antithese, die den gerechten Menschen in der Konkretheit seines Lebensvollzug bedenkt, als Phase oder Bestandteil der Dialektik befragt wird.[823]

Kommen wir abschließend auf die dritte Trinitätsperson, den Heiligen Geist als dialogisch sich vollziehendes Werden, zurück. Der Anspruch Gottes, der den Menschen im Sohn-Sein trifft, muß vom Menschen, wenn er wirklich Sohn werden will, dort erwidert werden, wo er Sohn geworden ist: „Wer die Gerechtigkeit liebt, der wird von der Gerechtigkeit ergriffen, und er wird die Gerechtigkeit."[824] Die Identität mit der schwerwiegenden Aussage „und *ist* Gott" ist nachvollziehbar. In Rücksicht auf die im vorherigen Kapitel zum Schluß angeführte Johannes-Auslegung kann Eckhart das Maß des Heiligen Geistes somit weiterhin deuten: „Man könnte aber sagen, wenn man die Glosse mit dem Gesagten in Übereinstimmung zu bringen sucht, daß, sofern es von der Seite des schenkenden Gottes abhängt, ‚der alles in allem wirkt' (1. Kor. 12,6), der Geist nicht nach Maß gegeben wird; sofern es aber von der Seite des Empfangenden abhängt, wird der Geist nach Maß gegeben, nach dem Wort: ‚dem einen gab er fünf Talente, dem andern aber zwei, dem andern aber eins, einem jeden nach der ihm eigenen Fähigkeit' (Matth. 25,5)."[825] Der den Heiligen Geist nach Maß empfangende menschliche Geist kann mit dieser göttlichen Gabe eine - wie oben gesagt - personbildende Richtung anstreben und „in diesem Werke [des Empfangens; Anmerkg. v. V.] empfängt der Heilige Geist sein Sein und sein Werden von mir ebenso wie von Gott! Warum? Weil ich (ja doch) in Gott bin. Empfängt er (der Heilige Geist) es nicht von *mir*, so empfängt er's auch von Gott nicht; er *kann* mich nicht ausschließen, in gar keiner Weise."[826] Mehrere Aspekte, die aber miteinander korrelieren, dürfen in Eckharts Duktus nicht übersehen werden. Zum einen der deduktive Gedankengang, der einer subjektiven Überbewertung der Komponente „von *mir*" entgegenwirkt: „Die erste Gabe, die Gott gibt, das ist der

---

822 Ebd.

823 Diesen Prozeß leiten wir grundlegend aus Eckharts Aussage zum Werden und Sein ab; vgl. unsere Anmerkg. 784

824 *Largier*, 1993 I, 331 (Pred. 29)

825 Joh. LW III, 312f.; vgl. unsere Anmerkg. 811

826 *Largier*, 1993 I, 289 (Pred. 23)

Heilige Geist; in dem gibt Gott *alle* seine Gaben: es ist das ‚lebendige Wasser'. Wem er das gibt, den dürstet nimmermehr (Joh. 4,13)."[827] Im Heiligen Geist gibt Gott *alle* seine Gaben: in ihnen ist auch das „von *mir*" eingeschlossen. Es handelt sich allein um Gottes Selbstmitteilung: „Gott liebt nichts als sich selbst; er verzehrt alle seine Liebe in sich selbst. /.../ Seine Liebe (zu sich selber aber) ist in uns ein Ausblühen des Heiligen Geistes. Um es anders auszudrücken: Gott liebt nichts in uns als die Gutheit [gemäß Transzendentalienlehre: die Gerechtigkeit; Anmerkg. v. V.], die er in uns bewirkt."[828] Zum anderen ist in Gottes Selbstmitteilung Gnade impliziert: „Die Gnade *wirkt* nicht; ihr *Werden* ist ihr Werk."[829] Die Gnade ist das Werden, das Charakteristikum des menschlichen Lebens: Gott gibt die Gnade, aber der Mensch empfängt sie nach Maß.[830] „Die Gnade entspringt im Herzen des Vaters und fließt in den Sohn, und in der Vereinigung ihrer beider fließt sie aus der Weisheit des Sohnes und fließt in die Gutheit des Heiligen Geistes und wird (auf solche Weise) mit dem Heiligen Geist in die Seele gesandt. Und die Gnade ist (auf diese Weise) ein Antlitz Gottes (= der Dreifaltigkeit) und wird unvermischt mit dem Heiligen Geiste in die Seele eingeprägt und ‚bildet' die Seele nach Gott. *Dieses* Werk *wirkt* Gott selbst ohne Fremdvermittlung."[831] Wichtig ist „diese Weise", d.h. Gottes Weise, die keine Weise[832] ist, da sie ohne jegliche Vermittlung, reine Einheit ist, in der der Mensch direkt durch den Heiligen Geist und das Sohn-Sein eingebunden ist, darin er „dürstet nimmermehr" – nach obigem Johannes-Vers. Nun zielt das *Werden* der Gnade aber auch konkret auf den Menschen. Eckhart macht es am eigenen Amt des Predigens klar: „Wenn *ich* Gottes Wort spreche, dann bin ich ein Mitwirker Gottes und ist (daher) die Gnade mit Kreatur (d.h. mit mir) vermischt und wird (daher) nicht *gänzlich* (= im vollen Sinne ihrer göttlichen Natur)

827 *Largier*, 1993 I, 399 (Pred. 37). Das „lebendige Wasser" entstammt aus dem Johannes-Evangelium 4,13/14.

828 *Largier*, 1993 II, 97 (Pred. 73)

829 *Largier*, 1993 I, 133 (Pred. 11)

830 Vgl. dazu *Largier*, 1993 II, 597ff.: „*Durch die Gnade Gottes bin ich, was ich bin.*" (in: Sermo Dominica Undecima de Epistula Cor. 15, 1-10; zitiert: Sermo 11) und den Stellenkommentar, ebd., 904ff. Weiterhin Eckharts Ausführungen zu Johannes dem Täufer: „Johannes tat kein Zeichen, das bedeutet, daß die Gnade, weil sie im Wesen der Seele ist, nicht in deren Vermögen, gemäß der Lehre der besseren Theologen [Bezug auf Thomas von Aquin; Anmerkg. v.V.], nicht im eigentlichen Sinne und nicht unmittelbar an sich Wunder oder äußere Werke tut, sondern an sich göttliches Sein verleiht, gemäß dem Wort: ‚durch die Gnade Gottes bin ich, was ich bin' (1. Kor. 15,10) und: ‚die Gnade Gottes ist Leben' (Röm. 6,23). ‚Leben aber ist für die Lebenden Sein'. Die Gnade verleiht also an sich göttliches Sein." (Joh. LW III, 449f)

831 *Largier*, 1993 II, 171 (Pred. 81)

832 Vgl. unsere Anmerkg. 599

in die Seele aufgenommen.“[833] Induktiv, d.h. vom Gnade empfangenden Menschen her gesehen, verbleibt dieser immer im Zustand des Werdens: „Nun achtet auf jenes Wörtlein, da es heißt: ‚sie hungert und dürstet nach Gerechtigkeit‘. Unser Herr sagt: ‚Die mich essen, die wird noch mehr hungern; die mich trinken, die wird noch mehr dürsten‘ (Jes. Sir. 24,29). Wie soll man dies verstehen? Bei leiblichen Dingen ist dem ja nicht so; je mehr man davon ißt, um so satter wird man ihrer. In geistigen Dingen aber gibt es keine Sättigung; denn je mehr man von ihnen hat, um so mehr gelüstet man nach ihnen.“[834]

Aus beiden Aspekten, nämlich diesem Werden und jenem Sein, gestaltet sich Eckharts Einheitsdenken: dieses ist nur aufgrund jenes möglich, jenes vollzieht sich in diesem. Der Heilige Geist ist diese Doppelung, daß das, was wird, ist, und das, was ist, wird; ein Paradoxon, das sich nicht aufhebt, sondern eher Steigerung von Präsenz ausdrückt. Heiliger Geist meint univok die göttliche Natur der trinitätstheologischen Einheit des Vaters und des Sohnes. Der Heilige Geist meint ebenfalls univok die menschliche Natur in der Einheit Gottes mit dem Sohn-seienden Menschen; hermeneutisch gesagt: den Nachvollzug des deduktiven, erkenntnistheoretisch und ontologisch, Denkweges vom Gerechten als solchen in der Gerechtigkeit selbst. Der Heilige Geist meint aber auch analog die menschliche Natur im Werden der Einheit mit Gott. „Es geschieht so: Was immer zu Gott kommt, das wird verwandelt; so geringwertig es auch sei, wenn wir es zu Gott bringen, so entfällt es sich selbst. Dafür nehmt ein Gleichnis: Habe ich Weisheit [oder Gerechtigkeit; Anmerkg. v.V.], so bin ich die nicht selbst. Ich kann Weisheit gewinnen, ich kann sie auch verlieren. Was immer aber in Gott ist, das ist Gott; das kann ihm nicht entfallen. Es wird in göttliche Natur versetzt, den göttliche Natur ist so kräftig, daß, was immer darein gegeben wird, entweder vollkommen darein versetzt wird oder gänzlich draußen bleibt."[835] Die Dimension des Heiligen Geistes verdeutlicht die Spezifik der Eckhartschen Hermeneutik, die wir grundlegend als den von ihm genannten „underscheit“ verstehen können. Da nämlich die Unmittelbarkeit des Heiligen Geistes immer auf den Menschen trifft, auf dessen konkretes Leben der Gerechtigkeit, ist der Heilige Geist stets von kreatürlicher Mittelbarkeit empfangen, welche auch den menschlichen Geist impliziert, gleichwohl dieser zur erkennenden Erkenntnis fähig ist[836], „denn alle Kreaturen ‚mitteln‘“[837] – wie Eckhart es in rhetorisch-stilistischer Kreativität

833 *Largier*, 1993 II, 171 (Pred. 81)

834 *Largier*, 1993 I; 441 (Pred. 41); Eckhart zitiert nach Matth. 5, 6: „‘Selig sind die Armen und die da hungert und dürstet nach der Gerechtigkeit‘ und ‚ihr nachfolgen.‘“ (ebd., 437)

835 *Largier*, 1993 I, 43f (Pred. 3); vgl. unsere Anmerkg. 683

836 Vgl. unsere Anmerkg. 661

837 *Largier*, 1993 II, 215 (Pred. 86)

ausdrückt. Eckharts „underscheit" haben wir durch unsere Ausführungen zum thetischen Begriff „die Gerechten" hindurch auf philosophischer (erkenntnistheoretisch/ontologisch) und theologischer Ebene verfolgt. So verlangt nun auch - und ganz explizit - die synthetische, Einheit Vater-Sohn charakterisierende, dritte Trinitätsperson die alleinige, „underscheit"-ende Wesensform der Unmittelbarkeit, denn „dasselbe Erkennen, in dem sich Gott selbst erkennt, das ist eines jeden losgelösten Geistes Erkennen und kein anderes"[838]. Nur der „losgelöste Geist" kann die Form des Dialoges leisten, die unmittelbar ist. Wenn wir den Heiligen Geist als dialogisch sich vollziehendes Werden benennen, wie wir es im Kapitel 6 hinsichtlich der Aspekte zum „einig Einen" unter der Maßgabe der göttlichen Selbstmitteilung avisiert und weiterhin exemplarisch dargelegt haben, so kann nicht vom mittelbaren Dialog, in Form des reallogischen Gesprächs und Wortes, die Rede sein. Was den Dialog durch den Heiligen Geist bestimmt, ist das „ewige Wort"[839]. Im Hören dieses Wortes liegt das Personbildende für den „losgelösten Geist".[840]

Eckharts „losgelöster Geist" impliziert den „underscheit"; er wehrt einerseits jeder häretischen Dissonanz und widerspiegelt andererseits das grundlegende Einheitsdenken. Im hermeneutischen Blickfeld korrespondiert er mit der von uns postulierten Dialektik als un-aufhebbare. Diese Dialektik strebt nicht danach, (philosophisch) Rationalismus zu desavouiert und auch nicht (theologisch) im Fideismus und Irrationalismus zu versinken; täte sie diese Schritte, würde sie

838 *Largier*, 1993 I, 119 (Pred. 10)

839 Vgl. unsere Anmerkg. 746

840 Aufschlußreich ist hier ein Verweis von John D. *Caputo* in ‚Radical Hermeneutics – Repetition, Deconstruction, and the Hermeneutic Project' (Bloomington/Indianapolis 1987, 288ff.) auf das antike Verständnis der „*per-sona*, *per-sonare*, the person as sounding-through, resonating. This pre-Cartesian word does not name a seat of self-identity and has nothing to do with an egological metaphysics. On the contrary, it means to name a difference, to pick up the interplay between mask and voice, face and speech, look and language, *eidos* and *logos*. It means to open up and preserve the distance between the mask and the speaker and prevent their hasty identificaton. It means to preserve the non-identity of the speaker and the voice which resonates through the mask. Unlike the modern notion of the self-identical ego or self-present consciousness, the old sense of *per-sona* speaks in terms of difference and non-identity. It recognizes the mediation, the *per*, that nothing is immediately given or present here...". Zum Aspekt der Distanz vgl. unsere Erörterungen in 1.1 (Der „underscheit": Determinierung des Abstrakten), in denen wir das Hermeneutische explizit in rezeptionaler Hinsicht bedacht haben. *Caputo* vereint die per-sona mit der Gelassenheit, welche eben auch ein Eckhartscher Begriff ist, zu dem wir im dritten Teil, aber auch bereits im zweiten antithetischen, unserer unaufhebbaren Dialektik kommen. Vgl. zu diesen Erörterungen auch unsere Anmerkg. 543.

kontradiktorisch zu Eckhart wirken.[841] Was für sie gilt, ist, Eckharts „underscheit" in seiner notwendigen Offenheit zu erkennen, was nur mit der Systematik einer un-aufhebbaren Dialektik möglich ist. Der Heilige Geist deutet die Synthese an, die sich im „losgelösten Geist" ergeben kann; die jedoch vom geistlichen Leben des Menschen her gesehen ein ständiges Fallen und Wiederaufstehen, ein ständiger Neubeginn, ein dialogisch sich vollziehendes Werden, somit in ständiger Un-aufhebbarkeit begriffen ist. Diese Un-aufhebbarkeit versetzt den menschlichen Geist in ein Sollen, welches angesichts kreatürlicher Endlichkeit nicht unbedingt als heilsbringende Erfahrung erfaßt wird. "'Ihr sollt *erneuert* werden im Geiste.'"[842] - sagt Eckhart in einer Predigt mit Paulus gemäß Eph. 4,23. Daß diese Erneuerung einerseits un-aufhebbarer Dialektik gleichkommt, andererseits aber nicht Aussichtslosigkeit auf heilsbringende Erfahrung impliziert, wird einerseits im folgenden Teil zum antithetischen Begriff „die Gerechten - werden leben" und andererseits im synthetischen Teil „die Gerechten werden leben - ewiglich bei Gott" festzustellen sein. Es wird sich im Gesamtblick der deduktive Denkansatz Eckharts, der gleichwohl auch induktiv un-aufhebbare Dialektik präsentiert, bestätigen lassen.

II. Antithese: Die Gerechten - „werden leben" - ewiglich bei Gott

Antithese meint Widerspruch - „die Gerechten - werden leben - ewiglich bei Gott.": Rekurrieren wir nochmals auf unsere erarbeitete Struktur des thetischen Begriffs „die Gerechten", so hat die in Univozität gestaltete Wegführung von der Erkenntnistheorie über die Ontologie unserem Denken bezüglich des Eckhartschen „underscheit" konkret abstraktes Begreifen abverlangt, mit dem Ergebnis, sich in der theologischen Konkretion, die wir in Eckharts Theologie postuliert haben, selbst als „underscheit" zu erkennen. Eckharts Univozitätsdenken zeigt sich in seinem deduktiven Ansatz, durch den der hermeneutische Verstehensprozeß zu dem Ergebnis gekommen ist, daß der „underscheit" die Einheit ist. Dialektik als Methode? Der denkerische Nachvollzug hat sich im Denken des thetischen Begriffs „die Gerechten" (wir hatten mehrfach darauf hingewiesen, daß die These bereits einen immanenten Dreischritt von Ideenlehre-Ontologie-Theologie ausweist) mit sich selbst vermittelt und einzig in der Hinsicht dialektisch aufgehoben, daß es sich selbst als „underscheit" bewußt werden mußte, d.h. gerade nicht aufgehoben, un-aufhebbar ist: „Nun hat es etliche Leute bedünkt,

841 Vgl. *Flasch*, 1974, 299-302 in Blick auf die Hinterfragung der rezeptionalen „Klischees" (ebd., 299) zu Fideismus, Gnostik und Mystik im Eckhartschen Werk.
842 *Largier*, 1993 II, 189 (Pred. 83)

und es scheint auch ganz glaubhaft, daß Blume und Kern der Seligkeit in jener Erkenntnis liegen, bei der der Geist erkennt, *daß* er Gott erkennt; denn, wenn ich alle Wonne hätte und wüßte nicht darum, was hülfe mir das und was für eine Wonne wäre mir das?"[843] Eckhart ist ‚Lesemeister'; denken wir an seine erklärliche Absicht, „die Lehren des heiligen christlichen Glaubens und der Schrift beider Testamente mit Hilfe der natürlichen Gründe der Philosophen auszulegen". Eckhart ist auch „Lebemeister"; aus dieser Perspektive gibt er anschließend seine eigene Meinung wieder: „Doch sage ich mit Bestimmtheit, daß dem nicht so ist. Ist es gleich wahr, daß die Seele ohne diese wohl nicht selig wäre, so ist doch die Seligkeit nicht darin gelegen."[844] Was bedeutet diese Aussage für unseren weiteren Rezeptionsweg? Stellen wir uns vor, daß wir Hörer Eckharts sind. Diese Situation erschwert nicht nur eine Dialektik als Methode, sondern verhindert sie sogar als eine solche. Denn unser denkerischer Nachvollzug stößt unwillkürlich auf den Widerspruch, der per definitionem gegeben ist: der These folgt die Antithese; somit der antithetische Begriff „- werden leben -". Er ist auf sich selbst zurückgeworfen und steht in einem solchen Resultat offen da. Diese Offenheit impliziert nun eben auch Widerspruch und Negation. „Nun sagt ein Meister, daß es keinen noch so törichten Menschen gibt, der nicht nach Weisheit begehre. Warum aber werden wir denn nicht weise? Da gehört viel dazu."[845] Bescheinigt uns Eckhart somit, daß die theologische Konkretion ein Widerspruch in sich ist, in dem die Theologie als theoretisch wissenschaftliche Erkenntnis niemals den Weg der Konkretheit gehen kann? Wie kann Eckhart paulinisch formulieren: "'Ihr sollt *erneuert* werden im Geiste.'"? Wir müssen konstatieren: bezugslos offen ist die hermeneutische Position, in der wir uns nunmehr befinden. Haben wir es bei Eckharts „underscheit" von Gerechtigkeit und Gerechtem mit einem Widerspruch zu tun? Ist davon auszugehen, daß er in „die Gerechten - werden leben - ..." einen Widerspruch impliziert? Bleibt es bei einer „Spannung von Einheit und Differenz, von Unmittelbarkeit und Vermittlung"[846] in Eckharts

---

843 *Largier*,1993 II, 329 (VeM); zur Erörterung der scholastischen Tradition, die Eckhart hier andeutet, sagt *Largier* im Stellenkommentar (ebd., 788), daß „Eckhart sich wohl nicht auf eine bestimmte Quelle, sondern auf Diskussionen um das Wesen der beseligenden Schau bezieht, die um 1300 das universitäre und monastische Milieu zutiefst bewegt haben."

844 Ebd.

845 *Largier*, 1993 I, 123 (Pred. 10); Eckharts Bezug ist Aristoteles' Metaphysik. Vgl. unsere Anmerkg. 609

846 *Largier*, 1993 II, 849; Stellenkommentar zur Eckhartschen Johannes-Auslegung; Hervorhebg. v.V. Es muß jedoch betont werden, daß *Largiers* Aussage nicht eine generell negative Konnotation hat wie beispielsweise die Sichtweise von *Ebeling*, der bei Eckhart keine Wesensmetaphysik mehr sieht, sondern nur eine prinzipiell

Lehre; einer Spannung, der, obgleich sie in erkenntnistheoretischer und ontologischer Hinsicht als abstraktes Denken konkret überwunden werden konnte, dennoch besonders die theologische Konkretion im Nachvollzug von Eckharts Ausführungen zum „einig Einen" (Vater-Sohn-Heiliger Geist) unterstellt war.

Halten wir an dieser Stelle inne: Eckhart benutzt Dialektik nicht primär um der Methodik willen, als formal-logische Denk- und Interpretationstechnik für seine Hörer.[847] Er setzt sie vielmehr als Denkschulung ein; auf dieser intentionalen Basis erläutert Eckhart seinen „underscheit" von Gerechtigkeit und Gerechtem, nimmt er seine Ideenlehre, Ontologie und Theologie vor. Für unseren dialektischen Prozeß bedeutet sie folgendes: Würde der dialektisch unvermeidliche Widerspruchsaspekt destruktiv aufgefaßt, würde ein Verstehen verhindert und die Auseinandersetzung mit Eckhart wäre hiermit an ihr Ende gekommen. Wie können wir also Eckharts „underscheit" nachvollziehen, den er selbst - um es nochmals hervorzuheben - als grundlegend und verstehbar voraussetzt? Nur so: wechseln wir die Perspektive und geben den obigen Fragen, ohne sie zu dementieren, hermeneutische Aufträge zur Seite. Nehmen wir das offene Resultat des thetischen Begriffs „die Gerechten" positiv und konstruktiv auf, d.h. nehmen wir explizit Widerspruch und Negation als Grundlage für eine produktive Weiterführung des denkerischen Nachvollzugs der Eckhartschen Aussagen zum Thema der Gerechtigkeit. Dieses produktive Denken überwindet Widerspruch und Negation im Dialektischen nicht, indem es sich mit sich selbst vermittelnd aufhebt, um sich selbst zu begründen und zu begreifen[848], sondern indem es sich

---

negative Spannung im Verhältnis Gerechtigkeit und Gerechtem (vgl. unsere Anmerkg. 325).

847 Daß Eckharts Werk und Predigten dialektisch-formale Strukturen aufweisen, haben wir im zweiten Teil: Dialektik als Formgebung analysiert, immer aber auch mit dem Hinweis auf Dialektik als Inhalt.

848 Die Totalität der Selbstvermittlung ist ein beispielhafter Gesichtspunkt der Dialektik Georg Friedrich Wilhelm *Hegels*, die in ihrer systematischen Struktur auch die Geschichte als Zusichkommen des absoluten Geistes auffaßt: „Die Logik ist sonach als das System der reinen Vernunft, als das Reich des reinen Gedankens zu fassen. *Dieses Reich ist die Wahrheit, wie sie ohne Hülle an und für sich selbst ist.* Man kann sich deswegen ausdrücken, daß dieser Inhalt die *Darstellung Gottes* ist, *wie er in seinem ewigen Wesen vor der Erschaffung der Natur und eines endlichen Geistes ist.*" (Wissenschaft der Logik. Erster Band: Die objektive Logik. Einleitung. Lizenzausgabe des Akademie-Verlages, Bd. I, Leipzig o.J., 45) Auch Eckharts Lehre weist diesen Totalitätsgedanken auf, der uns im dritten Teil der Synthese noch expliziter durch die mystische Dimension seiner Gedanken verdeutlicht werden wird. Bei *Hegel* findet sich in der ‚Phänomenologie des Geistes' – mit Blick auf Baruch Spinoza – ferner die Feststellung: „Es kömmt nach meiner Einsicht, welche sich durch die Darstellung des Systems selbst rechtfertigen muß, alles darauf an, das Wahre nicht als Substanz, sondern eben so sehr als Subjekt aufzufassen und auszu-

selbst als un-aufhebbares in Anspruch nimmt. Das setzt voraus, daß sich Denken nicht im Sinne „elitärer Rationalität“[849] versteht, sondern daß es sowohl Eingeständnis, Einsicht als auch Inanspruchnahme der Un-aufhebbarkeit seiner selbst ist oder: daß es die Positivität seiner Negativität[850] ist. Mit Eckhart können wir

---

drücken.“ (Phänomenologie des Geistes. Neu hrsg. Von Hans-Friedrich Wessels u. Heinrich Clairmont. Einltg. Wolfgang Bonsiepen. Hamburg 1988, 13f) Kraft seiner eigenen immanenten Dialektik entwickelt sich der Geist zur Erkenntnis und damit zur Wissenschaft. Hier liegt der Unterschied zu Eckhart, der den Menschen in all seiner Wirklichkeit von der Gnadengabe Gottes her denkt. Vgl. unsere Anmerkg. 844, sowei 534 zu *Ralfs*. Donata *Schoeller* hat eine Gegenüberstellung Meister Eckhart / Hegel vorgenommen, die ebenfalls bei Hegel das Systematische als Funktionalität der geistigen (geschichtlich-individuell) Erkenntnis hervorhebt, bei Eckhart dieses korrekterweise nicht gegeben sieht (vgl. 122-126). Hegel, der „Philosoph“ wähle den „‘wissenschaftlichen‘ Ansatz“, Eckhart, der „Mystiker“, arbeite in „‘pragmatischer‘ Hinsicht“ (ebd. 126). Die Anführungszeichen sind, sowohl für Hegel wie auch Eckhart, unverständlich. Die *Schoellersche* Untersuchung läßt aber dennoch Eckhart als Vorläufer Hegels erscheinen: „Die scheinbar unsystematische Parallelisierung der Begriffe ‚Einheit‘, ‚Vernunft‘ und ‚Gottesgeburt‘ in den Texten Eckharts erscheint in der Philosophie Hegels in einer inneren Kohärenz ausgewiesen.“ (ebd. 136) Die Subjektivierung in der Hegelschen Philosophie wird unseres Erachtens nicht ausreichend von der Theologisierung der Eckhartschen Lehre abgehoben: „Mystiker und Idealist können einander in vielem als Ergänzung und Interpretationshilfe dienen.“ (ebd., 138) Die Diktion ist verwirrend; es wäre notwendig, dieses „dienen“ explizit auf uns als Rezipierende zu beziehen, um sich „Geschichte und Gegenwart“ (Mojsisch, 1983, 4) nicht zu verstellen.

849 *Kern*, 1980, 30; vgl. unsere Anmerkg. 439- 444

850 Zur Positivität der Negativität verweisen wir auf *Diemer*, Alwin: Elementarkurs Philosophie Dialektik. Düsseldorf/Wien 1976, 148; *Diemer* bedenkt „Typen dialektischer Modi procedendi“, die zwar nicht als Unterscheidung nach mehr oder weniger konkreten Weisen aufzufassen sind, sondern vielmehr so, daß „gesehen werden (muß), was umfangmäßig mit dem Wort ‚Dialektik‘ alles bezeichnet werden kann. Zwar war der dialektische Modus procedendi durch das Negativitäts-Prinzip charakterisiert worden; doch müssen...hier auch alle die als dialektisch-*dialogisch* bezeichneten Typen erwähnt werden, die an sich eigentlich gerade nicht durch Negativität, sondern durch Positivität, etwa in der Wechselwirkung und dem Zusammen bestimmt sind. Diese sind so – und damit zeigt sich wiederum das Dilemma einer allgemeinen Charakterisierung von ‚Dialektik‘ – im Grunde genommen undialektisch.“ *Diemer* erwähnt weiterhin (ebd. 149ff.) *„die lineare Dialektik*...die Negativität fungiert konstituierend“ und *„die Reflexionsdialektik*“, welche „positive Setzung“/„negative Setzung“ als Ausgangspositionen nimmt. Bezüglich unseres hermeneutischen Ansatzes (vgl. unsere Anmerkg. 848) sei hervorgehoben, daß Positivität der Negation nicht die Reduktion, d.h. Widerspruch um des Widerspruchs willen, eine dualistische Dialektik (im Sinne der negativen Dialektik von *Adorno*; *Horkheimer*, Max; *Adorno*,Theodor W.: Dialektik der Aufklärung. Frankfurt 1995) meint, auch nicht die offensichtlich oszillierende Dialektik der dialektischen Theologie Karl Barths, nach der der sündige (in Negativität seiende) Mensch

diese scheinbar paradoxe Konstellation wie folgt verdeutlichen: „Alle Kreaturen sind ein reines Nichts. Ich sage nicht, daß sie geringwertig oder überhaupt etwas seien: sie sind ein reines *Nichts.* Was kein Sein hat, das ist nichts. Alle Kreaturen (nun) haben kein Sein, denn ihr Sein hängt an der Gegenwart Gottes."[851] Konzentrieren wir uns vorerst nicht auf den Begriff des Nichts im besonderen, sondern auf den Kontext, den uns Eckhart in seiner gewohnten Aussagekraft mitteilt: die Kreatur ist ohne Sein! Verbinden wir Eckharts Aussage mit unseren dialektischen Überlegungen, so gründet obige Inanspruchnahme seiner selbst, d.h. des Menschen Denken und Sein, in der Seinslosigkeit, die - rein begrifflich - dem antithetischen Begriff „werden leben" entspricht. Angesichts dessen werden die Kapitel zur Antithese die Seinslosigkeit des Kreatürlichen mit dem Ziel thematisieren, eine produktive Weiterführung des Eckhartschen „underscheit" im Gerechtigkeitsbegriff anzustreben. Hinsichtlich dieser Zielvorgabe ist in hermeneutischer Rücksicht und Antizipation abschließend folgendes festzuhalten: Der deduktive Denkansatz Eckharts, der für den thetischen Begriff „die Gerechten" als grundlegend analysiert worden ist, wird im „werden leben" auf eine induktive[852] Ebene transformiert. Oder anders ausgedrückt: die transzendent-

---

es letztlich ist, der Gottes Gnade auf sich herabruft (vgl. *Heintel*, 91f.; Bd. 1), sondern sie orientiert sich vielmehr an Eckhart selbst: „Das Gute ist nicht minder mächtig zum Guten als das Böse zum Bösen." (*Largier*, 1993 II, 359; RdU): d.h., der Menschen muß seine Negativität als seiend, positiv, erfassen; Gott aber obliegt das „Verneinen des Verneinens" (vgl. unsere Anmerkg. 618); diese Macht Gottes muß der Mensch als Notwendigkeit um seiner selbst willen (an)erkennen (vgl. unsere Anmerkg. 97 sowie auf das Kapitel 8.3 Der Heilige Geist als dialogisch sich vollziehendes Werden: un-aufhebbare Dialektik); dementsprechend fordert Eckhart: „Ein guter Mensch kann der nicht sein, der nicht will, was Gott in jedem besondern Falle will, denn es ist unmöglich, daß Gott irgend etwas denn Gutes wolle..." (*Largier*, 1993 II, 249; BgT). Wir verweisen im übrigen auf die folgenden antithetischen Ausführungen zum „werden leben".

851 *Largier*, 1993 I, 53 (Pred. 4); vgl. unsere Anmerkg. 616, besonders die Hinweise zu *Kopper.*

852 Von Induktion (vgl. *Bochenski*, Josef M.: Die zeitgenössischen Denkmethoden. 9. Aufl., Tübingen 1986, 117ff.) sprechen wir unter folgendem Hinweis: es ist nicht primär das naturwissenschaftliche Schlußverfahren gemeint; obgleich Eckhart durchaus Phänomene und Akte des gläubigen-gottsuchenden-gerechten Menschen (dazu im folgenden) als empirische Exemplarität benennt, resultieren diese nicht in epagogischer Verallgemeinerung und Gesetzmäßigkeit und sind somit nicht als Positivismus zu fassen. Darüber hinaus: auch das (aristotelische) Begriffsbildungsverfahren per Abstraktion, worauf wir bereits in unserer thetischen Analyse der Aussagen Eckharts zur Erkenntnistheorie hingewiesen haben (vgl. unser Kapitel 2.1 Die logische Grundlage: Gerechtigkeit als Idee), ist nicht relevant für die Induktionsperspektive in unserem Verständnis. Diese deutet vielmehr auf Eckharts Transzendenz der wesenhaften Idee vor den Dingen, die anfänglich formuliert wurde. Diese hat

univoke Rede Eckharts findet ihr Pendant in einer immanent-analogen. Nehmen wir Eckhart also beim Wort: "'Ihr sollt *erneuert* werden im Geiste.'"

1. Das analogische Denken bei Eckhart

Innerhalb unserer thetischen Analyse haben wir bereits auf jene Position aus dem ‚Buch der göttlichen Tröstung' verwiesen, in der Eckhart den Gerechten vom gerechten Menschen absetzt.[853] An anderer Stelle sagt Eckhart nunmehr weiter: „Was irgendwie dem Gerechten zugehört, insonderheit, was seine Gerechtigkeit zu der *seinigen* macht, und daß *er* gerecht ist, das ist Sohn und hat einen Vater auf Erden und ist Kreatur und ist gemacht und geschaffen, denn sein Vater ist Kreatur, gemacht oder geschaffen."[854] Der Mensch als gerechter Mensch in seiner Gerechtigkeit: dieser induktive Standort vermittelt - gegenüber dem transzendenten unseres thetischen Begriffs „die Gerechten" - Immanenz, die als Konkretheit bestimmt werden kann. Eckhart spricht hier nämlich von dem Bereich des Geschaffenen, Endlichen, Kontingenten, d.h. also von diesem und jenem Gerechten in seinem je eigenen Gerechtsein; daraus folgt: die Rezeption muß nicht mehr nur rein erkenntnistheoretisch-ontologische, sondern ontische Gedankengänge bei Eckhart zur Kenntnis nehmen. Konkretheit meint unter diesem Blickwinkel, der eben im univok-deduktiven Vorgehen des thetischen Begriffs „die Gerechten" hermeneutisch ausgeklammert war, auch etwas anderes als die theologische Konkretion, die unser dritte thetische Teil zur Theologie Eckharts verfolgte. Wie dort zwar der Begriff zum Wort weitergedacht werden mußte, gleichsam jedoch auf abstrakter Ebene verblieb, ist hier das Wort, das für den gerechten Menschen konkret ist, der tragende Gedanke. Es geht Eckhart um seine fragenden Zuhörer: „Ihr fragt oft, wie ihr leben sollt."[855] Es geht ihm - um nochmals zu rekapitulieren - um den Bereich des Werdens und der Veränderung, abhängig von „Mittelursachen, Zufallendem und besonderen Zurichtungen"[856]; um den ontischen Bereich der Akzidentien[857]. Nun kann gefragt werden, ob - angesichts dieser Prädikation - der Bereich für Eckhart unwichtig ist? – wie es

Eckhart als grundlegend und vernunftmäßig erkennbar charakterisiert; er hat hier den „underscheit" angesetzt: induktiv meint demgemäß, daß die transzendente Idee, der „underscheit" von Gerechtigkeit und Gerechtem, immanent erfaßt werden muß, ohne selbstgefälligen Erkenntniszuwachs zu meinen; vgl. unsere Anmerkg. 638

853 Vgl. unsere Anmerkg. 289

854 *Largier*, 1993 II, 239 (BgT)

855 *Largier*, 1993 I, 191 (Pred. 16B)

856 Vgl. unsere Anmerkg. 497; auch 390

857 Vgl. unsere Anmerkg. 307, 308

bei Josef *Koch*[858] anklingt. Wir meinen, nein; dieses sowohl aus theoretisch-wissenschaftlichem als auch praktischem Grund. Die Wendung „Geschöpf als solches" - um mit *Koch* zu sprechen - nimmt eine ideelle, deduktive Perspektive ein. Aus dieser heraus denkt Eckhart ständig; indem er nämlich vom „Gerechten" spricht. Insofern Eckhart vom Seienden im *einen* Sein handelt, das Geschöpf als den Schöpfer benötigend, den Gerechten in der Gerechtigkeit als solche kennzeichnet, läßt er wohl eine induktive Gewichtung feststellen, durch die er aber gleichzeitig sein allumfassendes Einheitsdenken hervorhebt und somit einem monistischen und pantheistischen Mißverstehen entgegenwirkt. Der konkret-kontingente Lebensbereich des gerechten Menschen drückt in Eckharts Lehre kein Desinteresse aus, sondern ist vielmehr ein wichtiger, nicht zu vernachlässigender Bestandteil. Praktisch gesehen ist überhaupt Eckharts Predigertum ein Beweis für sein Interesse am Menschen in Leben und Existenz: „Wer diese Predigt verstanden hat, dem vergönne ich sie wohl. Wäre hier niemand gewesen, ich hätte sie diesem Opferstocke predigen müssen."[859]; ein Beweis, der natürlich nicht einen logischen Satz, sondern die biographisch-geschichtliche Tatsache meint, die uns hier (von Eckhart nachweislich!) übermittelt ist und die darüber hinaus sich selbst begründet, indem sie sich als existentiell unausweichlich statuiert. Wir wollen im vorliegenden Kontext noch nicht von Mystik sprechen; diese wird im dritten, synthetischen Teil berücksichtigt werden. Der hermeneutische Mittelpunkt ist der gerechte Mensch in seiner Konkretheit, d.h. in seinem Leben. Durch den dialektischen Verlauf sind wir nunmehr veranlaßt, den „durch und durch intellektuellen Charakter"[860] Eckhartscher Lehre zur Dimension der „'Erfahrung'"[861] weiterzudenken, denn es „..ging Meister Eckhart immer darum, einerseits zu verstehen - die Schrift, die Offenbarung, Welt und Gott, die Menschen, andererseits verstanden zu werden - von den Menschen für die Menschen, nämlich um ihres Heiles willen."[862]. Darüber hinaus zeigt sich auch aus formaler Sicht bei Eckhart, daß „virtually every sermon concludes with a prayer for the

---

858 *Koch*, 1960, 86, der sich auf Eckharts vierzehntes Traktat „von der Substanz und dem Akzidenz" (vgl. *Largier*, 1993 II, 465; Prol. gener.) des unbekannten ‚Opus propositionum', dessen Traktate im ‚Opus tripartitum' nur thesenartig aufgelistet sind, bezieht, mit dem Hinweis, „wie wenig sich Eckhart für das Geschöpf als solches interessiert" (*Koch*, ebd.).

859 Q, 273 (Pred. 26); vgl. unsere Anmerkg. 458-459

860 *Ruhbach*, Gerhard/*Sudbrack*, 20

861 Ebd., *Ruhbach*/*Sudbrack* betonen, daß der bei Eckhart sich speziell auf Mystik beziehende Erfahrungs-Begriff einer „christlichen Mitte (entspringt), in der Erfahrung, Glauben und Verstehen eins sind" (ebd.). *Ruhbach*/*Sudbrack* bedenken Mystik korrekterweise nicht als von Eckhart individuell ausgesagte; vgl. unsere Anmerkg. 468.

862 *Waldschütz*, 1991, 95; vgl. unsere Anmerkg. 92

experience that something 'should happen in me'...".[863] Transzendentales Denken des thetischen Begriffs „die Gerechten" zieht immanentes Denken nach sich, denn nur vom konkret gerechten Menschen her kann der Begriff der Gerechtigkeit adäquat, d.h. als Transzendente, verstanden werden. In dieses Verstehen führt Eckhart primär auf semantischer Aussage-Ebene ein. Als weitaus erhellender für seine Hermeneutik erweist sich seine sekundäre Perspektive, da sie die Seinslosigkeit des gerechten Menschen konsequent denkt, d.h. nicht nur ontologisch, sondern theologisch. Wir hatten bereits auszugsweise auf die exemplarische Stelle bei Eckhart verwiesen, in der er das „Verhältnis aller Dinge zu Gott"[864] eben unter „diese Natur der Analogie"[865] stellt, welche viele „nicht verstehen und (darum) verwerfen und so bis heute sich im Irrtum befinden"[866]. Was aber meint Eckhart mit dieser Art von Analogie explizit und wie denkt er sie? Dazu bemüht er zum einen die logische Konstruktion und zum anderen die ontologische Bestimmung. Jene ist die Verständnisbasis für diese, welche die Analogie als dasjenige Denkmuster benutzt, durch das die Seinsform des „werden leben" als analoge erkennbar wird. Anhand analogischer Aussage kann Eckhart Konkretheit, d.h. Leben und Erfahrung des gerechten Menschen, formulieren.

Der grundlegend logische Aspekt der Analogie[867] basiert auf der Aristotelischen Kategorienlehre[868], die die Substanz als absolutes Seiendes und die Kate-

---

863 *Forman*, Robert K.C., An Eckhart Methodology and a Mystical Vocabulary, in: Valerie M. Lagorio (Ed.): Mysticism: Medieval & Modern. Institut für Anglistik und Amerikanistik Universität Salzburg, Salzburg 1986, 80

864 Eccli. LW II, 282; vgl. unsere Anmerkg. 354

865 Ebd.

866 Ebd.

867 Vgl. zur Analogielehre z.B. *Langer*, 1987, 265-278; *Albert*, 1976, 172-189; *Haug*, 1983, bes. 25-29; *Koch*, 1964; *Lossky*, bes. 286-332; *Imbach*; *Mieth*, 1969, 134 ff; *Heintel*, Erich, Grundriß der Dialektik. Zum Logos der Dialektik und zu seiner Logik. Bd. II, Darmstadt, 1984, 263-274; dort auch zur Konstellation Dialektik/Analogie.

868 Vgl. unsere Anmerkg. 578, vgl. auch Ex. LW II, 58: „... über das Seiende oder die Dinge und ihr Sein muß man anders sprechen und denken als über die Kategorien der Dinge und das, was man über sie aussagt. Da manche das nicht beachten, geraten sie an mehreren Punkten in Schwierigkeiten. Die zehn Kategorien sind weder zehn Seiende noch zehn Dinge noch die obersten zehn Seienden noch die obersten zehn Dinge, sondern die obersten zehn Gattungen der Dinge oder des Seienden. Sie sind keineswegs die obersten zehn Seienden, sondern es gibt nur ein Seiendes, nämlich die Substanz. Die übrigen sind dagegen nach dem 7. Buch der Metaphysik nicht Seiendes, sondern im strengen Sinne nur etwas an einem Seienden, nur im analogen Sinne sind sie Seiendes, und zwar im Hinblick auf das eine absolute Seiende, die Substanz." Vgl. unsere Anmerkg. 308 sowie *Langer*, 1987, 266, zum Verhältnis der Kategorien zur Substanz, ousia, in der Aristotelischen Metaphysik.

gorien als Prädikate dieser setzt. Die Methodologie der Prädikation ist auch Eckharts Anliegen, um den gerechten Menschen als gerecht zu definieren; für uns ergibt sich daraus letztlich ein weiteres, erklärendes Element hinsichtlich des „underscheit“. Eckhart übernimmt dementsprechend das aus der Aristoteles-Rezeption von Thomas von Aquin tradierte Beispiel der Gesundheit: „...eine und dieselbe Gesundheit, die im Sinneswesen ist, sie – und keine andere – ist in der Speise und im Harn, und zwar so, daß von der Gesundheit als Gesundheit ganz und gar nichts in der Speise und im Harn ist, nicht mehr als im Stein; sondern deshalb allein heißt der Harn gesund, weil er jene eine Gesundheit, welche im Sinneswesen ist, anzeigt, wie der Kranz, der nichts vom Wein in sich hat, den Wein.“[869] Das Beispiel leitet Eckhart aus vorherigen, allgemeineren Gedanken ab, die für das Reden, den Ausdruck Berücksichtigung im Logisch-Semantischen einfordern: „Wiederum sind...die Unterschiede zu beachten, (nämlich zwischen), Eindeutigem, Mehrdeutigem und Analogem‘.“[870] Im Duktus des exemplarischen Gerechtigkeitsbegriffs verdeutlicht Eckhart: „Wären nämlich mehrere Gerechte durch eine je andere Gerechtigkeit gerecht, so bestände entweder zwischen ihnen nur eine Namensgleichheit [Äquivokation; Anmerkg.v.V.], oder die Gerechtigkeit verhielte sich zu den Gerechten (wie eine) gleichartige Ursache [univoke Ursache[871]; Anmerkg.v.V.].“[872] Gemäß der Analogie im Gesundheitsbeispiel sagt Eckhart hinsichtlich der Gerechtigkeit nun aber, daß sie sich zum gerechten Menschen verhält, „wie eine analoge Ursache, wie das Urbild (zum Abgebildeten) und das Frühere (zum Späteren) und fällt damit nicht unter die Zahl wie auch nicht unter die Zeit“[873]; somit gilt: die eine und dieselbe Gerechtigkeit, die als Urbild des Gerechten für jeden Menschen existiert, ist keine andere in jedem einzelnen gerechten Menschen, und zwar so, daß von der Gerechtig-

869 Eccli. LW II, 280. Vgl. unsere Anmerkg. 432

870 Ebd.

871 Vgl. unsere Anmerkg. 360 zum unterschiedlichen Verständnis von transzendentem und reallogischem Denken; letzteres meint im vorliegenden Kontext die zwar univoke Prädikationsweise, die aber für verschiedene Gerechte gilt. Ersteres, univok-transzendentes Denken, bestätigt nochmals eine Aussage *Koppers*, 1955, 60: „Eckharts Metaphysik geht über das reallogische Verständnis des Seienden hinaus, sie versteht das Sein des Seienden rein aus der Transzendenz, die Dinge zeigen sich nicht mehr von sich selbst her, sie werden aus der Transzendenz begriffen.“

872 Expositio libri Sapientiae, in: Lateinische Werke. Bd 2, hrsg. und übers. von Albert Zimmermann und Loris Sturlese, Stuttgart/Berlin/Köln 1992, 366 (zitiert: Sap. LW II)

873 Sap. LW II, 367. Diese Aussagen Eckharts geben die Erörterungen, die wir in dem thetischen Begriff „die Gerechten“ erarbeitet haben, prägnant wieder, jedoch in umgekehrter Weise: die herausragende Position des Univoken für das Einheitsdenkens Eckharts in der These wird im Antithetischen von der Analogie in Anspruch genommen.

keit als Gerechtigkeit ganz und gar nichts in jedem gerechten Menschen *ist*, sondern deshalb allein heißt der gerechte Mensch gerecht, weil er jene eine Gerechtigkeit, welche im Urbild des Gerechten ist, anzeigt, wie der Kranz, der nichts vom Wein in sich hat, den Wein. Die Gerechtigkeit ist nicht im gerechten Menschen, sondern der gerechte Mensch ist in der Gerechtigkeit, quasi Zeichen der Gerechtigkeit. Die Gerechtigkeit ist als Ursache aufzufassen, die die Wirkung, d. h. das Gerechtsein des gerechten Menschen hervorbringt; dabei ist sie – wie oben zitiert – eine analoge Ursache. Mit Blick auf unseren Kontext des antithetischen „werden leben", auf den gerechten Menschen, impliziert dieses, „was zu einem andern in analogem Verhältnis steht, hat in sich seinsmäßig und wurzelhaft keinen Ansatz zu der Form, auf der dieses Verhältnis beruht"[874]. Die Gerechtigkeit ist somit von diesem und jenen gerechten Menschen und von dem Gerechten als solchen nur analog aussagbar, d.h. der gerechte Mensch ist gerecht und der Gerechte als solcher ist gerecht, aber beide sind gerecht in unterschiedlicher Weise. „...das Analoge läßt sich weder nach Dingen noch nach Unterschieden an Dingen gliedern, sondern ‚nach Seinsweisen' eines und desselben Dinges schlechthin."[875] Im Sinne unserer Erörterungen innerhalb der These kann die analoge Aussage auch für die Gerechtigkeit des Menschen und die Gerechtigkeit Gottes in Anspruch genommen werden. „Diese Lehre vom analogen Verhältnis zwischen Gott und dem Geschöpflichen ist auf aristotelischer Basis von der Scholastik differenziert durchdacht worden und schon auf dem 4. Laterankonzil 1215 auf die klassische Formel von der Ähnlichkeit bei je größerer Unähnlichkeit gebracht worden."[876] Die je größere Unähnlichkeit bezieht sich auf die obige Unterscheidung nach „Seinsweisen" und meint somit einen wesentlichen Unterschied, der sich aber aus Ähnlichkeit heraus ergibt. Eckhart orientiert sich an der traditionell-scholastischen Vorgabe der Proportionalitätsanalogie des Thomas, d.h. „Analogie ist eine Form proportionaler Gleichheit"[877], die Gerechtigkeit kommt sowohl dem Geschöpf als auch Gott zu, aber dem Menschen – gemessen an der Gerechtigkeit Gottes – im schwacheren, unvollkommeneren Maße. Nun zeichnet sich aber Eckharts Verständnis der Prädikation als differenzierteres gegenüber dem traditionellen ab. Sein Analogiedenken verbleibt nicht im logischen Aussagemodus, sondern nimmt ontologische Bestimmungen auf, die auch auf die Gerechtigkeit als transzendente, geistige Vollkommenheit, wie wir sie in der These erarbeitet haben, rekurrieren: „Seiendes aber oder Sein und jede Vollkommenheit, besonders jede allgemeine, wie Sein, Eines, Wahres, Gu-

874 Eccli. LW II, 282
875 Ebd. 280; Eckhart referiert Thomas von Aquin und Aristoteles (vgl. ebd. Kommentar). Vgl. unsere Anmerkg. 354
876 *Haug*, 1983, 26 mit Bezug auf Erich Przywara (Analogia entis. 1962)
877 *Mieth*, 1969, 135

tes, Licht, Gerechtigkeit und dergleichen, werden von Gott und von den Geschöpfen analog ausgesagt."[878] Die Wesentlichkeit der Unterschiedenheit wird von Eckhart so radikal gedacht, daß daraus „...folgt, daß Gutheit, Gerechtigkeit und dergleichen ihr Gutsein ganz und gar von einem Wesen außer sich haben, zu dem sie in analoger Beziehung stehen, nämlich Gott."[879] Eckhart faßt das ontologische Verhältnis von Gerechtigkeit und gerechtem Menschen attributiv, d.h. in Form der sogenannten Attributions-Analogie, welche die thomasische Proportionalitätsanalogie modifiziert[880]: der gerechte Mensch ist nur gerecht, insofern er an der Gerechtigkeit teilhat. Nur der Gerechtigkeit selbst, also Gott, kommt die Gerechtigkeit absolut und substantiell zu; dem gerechten Menschen kommt sie als Teilhabe zu. (resp.: die Gesundheit ist nur im Lebewesen.) In der Hymne ‚Mnemosyne' von Friedrich *Hölderlin* heißt es: „Ein Zeichen sind wir, deutungslos..."[881] Martin *Heidegger* hat in seiner Vorlesung „Was heißt Denken?" auf die Übersetzung, „Gedächtnis"[882], verwiesen: „Gedächtnis, die Mutter der Musen: das Andenken an das zu-Denkende ist der Quellgrund des Dichtens."[883] Es soll hier Dichtung, das gedichtete Wort, nicht unvermittelt auf Eckharts Lehre übertragen oder diese kumulativ vereinfacht werden; im Gegenteil: Kongenialität ist nicht dienstbar zu machen.[884] Der Hölderlinsche Vers verdeutlicht jedoch - so meinen wir - in emphatischer, ver-dichteter Weise den Analogiegedanken Eckharts und kann Wegweisung sein, Eckharts Denken zum gerechten Menschen nachzudenken, so daß der von Eckhart benannte „Irrtum"[885] ausgeschlossen bleibt. Mit Bezug auf obige Einschränkung konvergieren in gewisser Weise die Begrifflichkeiten: gerechter Mensch und deutungsloses Zeichen. Unsere un-aufhebbare Dialektik wird hierin einen konkreten Ansatzpunkt finden.

---

878 Ebd.; vgl. unser Kapitel 2.3 Gerechtigkeit in der Transzendenz

879 Eccli. LW II, 281

880 Vgl. *Schwarz*, 22: „Eckhart konzentriert sich ganz darauf, von der Gerechtigkeit des Gerechten anders zu lehren, als es in der aristotelisch geprägten Schultheologie geschah. Es geht ihm wesentlich um die Frage nach der Prädikation des durch die Gnade Gerechtfertigten."; *Largier*, 1993 II, 757; Stellenkommentar zum BgT: „Er [Eckhart; Anmerk.v.V.] bezieht sich nicht auf die Analogie der Bezeichnung, sondern auf die Weise der Partizipation..."

881 *Hölderlin*, Friedrich: Werke/Briefe/Dokumente. Ausgewählt und mit Nachwort von P. Bertaux, 4. Aufl., Düsseldorf 1990, 196ff.

882 *Heidegger*, Martin: Was heißt Denken? Vorlesung Wintersemester 1951/52, nach der vierten, durchgesehenen Auflage, Tübingen 1984, Stuttgart 1992, 10

883 Ebd., 12

884 Ebd.13f., *Heideggers* Unterscheidung „dichtend Gesagte[s] und...denkend Gesagte[s]" (ebd. 14).

885 Vgl. unsere Anmerkg. 866

2. *Der gerechte Mensch im Blick auf die Nicht-Gerechtigkeit*

Im Verlauf der thetischen Erörterungen zur Univozität, die im Gerechtigkeitsbegriff („die Gerechten") bei Eckhart impliziert ist, haben wir kontinuierlich auf die hermeneutische Relevanz des „underscheit" von Gerechtem und Gerechtigkeit verwiesen, indem gerade die univoke Struktur des Gerechtigkeitsbegriff adäquates hermeneutisches Verstehen ermöglichte.[886] Im vorliegenden antithetischen Kontext ist der „underscheit" nunmehr als analoges Denken aufzufassen und bekommt im „werden leben" einen konkreten Anhaltspunkt. Eckhart sagt in der Johannes-Auslegung, im Anschluß an eine von uns bereits zitierte Stelle: „Ferner, weil nichts sich selbst zeugen kann, folgt daraus, daß der Gerechte ein anderer ist als die Gerechtigkeit, die den Gerechten zeugt."[887] Lenken wir das Augenmerk vorerst nicht auf den theologischen (auch explizit trinitarischen Bezug, der philologisch deutlich wird), sondern auf die analoge Konnotation der Aussage. Der Gerechte ist ein anderer als die Gerechtigkeit: „wo eine analoge Beziehung vorliegt, stammt das Hervorgebrachte zwar vom Hervorbringenden ab, ist aber unter seinem Ursprung, nicht bei ihm."[888] Wenn Eckhart nun schon die Andersheit oder auch den „underscheit" auf den Gerechten als solchen, d.h. als abstrakt, konkreten Begriff, bezieht, um wieviel mehr muß diese für diesen und jenen gerechten Menschen in seiner Konkretheit, in seiner kreatürlichen Endlichkeit, Vielheit und Unterschiedenheit gelten; denn, so fährt Eckhart fort: „Ferner wird es [das Hervorgebrachte; Anmerkg.v.V.] ein anderes der Natur nach, und so ist es nicht der Ursprung selbst."[889] Der gerechte Mensch ist nicht die Gerechtigkeit, sondern unterliegt einem besonderen, d.h. attributiv-analog bestimmbaren Gerechtigkeitsmodus, den Eckhart im ‚Buch der göttlichen Tröstung' für seine Hörer/Leser als reflektierbar wie folgt kennzeichnet: „Er [der trostsuchende Mensch; Anmerkg. v.V.] soll bedenken, daß der Mensch seinem natürlichen Sein nach von sich selbst nichts als Bosheit und Gebresten hat. Alles, was gut und Gutheit ist, das hat ihm Gott geliehen und nicht zu eigen gegeben. Denn wer die Wahrheit erkennt, der weiß, daß Gott, der himmlische Vater, dem Sohn und dem Heiligen Geist alles, was gut ist, übergibt; der Kreatur aber *gibt* er kein Gut, sondern er leiht es ihr (nur) auf Borg."[890] Diese Aussage kann als Belegstelle dafür gelten, daß Eckhart analogische Gedankengänge bezüglich der Prädikation eines Gegenstandes in ontologische, oder genauer: ontische Zusammenhänge überträgt, indem er die analoge Attribution, daß dem zweiten Analo-

886 Vgl. exemplarisch unsere Anmerkg. 579
887 Joh. LW III, 443; vgl. unsere Anmerkg. 628
888 *Largier*, 1993 II, 495 (Joh.Evg.)
889 Ebd.
890 *Largier*, 1993 II, 271f. (BgT)

gat, dem gerechten Menschen, vom ersten, der Gerechtigkeit oder Gott selbst, sein Gerechtsein zuteil wird, in konkreter, anschaulicher Akzentuierung wiedergibt. Gerade die Sinnfälligkeit des Leihens und Borgens kommt einer Verdeutlichung der Attributionsanalogie entgegen. Gleichzeitig betont Eckhart damit seine dezidierte, von der traditionellen Proportionalitätsanalogie abweichende Perspektive, daß die Vollkommenheit der Gerechtigkeit dem gerechten Menschen nur geborgt und nicht als Eigenschaft ist. Gott ist die Gerechtigkeit, der Mensch hat die Gerechtigkeit geliehen. Die Gerechtigkeit Gottes ist also nicht identisch mit der Gerechtigkeit des Menschen, auch wenn die Gerechtigkeit als Sachverhalt sowohl von Gott als auch vom Menschen prädikativ ausgesagt wird. Daß diese attributive Konstellation von Eckhart konsequent gedacht wird, zeigt sich in nachfolgender Frage: „Nun sage ich: Sintemalen dem Menschen alles das, was gut oder tröstlich oder zeitlich ist, ihm auf Borg geliehen ist, was hat er dann zu klagen, wenn der, der es ihm geliehen hat, es zurücknehmen will?“[891] Bei aller Konsequenz, die wir bereits sowohl für Eckharts Intention in abstrakt-erkenntnistheoretischer, philosophisch-theologischer Hinsicht als auch für sein Predigertum an sich hervorgehoben haben, sie wird auch hier eingehalten: „Wenn einer, der mir seinen Rock, Pelzrock und Mantel geliehen hätte, seinen Mantel zurücknähme und mir den Rock und den Pelzrock im Frost ließe, so sollte ich ihm sehr zu Recht danken und froh sein.“[892] Eckhart stellt diesem konkret-kontingenten Beispiel natürlich das allgemeinere Verhältnis Gott-Mensch voran, wodurch aber seine konsequente Denkweise einmal mehr einsichtiger wird, wenn er für das Gerechtsein des Menschen fordert: „Er soll Gott danken, der es ihm so lange geliehen hat. Auch soll er ihm danken, daß er es ihm nicht insgesamt wieder wegnimmt, was er ihm geliehen hat; und es wäre doch auch nur billig, daß Gott ihm alles das, was er ihm geliehen hat, wieder wegnähme, wenn der Mensch zornig wird darüber, daß er ihm ein Teil dessen, was nie sein und dessen Herr er nie ward, wieder nimmt.“[893]

Nehmen wir Eckharts konsequentes Analogiedenken nochmals explizit zur Kenntnis, so läßt sich eine Idealisierung mit fast radikaler Empathielosigkeit im Blick auf Existenz und Handeln des gerechten Menschen vernehmen. Die Perspektive der geborgten Gerechtigkeit scheint mehr aus rein geistigem, abstraktem Standpunkt, dem wir im Bereich zum thetischen Begriff „der Gerechten“ gefolgt sind, gewonnen zu sein, als daß sie materielles, konkretes Leben des gerechten Menschen bedenkt. Spricht Eckhart tatsächlich von Teilhabe an der göttlichen Gerechtigkeit, der doch der gerechte Mensch in seinem geborgten Ge-

891 Ebd., 273
892 *Largier*, 1993 II, 273 (BgT)
893 Ebd.

rechtsein diametral entgegenzustehen scheint? Erinnern wir an Eckharts Worte: „Alle Kreaturen sind ein reines *Nichts*."[894] Was im vorliegenden Kontext dialektischer Analyse explizit festgestellt werden kann, ist somit, daß das „werden leben" negativ und antithetisch zum thetischen Begriff „die Gerechten" verstanden werden muß; ohnehin ist diese Feststellung gemäß Eckharts attributionsanalogischem Denken gefordert und bestätigt sich in diesem. Nicht nur auf den äußerlichen Verweischarakter des Kranzes auf den Wein, der im Gasthaus ausgeschenkt wird, nicht nur auf die logisch-terminologische Aussagecharakteristik, die durch Analogie geleistet werden kann, zielt Eckharts Attributionsanalogie, sondern vielmehr auch auf die Bestimmung von Negativem und Antithetischen im Ontologischen, d.h. auf die Relevanz des Nichts im endlich-kreatürlichen Sein. Daß eine solch nichtige Relevanz des „werden leben" vorliegt, begründet sich aus der grundsätzlichen Unterscheidung nach Seinsweisen, die Eckhart mit der Attributionsanalogie attestiert und die thomasische, proportionale Vollkommenheit der Gerechtigkeit Gottes und der des Menschen ausschließt: Gott ist Gerechtigkeit, so ist der Mensch Nicht-Gerechtigkeit.[895] Anhand dieser Konstellation tritt der

---

894 Vgl. unsere Anmerkg. 851 sowie 413, dort die Ausführungen von *Mieth*, 1969, und *Schönberger*, 1986

895 Vgl. unsere Anmerkg. 401-402. In der Literatur lassen sich verschiedene Hinweise auf die Differenz, die der Eckhartschen Attributionsanalogie inhärent ist, finden: *Haug*, 1983, 29, bemerkt in philosophiegeschichtlicher Hinsicht, man sollte „sich nicht bei der Feststellung beruhigen, daß Eckhart sich bei seinem Analogie-Begriff tatsächlich auf Thomas stützen konnte, und bei dieser scholastischen Legitimierung des Begriffs mehr oder weniger übersehen, daß Eckhart mit der Ontologisierung der Attributionsanalogie das klassische Analogiekonzept zugleich aus den Angeln gehoben hat."; *Mojsisch*, 1983, 56, erklärt erkenntnistheoretisch, „dem Analogiegedanken haftet..immer das Signum der Defizienz an", weil das Geschaffene „aufgrund äußerster Distanz zum Absoluten Nichtigkeit ist", weil es „in seinem Innersten...nur Verweis...auf das Absolute" ist; „...selbst dann, wenn Relationalität zwischen dem Absoluten und dem Geschaffenen konzediert wird, selbst dann, wenn von besitzlosem Besitz und damit in gewisser Weise immer noch von Besitz die Rede ist, das Geschaffene selbst im Besitz dieses besitzlosen Besitzes zumindest insofern ohnmächtig ist, als es nicht einmal diesen Minimalbesitz erkennt, geschweige denn die Selbstvermittlung des Absoluten."; *Manstetten* (284) bedenkt Eckharts Analogielehre außerhalb -: „Die Frage, die die Analogielehre Eckharts beantworten will, ist die Frage nach dem Ursprung und der Besonderheit des als dieses und jenes bestimmbaren Seienden, das als ein solches aus den Univozitätstheoremen herausfällt. /.../ die Selbständigkeit des uns Begegnenden ist es aber [d.h. im Gegensatz zur aristotelischen Perspektive der Phänomene als Substanzen; Anmerkg.v.V.], die Eckharts Analogielehre in Frage stellt..." - und innerhalb des Univozitätsdenkens: „Wir müssen erkennen, daß Sein, wo immer es ausgesagt wird, kein Prädikat desjenigen ist, von dem ausgesagt wird, daß er oder es sei, sondern ein direkter Verweis auf das Sein schlechthin." (ebd. 295); *Kern*, 1994, 19, hält es, ebenfalls unter Ein-

„underscheit" deutlich hervor, wird das duplex esse[896] in seiner vom geschöpflichen Standpunkt aus gesehenen Antinomie präzisiert, läßt sich von Dialektik sprechen.[897] Wie Eckhart Dialektik als un-aufhebbare denkt, wie er Antinomien und Anachronismus[898] in seine Lehre vom gerechten Menschen einbindet, zeigt

---

beziehung univoker Denkelemente, für wichtig, „das Verhältnis zwischen Mensch als Kreatur und Gott in seiner dialektischen Relationalität zu bedenken. Diese dialektische Relationalität wird dem Gottsein Gottes und dem Menschsein des Menschen gerecht, wahrt deren Integretät und ontologische Realität. Diese dialektische Relationalität interpretiert Eckhart in dem Begriffspaar similis und dissimilis. /.../ Das Verhältnis similis-dissimilis kann – analogisch – christologisch untermauert werden. Das, was der Vater ist, ist auch der Sohn (‚pater et filius'), denn hier ist ‚eadem essentia et idem esse'. Das ist – analogisch – similis. Aber dennoch gilt (analogisch) das dissimilis, das Gegenüber zwischen Vater und Sohn: ‚pater ipse non is qui filius nec paternitas est filiatio, sed magis opponuntur.'"; weiterhin ist u.a. auf *Schwarz*; *Bindschedler*; *Schönberger*, 1987; *Langer*, 1987, 265ff. zu verweisen.

896 Vgl. unsere Anmerkg. 390, auch unser Kapitel 3.2 (Einschränkungen der ontologischen Einheitsspekulation oder zur Problematik der Formgebung durch das *eine* Sein).

897 Zum Auffinden von Dialektik im Denken und Sein sei auf einen älteren, aber überaus differenzierten Aufsatz, gerade was eine verbindende Perspektive von Analogie und Dialektik anbelangt, von *Ogiermann*, Helmut S.J.: Zur Frage nach dem Wahrheitsgehalt von 'Dialektik', in: Der beständige Aufbruch. Festschrift für Erich Przywara. Siegfried Behn (Hrsg.), Nürnberg 1959, 106-125, bes. 121f., verwiesen.

898 Antinomie und Anchronismus zielen auf die Perspektive des menschlichen Seins, genauer: des Seienden; vgl.unsere Anmerkg. 354, in der sich das Seiende an sich als dialektisch, als negativ setzt. 1) Antinomie bezieht sich direkt thematisch auf den Widerstreit der Aussage, der Mensch sei gerecht und nicht-gerecht, indirekt auf die Kantschen Antinomien, d.h. auf deren transzendentalen Bezug, nicht aber auf deren Scheinbarkeit. Antinomien meinen „schon bei Kant häufig nur den Widerstreit von zwei Aussagen (‚Thesis' und ‚Antithesis'), die sich beide gleich gut begründen lassen. In dieser....Bedeutung, die sich noch zu Lebzeiten Kants durchsetzt (Kiesewetter, Bendavid), bedeuten Antinomie und ‚Antithetik' dasselbe." (*Hinske*, N., Artikel Antinomie, in: Ritter, Joachim (Hrsg.), Historisches Wörterbuch der Philosophie. Bd. 1, Darmstadt 1971, 393; vgl. dazu auch *Brugger*, 21-23. 2) Anachronismus kann mit dem Eckhartschen Terminus des „Werdens" (vgl. unsere Anmerkg. 856, 857) zusammengedacht werden und antizipiert den Faktor der Zeit/Ewigkeit bei Eckhart. Ferner schließen beide Begrifflichkeiten an unsere Einleitung zum antithetischen Teil an, wo wir vom unausweichlichen Widerspruch, weil Charakteristikum der Dialektik, gehandelt haben. Es wäre auf *Simon-Schaefer*, Roland: Dialektik – Kritik eines Wortgebrauchs. Stuttgart 1973, 149f. zu verweisen, der zwecks „präziserer Charakterisierung"... „Untergruppen der Dialektik...etwa mit Hilfe der Unterscheidung von antagonistischen und nichtantagonistischen Widersprüchen, von ‚Verschiedenheiten', ‚Widerspruch', ‚Antagonismus', durch Konstruktion idealtypischer Entwicklungsabläufe oder durch Unterscheidung von verschiendenen Aspekten der Dialektik, Komplementarität, Implikation, Ambi-

sich gerade im „werden leben". Befragen wir dieses explizit und wenden uns dem praktisch-konkreten Aspekt realer Phänomene, d.h. den „*Werken*"[899] zu, die, wie Eckhart hermeneutisch betont - „Nun sei's der *Worte* genug."[900] -, durchaus als „Lehrgespräch"[901] dienen können.

3. *Antinomie und Anachronismus des „werden leben" oder: die Dialektik als un-aufhebbare*

Zu Beginn des zweiten Teils unserer dialektischen Analyse haben wir bereits mit deduktiv- bzw. induktiv-methodischen Überlegungen die Antithese zum antithetischen Begriff „werden leben" eingeleitet und den Widerspruch konstatiert. Im folgenden soll die Antithese inhaltlich, d.h. im Blick auf den Werkbegriff bei Eckhart, näher ausgeleuchtet werden. Antinomie und Anachronismus sind in zweierlei Hinsicht hilfreich: zum einen sind sie in Eckharts Ausführungen diaphan vorhanden, und zwar nicht in Form von kausalen Unzulänglichkeiten oder Verdunkelungen, sondern vielmehr als hermeneutische Fixpunkte, die als verstehbare Basis gelten können, da sie quasi wiederum Eckharts „underscheit" aufgreifen. Daraus leitet sich zum anderen ab, daß wir Antinomie und Anachronismus als charakteristische Elemente auffassen, die antithetischem Denken inhärieren. Wolfgang *Frühwald* hat für die Predigt ‚Vom edlen Menschen' - in Perspektiven Theodor Haeckers und Josef Bernharts - die Position der Antithetik dargelegt, die wir auf die Gesamtheit der Eckhartschen Lehrmethodologie anwenden möchten: „Diese Antithetik ist nicht dialektisches Spiel, sondern im Sinne Theodor Haeckers getragen von der ‚unendlichen Leidenschaft der pathetischen Person, die allein die Wahrheit des Erlebnisses und des Sprunges verbürgt'. Versuchen wir aus unserer Analyse des äußeren und inneren Aufbaus der Predigt VeM...einen Gedanken, den Josef Bernhart vorbildlich so formuliert hat: ‚...die Scholastik kommt in Eckhart ins Wanken durch eine Frömmigkeit, der das System Mittel wird zu den drängenden Zwecken nicht mehr der Systematik,

guität, Polarisation, Reziprozität" (mit Blick auf G. Gurvitch) definiert. Die Spannbreite in der Dialektik wird deutlich; wenn auch vorgeblich mit absolutem Widerspruch argumentiert wird, so ist vielmehr ein relativer gemeint. Georg Wilhelm Friedrich *Hegel* nimmt generell Stellung gegen eine Unterscheidung in der Begriffsbildung: „...eine Aufzählung von Arten *konträrer* und *kontradiktorischer*, *bejahender*, *verneinender* Begriffe usf. ist nichts anderes als ein Auflesen nach Zufall von Bestimmtheiten des Gedankens..." (Enzyklopädie, 154f).

899 *Largier*, 1993 II, 305 (BgT)

900 Ebd.

901 *Largier*, 1993 II, 335 (RdU)

sondern der Person.'"[902] Im Begriff der Person[903] spiegelt sich zum einen unser erwähnter Ansatz wider, eine produktive Weiterführung des Eckhartschen „underscheit" im Gerechtigkeitsbegriff anzustreben, zum anderen Eckharts paulinisches Postulat „'Ihr sollt *erneuert* werden im Geiste.'" In hermeneutischer Perspektive bilden Antinomie und Anachronismus weitere Schritte in Richtung unaufhebbarer Dialektik bei Eckhart.

3.1 Der Begriff: das Werk

Die Rede vom Werk ist in Eckharts deutschen Predigten und Traktaten ein durchgängiger Bestandteil, der gleichwohl in den ‚Reden der Unterweisung' thematisch im Vordergrund steht. Wenn Eckhart vom Werk spricht, meint er damit sowohl das menschliche, welches er auch mit „Tun"[904], „wirken", „Dinge", „Tätigkeit"[905], „Leistungsvermögen"[906] etc. wiedergibt, als auch das göttliche, welches im vorliegenden Kontext vorerst ausgeklammert wird. Die Art des Werkes bezieht Eckhart - speziell in den RdU - auf das geistliche Leben; so nennt er gleich zu Beginn das „Messelesen oder –hören, Beten, Kontemplieren"[907] und im Verlauf Buß-Handlungen wie „Fasten, Barfußgehen und dergleichen mehr."[908] Aus diesen Charakteristika deutet sich bereits an, daß Eckhart nicht zwingend mit dem Werk dessen explizite Dinghaftigkeit verbindet. Es wird sich vielmehr sein gerade im nicht-gegenständlichen Werk verankertes Interesse zeigen. Neben dem geistlichen oder monastischen Werk nennt Eckhart auch das weltliche[909]: umfassende Beispiele liefern in der Predigt über die ‚aktive' Martha

---

902 *Frühwald*, 145
903 Vgl. unsere Anmerkg. 840
904 *Largier*, 1993 II, 335 (RdU)
905 Ebd., 353/355
906 Ebd, 387
907 Ebd. 335
908 Ebd., 381. Vgl. dazu *Langers* Untersuchung (1987, 166ff) zum asketischen Leben in den Nonnenviten.
909 Daß wir hier eine Aufteilung in geistlich-monastisches und weltliches Werk vornehmen, meint keine Hierarchisierung, sondern kann durch Eckhart belegt werden; auch er spricht mit Blick auf das Klosterleben davon, „Weltliches oder Unpassendes" (*Largier*, 1993 II, 355 RdU) zu vermeiden. Dieses ist nun sicherlich nicht so zu verstehen, daß das weltliche Werk generell unpassendes Werk ist; das würde Eckhart als Prediger, dem nicht nur Theologen, Mönche, Nonnen zuhören, Abbruch tun. Vielmehr haben wir Eckhart so zu interpretieren, daß das Unpassende überhaupt jeglich tätigem Menschen, damit auch dem geistlichen Ordensmitglied, hinderlich ist. Zur näheren Erklärung des „Unpassenden" verweisen wir auf das Folgende.

und die ‚passive' Maria[910] die Figur der Martha oder in der Predigt ‚Intravit Jesus in templum...' nach Matth. 21,12[911] die Kaufleute; beispielhaft sind ebenfalls einige kontrapunktische Aussagen, die Eckhart zur Beschreibung des weltlichen Werkes heranzieht: „Denn wahrlich, wenn einer wähnt, in Innerlichkeit, Andacht, süßer Verzücktheit und in besonderer Begnadung Gottes mehr zu bekommen als beim Herdfeuer oder im Stalle, so tust du nicht anders, als ob du Gott nähmest, wändest ihm einen Mantel um das Haupt und schöbest ihn unter eine Bank."[912] „Wäre der Mensch so in Verzückung, wie's Sankt Paulus war, und wüßte einen kranken Menschen, der eines Süppleins von ihm bedürfe, ich erachte es für weit besser, du ließest aus Liebe von der Verzückung ab und dientest dem Bedürftigen..."[913]. Aus Eckharts spezifisch vereinheitlichenden Perspektive des geistlichen und weltlichen Werkes läßt sich ersehen, daß er einerseits dem Werk des Klosterlebens keinen elitären Rang zuordnet, andererseits Pflicht und Strenge des Ordens als Richtschnur an jegliche Lebensführung anlegt: „...ist es aber so, daß es den Menschen zu keinem Werk zieht und er nichts unternehmen mag, so soll man sich gewaltsam zwingen zu einem Werk..."[914]. Die von uns - gemäß obiger Anmerkung - gesetzte Aufteilung in geistliches und weltliches Werk ist nicht mehr aufrechtzuerhalten, wenn Eckhart darüber hinaus den Modus des Werkes im naturgebundenen, physikalischen Bereich, dem jeder Mensch unterliegt, ansiedelt und „alle unsere Werke, es sei Essen, Schlafen, Wachen oder was immer es sei"[915] im Werkbegriff vereint. Unter dieser Rücksicht zeichnen sich erste antinomische Grundzüge im „werden leben" ab, denn es kann sowohl eine eindeutige Relativierung hinsichtlich der Art, d.h. also der Qualität und Quantität, des Werkes als auch ein Ansatz zur „Entobjektivierung"[916] festgestellt werden.

Bei dieser Feststellung können wir jedoch nicht stehenbleiben, denn wir müssen uns auf das umfassende Denken Eckharts einlassen, das in realistischer Manier wiederum die Kehrseite der Medaille aufgreift, also antithetisch verfährt. Wenn Eckhart nun vom Zwang des Werkes spricht, so tut er dies gemäß des natürlich-kreatürlichen Werdeganges, nach dem „...der Mensch in diesem Leben nicht ohne Tätigkeit sein kann, die nun einmal zum Menschsein gehört und deren es vielerlei gibt..."[917]. Impliziert ist hierin, daß Eckhart Tätigsein an sich

---

910 *Largier*, 1993 II, 209-229 (Pred. 86)
911 *Largier*, 1993 I, 11-23 (Pred. 1)
912 *Largier*, 1993 I, 71 (Pred. 5B)
913 *Largier*, 1993 II, 363 (RdU)
914 Ebd., 419
915 Ebd., 343
916 *Langer*, 1987, 170
917 *Largier*, 1993 II, 355 (RdU)

nicht ablehnt: „Nun (aber) wollen gewisse Leute es gar *so weit* bringen, daß sie der Werke ledig werden. Ich (aber) sage: Das kann nicht sein!“[918] und durchaus Mannigfaltigkeit, Vielheit, somit das Werk „in der ihm eigenen Erscheinungsform“[919] benennt: „Indessen...es gibt viel Besonderes, was man zu manchen Zeiten und bei vielen Leuten einhalten *muß*; denn wer ein Besonderer *ist*, der muß auch viel Besonderes *tun* zu mancher Zeit auf vielerlei Weisen.“[920] Der Tenor liegt - ganz im Sinne der gegebenen Kontingenz menschlichen Lebens - auf der Notwendigkeit, ein Werk zu tun, zu handeln. Dabei mag das eine Werk unter besonderen, konkreten Umständen wohl zwingender sein, wird dadurch aber nicht außergewöhnlicher oder gar vollkommener als ein anderes. Eckhart abstrahiert klar von der zuvor zur Sprache gebrachten „Sonderlichkeit..., sei's in Kleidung, in Speise, in Worten...der Gebärden, die zu nichts nütze ist“[921]. Es deutet sich an, daß Eckhart ein anderes Verständnis von Tätigkeit und Werk des Menschen hat, als es traditionell vermittelt wurde; hier „unterscheidet sich Eckhart von der thomistischen Tradition. Er orientiert sich nicht mehr an einem unabhängigen moralischen ordo und löst die ‚spezifische und graduelle Abstufung des Sittlichen‘ auf.“[922]. Nach Eckhart kann sich der Mensch als Handelnder nicht auf einen vorgegebenen Kanon, der das Tätigsein reguliert und moralisch auf- bzw. abwertet, beziehen. Über alle Einschränkung hinaus, die Eckhart - als Notwendigkeit, Vielfältigkeit des Handelns und als Ablehnung eines kontemplativ-indifferenten Quietismus - gegen eine mögliche undifferenzierte Relativierung der Werke anführt, konfrontiert er uns letztlich mit seiner generellen Aussage: „Die Leute brauchten nicht soviel nachzudenken, was sie *tun* sollten, sie sollten vielmehr bedenken, was sie *wären*.“[923] Was die Leute *wären*: diese Position bezieht sich auf oben genannte Entobjektivierung des Werkes, in der keinerlei ordo determinierend wirkt, sondern in der vielmehr der Vorzug im nicht-gegen-

918 *Largier*, 1993 II, 229 (Pred. 86); *Largier* (ebd., 746) verweist im Stellenkommentar auf den zur Predigt 81 (ebd., 726) gehörigen, wonach die Meinungsträger nicht zu ermitteln sind. Inhaltlich geht es um die Polarität von quietistisch-stoischer Indifferenz und aktiv-differenzierender, aber - wie Eckhart sagt - „nicht zu Untugenden aus der Bahn“ (*Largier*, 1993 II, 169; Pred. 81) werfender Tätigkeit.

919 *Largier*, 1993 II, 405 (RdU). Eckhart bezieht „eine gewisse Abstufungsweise“ auch direkt auf den Menschen, „daß ein Mensch größer ist und schöner in der Erscheinung, im Aussehen, im Wissen, in Künsten als ein anderer“. (*Largier*, 1993 II, 257; BgT)

920 Ebd., 393

921 Ebd. Es läßt sich herauslesen, daß diese Aufzählung wohl mehr auf die spezifische Klostersituation abgestimmt ist.

922 *Langer*, 1987, 171; Bezug auf Mausbach, J.: Die katholische Moral und ihre Gegner. Köln 1921

923 *Largier*, 1993 II, 343 (RdU)

ständlichen Werk gesehen wird. Was die Leute *wären* – transformiert den Begriff des Werkes in ontologische Zusammenhänge, um von dort aus die ontische Konkretheit des handelnden Menschen zu eruieren; wie es im Verlauf deutlich werden wird - auch und gerade bezüglich der menschlichen Gerechtigkeit.

3.2 Das Werk im ontologischen Kontext

In hervortretender Exemplarität für die ontologische Auffassung des Werkes können zwei Äußerungen Eckharts genannt werden: „Ich erachte ein geistiges Werk für viel besser als ein leibliches.“[924] sowie „Wahrlich, mit dem Willen vermag ich alles. /.../ wenn der Wille vollkommen ist“[925]. Geistiges Werk, für das äquivalent Erkenntnis und Vernunft stehen, und Wille bilden die begriffliche Konstellation des Lehrstreites „zwischen Dominikanern und Franziskanern über den Vorrang von Vernunft oder Wille und Liebe bei der Gottesschau“[926] zur Zeit Eckharts. In beiden exemplarischen Aussagen liegen sowohl Antinomie, die dem Werk jegliche äußere, sinnfällige Wirkung abspricht, als auch Anachronismus, nach dem allein schon jede gute Intention ausreichend ist, zugrunde. Eckharts Antithese des Innen und Außen kommt hier in den Blickpunkt, die er als rhetorisches und spekulatives Mittel einsetzt. Demgemäß spricht er beispielsweise „von den inneren und äußeren Werken“[927] oder vom inneren und äußeren Menschen[928]. Eckharts antithetische Denkweise wurde von seinen Anklägern nicht akzeptiert. So heißen zwei inkriminierte Sätze in der Bulle: „Gott befiehlt nicht ausdrücklich das äußere Werk.“ und „Wenn ein Mensch tausend Todsünden begannen hätte, und es wäre ein solcher Mensch in rechter Verfassung, so dürfte er nicht wünschen, er hätte sie nicht begangen.“[929]

Wie können wir Eckhart verstehen? Wir meinen: nur in rezeptiver Offenheit hinsichtlich seiner speziellen Diktion. Dazu ein kurzer methodologischer Hinweis: Eckharts Diktion haben wir in seinem streng deduktiven Denken bereits durch die erkenntnistheoretische-ontologische-theologische Aufarbeitung des thetischen Begriffs „die Gerechten“ nachvollzogen. In der antithetischen Kon-

---

924 Ebd., 389

925 Ebd., 361

926 *Largier*, 1993 I, 737; Überlieferung und Chronologie. Vgl. unsere Anmerkg. 201, 775 sowie Kapitel 6.2.1 Natürliche Ordnung, göttliche Ordnung: - Gott. Zu den franziskanischen Begriffen Wille und Liebe vgl. unsere Anmerkg. 342 sowie 442

927 *Largier*, 1993 II, 419 (RdU)

928 Vgl. *Largier*, 1993 II, 315ff (VeM). Wir verweisen aber auf Anmerkg. 538, die die theologische Relevanz des Eckhartschen Denkens herausstellt, sowie auf das Kapitel 6.1.2 Ohne Dualismen.

929 Q, 452 (aus der Bulle ‚In agro dominico‘)

stellation des „werden leben" sind wir auf induktives, d.h. den gerechten Menschen in seinem Gerechtsein betreffendes, Denkverfahren verwiesen. Gleichwohl kann jener thetischer Ansatz diesem antithetischen nützen. Um produktiv weiterdenken zu können (auch im Sinne Eckharts „underscheit"), muß im Antithetischen ebenfalls das Allgemeine vor dem Besonderen liegen. Konstatiert wurde das Allgemeine bereits durch Eckharts Aussage, daß die Gerechtigkeit des Menschen diesem „auf Borg" gegeben ist. Eckharts Attributionsanalogie korrespondiert nämlich mit seinem deduktiven Ansatz, indem sie induktive Aussagen über die einseitige, weil attributive Beziehung des ersten Analogat zum zweiten macht. Die Antithetik des „werden leben" kann somit unter das allgemein-deduktive Vorzeichen des thetischen Begriffs „die Gerechten" gestellt werden. Eckharts Verständnis der spezifischen Stellung des gerechten Menschen hat uns weiterhin zu antinomischer und anachronistischer Prädikation derselben veranlaßt. Innerhalb dieser ist hinsichtlich der Bestimmung des Werksbegriff festgestellt worden, daß er nicht an moralische Differenzierungen einzelner Handlungen gebunden ist. Diese Differenzlosigkeit muß als hermeneutische Basis der antithetischen Analyse des „werden leben" uneingeschränkt berücksichtigt werden. Dazu gilt es vielleicht zu bedenken, daß es sich sicherlich um einen schwer nachvollziehbaren Denkweg handelt, den Eckhart, oder: methodologisch gefaßt, den die mittelalterliche Analogie geht; diese universale Seinslehre stellt gerade für die neuzeitlich-moderne Rezeption eine Aufgabe dar, welche einerseits von den verschiedentlichsten Erfahrungen aus geistesgeschichtlichen und naturwissenschaftlichen Strömungen zu abstrahieren genötigt ist, um andererseits aus dieser Abstraktion zu neuen Perspektiven auf die Errungenschaften zu gelangen. Uneingeschränkte Berücksichtigung der moralischen Differenzlosigkeit beim Werk ist auch für das Verstehen der beiden, der Häresie verdächtigten Aussagen Eckharts angebracht, denn sie sprechen explizit nicht gegen Gott (eine Begründung, die uns von Eckhart selbst schon bekannt ist), sondern fordern - im Gegenteil - dem Menschen etwas ab. Die Forderung läßt sich mit einer Wendung Josef *Quints* als „Ethik des Gerechten"[930] formulieren.

930 Q, 23 (Einleitung). Volker *Caysa* spricht treffend von einer „Ethik des Seins" (Die Ethik des Seins in Meister Eckharts ‚Reden der Unterweisung', in: Jahrbuch der Oswald von Wolkenstein Gesellschaft. Hans-Dieter Mück und Ulrich Müller (Hrsg.), Band 6, Marbach 1990/91; *Mieth* (1986, 66) prägt den Begriff der „Tugendethik": „Die theologische Transposition der Tugendethik bei Meister Eckhart bedeutet, daß in seinem Ansatz universale Moral und universale Theologie nicht nebeneinander bleiben und addiert werden oder einander wechselseitig überbieten, sondern daß sie, wenn sie recht gedacht sind, identisch sind...Was der Mensch an humanen Kriterien intensiv durchschaut und erkennt, hat aufgrund der Tatsache, daß Gott zur Schöpfung bis in die Inkarnation hinein ‚ja' gesagt hat, theologische Dignität /.../ Damit erhält die ‚Evidenz des Ethischen' (G. Ebeling) theologische

3.2.1 Der Anspruch ethischer Konkretheit: Tugend und Sünde

Eckhart denkt ethisch – ohne moralischen Zeigefinger. Ein gleichnishafter Hinweis Eckharts mag dies verdeutlichen: „Die Speise, die ich esse, die wird so vereint mit meinem Leibe wie mein Leib mit meiner Seele. Mein Leib und meine Seele sind vereint in einem Sein, nicht wie in einem Wirken – (nicht also), wie sich meine Seele dem Auge im Wirken, das heißt darin, daß es sieht, vereint -; so auch wird die Speise, die ich esse, mit meiner Natur im *Sein* vereint, nicht dagegen im Wirken, und dies deutet auf die große Einigung, die wir mit Gott im *Sein*, nicht aber im Wirken haben sollen."[931] Hier zeigt sich wiederum ganz klar nicht nur das univok-deduktive, sondern auch das attributivanalog-deduktive Denken Eckharts, für dessen Eindeutigkeit uns durchaus rezeptive Offenheit abverlangt wird. Es steht gar nicht zur Debatte, überhaupt Nivellierung des Sittlichen bei Eckhart zu vermuten[932] oder seine Ethik in die Indifferenz von Mystik[933] aufgehen zu lassen. Ebenso kann es nicht um Onto-logi-sierung[934] seiner Ethik gehen,

---

Relevanz..." (in: Die theologische Transposition der Tugendethik bei Meister Eckhart, in: Ruh, Kurt (Hrsg.): Abendländische Mystik im Mittelalter. Symposion Kloster Engelberg 1984, Stuttgart 1986, 63-79 (zitiert: 1986)

931 *Largier*, 1993 I, 89 (Pred. 7): die Erörterung der „großen Einigung" bleibt unserem synthetischen Teil vorbehalten.

932 *Schönberger*, 1987, 271: „Man kann nicht behaupten, die Differenz von Gut und Böse würde sekundär,... Aber gleichwohl droht darin das spezifische sittliche Phänomen aus dem Blick zu geraten."; vgl. unsere Anmerkg. 318 und 396

933 Vgl. unsere Anmerkg. 318 zum Standpunkt *Bindschedlers*. Der synthetische Teil nimmt die mystische Komponente bei Eckhart auf.

934 Vgl. unsere Anmerkg. 895 zu *Haug* (1983), der den Begriff zur Kennzeichnung der Spezifik (die nicht in Zweifel steht) der attributionsanalogischen Denkweise Eckharts einsetzt, aber weiterhin fragt, worin seine negative Tendenz deutlich wird, (ebd., 29): „...was bedeutet diese Ontologisierung objektiv-systematisch betrachtet? Wenn alles Sein Gottes Sein ist und das Nichts allein den verselbständigten raumzeitlichen Aspekt der Schöpfung bezeichnet, dann kann dieses Nichts nur noch eine subjektive Kategorie sein. Das Nichts verliert seinen systematischen Stellenwert /.../ Eckharts Satz alle crêatûren sint ein lûter niht ist keine systematische Aussage, sondern eine emphatische Formulierung im Blick auf jene Wende, die der Mensch vollziehen muß, wenn er den Seinsgrund finden will, in dem seine Existenz ruht." *Haug* differenziert nicht ausreichend: der Begriff des Nichts, auf den wir noch expliziter eingehen, wird von Eckhart auch auf Gott angewendet: Gott ist eine „überseiende Nichtheit", ein „*Nicht*-Gott" (*Largier*, 1993 II, 191, 197; Pred. 83); vgl. unsere Anmerkg. 616: „Alle Dinge sind geschaffen aus nichts; darum ist ihr wahrer Ursprung das Nichts". Daß Eckharts Rede emphatischen Charakter ausstrahlt, ist sicherlich oft nachzuvollziehen, sollte aber nicht mit seiner inhaltlichen Aussage divergierend interpretiert werden, denn - das kann bei Eckhart zugegeben werden - der Inhalt ist von großer Durchschlagkraft; vgl.unsere Anmerkg. 416 sowie 417. Der systematische Stellenwert ist unsere Meinung nach gerade gegeben, indem

denn diese Begrifflichkeit belegt (nicht nur Eckharts) ontologisches Denken mit negativen Konnotationen, die sich auch auf anthropologische Aspekte in Form eines reinen Subjektivismus, somit positivistisch ausweiten. Auch verhindert sie - explizit hinsichtlich Eckhart - jedes weitere hermeneutische Reflektieren seiner theologischen Konkretion, wie es in unserer These zum thetischen Begriff „die Gerechten", aufbauend auf Eckharts Einheitsdenken und Transzendentalienlehre, praktiziert wurde. Von jeglicher Interpretation auf Basis von Ethisierung, Moralisierung, Psychologisierung und Subjektivismus, Praktikabilität oder Habitualisierung etc. muß abgesehen werden.[935] Diese hermeneutischen Einschränkungen sind unseres Erachtens notwendig, um Eckharts Intention richtig einzuordnen, die keinesfalls auf stilisierte, paradigmatische Reflektion abzielt, die aber dennoch in ihrem Anspruch ‚ganz oben' ansetzt: d.h. im Verständnis für das geistige Werke und den vollkommenen Willen: „Nicht gedenke man Heiligkeit zu gründen auf ein Tun; man soll Heiligkeit vielmehr gründen auf ein Sein, denn die Werke heiligen nicht uns, sondern wir sollen die Werke heiligen. Wie heilig die Werke immer sein mögen, so heiligen sie uns ganz und gar nicht, soweit sie Werke sind, sondern: soweit wir heilig sind und Sein besitzen, soweit heiligen wir alle unsere Werke...Die nicht großen Seins sind, welche Werke die auch wirken, da wird nichts daraus."[936] Aus diesen Worten Eckharts wird plötzlich sein fast entmutigender Ausspruch: „Alles was mangelhaft ist, ist Abfall vom Sein."[937] verständlich, weil sie eine doch beherzigte Wahrheit vermitteln. Die von uns zu Beginn des antithetischen „werden leben" auf konkretes, damit auch dialektisches, Denken bezogene Positivität der Negativität scheint sich in jenen ontologisch-deduktiven Eckhart-Worten zu bestätigen; ebenso das Hölderlin-

---

Eckhart dem menschlichen Sein als das Nichts alle Offenheit vom göttlichen Sein her, und nur von diesem her, zuschreibt. Die Blickrichtung ist ausschlaggebend: Eckhart denkt weniger eine negative Anthropologie, sondern vielmehr eine positive, d.h. entsprechend seiner Attributionsanalogie. *Haugs* Ontologisierung als Subjektivismus käme im Sinne Eckharts einer negativen Sicht des Menschen gleich. Auch *Schönberger*, 1987, vertritt diese „Ontologisierung der Ethik" (ebd., 251), als „ontologischer Bestand und ein Gesolltes" jedoch nur ein oszillierendes Gebilde, welches - letztlich als „‚mystische Ethik'" (ebd., 262) - nur noch Indifferenz (vgl. unsere Anmerkg. 318) auszusagen vermag.

935 Vgl. unser Kapitel 1.1 Der „underscheit": Determinierung des Abstrakten

936 *Largier*, 1993 II, 343 (RdU); vgl. unsere Anmerkg. 329 sowie die Ausführungen im Kapitel 3. Gerechtigkeit als Sein. Im zweiten Genesis-Kommentar sagt Eckhart: „‚nicht die Heiligen waren vor der Heiligkeit da, sondern die Heiligkeit vor den Heiligen'." (Gen.2 LW I, 535; nach Matth. 23) Heiligkeit kann als Tugend mit der Transzendentalienlehre zusammengedacht werden und ist somit im univoken Denkschema Eckharts einfügbar.

937 Vgl. unsere Anmerkg. 684

Zitat, denn „soweit wir heilig sind und Sein besitzen“ sind wir ein Zeichen[938], - deutungslos jedoch „denn die Werke heiligen nicht uns“. Bei aller intensiven Intention, die aus Eckharts Worten spricht, die selbst nach Jahrhunderten wirkungsvoll sind - hinterläßt sie beim Hörer nicht auch Gefühle der Unzulänglichkeit, in antinomischer, anachronistischer Verlorenheit? Gerade aber diese Gefühle sind es, auf die es Eckhart anzukommen scheint; in den ‚Reden der Unterweisung‘ zum Beispiel bilden sie überhaupt den Ausgangspunkt für die Frage nach gerechtem Leben, auf die eine Antwort Eckharts lautet: „das Leistungsvermögen aber hat Gott *allen* guten Weisen verliehen, und keiner guten Weise ist es versagt, denn *ein* Gutes ist nicht wider das andere.“[939] Es kann festgestellt werden, daß Eckhart seine „Ethik des Gerechten“, um noch einmal auf *Quints* Wendung zu rekurrieren, nicht bloß theoretisch, in Anschauung und Lehre von der Struktur des Lebens in seiner Ganzheit, auffaßt, sondern vielmehr die praktische Verwirklichung dieser Anschauung und Lehre im menschlichen Leben anspricht.[940] Er bedenkt den ethisch-handelnden Menschen, der sein Handeln oder

---

938 Hinsichtlich des zweiten Analogats soll nochmals darauf hingewiesen werden, daß, auch wenn dieses in sich selbst nichts ist, doch Eckharts positive Implikation nicht übersehen werden darf: Es ist *Zeichen* der Gerechtigkeit, transzendental: der Wahrheit. Vgl. *Koch* (1964, 278); diese Rücksicht sollte bei Kritiken (vgl. unsere Anmerkg. 895) der attributionsanalogischen Denkweise Eckharts stets genommen werden.

939 *Largier*, 1993 II, 387 (RdU). Vgl. unser Kapitel 4.2 (Meister Eckharts theologische Intention: die Transformation). Zu Eckharts Intention, deren Nachdrücklichkeit explizit im Seinsbegriff der Antithese deutlich wird, ein Hinweis auf *Manstetten* (513) zur alteratio und generatio im Seinsbegriffs Eckharts: “Wenn man ...glaubt, mit der paradigmatischen Verschiebung ‚Vom Sein zum Werden‘ statisches durch dynamisches Denken abgelöst zu haben, so scheint mir das, soweit ich sehe, zu kurz zu greifen. Eckharts Seinskonzept bietet mit dem Gedanken, daß wir mit Recht nur das seiend nennen können, was Moment oder Resultat der *generatio* sei, einen Sinnhorizont der Formen geistiger Dynamik, für den sich Parallelen im islamischen Sufismus, im Yoga oder im Buddhismus finden lassen, kaum aber im modernen, vom bloßen Werden und vom Zufall einerseits, vom statischen Gesetzesbegriff (dessen statische Relativierung seine Statik keineswegs aufhebt) andererseits geprägten wissenschaflichen Denken.“ Sicherlich ist der, die alteratio und generatio differenzierende Grundaussage *Manstettens* zuzustimmen, aber der alteratio in ihrem Werden obliegt es, Weg (vgl. unsere Anmerkg. 497) zu sein, der gerade gegen das steht, was *Manstetten* unter Hinweis auf andere Religionen benennt. Die „geistige Dynamik“ betrifft bei Eckhart nicht asketisch-versunkene Kontemplation, sondern aktives Leben. Im Zuge dessen ist auch - im Blick auf Eckhart - die Wissenschaft nicht klein zu halten.

940 Demgemäß präsentiert sie sich in einem definitorischen Rahmen. Vgl. Artikel Ethik in: *Schischkoff*, Georgi (Hrsg.): Philosophisches Wörterbuch. 22. Aufl. (neu bearb.), Stuttgart 1991; *Brugger*, Walter (Hrsg.): Philosophisches Wörterbuch. 22. Aufl., Freiburg 1976

eben sein Werk auf die Verwirklichung des ethisch Höheren ausrichtet. Es zeigt sich, daß das Werk im ontologischen Kontext ausdrücklich auf ethische Verwirklichung ausgerichtet ist: „Erkenne hieraus, daß man allen Fleiß darauf verwenden soll, gut zu *sein*, - nicht aber so sehr darauf, was man tue oder welcher Art die Werke seien, sondern wie der Grund der Werke sei.“[941] Es ist - wie bereits am Anfang - zu entnehmen, daß das Werk als tätige Handlung natürlich bestehen bleibt, aber seine Basis ist immer eine in Kontingenz eingebundene und damit Antinomien und Anachronismen unterworfene. Gegen diese, oder besser: mit diesen gilt es, „gut zu *sein*“. Mit Blick auf den antithetischen Begriff „werden leben“ kommen nicht nur einmal mehr antinomische und anachronistische Grundzüge, sondern auch Eckharts Attributionsanalogie zum Ausdruck.

Betrachten wir im folgenden zwei Inhalte bei Eckhart, die ethische Konkretheit beschreiben, sowohl in positiver Konstellation: die Tugendhaftigkeit als auch in negativer: die Sünde, die im Satz der Bulle in gesteigerter Form der Todsünde Eingang gefunden hat.

Die Tugendhaftigkeit: Nachdem Eckhart im ‚Sapientiakommentar‘ die Gerechtigkeit als sich analog ursächlich zum Menschen in seinem Gerechtsein verhaltend gekennzeichnet hat, macht er darauf aufmerksam, daß er sie dem gerechten Menschen auch durchaus als Habitus nicht abspricht; somit „...leugnet wir ... nicht, daß es in den Tugendhaften Tugend-Habitus gebe, wir sagen vielmehr dies, daß sie so etwas wie Gleichbildungen und Gleichgestaltungen mit der Gerechtigkeit und mit Gott selbst sind, von dem sie stammen und dem sie (uns) gleichbilden und gleichgestalten, nach dem Wort: ‚wir werden in daselbe Bild verwandelt wie vom Geist des Herrn‘ (2. Kor. 3,18)“[942]. Der theologische Aspekt dieser Aussage kann als ein hervorragendes Beispiel der von uns postulierten theologische Konkretion gelten, die in unserer These ausgehend von erkenntnistheoretischer Ideenlehre zum thetischen Begriff „die Gerechten“ über die Univozität des Seins erarbeitet worden ist. Hier nun wird quasi in umgekehrter, d.h. von der Konkretheit des gerechten Menschen ausgehenden, Weise verdeutlicht, daß Eckhart auf der einen Seite von dieser theologischen Konkretion her Ontologie bestimmt, weil die Tugenden Gleichbildungen der Gerechtigkeit sind, die Tugenden auf der anderen Seite aber teleologische Funktion innehaben, d.h. die apriorisch-theologische Gleichbildung wird immer. Dementsprechend sagt Eckhart: „Tugenden, Gerechtigkeit und dergleichen, sind nämlich viel eher so etwas wie sich (je und je) vollziehende Gleichgestaltungen als etwas eingeprägt Innebleibendes, was im Tugendhaften fest verwurzelten Bestand hätte; sie sind in einem beständigen Werden. ... Darum werden sie Blüten genannt:

941 *Largier*, 1993 II, 343 (RdU)
942 Sap. LW II, 367f.

‚Blüten sind meine Früchte'. (Jes. Sir. 24,35)"[943] Nun ist die Feststellung: „Freilich kann nur noch in paradoxer Weise von den Habitus der Tugenden die Rede sein, da es eigentlich zu deren Wesen gehört, daß sie in ihrem Träger ruhende, schwer bewegliche Qualitäten eines zuständlichen Seins sind."[944] in zweierlei Hinsicht zu reflektieren: zum einen kann der Hinweis auf das Paradoxe für das ‚moderne', verstärkt säkularisierte Leserempfinden hilfreich sein, sich die Tugenden als nicht zum Subjekt gehörend erklären zu können; gleichzeitig verleiht aber gerade dieser Hinweis der Aussage über die Tugenden Widersinnigkeit, fehlende Ernsthaftigkeit, solange das Paradoxe nicht in seiner adäquaten Position berücksichtigt wird.[945] Zum anderen bezieht *Schwarz* die Wesensdefinition von Aristoteles und Petrus Hispanus. Bei beiden Autoren handelt es sich aber um logiktheoretische Kontexte, welche den Eckhartschen Tugenden in ihrem attributionsanalogischen Kontext der Transzendentale Gerechtigkeit diametral entgegenstehen.[946] Was also „eigentlich" zum Wesen der Tugend zu gehören scheint, ist bei Eckhart gerade das Unwesentliche, Para-doxe. Gemäß unserer

943 Ebd., 368

944 *Schwarz*, 23. Eckhart sagt beispielsweise in einer lateinischen Predigt zu Röm. 6,3-11 (*Largier*, 1993 II, 589) : „Wir sollen ...*in der Neuheit wandeln*, und zwar nicht in einer beliebigen Neuheit, sondern in der Neuheit *des Lebens*...(der Mensch) ‚bleibt niemals im selben Zustand' (Hiob 14,2) -, sondern in der Neuheit des Lebens und der Tugend, die durch die Gnade geschenkt wird."

945 Paradoxie ist eine fundamentale Perspektive auf die Eckhartsche Lehre; vgl. dazu *Mojsischs* Ausführungen zur „objektiven Paradoxaltheorie" (1983, 86ff.). In der Paradoxie sehen wir eine gewisse Spielart un-aufhebbarer Dialektik; dazu eine Betrachtung von der Etymologie des Wortes Paradoxie von Josef *Zapf*, Die Funktion der Paradoxie im Denken und sprachlichen Ausdruck bei Meister Eckhart. Diss. Köln 1966: „Paradoxie ist ja als griechische Wortbildung eine Zusammensetzung aus der Präposition pará und dem Substantiv dóxa. Von den verschiedenen Bedeutungen des Substantivs dóxa, wie: Meinung, Glaube, Schein, guter Ruf, Ehre, Herrlichkeit, gliedert die Präposition pará durch ihre Verbindung mit dóxa den Bedeutungs-Inhalt 'allgemeine Meinung' aus und gibt dem Kompositum 'Paradoxie' den spezifischen Sinn: 'gegen die allgemeine Meinung'." (ebd., 13) Wird die Paradoxie als der Dialektik wirksam inhärentes Moment beachtet, so nimmt Dialektik sich selbst beim Wort.

946 *Schwarz*, ebd. Besonders Petrus Hispanus (1219-1277) war mit seiner „terministischen Logik" der skeptischen, kritischen Bewegung der Hochscholastik zuzurechnen: „Die Terministen wollen mit ihrer Sprach- und Denkanalyse den realen Universalisten nachweisen, daß es nicht möglich ist, aus dem logischen Phänomen des prädikativ Allgemeinen in einem Korrespondenzschluß auf die Existenz eines real Allgemeinen zu schließen. Nachdem – wie sie meinen – die rein logische Bedeutung der universellen Termini von der Logik her festgestellt ist, wird die Frage nach ihrer realen Korrespondenz apriori gegenstandslos." (Karl Anton *Sprengard*: Sytematisch-historische Untersuchungen zur Philosophie des XIV. Jahrhundert. Bd. 1, Bonn 1967, 188ff.)

hermeneutischen Perspektive haben wir es offensichtlich auch in Eckharts Tugendlehre mit antinomischen und anachronistischen Tendenzen zu tun; denn, wie die Früchte Blüten sind, ebenso *sind* die tugendhaft gewirkten Werke. Was uns hier metaphorisch begegnet, ist inhaltlich nichts anderes als oben genannte Gedanken Eckharts zum Primat des „geistigen Werkes", zum „vollkommenen Willen", zur inkriminierten Idee des gerechten Menschen in „rechter Verfassung": es geht um das Werk in ontologischem Kontext, um das Werk im *Sein* und nicht im Wirken, genauer: um den Bezug des Seins zum Wirken: „Ein Werk *als* Werk, das ist nicht aus sich selbst, es ist auch nicht um seiner selbst willen, es geschieht auch nicht aus sich selbst, es geschieht auch nicht um seiner selbst willen, es weiß auch nicht um sich selbst. Und darum ist es (überhaupt) weder selig noch unselig; /.../ das Werk hat kein Sein, ebensowenig die Zeit, in der es geschah; denn es vergeht an sich selbst. Darum ist es weder gut noch heilig noch selig, sondern der *Mensch* ist selig, in dem die *Frucht* des Werkes bleibt, - nicht als Zeit noch als Werk, sondern als eine gute Beschaffenheit, ..."[947] Das tugendhafte Werk muß fruchtbringend, d.h. eine ständig neue, kraftvolle Blüte sein. Die Polarität Blüte-Frucht weist auf das natürlich-biologische Kontinuum hin, auch läßt sich an Kreislauf denken. Dennoch kann der Blüte eine herausragende Position, nämlich die der innebleibenden Ermöglichung für die nach außen gehende Frucht, zugedacht werden.[948] Diesen anachronistisch-antinomischen Denkansatz kennzeichnet Eckhart, indem er der Blüte das innere geistige Werk oder den vollkommenen Willen gleichsetzt, mit dem äußeren Werk die Frucht meint (ohne es zu degradieren, im Sinne der differenzierten Ausführungen in Kapitel 3.1 Der Begriff: das Werk). Das tugendhafte Werk als äußeres Werk bedeutet also für den Menschen nichts, sondern nur etwas als inneres, denn als dieses wirkt es (zurück) auf den gerechten Menschen, auf Geist und Willen: „Die Früchte der Werke, die er im Geiste tat, die bleiben im Geiste und sind Geist mit dem Geist. Obzwar die Werke und die Zeit dahin sind, so lebt doch der Geist, aus dem heraus sie geschahen..."[949].

Die Erwähnung der Zeit ist ein Stichwort für die Analyse des Werkbegriffs im ontologischen Kontext, das überleitet zu dem zweiten Aspekt negativer ethischer Konkretion: der (Tod)Sünde. In diesem konkreten, in der Kontingenz inhärenten Lebenselement zeigt Eckhart anachronistisches Denken, welches er auch zeitgenössisch ausweist als „wider alle Meister, die jetzt leben!"[950] und welches,

947 Q, 362f. (Pred. 44; nicht in Ausgabe *Largier*)
948 Vgl. unsere Anmerkg. 645 und 777 zum Thema der Innerlichkeit, auch Kapitel 6.1.3 (Lauterkeit und Innigkeit) sowie 475, 496
949 Q, 364f. (Pred. 44)
950 Ebd., 361, 364; Meister: dazu gehört u.a. Thomas von Aquin, vgl. dazu den Stellenkommentar Quints (ebd. 511)

trotz: „Nun gebt scharf acht, wohin ich mit meinen Worten abziele, so könnt ihr den Sinn verstehen.“[951] eben nicht scharfsinnig durchdacht wurde. Inhaltlich stellt Eckhart den Anachronismus wie folgt dar: „Ich habe in einer Predigt gesagt, ich wolle den Menschen, der *gute* Werke gewirkt hätte in der Zeit, während der er in Todsünden war, darüber belehren, wie diese Werke wieder lebendig auferstehen könnten mitsamt der Zeit, in der sie getan wurden“ und erläuternd, an seine Zustimmungen anschließend, fährt er fort: „Nun aber sagen sie [die Meister, Anmerkg. v.V.]: Die Werke, die der Mensch tat, während er in Todsünden war, die sind verloren für ewig, die Zeit und die Werke miteinander. Und *dem* widerspreche ich, Meister Eckhart, und sage so: Von allen guten Werken, die der Mensch getan hat, während er in Todsünden war, ist gar keines verloren noch auch die Zeit, in der sie geschahen, dafern der Mensch die Gnade wieder erlangt.“[952] Zur näheren Erläuterung der Gnade kommen wir im letzten Kapitel der Antithese. Dennoch ist sie auch hier im ontologischen Kontext nicht zu vernachlässigen und wird unter dem Aspekt des Wiedererlangens bedacht. Um Eckharts spezielle Meinung noch zu steigern, sei ein Kapitel der ‚Reden der Unterweisung‘ genannt, welches Eckhart folgendermaßen überschreibt: „Wie die Neigung zur Sünde dem Menschen allzeit frommt.“[953] Hier nun scheint allem Antinomischen und Anachronismus Raum gegeben! Was aber vorliegt ist - nicht mehr und nicht weniger - Eckharts gekonnte Rhetorik, die seiner intensiven Intention Ausdruck verleiht. Eckhart geht erneut deduktiv, d.h. hier in induktiver Hinsicht, vor. Erstens abstrahiert er nicht von der Sündhaftigkeit der menschlichen Existenz, denn damit wäre seine ihm eigene realistische Perspektive unterminiert. Im Gegenteil, er sagt: „Du mußt wissen, daß der Anstoß zur Untugend für den rechten Menschen niemals ohne großen Segen und Nutzen ist.“[954], womit er zweitens die Sündhaftigkeit am Beispiel des gerechten Menschen festmacht. Drittens läßt sich aus beiden Zitaten ablesen, daß Eckhart sogar segensreiche und nutzbringende Verdienste aufgrund der sündigen Tat in Aussicht

951 Ebd., 361. Vielleicht war gerade die eigenverantwortliche Ankündigung der divergierenden Meinung eine Aufforderung, nicht verstehen zu wollen? Aber - dies sei erwähnt -, Eckhart beginnt die Predigt mit Übereinstimmungen anderer Meister, denen auch er zustimmt: bezüglich der Gnade Gottes, des Unwertes der in Todsünden begangenen Werke, der aus Reue erlangten neuen Gnade (vgl. ebd.). Es zeigt sich einmal mehr das auswählende Vorgehen in Häresieverfahren.

952 Ebd. Der Bezug auf die Predigt ist nach *Quint* (vgl. Q, 511) nicht auszumachen. Quellengeschichtlich ist nachweisbar, daß „der Text der Predigt eingefügt in den der RdU“ steht, was auf „Echtheit“ (ebd., 510) der Predigt schließen läßt. Die RdU behandeln das Thema der (Tod)Sünde und gelten als Lehrgespräch, worauf auch diese Predigt abzielt.

953 *Largier*, 1993 II, 357 (RdU)

954 Ebd.

stellt. Eine vorschnelle Interpretation führt bei Eckhart aber in die Irre. Alle drei Gedankenwege sind im vollen Umfang, ohne Hierarchisierung zu bedeuten, nötig, um das Werk im ontologischen Kontext korrekt und effizient zu denken. Sie werden nämlich quasi überhöht im Werk selbst, d.h. im stetigen Wiedererlangen des geistigen Werkes und des vollkommenen Willens, die letztlich göttliche Gnade empfangen können. Eckhart prägt dahingehend den Begriff des „Kampfes“ in Anlehnung an Paulus (2. Kor. 12,9): „'Die Tugend wird in der Schwachheit vollbracht.'“[955] Der „Kampf“ impliziert kein Entbundensein von „Bewältigungsbedürftigkeit“[956] kontingenter Anfechtungen, meint keinen durch „sukzessive meritorische Akte [aufgebauten] übernatürlichen Status“[957]. Was sich daraus ergibt, ist, daß der „Kampf“ das „geistige Werk“ und den „vollkommenen Willen“ in das ihnen zugehörige, rechte Licht stellt: nämlich, nicht einfachhin gegeben zu sein, sondern sein zu müssen, um zu *sein*[958]. Der „Kampf“ kann als tiefsinnige Metapher für Eckharts ethische Perspektive verstanden werden.

3.3 Das Werk im ontischen Kontext

Im antithetischen Begriff „werden leben“ ist bisher sowohl im Gesamtpanorama der Ontologie als auch in der Begriffsbildung zur Nichtgegenständlichkeit des Werkes ein Element nur am Rande erwähnt worden, welches dennoch in der Polarität des Innen und Außen Bestandteil ist: das äußere oder leibliche Werk. Dieses ist zu Beginn von Kapitel 3.1 (Der Begriff: das Werk) bereits durch konkrete Tätigkeiten bezeichnende Begrifflichkeiten angesprochen worden. Daran schließen wir insofern an, als das Werk im ontischen Kontext bedacht werden soll. Wir bewegen uns explizit im Bereich des „ens hoc et hoc“, des gerechten Menschen, nicht des Gerechten als solchen, im Bereich der Aussagen wie: dieser Mensch ist gerecht, diese Tat ist gut etc., die selbstverständlich, weil methodologisch zur Antithese gehörend, unter die attributionsanalogische Perspektive des Gerechtigkeitsbegriffs fallen.[959] Im folgenden steht das „Werden“, wie wir es im

955 Ebd.

956 Vgl. unsere Anmerkg. 932, dortiger Verweis auf *Schönberger.* Auch *Gandillac* (89) weist auf den „Kampf“ hin, der als „... une lutte laborieuse ... apparaît comme un vrai ‚moment‘ négatif.“

957 *Langer*, 1987, 170

958 Vgl. unsere Anmerkg. 701

959 Vgl. unsere Anmerkg. 349, besonders Punkt 4, 388 sowie 549. Die attributionsanalogische Sichtweise verdeutlicht Eckhart auch in der ‚Tabula prologorum in opus tripartitum‘ (in: Lateinische Werke. Bd. 1, hrsg. und übers. von Konrad Weiß und Heinrich Lammers, Stuttgart 1964, 129-132; zitiert: Tab. prol. LW I): „So besagt auch, wenn ich sage: ‚die Rose ist rot‘, mein Wort und meine Aussage nicht, daß die Rose ist, noch daß die Röte ist, sondern nur, wie die Begriffe natürlich zu-

ersten antithetischen Kapitel (1. Das analogische Denken bei Eckhart) erneut aufgegriffen haben, in primärer Position. Innerhalb dessen hat das äußere Werk aber auch im metaphysischen und transzendenten Grundtenor des Eckhartschen Denkens seinen Platz; denn als Werden vollzieht sich im äußeren Werk nicht nur Kontingenz, d.h. auch Antinomie, Anachronismus des „werden leben", sondern vielmehr ist dem Werk im immanenten, ontischen Kontext immer schon eine transzendente Position zugewiesen, denn es ist immer transzendentaler Weg.[960] An anderer Stelle sagt Eckhart: „Das Wirken und das Werden aber ist eins. Wenn der Zimmermann nicht wirkt, wird auch das Haus nicht. Wo die Axt ruht, ruht auch das Werden."[961] Es wird sich zeigen, daß es sich bei diesem Zusammenhang von Werk und Werden um einen dichotomischen handelt, der Eckharts deduktiven Methodologie entspricht, in der das äußere Werk als äußeres relativiert ist (d.h., auch transzendente Bestimmungen trägt). Aus diesem Grunde haben wir die Formulierung des ontischen Kontextes gewählt. Die folgenden Erörterungen vermitteln beide Hinsichten, resp. die Dichotomie, des äußeren Werkes und führen einen Schritt in Richtung adäquater Hermeneutik des Gerechtigkeitsbegriffs. Ebenfalls gilt, daß unsere Diskussion der un-aufhebbaren Dialektik im äußeren Werk einen erneuten konkreten, Eckharts „underscheit" berücksichtigenden Anhaltspunkt findet. Zur Frage steht also: Welche Inhalte und Aussagen transportiert das Werk im ontischen Kontext?

3.3.1 Eckharts Imperativ: das Üben

Eckharts Hinweise auf das äußere Werk gestalten sich als Kennzeichnungen primärer, existentieller Lebenselemente, für die der Begriff des „Übens"[962] als

---

sammenhängen. Daher ist 'Sein' oder ‚ist' weder Subjekt noch Prädikat, sondern etwas Drittes außer ihnen, nämlich die Verbindung des Prädikates mit dem Subjekt". (Tab. prol. LW I, 131f.) Eckhart verhandelt hier das Analogieproblem auf sprachlogische Weise, dazu *Schüßler*, 170: „Ich kann hier die in der Eckhart-Forschung kontrovers diskutierte Frage nicht klären, ob diese Analogieauffassung Eckharts eine rein logische Bedeutung hat oder ob ihr darüber hinaus auch noch eine ontologische Bedeutung zukommt. Jedenfalls ist soviel klar, daß hinter einer solchen Auffassung von Analogie die Absicht steht, ‚einen Unterschied zwischen Gott und Schöpfung sichtbar zu machen'." Unsere dialektische Aufarbeitung vollzieht anhand des Eckhartschen Leitverses ‚Die Gerechten werden leben ewiglich bei Gott' den epistomologischen, ontologischen und theologischen Zugang zu Eckhart; aus dieser Struktur heraus sehen wir keine Aussparung logischer, auch nicht ontologischer Aspekte, die im theologischen Rahmen eingebunden sind.

960 Vgl. unsere Anmerkg. 856 sowie 780

961 *Largier*, 1993 I, 87 (Pred. 6); vgl. unsere Anmerkg. 568

962 *Largier*, 1993 II, 351 (RdU)

Oberbegriff genommen werden kann. Äquivalente Begriffe, die Eckhart verwendet, wären: „Bemühen", „Fleiß", „Streben", „Eifer und Hingabe" sowie das „Lernen" [963], Aussagen wie: „man muß sich's was kosten lassen, was man nur mit Sinnen und Kräften zu leisten vermag."[964] Das Erfordernis der Übung trifft für Eckhart auch im Psychischen zu; im ‚Buch der göttlichen Tröstung' bietet er reichliche Beispiele für das Einüben des Trostes, der „Geduld"[965], das übende Ertragen von „Leid, Ungemach und Schaden"[966] und schließt – mit dem ihm eigenen Impetus, „...daß ein guter, göttlicher Mensch sich gar heftig und gründlich schämen sollte, daß ihn je Leid erschütterte, wenn wir sehen, daß der Kaufmann zur Erlangung eines kleinen Gewinstes und zudem aufs Ungewisse oft so fern über Land, so beschwerliche Wege ... und doch das alles gern und willig vergißt um so kleinen, ungewissen Nutzens willen. Ein Ritter wagt im Kampfe Gut, Leben und Seele um vergängliche und sehr kurze Ehre, und uns dünkt es so bedeutend, daß wir ein Geringes leiden um Gott und die ewige Seligkeit!"[967] Den Imperativ zum Üben erläutert Eckhart sogar in technologischer Manier: „Vergleichsweise so wie einer der schreiben lernen will. Fürwahr, soll er die Kunst beherrschen, so muß er sich viel und oft in dieser Tätigkeit üben, wie sauer und schwer es ihm auch werde und wie unmöglich es ihn dünke: will er's nur fleißig üben und oft, so lernt er's doch und eignet sich die Kunst an. Fürwahr, zuerst muß er seine Gedanken auf jeden einzelnen Buchstaben richten und sich den sehr fest einprägen. Späterhin, wenn er dann die Kunst beherrscht, so bedarf er der Bildvorstrellung und der Überlegung gar nicht mehr, und dann schreibt er unbefangen und frei, und ebenso ist es auch, wenn es sich um Fiedeln oder irgendwelche Verrichtungen handelt, die aus seinem Können geschehen sollen."[968] Der letzte Vergleich, den Eckhart zum Fiedeln und anderen Tätigkeiten herstellt, läßt vermuten, daß es nicht das äußere Werk ist, welches als andere Vergleichskomponente steht. Auf was bezieht er aber das Können?

In den vorhergehenden Ausführungen haben wir Eckharts differenzierende Perspektive nicht nur hinsichtlich des Werkes, sondern auch bezüglich der ethischen Konkretheiten angesprochen. In gerade dieser Perspektive findet das Können sein Zentrum. Eckhart verlegt das Können, das durch Üben erreicht werden

963 Ebd,. 345, 351
964 Ebd., 355
965 *Largier*, 1993 II, 271 (BgT)
966 Ebd., 269
967 Ebd., 311
968 *Largier*, 1993 II, 351 (RdU); vgl. *Langer*, 1987, 174, der - nach Gadamer (1968) - richtigerweise den griechischen „techné"-Begriff angewendet sieht. Nun beschränkt dieser sich nicht nur auf handwerkliches Können im (Kunst)werk, sondern auf die Kunst überhaupt, etwas zu erreichen, durchzusetzen etc. .

muß, in die „*Gesinnung* des Menschen“[969], in die „rechte Verfassung“ - wie es die Bulle aufgenommen hat. Damit mindert er nicht den existentiellen Stellenwert des Werkes, sondern weist ihm diesen exakt zu, denn - was weitaus wichtiger ist - auch „Tugend, Gerechtigkeit und dergleichen...“[970] fallen unter das Üben. Unter der Vorgabe der „Gesinnung“ kann Eckhart das sich übende Können auf Werk und Tugend beziehen, „denn wer rechten Sinnes wäre, der empfinge im Darben ebenso wie im Haben“[971]. Mit Eckhart ist die Ge-sinnung per se ein ethisches Verhalten umschreibender und darüber hinaus ein mit Eckharts Priorität des geistigen Werkes und vollkommenen Willens korrelierender Terminus.[972] In Anknüpfung an Eckharts leitenden Gedanken „Das Wirken und das Werden aber ist eins“ kann die Gesinnung in ihrem vollen Umfang und in ihrer Erforderlichkeit, d.h. in der Korrelation von Tugend und äußerem Werk, durch folgende Aussage bestärkt werden: „Auch ist es sehr von Nutzen, daß der Mensch sich nicht daran genügen lasse, daß er die Tugenden, wie Gehorsam, Armut und andere Tugend, (lediglich) im Gemüte habe; vielmehr soll sich der Mensch selbst in den Werken und Früchten der Tugend üben und sich oft erproben und (überdies) begehren und wünschen, durch die Leute geübt und erprobt zu werden, denn (damit) ist es nicht genug, daß man die *Werke* der Tugend wirke, Gehorsam leiste, Armut oder Verachtung auf sich nehme oder sich auf Weise demütig oder gelassen halte; man soll vielmehr danach trachten und nimmer aufhören, bis man die Tugend in ihrem Wesen und Grunde gewinne.“[973] Weiter

969 *Largier*, 1993 II, 405 (RdU); wiederum äquivalente Begriffe sind: „Gemüt“ (ebd., 337); „Vertrauen“, „Liebe“ und „Ernst“ (ebd., 347).

970 Vgl. unsere Anmerkg. 943

971 *Largier*, 1993 II, 431 (RdU); die in dieser Aussage Eckharts implizite Forderung an das empfangende Verhalten wird in folgenden Kapitel in Betracht gezogen.

972 Ein weiterer Terminus, auf den wir bereits hingewiesen haben und der die ethische Position der „Gesinnung“ unterstreicht, ist der des Herzens; vgl. unsere Anmerkg. 229, 781. Letztere Anmerkg. hebt den Unterschied des Herzens mit der Seele hervor; der Seelen-Begriff verankert Eckharts Theologie und verhindert somit weitergehend eine Überbetonung des ethischen Aspektes. Dazu die folgenden Kapitel. In diesem Zusammenhang einige Eindrücke: *Mieth* (1986, 78; Bezug auf *Waldschütz*, 1978, 250ff.) merkt hinsichtlich seiner Interpretation des Tugendbegriffs an: „Im folgenden geht es auch darum, die für Eckhart spezifische Einebnung der Differenz zwischen theologischer Aussage und ethischer Aufforderung, zwischen Sein und Sollen aufzugreifen. Das bedeutet nicht, daß Eckhart den Perspektivenwechsel zwischen *divina* und *moralia* nicht beachtet habe, sondern nur, daß in seiner Ethik die Frage nach dem Sein-Können Vorrang vor der Frage nach dem Sollen hat.“

973 *Largier*, 1993 II, 411 (RdU). Eckharts Verweise auf Gehorsam und Armut, von denen er mehrfach in den RdU handelt, beziehen sich im engeren Sinne auf die Unterweisung der Ordensmitglieder. Vgl. dazu z.B. *Schwarz*, 22, 34; besonders *Margetts*, John: Die rede der underscheidunge: Aufbau und Aussage, in: Zur deutschen

heißt es: „Und *daß* man sie habe, das kann man daran erkennen, wenn man sich vor allen anderen Dingen zur Tugend geneigt findet ...“[974]. Damit drückt Eckhart - wie wir meinen - einen interessanten Sachverhalt aus, nämlich den, daß der Mensch seine Neigungen, d.h. seine Gesinnung *erkennen* kann. Damit aber nicht genug: Der Imperativ zum Üben gilt diesem Erkennen; das Erkennen ist das eigentliche Werk im ontischen Kontext.[975] Verweisen wir für unsere Feststellung exemplarisch auf folgende Aussagen Eckharts: „Und der Mensch soll zu allen seinen Werken und bei allen Dingen seine Vernunft aufmerkend gebrauchen und bei allem sein einsichtiges Bewußtsein von sich selbst und seiner Innerlichkeit haben ... /.../ Der Mensch soll auch nie ein Werk so gut beurteilen noch als so

---

Literatur und Sprache des 14. Jahrhunderts. Dubliner Colloquium 1981. W. Haug (Hrsg.), Reihe Siegen - Beiträge zur Literatur- und Sprachwissenschaft, Bd. 45, Wolfgang Drost u.a. (Hrsg.), Heidelberg 1983, 51ff. Die Begriffe „Wesen und Grunde“ der Tugend deuten auf den theologischen Grundtenor im „werden leben“, der noch erörtert wird, der aber bereits als „Gegenwart Gottes“ (vgl. unsere Anmerkg. 851) genannt wurde; vgl ebenso. unsere Anmerkg. 967

974 Ebd.

975 Wir rekurrieren nicht auf den kategorischen Imperativ Kants, denn dessen Telos der allgemeinen Gesetzlichkeit widerspricht Eckharts Theologie und Ontologie: vgl. dazu unsere Anmerkg. 674, auch 611 sowie unser Kapitel 6.2.1 (Natürliche Ordnung, göttliche Ordnung: - Gott), wo wir von der Eckhartschen Gestalt „vermögende Empfänglichkeit“ als intellectus agens und intellectus possibilis gehandelt haben, weiterhin ist die vorliegende Problematik des Imperativ eingebunden in unsere Anmerkg. 948 und 978. Es muß berücksichtigt werden, daß nicht gesagt werden kann, der „kategorische Imperativ ist diesem Gerechten zum Habitus unverlierbarer Tugenden und Tüchtigkeit geworden“ (Q, 40; Einleitung; vgl. auch unsere Anmerkg. 943) *Quints* Aussage könnte deduktiv, gemäß des Terminus „Gerechten“, aufgefaßt werden: dann würde der Habitus als „unverlierbarer“ passen, obgleich Eckhart vielmehr sagt: im „inneren Werk...ist etwas, das göttlich und Gott gleich ist...“ (*Largier*, 1993 II, 275; BgT). Gleichwohl möchten wir von der Betonung des kategorischen Imperativs absehen; vgl. unsere Anmerkg. 664. Auch die Äußerung *Langers*, 1987, 287, ist teilweise problematisch: vom Imperativ in Bezug auf das Lassen Gottes als die „konsequenteste Formulierung“ Eckharts zu sprechen, ließe sich nachvollziehen, obgleich gerade auch dieses von mystischer Tragweite ist, wozu wir noch kommen. Weiterhin heißt es bei *Langer*: „Das Motiv, daß hinter diesem Imperativ steht, ist religiös-praktischer Natur und intendiert die Aufhebung jeder objektivierenden Beziehung zu Gott.“ (ebd.) Wir meinen, daß aus Eckhart dieses Motiv als praktisches und zu intendierendes, d.h. als Handhabe des menschlichen Willens, primär nicht herauszulesen ist. *Langer* selbst hat übrigens in seinem ergiebigen Aufsatz ‚Zum Begriff der Innerlichkeit bei Meister Eckhart‘ (in: *Ruh*, Kurt (Hrsg.): Abendländische Mystik im Mittelalter. Symposion Kloster Engelberg 1984, Stuttgart 1986, 17-32; zitiert: 1986) den „praktischen Aspekt“ (ebd., 30), überträgt man ihn auf Eckhart in Form von „moderner Subjektivität“ (ebd.), korrekterweise abgelehnt. Vgl. auch den Diskussionbericht von Freimut *Löser*, ebd. 99.

recht ausführen, daß er je so frei oder so selbstsicher in den Werken werde, daß seine Vernunft je müßig werde und einschlafe. Er soll sich ständig mit den beiden Kräften der Vernunft und des Willens erheben und darin sein Allerbestes im höchsten Grade ergreifen und sich äußerlich und innerlich gegen jeden Schaden besonnen vorsehen; dann versäumt er nie etwas in irgendwelchen Dingen, sondern er nimmt ohne Unterlaß in hohem Grade zu."[976] Daß der Imperativ weniger dem Üben im äußeren Werk, vielmehr dem im inneren Werk, d.h. im „geistigen Werk" und „vollkommenen Willen", gilt, zeigt, daß damit dem Imperativ zur Übung nicht nur eine exzellente Position, nämlich grundsätzlich, fast axiomatisch[977] zu sein, sondern auch eine exzellente Dimension zugewiesen ist. Dazu Eckhart: „...gerade in ihm [„seinem Innern; Anmerkg.v.V.] und mit ihm und aus ihm soll man so wirken lernen, daß man die Innerlichkeit ausbrechen lasse in die Wirksamkeit und die Wirksamkeit hineinleite in die Innerlichkeit und daß man sich so gewöhne, ungezwungen zu wirken."[978] Die Dimension, die sich in dieser Aussage Eckharts ausspricht, schließt an das einführende Kapitel zum ontischen Kontext an und zeigt, daß das äußere Werk, gemäß unserer Wendung: das Werk im ontischen Kontext, durch das innere Werk bestimmt und gleichzeitig relativiert wird – folgen wir Eckhart weiter: „Denn man soll das Auge auf dieses *innere* Werk richten und aus ihm heraus wirken, sei's Lesen, Beten oder – wenn es anfällt – äußeres Werk. Will aber das äußere Werk das innere zerstören, so folge man dem inneren. Könnten aber beide in Einem bestehen, das wäre das Beste, auf daß man ein Mitwirken mit Gott hätte."[979] Ferner vermittelt die Dimension von Innerlichkeit/Wirksamkeit eine hermeneutische Perspektive in Richtung unaufhebbare Dialektik: Das innere Werk kann für den gerechten Menschen als Kontrollinstanz gelten, worin sich der „underscheit" etabliert. Gleichzeitig bleibt

976 *Largier*, 1993 II, 353, 357 (RdU). Der Terminus Erkennen entspricht denen in den vorliegenden Zitaten. Ein weitere Stelle verdeutlicht nochmals die Anforderung, die Eckhart dem wirkenden Menschen anheimstellt: „Drei Dinge (insbesondere) sind in unsere Werken unerläßlich. Die sind: daß man wirke *ordentlich* und *einsichtsvoll* und *besonnen*. Das nenne ich 'ordentlich', was in allen Punkten dem Höchsten entspricht. Das aber nenne ich 'einsichtsvoll', über das hinaus man zur Zeit nichts Besseres kennt. Und 'besonnen' schließlich nenne ich es, wenn man in guten Werken die lebensvolle Wahrheit mit ihrer beglückenden Gegenwart verspürt." (*Largier*, 1993 II, 221; Pred. 86) Vgl. hierzu unsere Anmerkg. 644, 652, 496

977 Damit wäre, wie wir es zu Beginn der Antithese postuliert haben, auch das Induktive des „werden leben" deduktiv analysierbar. Vgl. *Mieth*, 1969, 159 sowie unsere Anmerkg. 128.

978 *Largier*, 1993 II, 419 (RdU); Eckharts Diktion betrifft wiederum die Polarität des Innen und Außen.

979 Ebd., 419f. Verweisen möchten wir auf *Heintel*, Bd.2, 247, zur Problematik des Innen und Außen bei Luther; ebenso auf Untersuchungen von Udo *Kern* zur Eckhart-Luther-Konstellation.

der gerechte Mensch von Antinomie und Anachronismus geprägt und muß einen ständigen „Kampf" - um mit Eckhart zu sprechen - für sein gerechtes Sein auf sich nehmen, worin sich wiederum der „underscheit" etabliert. Wie kann - nach Eckhart - der gerechte Mensch das innere Werk, in dem sich der „underscheit" etabliert, wirken? Das soll ein letztes Kapitel zum antithetischen Begriff „werden leben" aufzeigen.

4. Der „underscheit": Determinierung des Konkreten

Das genannte Konkrete ist als Äquivalent zum „werden leben" aufzufassen. Der antithetische Begriff „werden leben" ist direkt von der Determinierung des „underscheit" betroffen, so daß ein Verhältnis-Wort – im Konkreten – eine effektivere Bezeichnung liefern würde. Es wird sich nämlich zeigen, daß die Forderungen, die Eckhart für gerechtes Leben und Wirken aufstellt, in ihrer Eindringlichkeit durchaus seinem „underscheit" entsprechen. Somit hat unsere Determinierung im vorliegenden Kontext eine weitaus schwerer nachvollziehbare Basis gegenüber der des „underscheit" in der These zum thetischen Begriff „die Gerechten" (Kapitel 1.1), welcher die Deteminierung des Abstrakten erkenntnistheoretisch aufgearbeitet hat. Damit mindern wir nicht die Position der epistemologischen Grundlagen, die ohnehin aus Eckharts Lehre selbst abgeleitet sind und die auch die Antithese in Attributionsanalogie und Werk-Begriff aufgegriffen hat. Vielmehr gilt: epistemologisch-spekulative Vorarbeit der Rezeption ist nötig und hilfreich für die oben genannte Schwere. Wir sind im vorliegenden Kontext wiederum mit der Positivität der Negativität konfrontiert.[980] Es ist nämlich - gemäß seiner Attributionsanalogie - rezeptorisch zu leisten, daß der dialektische Widerspruch sich im Konkreten fortpflanzt, daß der „underscheit" als Determination des Konkreten bestehen bleibt, daß wir es mit einer un-aufhebbaren Dialektik zu tun haben.[981] Darüber hinaus hat aber unser Verstehen zu leisten, daß eben diese Un-aufhebbarkeit positiv bestimmt ist, denn - so Eckhart - „vielmehr geben diese Vollkommenheiten, wie Gerechtigkeit, Weisheit und dergleichen, da sie durchaus nicht irgendwie etwas des Ihrigen von ihren Trägern empfangen, dem Träger sein ganzes Sein als solches, wie es das Verhältnis der Gerechtigkeit zum Ge-

980 Vgl. unsere Anmerkg. 850

981 Dazu ein metaphysisch-ontologischer Hinweis: „Bei Eckhart liegt eine Metaphysik vor, die zwar von dem obersten Begriff des Seins ausgeht, jedoch zugleich eine unmittelbare Seinserkenntnis annimmt, d.h. eine reine Erfahrung des Seins, eine Erfahrung, die nicht aposteriorisch aus der Welt des tagtäglich Gebenen schrittweise zum Seinsbegriff vordringt. (*Albert*, 1976, 263) Vgl. auch Ausführungen *Manstettens*, 305ff.

rechten klar zeigt."[982] Nach diesen Bemerkungen läßt sich einmal mehr auf unsere Feststellung rekurrieren, daß Gott die Gerechtigkeit und der Mensch Nicht-Gerechtigkeit ist; im Verlauf unserer Studie sind erkenntnistheoretische, ontologische und theologische Aspekte erzielt worden, die dem recht geben. Nun kann Eckhart aber, wie wir wissen, auch sehr direkt reden; und hier zeigt sich die Schwere. Fragen wir somit nochmals: Wie kann – nach Eckhart – der gerechte Mensch das innere Werk, in dem sich der „underscheit" etabliert, wirken?

4.1 Der gerechte Mensch

Wenn wir im folgenden vom inneren Werk, d.h. Vernunft und Wille, sprechen, so ist damit nicht ein Ausschluß des äußeren Werkes impliziert. Daß eine Korrelation beider Werk-Begriffe[983] bei Eckhart gegeben ist, ist aus den bisherigen Erörterungen deutlich geworden und sei an dieser Stelle nochmals betont. Eckhart wendet sich sogar dem juristischen Begriff des gerechten Menschen zu: „Welches sind die Gerechten? Eine Schrift sagt: ‚Der ist gerecht, der einem jeden gibt, was sein ist', die Gott geben, was sein ist, und den Heiligen und den Engeln, was ihrer ist, und dem Mitmenschen, was sein ist."[984] Das jeweils Seinige: „Gottes ist die *Ehre*. /.../ Den Engeln und den Heiligen soll man *Freude* geben....vielmehr Gott selbst... /.../ Man soll auch denen Hilfe geben, die im Fegefeuer sind, und Föderung und (gutes Beispiel) denen, die noch leben."[985] Diese juristische Definition der Gerechtigkeit bedenkt eine Perspektive der Aufteilung, Zuteilung, des Gebens und Seinigen. Sie reflektiert somit auch auf konkrete, gerechte Handlung, worin das äußere Werk in seiner kontingenten Mannigfaltigkeit des „werden leben" eingeschlossen ist. Diese wiederum wirkt auf das innere Werk der Gerechtigkeit, denn der ist gerecht, der gerecht handelt. Eckhart konfrontiert nicht mit einem Dualismus zwischen innen und außen, sondern mit Prozessualität und Korrelation. Diese Konstellation läßt sich gut an seiner metaphorischen Rhetorik verfolgen: „Wohlan, nun gebt acht! Wer waren die Leute, die da kauften und verkauften, und wer sind sie noch?...Ich will jetzt ausnahmslos

982 Sap. LW II, 363f.

983 Dazu ist obligatorisch auf die Untersuchung von Dietmar *Mieth* (1969) zu verweisen, bes. 198-214 zur Kontemplationsproblematik mit Blick auf die Maria-Martha-Perikope. Die Maria-Martha-Konstellation kann anschaulich dafür aufgefaßt werden, daß Eckhart mit dem ihr inhärenten Spannungsreichtum keinen Dualismus meint, weder zwischen Aktion und Kontemplation, äußerem und innerem Werk, noch zwischen ungerechtem und gerechtem Werk, so daß sein Innen-außen-Modell generell kein dualistisches ist, sondern sich auf den Menschen in seinem „werden leben" bezieht.

984 *Largier*, 1993 I, 77 (Pred. 6); vgl. unsere Anmerkg. 294

985 Ebd., 77f.

nur von guten Leuten predigen...., die da kaufen und verkaufen in diesem Tempel...Seht, alle die sind Kaufleute, die sich hüten vor groben Sünden und wären gern gute Leute und tun ihre Werke Gott zu Ehren, wie Fasten, Wachen, Beten und was es dergleichen gibt, allerhand gute Werke...“[986]. Eckhart denkt ganz realistisch; so kalkuliert er auch - wie es auch in den ‚Reden der Unterweisung anklingt - die natürliche Schwachheit des Menschen ein: „Es gibt manche (Leute), die, wenn es ihnen innerlich und äußerlich gut geht, Gott loben und ihm wohl vertrauen, wie denn etliche sagen: ‚Ich habe zehn Malter Korn und ebenso viel Wein in diesem Jahre; ich vertraue fest auf Gott!‘ – ‚Ganz recht‘, sage ich, ‚du hast volles Vertrauen – zu dem Korn und dem Wein!“[987] oder: „...muß man's hinnehmen, so wie manche Leute übers Meer fahren mit halbem Winde und auch hinüber kommen. So steht es mit den Leuten, die den einen Menschen lieber haben als den andern; das ist natürlich.“[988] oder: „...manche Leute wollen Gott mit den Augen ansehen, mit denen sie eine Kuh ansehen, und wollen Gott lieben, wie sie eine Kuh lieben. Die liebst du wegen der Milch und des Käses und deines eigenen Nutzens. So halten's alle jene Leute, die Gott um äußeren Reichtums oder inneren Trostes willen lieben...“[989] Kaufmannschaft, Korn und Wein, der halbe Wind, die Kuh (was sich noch bei Eckhart finden ließe) sind Natürlichkeiten, wohl auch Schwachheiten, eben eingebunden in „Körperlichkeit...Vielheit...Zeitlichkeit“[990]. Aber - so Eckhart - sie sind Behinderungen: „*Wir* sind die Ursache aller unserer Hindernisse. Hüte dich vor dir selbst, so hast du wohl gehütet.“[991] Die Behinderung unserer selbst bestätigt noch einmal die Korrelation von innerem und äußeren Werk, der der Mensch unterliegt. Aber dennoch hinterläßt Eckharts Mahnung ein Unzulänglichkeitsgefühl, scheint er doch sein realistisches Zugeständnis an die schwache Endlichkeit des menschlichen Daseins in dieser Aussage zurückzunehmen; was kann er meinen? Eckhart veranschaulicht seine Rede gleichnishaft mit einem „Kaufhandel“, indem die Menschen darum ihre Werke tun, „daß ihnen unser Herr etwas dafür gebe oder daß ihnen Gott etwas dafür tue, was ihnen lieb wäre: dies sind alles Kaufleute. Das ist im groben Sinn zu verstehen, denn sie wollen das eine um das andere geben und wollen auf solche Weise markten mit unserm Herrn.“[992] Ein wenig milder fällt Eckharts Erklärung hinsichtlich des Feilhaltens der „Tauben“ aus, wel-

986 *Largier*, 1993 I, 11f. (Pred. 1); Eckhart referiert über die Tempelreinigung Jesu nach Matth. 21,12 und Joh. 2,16.
987 *Largier*, 1993 I, 657f. (Pred. 62)
988 *Largier*, 1993 I; 145 (Pred. 12)
989 *Largier*, 1993 I, 195 (Pred. 16B)
990 *Largier*, 1993 I, 143 (Pred. 12); vgl. unsere Anmerkg. 822, 837
991 *Largier*, 1993 I, 65 (Pred. 5A)
992 *Largier*, 1993 I, 13 (Pred. 1)

ches er mit der ablehnenden, aber wohlwollenden Haltung Jesu als „(zwar) nicht böse, und doch bringt es Hindernis für die lautere Wahrheit“[993] interpretiert. Einerseits redet Eckhart also vom Markten mit dem Herrn; dieses ist bewußtes Abschätzen und betrügt sich selbst, denn Gott ist „für...Werke und für...Geben gar nichts schuldig“[994]. Andererseits gesteht er dem natürlichen, existentiellen Werk zwar den guten Vorsatz zu, aber es geschieht „doch mit Bindung an das eigene Ich, an Zeit und an Zahl, an Vor und an Nach“[995]: die „Tauben“ müßten hinweg, „das heißt die Behinderung und die Ich-Bindung durch alle jene Werke, die ansonsten gut sind, in denen der Mensch das Seine nicht sucht“[996]. Es ist unseres Erachtens darauf hinzuweisen, daß die Differenzierung zwischen „Kaufhandel“ und „Tauben“ keine Hierarchie beinhaltet; diese ist generell nicht[997] Eckharts Methode. Was ihm Anliegen ist, ist, Möglichkeiten zu reflektieren; einmal aus einem realistischen Bestreben seines Predigeramtes heraus, zur „Belehrung“[998] beizutragen, zum anderen die reichhaltige Vorgabe des Bibelwortes[999] im geistigen Nachvollzug auszuschöpfen. Wir bewerten es als offene Realitätsliebe Eckharts, daß er Polaritäten des endlichen Daseins, wie z.B. von Kaufhandel und Tauben, nicht verschweigt. Eckhart verfährt dabei weder dualistisch noch hierarchisch, vertritt aber gleichwohl seine äußerst differenzierte Perspektive. Nehmen wir nochmals obige Lebenshaltungen, so müssen beide, obgleich sie sich selbst als gerechte verstehen(!), ihre Ich-Bindung aufgeben, um zu erkennen, was gerechtes Leben ist; die eine mehr, die andere weniger. Thematisch-hermeneutisch heißt das für den Gerechtigkeitsbegriff im „werden leben“: Obgleich Eckhart prädikativ vom gerechten Menschen ausgeht (gemäß unserem Postulat seines deduktiven Denkansatzes), müssen wir methodologisch berücksichtigen, daß er induktiv vorgeht, d.h., daß der gerechte Mensch nicht per se gerecht ist, sondern eben auch obiger Polarität unterliegt. Im gerechten Menschen gestaltet sich damit die Eckhartsche Forderung nach dem „underscheit“: der „underscheit“ von Gerechtigkeit und Gerechtem konkretisiert sich als konkrete Gerechtigkeit im

993 Ebd., 15

994 Ebd., 13

995 Ebd., 15

996 Ebd., 17; zur Einbindung in Joh. 2,16 sagt Eckhart weiter: „Darum sprach unser Herr gar gütlich: ‚Tut dies fort, schafft dies hinweg!‘, als hätte er sagen wollen: Es ist zwar gut, doch bringt es Behinderung mit sich.“ (ebd.)

997 Vgl. unseren ersten Hauptteil zum Biographischen sowie die Kapitel I.4.2 und auch I.6.ff.

998 *Largier*, 1993 I, 191 (Pred. 16B); Eckhart steht immer zu seinem Bildungsanspruch (vgl. unsere Anmerkg. 4) Sogar im Hinblick auf die schwierige Bild-Analogie offeriert er „Belehrung“ und ist bestrebt, sie nicht ausschließlich „in der Schule, ...vielmehr recht auch auf dem Predigtstuhle“ (ebd.) vorzutragen.

999 Vgl. unsere Anmerkg. 232

gerechten Menschen. Da nun - wie in den vorherigen Erörterung zur Antithese und bereits in der These erarbeitet - die Gerechtigkeit ein absoluter Wert, ein Wert an sich ist, kann zwar der gerechte Menschen für sein Gerechtsein diesen steigern oder mindern, aber dennoch hebt sich sein „underscheit" zur Gerechtigkeit niemals auf, sondern bleibt in un-aufhebbarer Dialektik. Unser Gesagtes können wir mit Eckhart herleiten, indem er Augustinus zitiert: „'wird eine Seele gut, so kann sie dies nur erreichen, wenn sie sich zu etwas wendet, was sie nicht selbst ist. Wohin aber soll sie sich wenden, um eine gute Seele zu werden, wenn nicht zu dem Guten (schlechthin), indem sie dieses liebt, erstrebt und zu erlangen sucht? Wenn sie sich davon wieder abwendet und eben dadurch nicht gut wird, daß sie sich von dem Guten abwendet, dann gibt es nichts, zu dem sie sich wieder, wenn sie umkehren will, hinwenden könnte, hätte jenes Gut, von dem sie sich abwandte, nicht in sich Bestand.'"[1000] In der zweiten Genesis-Auslegung formuliert Eckhart ganz konkret für das „sittliche Leben": „ein göttlicher und tugendhafter Mensch muß zuerst nach Gott und himmlischen (Gütern) streben, danach erst und gleichsam nebenbei nach zeitlichen: ‚suchet zuerst das Reich Gottes und seine Gerechtigkeit (so wird euch das alles hinzugegeben werden‘; Matth. 6,33)"[1001]. Für solch gerechtes Leben kennt Eckhart in seinem deutschen Werk explizite Anweisungen, die dieselbe Aussagekraft und Ausschließlichkeit vermitteln wie die Aufgabe der Bindung an das eigene Ich; darüber hinaus können sie uns als hermeneutische Belege für die Determinierung des Konkreten im „underscheit" gelten. „Im wahren Gehorsam darf kein ‚Ich will so oder so‘ oder ‚dies oder das‘ gefunden werden, sondern nur vollkommenes Aufgeben des Deinen." /.../ Wahrlich, darin steckt überall dein Ich und sonst ganz und gar nichts. Es ist der Eigenwille, wenn zwar du's auch nicht weißt oder es dich auch nicht dünkt: niemals steht ein Unfriede in dir auf, der nicht aus dem Eigenwillen kommt, ob man's nun merke oder nicht. ... nicht das ist schuld, daß dich die Weise oder die Dinge hindern: du bist es (vielmehr) selbst in den Dingen, was dich hindert, denn du verhältst dich verkehrt zu den Dingen. Darum fang zuerst bei dir selbst an und *laß dich*!"[1002] Sich selbst zu lassen deutet auf ein „lediges Gemüt, das durch nichts beirrt und an nichts gebunden ist, das sein Bestes an

1000 Sap. LW II, 365; Bezug Eckharts ist Augustinus‘ ‚Von der Dreifaltigkeit‘. Im Gesagten äußert sich ein stark univoker Tenor, der gleichsam attributionsanalog vermittelt wird; vgl. z.B. unsere Anmerkg. 701. Gutes und Gerechtigkeit sind identisch im Sinne der Transzendentalienlehre; vgl. im zweiten Teil der Studie Teil I, Kapitel 2ff. Der Begriff der Seele rückt im weiteren Verlauf der Antithese und Synthese in eine explizite Position.

1001 Gen. 2, LW I, 504

1002 *Largier*, 1993 II, 337, 339(RdU). Zum Begriff des Gehorsams vgl. unsere Anmerkg. 973

keine Weise gebunden hat und in nichts auf das Seine sieht..."[1003]. Denn „solange du deine Werke wirkst um des Himmelreiches oder um Gottes oder um deiner ewigen Seligkeit willen, (also) von außer her, so ist es wahrlich nicht recht um dich bestellt. /.../ Denn wer Gott in einer (bestimmten) *Weise* sucht, der nimmt die Weise und verfehlt Gott, der in der Weise verborgen ist. Wer aber Gott *ohne* Weise sucht, der erfaßt ihn, wie er in sich selbst ist..."[1004]. Zur Weiselosigkeit gesellt Eckhart die Grundlosigkeit, denn der gerechte Mensch, „will nichts und sucht nach nichts, da er kein Warum kennt, um dessentwillen er etwas täte"[1005].

Hierin zeichnet sich der gerechte Mensch aus - ohne Warum, ohne Weise, ohne Ich, ohne Eigenwillen, ohne alle Behinderung zu sein! Hierin etabliert sich in höchst eindringlichem Maße der „underscheit". Alle Forderungen und Bestimmungen, in denen Eckhart den gerechten Menschen kennzeichnet, erinnern an den schwierigen Weg, den im thetischen Begriff „die Gerechten" das Erkennen vom apriorischen Begriff, über das *eine* Sein bis hin zum „losgelösten Geistes Erkennen"[1006] gehen mußte, um letztlich aber in theologischer Konkretion, die wir für Eckhart postuliert haben, sein ihm Wesentliches zu finden. Wir sollten annehmen, daß Eckharts Theologie auch im vorliegenden Kontext des „werden leben" die Richtung weist, indem wir konkretisieren, was Eckhart mit Aussagen wie zum Beispiel: „Gott ist ein Gott der Gegenwart. Wie er dich findet, so nimmt und empfängt er dich, nicht als das, was du gewesen, sondern als das, was du jetzt bist."[1007] oder „Und wenn dich auch deine großen Vergehen so weit abtreiben mögen, daß du *dich* nicht als *Gott* nahe ansehen könntest, so solltest du doch *Gott* als *dir* nahe annehmen. Denn darin liegt ein großes Übel, daß der Mensch sich Gott in die Ferne rückt; denn, ob der Mensch nun in der Ferne oder in der Nähe wandele: *Gott* geht nimmer in die Ferne, er bleibt beständig in der Nähe; und kann er nicht drinnen bleiben, so entfernt er sich doch nicht weiter als bis vor die Tür"[1008] meinen könnte. Bereits die Art und Weise der Metaphorik, in der Eckhart hier seine Hörer addressiert, vermittelt die Konkretisierung eines sehr persönlichen Zugangs zum Verständnis von gerechtem Leben. Eckhart nimmt sogar räumliche und zeitliche Komponenten auf, jedoch dienen diese der Anschaulichkeit. Gerade aber mit dieser Konkretisierung unterläuft Eckhart die endlich-natürliche Wahrnehmung und Vorstellung seiner Hörer und rückt in die-

---

1003 Ebd., 339
1004 *Largier*, 1993 I, 71 (Pred. 5B)
1005 *Largier*, 1993 I, 439 (Pred. 41)
1006 Vgl. unsere Anmerkg. 838; ebenso 530; 601 sowie 686
1007 *Largier*, 1993 II, 373 (RdU); vorliegende Aussage expliziert nochmals Eckharts Sünden-Begriff; vgl. das antithetische Kapitel 3.2.1 Der Anspruch ethischer Konkretion: Tugend und Sünde.
1008 Ebd., 385

ser Gegenläufigkeit, die übrigens adäquat obige Behinderung durch Zeitlichkeit, Mannigfaltigkeit und Körperlichkeit wiedergibt, das menschliche, gerechte Leben in ganz besonderer Weise in den Blick. Werfen wir daher einen Blick auf zwei Aspekte, die uns zwar einen Schritt von den konkreten Forderungen und Bestimmungen für das gerechte Leben entfernen, weil sie abstrakterer Struktur sind, aber gerade in ihrer Ursprunghaftigkeit für den Gerechtigkeitsbegriff hermeneutisch erklärend wirken: es sind die Aspekte Leben und Natur.

Das Element Leben haben wir bereits, allerdings mehr am Rande, bedacht[1009]. Es kann zur Erläuterung des gerechten, inneren Werkes, somit des gerechten Lebens in seinen genannten Forderungen und Bestimmungen, beitragen, indem es einerseits in einen Gesamtzusammenhang eingebunden ist und andererseits diesen gleichsam konstituiert, wodurch wiederum das „werden leben" und der „underscheit" konturiert werden. Bei diesem Gesamtzusammenhang handelt es sich um den von Erkennen-Leben-Sein: „Ein Meister sagt, das Edelste sei Sein und Leben und Erkennen. Erkennen ist höher als Leben oder Sein, denn darin, daß es erkennt, hat es (zugleich) Leben und Sein. Hinwiederum aber ist Leben edler als Sein oder Erkennen, wie der Baum, der *lebt*, während der Stein (nur) ein Sein hat. Fassen wir aber nun wiederum das Sein als rein und lauter, wie es in sich selbst ist: dann ist Sein höher als Erkennen oder Leben; denn darin, daß es Sein hat, hat es (zugleich) Erkennen und Leben."[1010] Der Inhalt be-

1009 Vgl. unsere Anmerkg. 231-234, 431, 443 oder 684, ebenso Kapitel 6.2.2 („Ein besseres Sein": – Sohn)

1010 *Largier*, 1993 I, 99 (Pred. 8); Das Meisterzitat bezieht Eckhart von Albertus Magnus und Thomas von Aquin, die beide Dionysius Areopagitas ‚De divinis nominibus' kommentieren (vgl. ebd., Stellenkommentar, 829) Vorliegende Predigt verfolgt das Thema: Gott als reines Sein; vgl. unsere Anmerkg. 937, 684 etc.. Hinzuweisen ist auf Eckharts Johannes-Auslegung (Joh. LW III, 51ff.); dort bedenkt er den Vers „Was geworden ist, war in ihm Leben." (ebd., 50) ebenfalls durch die Triade, einerseits „abstrakt", d.h. „Sein, Leben und Denken", andererseits „konkret", d.h. „Seiendes, Lebendes, Denkendes" (ebd., 52). Die erste Lesart geht von der Vollkommenheit des Seins aus, außerhalb dessen nur „Nichtsein oder Fernsein" (ebd., 52) ist; die konkrete nimmt den neuplatonischen Gedanken der „Teilhabe" (ebd.) des Geschaffenen auf und setzt Seiendes an die unterste, Denkendes an die oberste Stufe (vgl. ebd.). Beide Zugangsweisen nehmen das Leben in Mittelstellung, in der es einerseits nach dem Sein strebt, andererseits dieses nur erkennend vermag (vgl. ebd., 54); demgemäß lautet Eckharts „Begriffsbestimmung des Menschen": „‘vernünftiges Lebewesen'" (ebd.; dazu auch dortige Anmerkg.: „Eckharts kunstvolle Zusammenstellung der drei Seinsstufen...vernünftiges (rationale) Lebe-(animal) Wesen (esse)"). Vgl. unsere Anmerkg. 258. Vgl. auch *Largier*, 1993 II, 830f.; Stellenkommentar zu Pred. 8, mit dem Hinweis zur Übereinstimmung der Aussage der Predigt (Gott ist reines Sein) mit der ‚Quaestio parisiensis 1: deus est intelligere.'

schreibt einen Kreislauf, in dem alle drei Elemente gleichwertig sind. Gleichwohl entläßt das Sein in seiner Reinheit und Lauterkeit aus sich Erkennen und Leben. Erkennen und Leben müssen in das Sein gebracht werden, um wahrhaftiges Erkennen[1011] und wahrhaftiges Leben zu sein: „So auch kann das Leben niemals vollendet werden, es werde denn in seine offenbare Ursache gebracht, in der das Leben ein Sein ist, das die Seele empfängt, wenn sie bis in den Grund stirbt, auf daß wir leben in jenem Leben, in dem das Leben ein Sein ist. Was uns daran hindert, darin beständig zu sein, das weist ein Meister auf und sagt: Es kommt daher, daß wir die Zeit berühren. Was die Zeit berührt, das ist sterblich."[1012] Die anagogisch-eschatologische Grundhaltung der Predigt zum Märtyrertod, zum Leiden um Gottes willen (2. Hebr. 11, 37; Matth. 5, 11, 10, 22) ist von einem sittlich-ethischen Bezug mitgetragen, der das Verhalten zum Leben an sich aufgreift. Eckhart beginnt mit diesem Bezug, indem er den Tod nicht nur als Natürlichkeit und auch als Bewußtseinsbildung, sondern darüber hinaus als Hilfestellung, „daß wir uns verhalten sollen, als ob wir tot seien, so daß uns weder Lieb noch Leid berühre"[1013], interpretiert. Die dargestellten Perspektiven lassen sich mit denen des gerechten Lebens, wenn es denn gerecht ist, d.h. also „insofern", um Eckharts hermeneutischen Begriff nochmals zu bemühen, d.h. bestimmt ohne Warum, ohne Weise, ohne Ich, ohne Eigenwillen, ohne alle Behinderung, zusammendenken: „Denn außerhalb der Gerechtigkeit handelt niemand gerecht."[1014] Wir müssen uns über die Ernsthaftigkeit der Eckhartschen Gedanken klar werden; rekurrieren dazu auf spezielle, diese verdeutlichende: „Daß wir die Gerechtigkeit um ihrer selbst willen und Gott ohne Warum lieben, dazu helfe uns Gott."[1015] oder „...daß der gerechte und gute Mensch sich sicherlich ungleich, ja unaussprechlich mehr am Werke der Gerechtigkeit erfreut, als er oder selbst der oberste Engel an seinem natürlichen Sein oder Leben Wonne oder Freude hat. Darum auch gaben Heilige ihr Leben fröhlich hin für die Gerechtig-

1011 Vgl. unsere Anmerkg. 624

1012 *Largier*, 1993 I, 101f. (Pred. 8); der Meisterbezug ist nicht zu eruieren (vgl. 833, Stellenkommentar)

1013 Ebd., 97; vgl. *Largier*, 828, Stellenkommentar; auch *Quints* Hinweise auf Eckharts mystisch-metaphysischen Imperativ „'Stirb und werde!'" (Q, 48f., Einleitung) sind für den vorliegenden Kontext erläuternd. Auch eine andere Stelle erhellt die Verbindung der eschatologischen und ethischen Perspektive und antizipiert gleichzeitig unsere synthetische Sicht: „Der Mensch, der sich selbst und alle Dinge gelassen hat, der des Seinen nichts an irgendwelchen Dingen sucht und alle seine Werke ohne Warum und (nur) aus Liebe tut, ein solcher Mensch ist für ganze Welt tot und lebt in Gott und Gott in ihm." (*Largier*, 1993 I, 331; Pred. 29)

1014 Joh. LW III, 56; vgl. unsere Anmerkg. 824

1015 Vgl. unsere Anmerkg. 234

keit."[1016] Wenn wir auch heute gerecht sind, gehorsam, unser freier Wille steht immer in Gefahr, unsere Verpflichtungen zum Gehorsam zu verletzen. Das Gerechtsein ist „kein Gnadengeschenk von oben"[1017], sondern ist jener grundlegende, wirkliche „Kampf", auch angesichts Eckharts Forderungen und Bestimmungen: „Nun sprechen manche Leute: ‚Ihr tragt uns schöne Reden vor, wir aber werden nichts davon gewahr'. Das gleiche beklage auch ich. Dieses Sein ist so edel und (doch) so allgemein (erreichbar), daß du es nicht zu kaufen brauchst, weder um einen Heller noch um einen halben Pfennig. Hab nur ein rechtes Streben und einen freien Willen, so *hast* du es."[1018] Daß es Eckhart sehr ernst meint mit den Forderungen und Bestimmungen, die er an das gerechte Leben knüpft, wird auch aus seinem Naturbegriff ersichtlich. Womit der Lebensbegriff noch an kontingenter Struktur hinsichtlich des Gerechtseins besetzt sein mag, fällt bei dem abstrakteren Naturbegriff fort und erlaubt einen losgelösteren, gleichwohl nicht relativierenden Blick auf den gerechten Menschen. Eckhart stellt den Begriff der Natur - darauf haben wir thetisch bereits verwiesen - in seinen ihm inhärenten Möglichkeiten[1019] dar, welche dem gerechten Leben per se adäquat sind, d.h. sie drücken das Charakteristische des gerechten Menschen, des gerechten Lebens aus, nämlich - wie Eckhart zum Aspekt des Lebens selbst sagt - „edel und doch so allgemein erreichbar" zu sein: „Die Natur überspringt nichts; sie hebt stets beim Niedersten zu wirken an und wirkt so hinauf bis zum Höchsten."[1020] „Man muß wissen, daß es der gesamten Natur unmöglich ist, irgend etwas zu zerbrechen, zu verderben oder auch (nur) zu berühren, ohne daß sie damit für das, was sie anrührt, etwas Besseres anstrebt. Ihr genügt es nicht, daß sie ein gleich Gutes schafft; sie will stets ein Besseres machen. Wieso? Ein weiser Arzt berührt niemals den kranken Finger des Menschen, so daß er dem Menschen weh tut, wenn er nicht den Finger selbst oder den gesamten Menschen in einen besseren Zustand zu versetzen und ihm Erleichterung zu schaffen vermöchte."[1021] Der Natur ist es gegeben, gerechtes Leben zu sein; dem Leben ist es gegeben, diese Anlage[1022] auszuschöpfen: „Da wurde gefragt, warum Gott jene Menschen, von denen er weiß, daß sie aus der Taufgnade fallen werden, nicht so

1016 Vgl. unsere Anmerkg. 343; auch 342

1017 Q, 37; Einleitung

1018 *Largier*, 1993 I, 331 (Pred. 29). Zum Begriff des Habens: vgl. in verschiedenen Kontexten unsere Anmerkg. 760 sowie den Aufsatz von *Caysa*.

1019 Vgl. unsere Anmerkg. 708; 763; 770; 777; 608; 889 sowie unser Kapitel 2.2 (Deutsches Werk: ‚Liber benedictus' als Paradigma dialektischer Struktur), hier die Predigt ‚Vom edlen Menschen', und 6.2.1 (Natürliche Ordnung, göttliche Ordnung: - Gott) im zweiten Teil der Studie.

1020 *Largier*; 1993 I, 207 (Pred. 18)

1021 *Largier*, 1993 II, 289f. (BgT)

1022 Vgl. unsere Anmerkg. 496 sowie weitere Hinweise.

von hinnen, daß sie in ihrer Kindheit stürben, ehe sie noch zum Gebrauch der Vernunft kämen...das wäre (doch) *ihr* Bestes? Da sagte ich: Gott ist nicht ein Zerstörer irgendeines Gutes, sondern er ist ein Vollbringer: Gott ist nicht ein Zerstörer der Natur, sondern ihr Vollender. Auch die Gnade zerstört die Natur nicht, sie vollendet sie (vielmehr). Zerstörte Gott die Natur derart schon im Beginn, so geschähe ihr Gewalt und Unrecht; das tut er nicht. Der Mensch hat einen freien Willen, mit der er Gutes und Böses wählen kann, und Gott legt ihm für das Übeltun den Tod und für das Rechttun das Leben (zur Wahl) vor. Der Mensch soll frei sein und Herr seiner Werke, unzerstört und ungezwungen. /.../ Es gibt also nichts in Gott, was etwas zerstörte, das irgendwie Sein hat; vielmehr ist er ein Vollender aller Dinge. Ebenso sollen (auch) wir kein noch so kleines Gutes in uns zerstören noch eine geringe Weise um einer großen willen, sondern wir sollen sie vollenden zum Allerhöchsten.“[1023]

Kommen wir - nach bewährter Eckhartscher Methode - von den abstrakten Aspekten Leben und Natur, die den Gerechtigkeitsbegriff grundlegend erhellen, zurück zur Gerechtigkeit im konkreten, gerechten Leben; nehmen wir Eckharts Korrelation von „Innerlichkeit“ und „Wirksamkeit“[1024] bewußt wahr für die Etablierung des „underscheit“ im inneren Werk des gerechten Menschen: „Der Mensch soll frei sein“ - das haben wir von Eckhart gehört -; d.h. er kann, soll und muß sich entscheiden; kann, soll und muß den „underscheit“ lebendig werden lassen. Er muß den Zwischenraum zwischen „Übeltun“, „Handel“ und „Rechttun“, „Tauben“ ausfüllen. Dieses kann er, getragen von Vernunft und Willen. Jedoch bleibt das Können immer auf die (Eckhartschen) Forderungen und Bestimmungen des gerechten Lebens gerichtet und erfährt somit seine Grenzen.[1025] Wir haben anfänglich auf Eckharts konträres (nicht: kontradiktorisches) Denkschema, durch das er seine Aussagen strukturiert und differenziert, hingewiesen. Besagter Zwischenraum, der praktisch, als Vernunft und Wille, das „werden leben“ ausmacht, läßt sich in verschiedenen Kontexten bei Eckhart wiederfinden. Direkt oder indirekt ist dort die Triade „Erkenntnis“-„aufstrebende Kraft“-„innerer Wille“, die die „höchsten Kräfte der Seele“[1026] meint, inhaltlich

---

1023 *Largier*, 1993 II, 417 (RdU). Vgl. unsere Anmerkg. 396; weiterhin zur Gnade vgl. unsere Anmerkg. 191, 829, 833. Obwohl Eckhart sicherlich keinen Bedarf gesehen hat, kann wohl dennoch kaum ein eindrucksvolleres Beispeil für eine Theodizee gegeben werden als es seine Worte hier vermitteln.

1024 Vgl. unsere Anmerkg. 978

1025 Vgl. hierzu *Kern*, 1994, 125ff.; *Langer*, 1986, 25, 30f.

1026 *Largier*, 1993 I, 361 (Pred. 32). Eckhart verbindet weiterhin mit der christlichen Triade „Glaube“, „Hoffnung“ und „Liebe“ (ebd.), wodurch noch deutlicher wird, daß er vom inneren Werk, vom inneren Menschen spricht. Neben den höchsten Kräften stehen die niedrigen; er sagt: „daß die Seele mit den obersten Kräften die Ewigkeit, das ist Gott, berühre; mit den niedersten Kräften (hingegen) berührt sie

bestimmend. Ein indirektes Beipiel findet sich in den ‚Reden der Unterweisung', wo Eckhart von der „Strenge der Nachfolge" spricht, die vernunftmäßig und realistisch erfolgen sollte: „Achte darauf, in was deine Nachfolge ... bestehen kann. Du mußt erkennen und darauf gemerkt haben, wozu du von Gott am stärksten gemahnt seist; denn mitnichten sind die Menschen alle auf *einen* Weg zu Gott berufen."[1027] Ein weiteres indirektes Lehrstück zum gerechten Leben impliziert Eckharts vernünftige Sicht der Liebe; als „*Wesen* der Liebe" und „*Werk*

---

die Zeit und dadurch wird sie dem Wandel unterworfen und und körperlichen Dingen zugeneigt, und dabei wird sie entadelt." (ebd., 357) Die letzteren benennt Eckhart an anderer Stelle als „Unterscheidungsvermögen, *rationale*", „'Zürnerin', *irascibilis*" und „'Begehren', *concupiscibilis*" (*Largier*, 1993 II, 193; Pred. 83), die auch dem inneren Menschen zugehören, aber unter Rücksicht den oben genannten Körperlichkeit, Vielheit, Zeitlichkeit. Das Verhältnis von oberen und niederen Kräften der Seele (= innerer Mensch, inneres Werk) bedenkt Eckhart mit Dionysius Areopagita: „Nun wollen wir von dieser *Ordnung der Seele* sprechen. Ein heidnischer Meister sagt: das überschwebedende natürliche Licht der Seele ist so lauter und so klar und so hoch, daß es an die Natur des Engels rührt; es ist so treu und (anderseits) so untreu (abgeneigt) und gram (feindselig) den niedersten Kräften, daß es sich nimmer in sie ergießt und der Seele nimmer leuchtet, die niedersten Kräfte seien denn geordnet unter die obersten Kräfte und die obersten Kräfte unter die oberste Wahrheit." (*Largier*, 1993 I, 351f.; Pred. 31 sowie 947, Stellenkommentar) Es wird deutlich: Das „Licht der Seele" ist nicht unbedingt mit den obersten Kräften gleichzusetzen, obwohl Eckhart es immer wieder als Vernunft benennt: „...von dem ich schon mehrmals gesprochen habe, das ist die Vernunft am (äußersten) Umkreis der Seele , wo sie Engelsnatur berührt, und ist ein Bild Gottes" (*Largier*, 1993 I, 239; Pred. 20B) Die Charakterisierung läßt die Akzentierung erahnen, auf die es Eckhart ankommt, daß sich das „Licht der Seele" nämlich auf die Gottesgeburt in der Seele bezieht, worin „göttliche Ordnung" erlangt wäre, welche Eckhart hinführend zur *Ordnung der Seele* (obige Predigt 31) bedacht hat (vgl. unsere Anmerkg. 669). *Mieth* (1969, 142) weist dementsprechend auf den Unterschied hin, den Eckhart zwischen Kraft der Seele und Kraft in der Seele macht, wobei diese den am häufigsten von Eckhart intendierten „ontologischen Bezug" (ebd.), jene „rein anthropologische Qualität" (ebd.) wiedergibt. Vgl. auch *Siller*, 106. Vgl. ebenfalls Bernward *Dietsche*, Der Seelengrund nach den deutschen und lateinischen Predigten, in: Meister Eckhart der Prediger. Festschrift zum Eckhart-Gedenkjahr. P.Nix, Udo.M., O.P. und P. Dr. Öchslin, Raphael, O.P. (Hrsg.), Freiburg/Basel/Wien 1960, 229. *Dietsche* listet übrigens die verschiedentlichen Begrifflichkeiten Eckharts auf. Was die beiden Kräfte-Konstellationen anbelangt, so liegt ihnen „die Welt" (*Largier*, 1993 I, 357; Pred. 32) (=äußere Mensch, äußeres Werk) voraus, die durch die Sinneswahrnehmung und Leibeskraft verarbeitet wird, wohin die niederen Kräfte verstärkter streben als die obersten. Zum gesamten Kontext vgl. z.B. „Aufbau des menschlichen Erkennens" *Manstetten*, 362ff.; oder: „dynamische Verlebendigung des ontologischen Geschehens in jedem einzelnen" *Mieth*, 1969, 164ff.

1027 *Largier*, 1993 II, 385 (RdU); die Nachfolge behandelt Eckhart am leuchtenden Beispiel Jesu und an dem von Heiligen.

oder *Ausbruch* der Liebe“[1028]: jene liegt „allein im Willen“, „verborgen in der Seele, dieweil Gott verborgen liegt im Grunde der Seele“[1029]. Diese bedient sich der Äußerlichkeit, „sticht recht in die Augen, wie Innigkeit und Andacht und Jubilieren, und ist dennoch allwegs das Beste nicht“[1030]. „Man soll nämlich von solchem Jubilus bisweilen ablassen, um eines Besseren aus Liebe willen und um zuweilen ein Liebeswerk zu wirken, wo es dessen not tut, sei's geistlich oder leiblich.“[1031] Daß die Liebe dem menschlichen Willen wesentlich ist, „alle Neigung, Lust und Liebe kommt von dem, was einem gleich ist, denn alle Dinge neigen zu und lieben ihresgleichen“[1032], ist auch für Eckhart (aristotelisch) unbestreitbar, aber er fordert dazu, vernünftig, besonnen zu handeln, was nicht den Verlust der Liebe nach sich zieht: „Nicht soll der Mensch wähnen, daß er dabei Gnaden versäume; denn was der Mensch aus Liebe willig läßt, das wird ihm um vieles herrlicher zuteil, wie Christus sprach: ‚Wer etwas läßt um meinetwillen, der wird hundertmal soviel zurückerhalten.‘ (Matth. 19,29)“[1033]. Wir sehen wieder einmal Eckharts klare Auffassung: Liebe wird nicht negiert, sondern sie soll vernünftige Liebe sein, denn so erfährt sie in der Errettung aus möglichem Blindsein eine Aufwertung ihrer Wesentlichkeit. Diese Konstellation leitet über zu direkten Erörterungen, die Eckhart mit dem gerechten Leben im „geistigen Werk“ und „vollkommenen Willen“ verbindet; beide Positionen konvergieren theologiegeschichtlich mit der Debatte zur Einung des Menschen mit Gott durch Vernunft/Erkennen bzw. Wille/Liebe.[1034] Eckhart erörtert Vernunft und Wille zum einen anhand ihrer jeweiligen Vermögensleistung zur Einigung, zum anderen anhand einer dritten Perspektive, die Vernunft und Wille als Seelenvermögen übersteigt. In vielen Predigten wägt er Vernunft und Wille gegeneinander ab, ohne eine Deklassierung vorzunehmen, gehören doch beide ohnehin zu den oberen Seelenkräften des Menschen[1035]. Hier ein Beispiel, in dem er dem Willen den Vorrang einräumt, was allerdings - wie das obige Beispiel zur Liebe gezeigt

---

1028 *Largier*, 1993 II, 361f. (RdU); vgl. unsere Anmerkg. zum Liebesbegriff, z.B. 483

1029 Ebd., 363

1030 Ebd.

1031 Ebd.; vgl. unsere Anmerkg. 913. Vorliegender Kontext ist ein Hinweis auf Eckharts Perspektive der Kontemplation wie sie die Maria-Figur in *Largier*, 1993 II, 209-229 (Pred. 86) vertritt; Kontemplation, die „verzärtelt“ (ebd., 209), da „nicht in den Werken geübt“ (ebd., 211) und nicht „durch Übung der Tugenden zu so hoher Erkenntnis, daß sie eine jegliche Tugend anschaulich genauer erkennen könnte“ (ebd.).

1032 *Largier*, 1993 II, 247 (BgT)

1033 *Largier*, 1993 II, 363f. (RdU); vgl. *Mieth*, 1969, 199-202

1034 Vgl. dazu *Largier*, 1993 I, 826 (Stellenkommentar zu Pred. 7) oder 844ff. (Stellenkommentar zu Pred. 9) sowie weitere Verweise.

1035 Vgl. unsere Anmerkg. 714

hat - selten ist: „Gewisse Kräfte der Seele nehmen auf von draußen wie das Auge: wie fein das auch immer aufnehmen und das Gröbste abspalten mag, so nimmt es dennoch etwas von außen, was ein Absehen hat auf Hier und Nun. Das Erkennen aber und die Vernunft, die schälen alles ab und nehmen auf, was weder Hier noch Nun kennt; in *dieser* Weise berührt die Vernunft die Engelsnatur. Dennoch empfängt sie von den Sinnen; was die Sinne von außen eintragen, davon nimmt die Vernunft. Dies tut der Wille nicht; in diesem Punkt ist der Wille edler als die Vernunft. Der Wille nimmt nirgend als im reinen Erkennen, wo es weder Hier noch Nun gibt."[1036] Obgleich Eckhart hier die Vernunft mit dem Wesenhaften eines Engels vergleicht, formuliert er sie im allgemeinen in ihrer absoluten Priorität, wie es eben auch die ‚Quaestiones parisienses' belegen. In einer deutschen Predigt bezieht Eckhart sich auf die Pariser Abhandlungen: „Ich sagte in der Schule, daß die Vernunft edler sei als der Wille, und doch gehören sie beide in dieses Licht. Da sagte ein Meister in einer andern Schule, der Wille sei edler als die Vernunft, denn der Wille nehme die Dinge, wie sie in sich selbst sind; Vernunft aber nehme die Dinge, wie sie in ihr sind. Das ist wahr. Ein Auge ist edler in sich selbst als ein Auge, das an die Wand gemalt ist. Ich aber sage, daß die Vernunft edler ist als der Wille. Der Wille nimmt Gott unter dem Kleide der Gutheit. Die Vernunft nimmt Gott bloß, wie er entkleidet ist von Gutheit und von Sein. Gutheit ist ein Kleid, darunter Gott verborgen ist, und der Wille nimmt Gott unter diesem Kleide der Gutheit. Wäre keine Gutheit an Gott, so würde mein Wille ihn nicht wollen. Wer einen König kleiden wollte am Tage, da man ihn zum König machte, und kleidete ihn in graue Kleider, der hätte ihn nicht wohl gekleidet. Nicht dadurch bin ich selig, daß Gott gut ist. Ich will (auch) niemals danach begehren, daß Gott mich selig mache, denn das vermöchte er gar nicht zu tun. Dadurch allein bin ich selig, daß Gott vernünftig ist und ich dies erkenne."[1037] Neben der differenzierenden Zusammenschau von Vernunft und

---

1036 *Largier*, 1993 I, 249f. (Pred. 21)

1037 *Largier*, 1993 I, 111f. (Pred. 9). Hierzu einige Hinweise: „...und doch gehören sie beide in dieses Licht": Eckhart bezieht es auf die „Worte der heiligen Meister, die da erkannten in einem viel höheren Licht" (ebd.), indem sie nämlich die Einigung mit Gott durch die Vernunft, anstatt den Willen, denken. Die Predigt hat uns bereits im thetischen Begriff „die Gerechten" beschäftigt, da sie exemplarische Univozitätsaussagen (vgl. z.B. unsere Anmerkg. 296; 578; 697) enthält. Eckhart setzt sich in ihr letztendlich mit der Bestimmung Gottes als reine Vernunft (vgl. unsere Anmerkg. 531) auseinander, um seine ‚Opus tripartitum'-These „esse est Deus" ins rechte Licht zu rücken und um dementsprechend die menschliche Vernunft als höchstes Seelenvermögen zur Einigung mit Gott zu entfalten: „Wenn wir Gott im Sein nehmen, so nehmen wir ihn in seinem Vorhof, den das Sein ist sein Vorhof, in dem er wohnt. Wo ist er denn aber in seinem Tempel, in dem er als heilig erglänzt? *Vernunft* ist ‚der Tempel Gottes'. Nirgends wohnt Gott eigentlicher als in seinem

Wille, ergänzt Eckhart diese an verschiedenen Stellen durch Stufungen, mit denen er die Dimensionalität jedes einzelnen Seelenvermögens verdeutlichen und somit - wie wir meinen - jedem einfachen Dualismus der menschlichen Konstitution entgegenwirken kann. Im Kontext unserer Antithese ist mit den seelischen Dimensionen auch die antinomisch-anachronistische Gegebenheit des „werden leben“ angesprochen und hermeneutisch liegt vor uns das weite Feld unaufhebbarer Dialektik. Zur Dimensionalität des Willens verweist Eckhart auf: „...dreierlei Willen. Der eine ist ein ‚sinnlicher‘ Wille, der zweite ein ‚vernunfterhellter‘ Wille, der dritte ein ‚ewiger‘ Wille“[1038]. Über die Dimensionalität der Vernunft ist anhand obiger Darstellung ihres Vermögens gegenüber dem Willen bereits ein Eindruck vermittelt worden. Rekurrieren wir auf die Erarbeitung unseres thetischen Begriff „die Gerechten“, so hat auch dort das Erkennen eine Entwicklung vom Begriff zum Wort als theologische Konkretion durchgemacht; unsere Hermeneutik des Eckhartschen „underscheit“ hat darin bereits einen ersten Höhepunkt erreicht.[1039] Die Priorität der Vernunft, des geistigen, inneren Werkes, hat sich soweit auch im antithetischen Begriff „werden leben“ heraus-

---

Tempel, in der Vernunft, wie jener andere Meister [Meister aus dem Liber XXIV philosophorum, prop. 4; *Largier*, 1993 I, 837, 854, Stellenkommentar; auch *Ruh*, 1996, 39; Anmerkg. v.V.] sagte: Gott sei eine reine Vernunft, die da lebt im Erkennen einzig ihrer selbst, nur in sich selbst verharrend dort, wo ihn nie etwas berührt hat; denn da ist er allein in seiner Stille. Gott erkennt im Erkennen seiner selbst sich selbst in sich selbst.“ (ebd., 109f.) Vgl. auch unsere Anmerkg. 681, univoke Rhetorik hebt in neuplatonischem Denken Gottes Substantialität, ausgehend von seinem Erkennen, hervor.

1038 *Largier*, 1993 II, 225 (Pred. 86); der erste bezieht sich auf Maria, die Jesu Worten lauscht, ganz aus reinem Seelen-Verlangen (vgl. ebd., 209; vgl. unsere Anmerkg. 1031), der zweite meint die erfahrene Martha, die *„unbehindert“* (ebd., 215) ihr „vernunfterhelltes Wirken“ (ebd., 217) erfüllt, der dritte ist ein „‘ewiger Wille‘ mit dem liebevollen Gebot des Heiligen Geistes. Dann spricht die Seele: ‚Herr, gib mir ein, was dein ewiger Wille sei.‘“ (ebd, 225). Eckhart sagt am Schluß: „(Auch) Maria ist erst (eine solche) Martha gewesen, ehe sie (die reife) Maria werden sollte; denn als sie zu (noch) Füßen unseres Herrn saß, da war sie (noch) nicht (die wahre) Maria; wohl war sie's dem Namen nach; sie war's aber (noch) nicht in ihrem Sein;...“ deutet *Largier* als Bezug auf die „Gottesmutter Maria“ (747, Stellenkommentar), was durchaus nachzuvollziehen ist, denn die Geburt Gottes durch Maria ermöglicht das Werden einer Martha, aber auch das Werden einer Maria zu einer Martha: „Das eigentliche Ziel der Predigt liegt ... nicht in der Darstellung der Vollkommenheit Marthas, sondern in der Entwicklung Mariens. Diese hinter der Aufwertung Marthas etwas verborgenen Intention darf man nicht übersehen...“ (*Mieth*, 1969, 210) Martha-Maria-Konstellation ist der zwischen „Handel“ und „Tauben“ vergleichbar, den wir zu Beginn dieses Kapitels aufgegriffen haben.

1039 Vgl. unsere Anmerkg. 556 als punktuelles Beispiel; strukturell verweisen wir besonders auf die thetischen Kapitel 5.2 bis 6.2 .

kristallisiert. Für den vorliegenden Kontext des gerechten Menschen nun kann noch eine Aussage Eckharts angeführt werden, die nicht nur die Dimensionalität der Vernunft detailliert betont, sondern auch in die oben genannte dritte Perspektive, die Vernunft und Wille als Seelenvermögen übersteigt, Einsicht gewährt, d.h. in das „Licht der Seele", den „Tempel Gottes": „Nun sagt er: ‚Ein Licht vom Himmel umleuchtete ihn' (Apg. 9, 3). Damit meint er: Alles, was zu seiner Seele gehörte, das ward umfangen. Ein Meister sagt, daß in diesem Lichte alle Kräfte der Seele emporschnellen und sich die äußeren Sinne erhöhen, mit denen wir sehen und hören, wie auch die inneren Sinne, die wir Gedanken nennen: wie weit diese (=Gedanken) sind und wie unergründlich, das ist ein Wunder: kann ich mir doch ebenso leicht etwas denken (=vorstellen), was jenseits des Meeres, wie das, was dicht bei mir ist. Über die Gedanken hinaus aber geht die Vernunft, soweit sie noch sucht. Sie geht ringsum und sucht: sie späht hier- und dorthin, und sie nimmt zu und ab. Über dieser Vernunft aber, die (noch) sucht, ist noch eine andere Vernunft, die da nicht (mehr) sucht, die da in ihrem lauteren, einfaltigen Sein steht, das in jenem Lichte umfangen ist. Und ich sage, daß in diesem Lichte *alle* Kräfte der Seele sich erhöhen. Die Sinne springen auf in die Gedanken: wie hoch (aber) und wie unergründlich die sind, das weiß niemand als Gott und die Seele. Unsere Meister sagen - es ist eine schwere Frage -, daß selbst die Engel von den Gedanken nichts wissen, dafern sie nicht ausbrechen und emporsteigen in die Vernunft, die sucht, und die Vernunft, die sucht, in die Vernunft emporspringt, die nicht mehr sucht, die vielmehr in sich selbst ein lauteres Licht ist. Dieses Licht umfaßt in sich alle Kräfte der Seele. Darum sagt er: ‚Das Licht des Himmels umleuchtete ihn.'"[1040]

1040 *Largier*, 1993 II, 67 (Pred. 71); Eckhart behandelt den Vers „‚Paulus stand auf von der Erde, und mit offenen Augen sah er nichts.'" (ebd., 65), dem der über das Licht vorangeht. Der Begriff des „nichts" ist das Thema der Predigt, welches Eckhart vierfach auslegt: „Als er aufstand von der Erde, sah er mit offenen Augen nichts, und dieses Nichts war Gott; denn, als er Gott sah, das nennt er ein Nichts. Der zweite Sinn (ist): Als er aufstand, da sah er nichts als Gott. Der dritte: In allen Dingen sah er nichts als Gott. Der vierte: Als er Gott sah, da sah er alle Dinge als ein Nichts." (ebd., 65) Diese Abfolge der Determinierung des „nichts" entspricht der Dimensionalität der Vernunft: 1) der äußere Sinn des Sehens und die Benennung des Gegenstands, in diesem Falle „Gott als Nichts", 2) der innere, gedankliche Sinn, der „nichts als Gott" denkt/=sieht; 3) die Vernunft, die in „allen Dingen" Gott sucht; 4) die findende Vernunft, die die Dinge „als ein Nichts" erkennt. Die Abfolge der Sätze über das „Nichts" ist - so meinen wir - von dreifachen Charakteristik geprägt: erstens einer kataphatischen, die von Gott zu den Dingen hinabsteigt, zweitens einer apophatischen, die von Gott her die Dinge (hinaufsteigend) erkennen läßt. Drittens liegt eine Kreisbewegung vor, die Gott und alle Dinge als Nichts zusammenschließt. Darüber hinaus ist Eckharts Methode eine deduktive, die immer von Gott ausgeht. Die Methode der Sätze über die Seelenkräfte ist induktiv, denn

Betrachten wir also den gerechten Menschen gemäß Leben und Natur, wie sie aus prinzipieller Grundlosigkeit und Teleologie heraus Sinn geben, ferner gemäß Willen und Vernunft, die als oberste und vollkommene Seelenkräfte „mit dem Leibe nichts zu tun [haben]...die oberhalb der Zeit [wirken]“[1041] und in denen als eben solche eine vernünftige Unergründlichkeit durch „besonnenen gottgeformten Willen ... dem Willen gebiete“[1042], dann müssen wir die Adäquatheit der Eckhartschen Forderungen und Bestimmungen zugeben, daß nämlich die Gerechtigkeit des gerechten Menschen explizit und nur ohne Warum, ohne Weise, ohne Ich, ohne Eigenwillen, ohne alle Behinderung sein kann. An einer gewissen Stelle meldet Eckhart die Frage an, die seinen Hörern (wie auch uns) auf dem Herzen gelegen haben muß: „Wie soll man da noch ein Mitwirken haben, wo der Mensch doch sich selbst und allen Werken entfallen ist und ... wo doch alle Bilder und Werke, Lob und Dank oder was einer sonst wirken könnte, entsinken?“[1043] Tatsächlich hat Eckhart auf diese Frage eine „Antwort: *Ein* Werk bleibt einem billig und recht eigentlich doch: das (aber) ist: ein Vernichten seiner

---

sie beginnt mit den niedersten Sinneskräften und endet in *der* Vernunft, die - um nochmals die Verbindung beider Predigtstellen herzustellen – „alle Dinge als ein Nichts“ erkennt: *diese* Vernunft erkennt: „Alle Kreaturen sind ein reines *Nichts.*“ (vgl. unsere Anmerkg. 894). Die Predigt verdeutlicht in prägnanter Weise - wie es uns oft begegnet - einerseits die strukturelle Geschlossenheit, in der Eckhart sein Denken aufbaut, andererseits die inhaltliche Offenheit, die uns wiederum in den „underscheit“, in unsere Perspektive un-aufhebbarer Dialektik verweist, wenn Eckhart am Schluß sogar über die Vernunft als das besagte Licht sagt: „Gott aber muß man nehmen als *Weise ohne Weise* und als *Sein ohne Sein*, denn er hat keine Weise. Daher sagt Sankt Bernhard [Pseudo Bernhard, vgl. 688, Stellenkommentar; Anmerkg.v.V.]: Wer dich, Gott, erkennten soll, der muß dich messen ohne Maß. Bitten wir unseren Herrn, daß wir in *die* Erkenntnis gelangen mögen, die da ganz ohne Weise und ohne Maß ist.“ (*Largier*, 1993 II, 79; Pred. 71) Vgl. in trinitätstheologischer Hinsicht unsere Kapitel 8.2 Das Maß des Heiligen Geistes sowie 8.3 Der Heilige Geist als dialogisch sich vollziehendes Werden: un-aufhebbare Dialektik.

1041 *Largier*, 1993 I, 453 (Pred. 42)

1042 *Largier*, 1993 II, 229 (Pred. 86); *Quint* übersetzt nicht so wörtlich, aber eventuell prägnanter: „von Erkenntnis geformter Wille...dem (sinnlichen) Willen gebiete“ (Q, 288)

1043 *Largier*, 1993 II, 421 (RdU); Eckhart nimmt inmitten des Zitats noch Bezug auf Dionysius‘ Schweigen von Gott. Zum „Mitwirken“ vgl. unsere Anmerkg. 978-979. Nehmen wir Bezug auf unsere Anmerkg. 979, so ist wieder einmal Eckharts Rhetorik hervorzuheben: „in Einem“, der Begriff weist auf sein univokes Denken, was sich somit also auch schon in Eckharts früher Schaffensphase der RdU anzeigt. Ferner bindet die hier vorliegende Rhetorik auf hermeneutischer Basis unsere Rezeption nicht nur zurück an den thetischen Begriff „die Gerechten“, sondern antizipiert auch gleichzeitig den noch ausstehenden synthetischen „ewiglich bei Gott“ und - was im Kontext gravierend ist - unterstützt nochmals den „underscheit“ in all seiner Gewichtigkeit gegenüber dem Gerechtigkeitsbegriff.

selbst."[1044] Diese Antwort ist der „underscheit", in ihm determiniert Eckhart das Konkrete des gerechten Lebens. Beinahe schmerzlich verdeutlicht sich uns Eckharts Denken, was seine folgende abstrakt-ontologische Erklärung noch verstärkt: „Denn unser ganzes wesenhaftes Sein liegt in nichts anderem begründet als in einem Zunichtewerden."[1045] Was im thetischen Kontext der „Gerechten" erkenntnistheoretisch noch nachzuvollziehen, auch hermeneutisch dem abstrakt konkreten Begriff noch zu attestieren war, fällt im vorliegenden des „werden leben" plötzlich um vieles schwerer, auch und gerade in der Hinsicht, daß Eckhart nicht vom äußeren Werk absieht. Die anfängliche, unser antithetisches „werden leben" einleitende Frage nach einer Spannung bleibt bestehen: Antithese meint Widerspruch. Es ist keine dialektische Aufhebung in Sicht; im Gegenteil: nur und sogar Antinomie und Anachronismus eines „Zunichtewerden". Was sieht Eckhart eigentlich wirklich als erforderlich an? Wir fragen: Ist Eckharts Antwort ontologische und ethische „Spekulation"[1046] und „dem gewöhnlichen natürlichen Dasein radikal entgegengesetzt"[1047]? Hat er nicht den freien Menschen postuliert? Sprechen wir nicht von Gerechtigkeit?

III. Synthese: Die Gerechten werden leben - „ewiglich bei Gott"

Zwei Eckhartsche Formulierungen sind eindrucksvolle Belege für die Gerechten, die leben werden: einmal die thetisch-univoke „der Gerechte als solcher ist in der Gerechtigkeit selbst", zum anderen die antithetisch-attributionsanaloge über des Menschen Gerechtigkeit „auf Borg". Jene in ihrem deduktiven Tenor und diese induktive haben in „ewiglich bei Gott" eine adäquate Synthese. Es läßt sich nämlich resümieren, daß die Theologie den erkenntnistheoretischen und ontologischen Begriff „die Gerechten" überhöht und als - von uns postuierte - theologische Konkretion diesen hinreichend erklärt hat. Es läßt sich ferner resümieren, daß auch das „werden leben" des gerechten Menschen im „Zunichtewerden" -

---

1044 Ebd.

1045 Ebd. 423. *Waldschütz*, 1978, verweist auf Eckharts eventuellen Bezug auf die jüd.-christliche Tradition des „Zunichtewerden" in „Psalm 72,22" und „Mark. 9,34" (ebd., 358). Die „spekulative Bedeutung" des deutschen „ein niht werden" sieht er als „eigene Leistung" (ebd.) Eckharts an. Vgl. unsere Anmerkg. 746; wir ergänzen: „Darum ist einzig der nur ein gerechter Mensch, der alle geschaffenen Dinge zunichte gemacht hat und geradlinig ohne alles Auslugen auf das ewige Wort hin gerichtet steht und darein eingebildet und wiedergebildet in der Gerechtigkeit. Ein solche Mensch empfängt dort, wo der Sohn empfängt und ist der Sohn selbst." *Largier*, 1993 I, 193 (Pred. 16B)

1046 *Bindschedler*, 64

1047 Ebd., 65

wie Eckhart es grundlegend formuliert - zwar mehr aus der Sicht der theologischen Konkretion, weniger aus der der konkreten Konkretheit des gerechten Lebens verstehbar wird, aber Eckharts attributionsanalogischer Denkansatz den Hiatus überwinden hilft. Ein Fazit, das einerseits die These, andererseits die Antithese betrifft, kann gezogen werden: „Verstehen, das Gott zum Gegenstand hat, muß, wenn es sich genau nimmt, auf sich selbst verzichten.“[1048] sowie „Der Verstehende soll in seinem und durch sein Verstehen aufgehoben werden...“[1049] Aufhebung? Nur auf formal-begrifflicher[1050] Ebene der rezeptorischen Analyse. Der Satz „die Gerechten werden leben ewiglich bei Gott“ ist ein dialektischer Satz. Indem er analysiert wurde, hat sich gezeigt, daß „ewiglich bei Gott“ bereits den Anfang, „die Gerechten“, bestimmt hat.[1051] Daraus ergibt sich für die hermeneutische Perspektive ebenfalls eine Aufhebung, welche wir aber durch Eckharts Terminus „Verneinen des Verneinens“[1052] ersetzen wollen, um die Absolutheit zu betonen, denn Denken und Sein heben sich nur im „ewiglich bei Gott“ auf; „ewiglich bei Gott“ ist eine absolute, wahre Synthese, spiegelt das „einig

1048 *Fues*, 18; für den Begriff Gott ist – wie die Transzendentalienlehre Eckharts gezeigt hat – auch der Gerechtigkeitsbegriff zutreffend.

1049 Ebd., 25; *Fues* bezieht sich auf Fernand Brunner (vgl. ebd., 316)

1050 Die vorliegende Untersuchung hat einerseits im ersten Teil Dialektik explizit als Formgebung erarbeitet, was zum Verständnis Eckhartscher Strukturen beigetragen hat. Andererseits wurde im zweiten Teil der thetische Begriff „die Gerechten“ unter epistemologischer, ontologischer und theologischer Hinsicht analysiert, was zur Synthese in Eckharts Theologie geführt hat (vgl. unsere Ausführungen zu Beginn des antithetischen Teils zum „werden leben“). Je mehr die Rezeption sich verdeutlicht, daß Eckhart strukturell, somit auch systematisch, gearbeitet hat, daß er darüber hinaus von einem apriorischen Begriff theologischer Prägung ausgegangen ist, umso erfolgreicher kann sie sich in die Hermeneutik einlassen, in Eckharts wie auch in die eigene.

1051 „‘Das Letzte in der Analyse [ist] das Erste in der Ausführung.‘“ (*Oeing-Hanhoff*, L., Artikel Analyse/Synthese, Zitat aus Aristoteles‘ Nic.Eth., in: Ritter, Joachim (Hrsg.), Historisches Wörterbuch der Philosophie. Bd. 1, Darmstadt 1971, 232). Vgl. auch unsere Anmerkg. 625 Eckhart referiert seine Gedanken auch oft in analytisch-synthetischer Methodologie; zum Beispiel im Johannes-Evangelium über die Korrelation von „Truhe“ und „Künstler“: „...die Truhe im Geist des Künstlers ist keine Truhe, sondern Leben und Denken des Künstlers, sein lebendiger Entwurf.“ (*Largier*, 1993 II, 495; Joh. Evg.) oder im BgT: „Wenn der Mensch ein Werk um eines anderen (Werkes) willen verrichtet, so ist das (Ziel), um dessentwillen er es tut, seinem Herzen näher, und das, was er tut, ist seinem Herzen ferner und berührt der Herz nur im Hinblick auf das, zu dessen Ende und um dessentwillen er es tut.“ (*Largier*, 1993 II, 297; BgT) Vgl. auch unsere Anmerkg. 95, wo wir für unseren hermeneutischen Standpunkt den apriorischen Begriff gesetzt haben, der eben im Sinne der analytischen Methode zugleich Anfang und Ende ist; sowie unser Kapitel 1.1 (Der „underscheit“: Determinierung des Abstrakten)

1052 Vgl. unsere Anmerkg. 617-618

Eine“ Gottes wider.[1053] Eine Synthese ist explizit und ausschließlich nur in „Gott und die Gerechtigkeit sind völlig eins“[1054] gegeben. *Kochs* ‚Theologie von oben‘[1055], der wir den von uns postulierten Eckhartschen deduktiven Denkansatz gleichgesetzt haben, wäre an dieser Stelle nochmals zum hermeneutischen Verständnis anzuführen, denn man kann bei Eckhart keine Aufhebung[1056] im rein subjektiven Sinne wie in der Philosophie Hegels vermuten. Schließen wir demgemäß an die letzte antithetische Aussage an „*Ein* Werk bleibt einem billig und recht eigentlich doch: das (aber) ist: ein Vernichten seiner selbst.“ - und an das, was Eckhart weiterhin einschränkend sagt: „Indessen mag dieses Vernichten und Verkleinern seiner selbst auch noch so groß sein, es bleibt mangelhaft, wenn Gott es nicht in einem selbst vollendet. Denn erst ist die Demut vollkommen genug, wenn Gott den Menschen durch den Menschen selbst demütigt; und damit allein wird dem Menschen und auch der Tugend Genüge getan und nicht eher.“[1057] Der gerechte Mensch muß sich allzeit in Demut halten, will er der Gerechte werden. Daß dieses auf ein explizites Attribut des Eckhartschen Gerechtigkeitsbegriffs zielt, soll im folgenden erörtert werden.

1. Demütigung des Menschen durch sich selbst

„‚Der ist gerecht, der einem jeden gibt, was sein ist.‘“ - diesen, aus dem Recht entlehnten Gerechtigkeitsbegriff haben wir von Eckhart bereits gehört. Eckhart hat nun aber ganz eigene Vorstellungen von Gerechtigkeit, die darüber hinausgehen, denn „ein solcher Mensch ist gerecht in einer Weise, aber in einem andern Sinne sind die gerecht, die alle Dinge von Gott als gleich hinnehmen, was immer es sei, groß oder klein, lieb oder leid, und zwar ganz gleich, ohne Weniger oder Mehr, das eine wie das andere. Schlägst du das eine irgendwie höher an als das andere, so ist es verkehrt.“ - und schließt nochmals eindringlich - „Du

---

1053 Vgl. unsere Anmerkg. 577-580
1054 Vgl. unsere Anmerkg. 350
1055 Vgl. unsere Anmerkg. 95
1056 Vgl. *Fulda*, F., Artikel Aufhebung, 618ff. Somit ist unserer Meinung nach die Aufhebung auch nicht dergestalt weiterzudenken, wie Brunner es vollzieht: „...und diese Aufhebung in sozialer Praxis bewähren.“ (*Fues*, 25); vgl. unsere Anmerkg. 1049. Vgl. auch *Gandillac*, der die Aufhebung mit dem „*mysterium crucis*“ (89) verbindet und einen „double sens du verbe *tollere* (en allemand ûfheben)“ (91) sieht. *Gandillac* bezieht sich auf Eckharts Exegese von Matth. 16,24 im BgT. Vgl. unsere Anmerkg. 743 „Niemand kommt im eigentlichen Sinn zum Sohn, insofern dieser *Sohn* ist...“ als Erklärung Eckharts für „*tolle crucem*“ (*Gandillac*, 90).
1057 *Largier*, 1993 II, 421; RdU; vgl. unsere Anmerkg. 1044

sollst dich deines eigenen Willens entäußern."[1058] *Alle Dinge als gleich hinnehmen*: was hat es mit diesem Gleichheitsattribut der Gerechtigkeit auf sich? Es ist eine starke Anforderung an den Menschen, die ohne Warum, ohne Weise, ohne Ich, ohne Eigenwillen, ohne alle Behinderung noch zu übertreffen und den gerechten Menschen den Dingen regelrecht auszuliefern scheint: „...in allen Dingen gleichmütig...Wie das? Kann ein Ding die Menschen erfreuen und ein anderes sie betrüben, so sind sie nicht gerecht; vielmehr, wenn sie zu einer Zeit froh sind, so sind sie zu allen Zeiten froh..."[1059]. Erinnern wir uns an Eckharts mehrfach konsequentes Denken. Er sieht ja gerade vom juristischen Zuteilen, um gerecht zu handeln, ab, somit auch von einem formalistischen Gerechtigkeitsbegriff: „Und daran sollten die Leute bei sich merken, daß sie unrecht tun: wenn sie gelegentlich einen *guten* Menschen sehen oder von ihm sprechen hören, und er folgt dann nicht *ihrer* Weise, daß dann (für sie) gleich alles als verloren gilt. Gefällt ihnen deren *Weise* nicht, so achten sie gleich auch deren *gute* Weise und ihre gute Gesinnung nicht. Das ist nicht recht! Man soll bei der Leute Weise mehr darauf achten, daß sie eine gute Meinung haben, und niemandes Weise verachten.[1060] Des anderen Menschen Weise nach dem eigenen Maßstab zu beurteilen, bedeutet nicht nur, diese zu desavouieren, sondern auch den Menschen selbst. Die Bestimmung der Gerechtigkeit als Gleichheit inhäriert somit auch die Perspektive der Nächstenliebe, die sicherlich im konkreten Gegenüber des Anderen die gewichtige Gleichheits-Forderung nochmals verstärkt. Eckhart bedenkt diese aber - wie wir bereits sahen[1061] - recht realistisch: „Ich sage nun: Menschheit und Mensch sind zweierlei. Menschheit ist in sich selbst so edel, daß das Oberste der Menschheit Gleichheit mit den Engeln und Sippschaft mit der Gottheit hat. Die größte Einheit, die Christus mit dem Vater besessen hat, die ist mir zu gewinnen möglich, wenn ich (nur) ablegen könnte, was da ist von diesem oder von jenem, und mich als Menschheit zu fassen vermöchte."[1062] Die Nächstenliebe gilt es zu erstreben, weil ihr ein unermeßlich hoher Stellenwert im menschlichen Dasein zukommt: Gott nahm in seinem Sohn die menschliche Natur an. Die Gleichheit als Gerechtigkeit ist mit Blick auf die menschheitsliebende Nächstenliebe eine - man kann es sagen - göttliche; göttlich, weil „nicht nur ein Gebot, wie man gemeinhin sagt und wähnt: es ist (vielmehr) eine Ver-

---

1058 *Largier*, 1993 I, 79 (Pred. 6)

1059 *Largier*, 1993 I, 81 (Pred. 6)

1060 *Largier*, 1993 II, 387 (RdU); vgl. unsere Anmerkg. 1027

1061 Vgl. unsere Anmerkg. 664; ähnlich sagt er an anderer Stelle: „Wenn ich dich schlage, schlage ich zuvörderst einen Burkhard oder einen Heinrich und schlage erst dann den Menschen." (*Largier*, 1993 I, 291; Pred. 25)

1062 Ebd.; als trinitätstheologische Aussage schließt Eckhart an, vgl. unsere Anmerkg. 779

heißung und eine göttliche Anweisung...eher ein Lohn als ein Gebot."[1063] *Alle Dinge als gleich hinnehmen:* meint somit ganz und gar nicht indifferentes Verhalten, aber auch nicht ein kalkulierend-wollendes, sondern ein sich erarbeitendes, mühendes. Erinnern wir uns[1064] - die Gerechtigkeit ist nicht als im Menschen verwurzelte akzidentielle Qualität. „Wenn wir alles in der Gerechtigkeit zu lassen vermöchten"[1065], ist das *Alle Dinge als gleich hinnehmen.* Der gerechte Mensch ist eben nicht den Dingen, sondern die Dinge sind dem Menschen unterstellt. Damit, d.h. besonders im Blick auf den Nächsten, ist aber der gerechte Mensch auch sich selbst unterstellt. Eckharts Gerechtigkeitsbegriff *ist* nicht nur Gleichheit, sondern vielmehr *wird* sie. Gleichheit weist nicht auf einen Zustand, sondern meint einen Prozeß, zielt auf das oft zitierte Eckhartsche „Werden". Der gerechte Mensch muß sich stets als gerecht befragen, muß sich demütig halten gegenüber seinen gerechten Handlungen, durchaus auch Leistungen.[1066] Er kann sich aber nicht als Gerechter im Befragen seiner selbst aufheben, er verbleibt in un-aufhebbarer Dialektik zu sich selbst.

Hier zeigt sich unsere un-aufhebbare Dialektik in thematischer Relevanz: die un-aufhebbare Dialektik als methodologischer Aspekt hat sich ausgeformt in die ganz konkrete Gestalt des gerechten Menschen und seines eigenen Gerechtseins.[1067] Un-aufhebbare Dialektik meint auch die Ausformung des Gerechtigkeitsbegriffs an sich. Eckhart verbindet die Gerechtigkeit - wie es ja unsere Erörterungen bereits in allen Facetten gezeigt haben - mit der Weisheit[1068], d.h. mit

---

1063 *Largier*, 1993 II, 287f. (BgT); vgl. auch *Largier*, 1993 I; 51 (Pred. 4): „Es scheint schwer, was unser Herr geboten hat: daß man den Mitchristen lieben soll wie sich selbst (Mark. 12,31; Matth. 22,39)."

1064 Vgl. unsere Anmerkg. 307

1065 *Largier*, 1993 I, 447 (Pred. 41); hier spricht Eckhart übrigens indirekt nochmals den Lohn-Gedanken an: Gott, dem es „viel nötiger ist, uns zu geben, als uns zu empfangen; wir dürfen es aber auch nicht darauf absehen; denn, je weniger wir danach streben und begehren, um so mehr gibt Gott." (ebd.) Vgl. auch unsere Anmerkg. 840. Textanalytisch stellt *Kirchner* (259f.) fest, „daß indirekt dieses Stichwort [Lohn; Anmerkg.v.V.] nämlich dort, wo Eckhart im Anschluß an das Johanneswort: *ich enhân iuch niht geheizen knehte sunder vriunde* ... vom Herrn-Knecht-Verhältnis spricht und von der Überlegung her: *waz dâ lônet, daz ist herre* ... den Lohngedanken in der Beziehung Gott-Seele ablehnt, weil durch den Unterschied von Lohngeber und Lohnempfänger eine Ungleichheit ausgedrückt ist." Vgl. unsere Anmerkg. 222, zum textformalen Hinweis *Kirchners*. Vgl. weiterhin unsere Anmerkg. 294 sowie 985 zur juristischen Perspektive Eckharts.

1066 Vgl. unsere Anmerkg. 939

1067 Vgl. unser Kapitel 1. Vorbemerkung zum Gerechtigkeitsbegriff

1068 Vgl. z.B. unsere Anmerkg. 683 „Weisheit und Gerechtigkeit sind eins in Gott..." *Largier*, 1993 I, 439 (Pred. 41), die Aussage Eckharts, die wir im dortigen Kontext

der Vernunft. Unser Auszug *Alle Dinge als gleich hinnehmen* hat nämlich das wichtigste Satzelement unterschlagen – *von Gott*. Dieses Element ist in Eckharts Hermeneutik des Gerechtigkeitsbegriffs nicht nur Element, sondern Prinzip: „ewiglich bei Gott", welches - das wird zu zeigen sein - im objektiven wie im subjektiven Sinne zu verstehen ist: Gott ist Gerechtigkeit in ihrer „Wirkung in uranfänglicher, wesentlicher und ursprünglicher Ursache"[1069] und der gerechte Mensch ist gerecht, insofern er „die Gerechtigkeit nur mittels der Gerechtigkeit und in ihr erkennt"[1070].

2. Gott vollendet

„Es bleibt mangelhaft, wenn Gott es nicht in einem selbst vollendet" – so haben wir es von Eckhart gehört. Der Mensch kann nie erreichen, was Gott bei ihm erreichen kann; diese Feststellung hat bereits die These zum thetischen Begriff „die Gerechten" ergeben. Also - um obige antithetische Frage aufzugreifen - handelt es sich bei Eckharts Gerechtigkeitsbegriff um theoretische Spekulation. Seine Hörer sind aus der Pflicht entlassen, was das begriffliche Verstehen anbelangt. Doch kann es das sein, was Eckhart allein als erforderlich ansieht? Sicherlich nicht. „Wie soll denn aber Gott den Menschen durch sich selber vernichten? Es scheint (doch), als wäre dieses Vernichten des Menschen ein Erhöhen durch Gott, denn das Evangelum sagt: ‚Wer sich erniedrigt, wird erhöht werden' (Matth.23,12; Luk. 14,11). Antwort: Ja und nein."[1071] Hier leuchtet einmal mehr Eckharts „underscheit" diaphan auf; er will ganz und gar nicht in rein begrifflicher Rezeption stehenbleiben, sondern will hermeneutisch auf seine Hörer einwirken. Sie sollen verstehen, daß „wer jenes [erhöht; Anmerkg.v.V.] *sein* will, der muß dieses [erniedrigt; Anmerkg.v.V.] *werden*. Jenes *Sein* ist nur zu finden in diesem *Werden*."[1072] Der Anfang hängt vom Ziel ab.[1073] Die Sinnhaftigkeit des Anfangs ist die Erhöhung, die Vollendung durch Gott.

Eckhart bedenkt diese Sinnhaftigkeit des Anfangs, d.h. die Erniedrigung, in vielfältiger Art und Weise. Einige dieser Vielfältigkeiten haben wir bereits in der Antithese in Form von lassender Grund- und Willenlosigkeit kennengelernt. Die Gleichheit hat darüber hinaus die Erfordernisse, die der Gerechtigkeit inhärent

---

in eine Randstellung verbannt haben, soll an dieser Stelle durch ihre Prägnanz stellvertretend unsere gesamten Zitate zur Weisheit belegen.

1069 *Largier*, 1993 II, 531 (Joh. Evg.)

1070 Sap. LW II, 543

1071 *Largier*, 1993 II, 421 (RdU)

1072 Ebd., 421f.

1073 Vgl. unsere Anmerkg. 1051

sind, klar herausgestellt, so daß Eckharts Appell an das „innere Werk“, Geist und Vernunft des Menschen, nochmals Nachdruck gefunden hat. Eckhart geht aber weiter. Für ihn deutet der Gerechtigkeitsbegriff – wie es thetisch durch die theologische Konkretion von uns bereits aufgezeigt worden ist – explizit auf Gott: Gerechtigkeit ist Gott. Nur von diesem Standpunkt aus sind „die Gerechten“ gesetzt; schöpfungstheologisch drückt Eckhart es so aus: „Als Gott Himmel, Erde und alle Kreaturen erschuf, da *wirkte* Gott nicht; er hatte nichts zu wirken, auch war keinerlei Werk *in* ihm.“[1074] – nur von diesem Standpunkt aus gilt das „werden leben“ des gerechten Menschen; so sagt Eckhart weiter: „Das sprach Gott: ‚Wir wollen (uns) ein Ebenbild machen‘ (1. Mos. 1,7). Schaffen ist ein leichtes Ding; das tut man, wann und wie man will. Was ich aber *mache*, das mache ich selbst und mit mir selbst und in mir selbst und drücke mein Bild völlig da hinein....Als Gott den Menschen machte, da wirkte er in der Seele sein (ihm) gleiches Werk, sein *wirkendes* Werk und sein immerwährendes Werk. Das Werk war so groß, daß es nichts anderes war als die Seele, und die Seele (wiederum) war nichts anderes als das Werk Gottes. Gottes Natur, sein Sein und seine Gottheit hängen daran, daß er in der Seele wirken *muß*.“[1075] Um diesen Standpunkt ist es Eckhart getan, d.h. um die wahre Sinnhaftigkeit des Anfangs, welche einzig und allein durch Gottes Vollendung des Menschen gegeben ist, denn Gott vollendet in Wahrheit.[1076] Gott vollendet in „Abgeschiedenheit“[1077]: „Gottes naturgemäße eigene Stätte ist nun Einheit und Lauterkeit; das aber kommt von Abgeschiedenheit.“[1078] Gott vollendet im „Schmecken“: „Nun will

---

1074 Q, 271 (Pred. 26; nicht in *Largier*)

1075 Ebd. Vgl. unsere Anmerkg. 1007-1008

1076 Zum Wahrheitsbegriff, der selbstverständlich bei Eckhart grundlegend ist und in unserer Studie immer wieder Bestandteil war, an dieser Stelle zwei prägnante Hinweise: zum einen auf unsere Anmerkg. 463 in unserem Kapitel (4.2 Eckharts theologische Intention: die Transformation), wo Eckhart seinen Hörern, besser: jedem Menschen Wahrheitsfindung attestiert, wodurch uns seine intensive Intention vor Augen geführt wird. In Rückblick auf unsere theologische Konkretion kann der Wahrheitsbegriff ferner mit einer exegetischen Aussage Eckharts belegt werden: „Denn wer den Kern der Schriften, Christus, die Wahrheit, der darin verborgen ist, nicht zu finden weiß, versteht meiner Meinung nach die Schriften nicht.“ (Gen. 2 LW I, 453) Glaube und Vernunft werden gleichermaßen als Wahrheitsfindung benannt.

1077 *Largier*, 1993 II, 434-459; Traktat ‚Von Abgeschiedenheit‘ (zitiert: VA). In den deutschen Predigten benutzt Eckhart Abgeschiedenheit in verschiedenen grammatikalischen Wendungen. Reiner *Manstetten* (118-131) hat auf Aristoteles‘ Verwendung des Begriffs der Abgeschiedenheit auf die „Substanz“ hingewiesen: „Selbstheit, Abgeschiedenheit und Ursprünglichkeit“ (ebd. 119)

1078 *Largier*, 1993 II, 437 (VA); Abgeschiedenheit ist hier auf Gott als das „einig Eine“, wo er „unbeweglich in sich selbst verharrt“ (ebd., 439) bezogen. *Beierwaltes*, 1972,

ich (noch) etwas sagen, was ich (noch) nie gesagt habe. Gott schmeckt sich selbst. ...damit schmeckt er alle Kreaturen – nicht als Kreaturen, sondern die Kreaturen als Gott. In dem Schmecken, in dem Gott sich schmeckt, in dem schmeckt er alle Dinge."[1079] Gott vollendet im „Durchbrechen": „Ein großer Meister sagt, daß sein Durchbrechen edler sei als sein Ausfließen, und das ist wahr. Als ich aus Gott floß, da sprachen alle Dinge: Gott ist[1080]; dies aber kann mich nicht selig machen, denn hierbei erkenne ich mich als Kreatur. In dem Durchbrechen aber, wo ich ledig stehe meines eigenen Willens und des Willens Gottes und aller seiner Werke und Gottes selber ... wird mir zuteil, daß ich und Gott eins sind."[1081] Eckharts Begrifflichkeiten, mit der er Gottes Vollendung des Menschen verdeutlicht, tragen kaum mehr nachvollziehbare Züge. Dazu ein kurze Überlegung: Wir sind sicherlich mit mystischer Sprache konfrontiert. Es ist richtig, da Eckhart es nicht kundtut, daß das „Ziel seines Predigens nicht der Bericht individueller mystischer Erfahrung" [1082] ist. Gleichzeitig kann und sollte der „Erfahrungscharakter in einem *absoluten* Sinn" nicht abgesprochen werden, aber undifferenziert von mystischer Erfahrung Eckharts zu reden, führt nicht weiter, denn man „grenzt ständig an das, was allgemein mit ‚Erfahrung' benannt wird."[1083]

Was Eckhart aber immer wieder und auch hier kundtut, ist, daß es, wenn Gott vollendet, um „Einssein"[1084] geht: Gerechtigkeit *ist* Gott. Die bisher von uns erörterte Gleichheit in der Gerechtigkeit kann und muß nur für die Gerechtigkeit des Menschen gefordert werden. Von Gottes Vollendung des Menschen her gesehen muß differenziert werden: „Ein heidnischer Meister setzt die Kreaturen Gott gleich. Die Schrift sagt, wir sollen Gott gleich werden (1 Joh. 3,2). 'Gleich', das ist böse und trügerisch. Mache ich mich einem Menschen gleich und finde ich einen Menschen, der mir gleicht, so gebärdet sich dieser Mensch, als ob er ich sei, und dabei ist er's nicht und trügt. Manches Ding gleicht dem Golde; es lügt und ist nicht Gold. So auch geben sich alle Dinge als Gott gleich

---

41, bezüglich des „einig Einen": „Diese Unterschiedenheit der Ununterschiedenheit benennt Eckhart auch mit dem von ihm intensiv bedachten Begriff ‚abegescheidenheit'." Vgl. dazu unser Kapitel 6.1.2 Ohne Dualismen; auch unser Kapitel 8.3 (Der Heilige Geist als dialogisch sich vollziehendes Werden: un-aufhebbare Dialektik) zum Begriff der „Gottheit".

1079 Q, 272 (Pred. 26; nicht in *Largier*)

1080 Vgl. unsere Anmerkg. 597-598

1081 *Largier*, 1993 II, 563 (Pred. 52); vgl. zur Predigt unsere Anmerkg. 457-459

1082 *Haas*, 1974, 101

1083 *Siller*, 182; *Siller* sagt selbstreflexiv: „Die Untersuchung scheiterte an der Differenz des eigenen Erfahrungsfeldes zu dem von Meister Eckhart." Vgl. unsere Anmerkg. 468

1084 *Largier*, 1993 I, 157 (Pred. 13)

aus, und sie lügen, und sie sind es alle nicht. ... Nun spricht ein heidnischer Meister, der mit (bloß) natürlicher Einsicht dazu (= zu dieser Erkenntnis) kam: Gott kann Gleiches ebenso wenig ertragen, so wenig er ertragen kann, daß er nicht Gott sei. Gleichheit ist etwas, was es an Gott nicht gibt; es gibt vielmehr (wohl) Einssein in der Gottheit und in der Ewigkeit; Gleichheit aber ist nicht eins. Wäre ich Eins, so wäre ich nicht gleich. Es gibt nichts Fremdes in der Einheit; es gibt nur Einssein in der Ewigkeit, nicht Gleichsein."[1085] Gott vollendet dieses „Einssein" im Menschen nur in der Seele, in der „ewigen Geburt in der Seele"[1086]: „Diese Kraft nimmt Gott ganz entblößt in seinem wesenhaften Sein; sie ist eins in der Einheit, nicht gleich in der Gleichheit."[1087]

3. *„Daß uns dies widerfahre, dazu helfe uns Gott. Amen."*

Eckhart bittet[1088], „daß uns dies widerfahre". Gottes Geist widerfährt der Seele: „In der Seele ist eine Kraft, der sind alle Dinge gleich wohlgefällig; ja, das Allergeringwertigste und das Allerbeste, das ist ganz gleich für diese Kraft; sie nimmt alle Dinge oberhalb von ‚Hier' und ‚Jetzt'. ‚Jetzt' – das ist Zeit, und ‚Hier' – das ist Stätte, ist Stätte, an der ich jetzt stehe."[1089] Gottes Geist ist ohne Raum und Zeit: „Niemand berührt den Grund der Seele als Gott allein."[1090] In der Seele widerfährt uns Gottes Geist. In diesem Widerfahren liegt allein Gottes Ewigkeit und Geist, Gottes Grund: „Daß Gott beständig ist, das setzt alle Dinge

1085 Ebd., 155 f. Eckhart bezieht sich beim ersten Meister wahrscheinlich auf Xenophanes pantheistisches oder monistisches Denken (Aristoteles, 1c.5 986b), beim zweiten auf Avicenna (vgl. ebd., 883f; Stellenkommentar). Eckharts Bezeichnung „mit (bloß) natürlicher Einsicht", die er nicht abwertend meint, sondern als eben bloß diese hervorhebt, deutet auf seine eigene Methode, vgl. unsere Anmerkg. 154 „mit Hilfe der natürlichen Gründe der Philosophen" Exegese zu betreiben.

1086 Q, 425ff. (Pred. 58). Vgl. unsere Anmerkg. 363, dort noch ein wenig am Rande, gleichwohl nicht unwichtig für den dortigen philosophischen Kontext, hier jedoch als Mittelpunkt, ist folgende Aussage Eckharts: „Eine Kraft ist in der Seele, von der ich schon öfter gesprochen habe, - wäre die Seele ganz so, so wäre sie ungeschaffen und unerschaffbar. Nun ist dem nicht so. Mit dem übrigen Teil (ihres Seins) hat sie ein Absehen auf und ein Anhangen an die Zeit, und da(mit) berührt sie die Geschaffenheit und ist geschaffen - (es ist) die Vernunft: dieser Kraft ist nichts fern noch draußen." (*Largier*, 1993 I, 159; Pred. 13)

1087 *Largier*, 1993 I, 159 (Pred. 13)

1088 Ebd., Eckharts bittender Schluß der Predigt.

1089 Largier, 1993 I, 453 (Pred. 42) Hier ist nochmals auf das fast unmerkliche Detail der Präposition „in". Hinzuweisen; vgl. unsere Anmerkg. 1086, 1026 unser Bezug auf *Mieth*.

1090 Q, 417 (Pred. 57, nicht in *Largier*)

in Lauf. /.../ Der Urgrund jagt sie alle."[1091] Nur hier - so Eckhart - nur in einem „wesenhaften Nun", in einem „gegenwärtigen Nun"[1092], wo die Seele „ein ‚Bild' Gottes und namenlos ist wie Gott, da befällt sie keine Erneuerung, sondern einzig Ewigkeit, wie Gott."[1093] „Was ist Ewigkeit? Merkt auf! Der Ewigkeit Eigenheit ist, daß Sein und Jungsein in ihr eins sind; denn Ewigkeit wäre nicht ewig, wenn sie neu *werden* könnte und es nicht beständig *wäre*."[1094] – „...ewiglich bei Gott."

„Daß uns dies widerfahre": Gottes Wille widerfährt der Seele. Widerfährt Gott der Seele, geschieht sein Wille: „Ich saß gestern an einer Stätte, da sprach ich ein Wörtlein das steht im Paternoster und lautet: ‚Dein Wille werde!' (Matth. 6,10) Besser aber wäre: ‚Werde Wille dein!'; daß *mein* Wille *sein* Wille werde, daß *ich er* werde: das meint das Paternoster."[1095] Gottes Wille in sich bedarf keines Werdens.[1096] Das Werden ist nur dem menschlichen Willen gegeben: „Nun sagen die Meister, der Wille ist so frei, daß niemand ihn zu zwingen vermag als Gott allein. Gott (aber) *zwingt* den Willen nicht, er setzt ihn (vielmehr) so in Freiheit, daß er nichts anderes will, als was Gott selber will und was die Freiheit selbst ist."[1097] „So in Freiheit" zu sein, entspricht dem „werden leben" ohne Warum, ohne Weise, ohne Ich, ohne Eigenwillen, ohne alle Behinderung. Denn: „'Ich habe euch nicht Knechte geheißen, ich habe euch Freunde geheißen, denn der Knecht weiß nicht, was der Herr will.' (Joh. 15,15)"[1098] Nur der Freund hört das Wort seines Herrn, ist bei ihm: „Gottes Seligkeit liegt im Einwärtswir-

---

1091 *Largier*,1993 I, 157 (Pred. 13)

1092 *Largier* ,1993 I, 125, 129 (Pred. 10)

1093 *Largier*, 1993 II, 191 (Pred. 83)

1094 Ebd., 189f.

1095 *Largier*, 1993 I, 341f. (Pred. 30)

1096 Auf die Frage, wie Gottes Wille zu erkennen sei, sagt Eckhart: „wäre es Gottes Wille nicht, so wäre es auch nicht." Vgl. unsere Anmerkg. 276

1097 *Largier*, 1993 I, 329 (Pred. 29); *Largier* spricht im Stellenkommentar (ebd., 753) treffend von Gottes Freiheit als „absolute Aktualität – actualitas omnium actuum („Verwirklichung aller Wirklichkeit")", die den Menschen „verwirklicht." Vgl. unsere Anmerkg. 655. Darüber hinaus sieht *Largier* im „Freiheits- und Gleichheitsbegriff Eckharts" eine „antihierarchische Spitze, die jedoch nie sozialpolitisch formuliert wird. Sie bezieht sich vielmehr auf die Gleichheit des Seins aller Dinge in Gott und des Verhältnisses des in Gott eingegangenen Menschen zu Gott." (ebd.) *Kern* (1994, 127) sagt zur „ledigen Freiheit": „Nichts ist hier utopischen Freiheitsidealen, die die Tat nicht kennen, ähnlich oder nahe." Wir schließen uns *Kern* an, denn bei Eckhart ist die Tat des Menschen nicht zu vernachlässigen. Beide Aussagen, sowohl *Kerns* und *Largiers*, treffen sich aber dort, wo Eckhart utopische Verblendung und sozialpolitischer Aktionismus zugedacht werden.

1098 *Largier*, 1993 I, 331 (Pred. 29)

ken der Vernunft, wobei das ‚Wort‘ innebleibend[1099] ist. Dort soll die Seele ein ‚Beiwort‘ sein und mit Gott *ein* Werk wirken, um in dem in sich selbst schwebenden Erkennen ihre Seligkeit zu schöpfen: in demselben, wo Gott selig ist.“[1100] Die Gerechten „leben ewig ‚bei Gott‘, ganz gleich *bei* Gott, weder darunter noch darüber. Sie wirken alle Werke bei Gott und Gott bei ihnen.“[1101] – „ewiglich bei Gott“.

„Daß uns dies widerfahre“: Gott widerfährt, „denn Gott kann nicht (nur) weniges geben; entweder muß er alles oder gar nichts geben. Seine Gabe ist völlig einfach und vollkommen ohne Teilung und nicht in der Zeit, immerzu (nur) in der Ewigkeit; und seid dessen so gewiß, wie ich lebe: Wenn wir so von ihm empfangen sollen, so müssen wir in der Ewigkeit sein, erhaben über die Zeit. In der Ewigkeit sind alle Dinge gegenwärtig. Das, was über mir ist, das ist mir so nahe und so gegenwärtig, wie das, was hier bei mir ist; und dort werden wir von Gott empfangen, was wir von Gott haben sollen.“[1102] - „ewiglich bei Gott“.

Gottes Geist, Gottes Wille, Gott selbst widerfährt der Seele in der „Geburt“, in „dieser Geburt will und muß Gott eine ledige, unbekümmerte, freie Seele haben, in der nichts ist als er allein und die nach nichts und niemand ausschaut als nach ihm allein.“[1103] Nur in der Geburt „bin ich Ursache meiner selbst, meinem *Sein* nach, das *ewig* ist, nicht aber meinem *Werden* nach, das zeitlich ist.“[1104] Das, um was Eckhart bittet, widerfährt uns; nochmals sind wir an seine Anforderungen an den gerechten Menschen, die wir oben nochmals erwähnt haben, und an unsere fragende Haltung erinnert.[1105] Bedenken wir es aber genau, so widerfährt uns wirklich und einzig Gottes Gerechtigkeit. Hier gilt aber, „ein Mensch muß ein lauteres, klares Wissen haben von göttlicher Wahrheit. Der Mensch, der in allen seinen Werken ein rechtes Streben hat, bei dem ist der *Anfang* dieses seines Strebens Gott, und die *Ausführung* des Strebens ist (wiederum) Gott selber und ist die lautere göttliche Natur, und es (= sein Streben) *endet* in göttlicher Natur, in ihm selbst.“[1106] Dieses Wissen ist das Werden des Menschen; das Werden obliegt ausschließlich dem Menschen, denn es stellt ihn in den „underscheit“ des un-aufhebbaren Wissens, welches immer neu gewußt, gelebt wird: „Die Gerechten werden leben ewiglich bei Gott.“

1099 Vgl. unser Kapitel 7.3 (Eckharts „underscheit“ im Sohn-Sein).
1100 *Largier*, 1993 I, 117 (Pred. 9).
1101 *Largier*, 1993 I, 81f. (Pred. 6)
1102 *Largier*, 1993 I, 59 (Pred. 5A)
1103 Q, 429 (Pred. 58, nicht in *Largier*)
1104 *Largier*, 1993 I, 561 (Pred. 52)
1105 Vgl. unsere Anmerkg. 1047
1106 *Largier*, 1993 I, 123 (Pred. 10)

Schluß: Meister Eckharts Gerechtigkeitsbegriff als un-aufhebbare Dialektik: hermeneutische Offenheit

Meister Eckhart sagt: „Swer underscheit verstât von gerehticheit und von gerehtem, der verstât allez, daz ich sage.“ Mit Eckharts Akzentuierung des „underscheit“ blicken wir noch einmal auf unseren thematischen Fixpunkt des Gerechtigkeitsbegriffs und den damit verbundenen hermeneutischen Weg einer unaufhebbaren Dialektik.

Wir haben uns einleitend mit der Form des Eckhartschen Werkes beschäftigt, um eine rezeptionale Verstehensbasis zu erreichen. Die Analyse der Form hat den Blick für Eckharts Vorgehensweise in Abhandlung und Predigt geschärft und es hat sich gezeigt, daß nicht nur dem lateinisch-scholastischen Werk dialektische Methodik zugrunde liegt, sondern auch der deutschen Predigt. Unsere These, daß bei Meister Eckhart eine wesentliche dialektische Grundhaltung im Gedankengang vorliegt, war somit durch die formale Analyse bestätigt. Im zweiten Teil unserer Studie wurde der dialektische Ansatz inhaltlich aufgearbeitet. Am Gegenstand des Gerechtigkeitsbegriffs, explizit des alttestamentlichen Verses „Die Gerechten werden leben ewiglich bei Gott“, wurde Eckharts hermeneutisches Verstehen - und damit sein „underscheit“ - einsichtig. In Anlehnung an Eckhart schlüsselten wir die Textbasis triadisch auf. Die Erarbeitung des thetischen Begriffs „die Gerechten“ hat einen breiten Raum eingenommen. Der hermeneutische Nachvollzug des Gerechtigkeitsbegriffs folgte Eckharts Erkenntnistheorie (Denken) und Ontologie (Sein), um in seiner Theologie in den Kernbereich des „underscheit“ vorzudringen. Eckhart konfrontierte mit der Abstraktheit theologischen Denkens, d.h. mit Wort-, Inkarnations- und Schöpfungstheologie, Gnaden- und Trinitätstheologie. Wir erinnern an Eckharts Worte: „Die Einheit *ist* die Unterschiedenheit, und die Unterschiedenheit *ist* die Einheit. Je größer die Unterschiedenheit, um so größer ist die Einheit, denn das (eben) ist die Unterschiedenheit ohne Unterschied.“[1107] Daß Eckhart diese und ähnliche Aussagen auch in seiner deutschen Predigt aufgreift, verdeutlichte uns seine diskursive Intention, die dem Hörer deduktives Denken zutraut, aber auch abverlangt. Der Deduktionsgedanke hat sich nicht primär als philosophische Methode, sondern vielmehr auch als theologische Grundlegung der Eckhartschen Exegese erwiesen. Wir haben erörtert, daß Eckhart die Abstraktheit der Theologie in eine Konkretion transformiert, durch die er sie für konkrete Lebensvollzüge im „wer-

1107 Vgl. unsere Anmerkg. 579

den leben“ öffnet. Festgestellt wurde, daß Eckhart den Bereich abstrakter Begrifflichkeit in den Bereich konkreter Lebensvollzüge konsequent hineinnimmt. Es wurde erkannt, daß eine deduktive Hermeneutik erforderlich bleibt, wenn Eckhart nach dem Lebensbegriff fragt: „Was ist Leben? Gottes Sein ist mein Leben. Ist denn mein Leben Gottes Sein, so muß Gottes Sein mein sein und Gottes Wesenheit meine Wesenheit, nicht weniger und nicht mehr.“[1108] Aus solchen Aussagen Eckharts ließ sich ablesen, daß die Antithese kaum wesentlich dialektisch wirkt, daß keine subjekttheoretische Aufhebung erfolgen kann. Unsere zweite These, daß Eckharts Dialektik explizit als un-aufhebbare gekennzeichnet wird, bestätigte sich in Eckharts attributionsanalogem Denken zum gerechten Menschen. Deutlich wurde aber, daß Eckhart dennoch eine Aufhebung denkt, und zwar einzig in der synthetischen Aussage des „ewiglich bei Gott“. Der Begriff des gerechten Menschen ließ sich nur von dieser Synthese her positiv bestimmen. „Ewiglich bei Gott“ konnte als Formulierung für den Gottesbegriff Eckharts aufgefaßt werden. Der Gottesbegriff implizierte nicht nur alle die Aspekte, die wir bezüglich Eckharts Theologie bereits angesprochen hatten. Er meinte auch explizit den Gerechtigkeitsbegriff, und zwar gemäß Eckharts Transzendentalienlehre. Es ist sehr wichtig, nochmals darauf hinzuweisen, daß der synthetische Begriff „ewiglich bei Gott“ den entscheidenden hermeneutischen Anhaltspunkt lieferte, um die Differenz innerhalb des Einheitsdenkens („Unterschiedenheit *ist* die Einheit“) - Eckharts „underscheit“ zu verstehen. Wer den „underscheit“ nicht berücksichtigt, wird - salopp ausgedrückt - das Pferd von hinten aufzäumen: wird Eckhart unweigerlich monistisches oder pantheistisches Denken aufoktroyieren; wird bei ihm eine Theorie des individualisierten Ich vermuten und eine mystische Grundhaltung herauslesen, die sich im ekstatisch-psychologischen Erleben präsentiert, wird das Paradoxon seiner Aussagen als Un-Sinn empfinden.[1109]

Für unsere Studie hieß es, daß eine hermeneutische Lesehaltung gefordert ist. Es kann nicht genug betont werden, daß die Differenz im Einheitsdenken mit Eckharts eigenem Hinweis auf den „underscheit“ korrespondiert. Hierbei geht es Eckhart nicht um Methodenzwang, sondern um die hermeneutische Notwendigkeit und Möglichkeit eines methodologischen[1110] Zugangs. Die un-aufhebbare Dialektik unserer Studie ist im Blick auf dieses hermeneutische Verstehen Eckharts konzipiert worden. Der Begriff der Gerechtigkeit ist ein herausragendes, daher von Eckhart immer wieder angeführtes Beispiel für den „underscheit“. Unsere Studie hat gezeigt, daß Eckhart den Gerechtigkeitsbegriff erstens er-

1108 *Largier*, 1993 I, 81 (Pred. 6)
1109 Vgl. unsere Anmerkg. 843 „Alle Kreaturen sind ein reines Nichts....“
1110 Vgl. unsere Anmerkg. 5

kenntnistheoretisch in seiner Abstraktheit erfaßt sehen will, daß zweitens diese Abstraktheit im Verhältnis zur Ontologie ihn in gewissem Sinne konkreter werden läßt, daß drittens die Konkretion auf theologischer Basis liegt. Auf theologischer Basis definiert Eckhart den Gerechtigkeitsbegriff und damit die Gerechtigkeit des gerechten Menschen einzig von Gott her. Von Gott her gesehen ist der Mensch immer ein Gerechter. Aber der Mensch kann sich nicht aus eigener Kraft in der Gerechtigkeit aufheben; er steht ganz außerhalb der Gerechtigkeit. Der Gerechtigkeit kommt ihre adäquate Stellung zu; dieser muß der Mensch entsprechen.

Blicken wir nochmals gezielt auf die Hermeneutik des gerechten Menschen bei Meister Eckhart: Unsere Studie hat gezeigt, daß Eckhart hermeneutische Forderungen stellt, die nicht nur zu seiner Zeit, sondern auch und vielleicht gerade heute einen engagierten Nachvollzug bedeuten können. Wo sich der Mensch ständig auf Gott hin ‚offen' und ‚durchsichtig' hält, dort ist er gerecht. Dort findet er sich, sein Denken und seinen Umgang mit der Welt, nicht mehr als ein Drittes zwischen Gott und sich selbst, sondern als unmittelbar Gott nahe. Dort erkennt er Gerechtigkeit als grundlegende Erfahrung, d.h. er erfährt sein eigenes Gerechtsein als ermöglicht durch die Gerechtigkeit – durch Gott. Ermöglicht in, durch und mit Gott ist der Mensch „der Gerechte". „Der Gerechte" ist der Mensch nun aber nicht so sehr in intellekttheoretischem Wissen, sondern darüber hinaus vielmehr im praktischen Lebensvollzug. Wir haben festgestellt, daß Eckharts Verständnis von gerechtem Leben durch eine immanente Konkretheit geprägt ist, in der es dem abstrakten Begriff „des Gerechten" antithetisch („werden leben") gegenübersteht. Wie nun die Antithese aus der These hervorgeht und die These in sich trägt, so ist Eckharts Verständnis vom gerechten Menschen von einer ethischen Bestimmtheit durchdrungen, die unsere Studie als deduktiven Denkansatz Eckharts formuliert hat. Dennoch wurde festgestellt, daß Eckharts Ethik kein Ethizismus ist und ohne den moralischen Zeigefinger auskommt. Im Gegenteil: Eckhart setzt beim Verstehen seiner Hörer und Leser ein; sie sind aufgefordert, mitzudenken; anders gesagt: sich im Denken zu öffnen. Diese hermeneutische Offenheit im Blick auf Eckharts intensive Intention, die aus seinen Predigten spricht, haben wir erörtert. Ob Eckhart als Lesemeister im scholastischen Universitätsbetrieb oder als predigender, seelsorgerischer Lebemeister im Ordensleben tätig ist, seine Intention gilt primär seinen Hörern. Und in eben dieser Absicht spiegelt sich der hermeneutische, spirituelle Impuls Meister Eckharts wider.

Der spirituelle Impuls ist auch mit dem Titel des Meisters verbunden. Eine sehr frühe Überlieferung des Spätmittelalters kennzeichnet mit dem Meistertitel nicht nur die akademische Laufbahn Eckharts, nicht nur, daß Eckhart „als ‚homo doctus' bezeichnet [wird], er ist mehr als das. Er ist auch ,homo sanctus'...".[1111] Was uns hier über Meister Eckhart gesagt wird, daß er homo doctus et sanctus ist, Gelehrsamkeit und Heiligkeit in sich vereint, erscheint uns als modernen Leser dann nachvollziehbar, wenn der Grund in Respekt und Wertschätzung der Mitbrüder oder anderer Rezipienten liegt. Auch ein Grund für den Nachvollzug mag die Spezifik mittelalterlichen Denkens und Weltverständnisses sein. Darüber hinaus aber: Meister Eckhart, homo doctus et sanctus, Gelehrsamkeit und Heiligkeit? Wir meinen, daß diese Charakteristik zum Verständnis Meister Eckharts beitragen kann, weil sie ein hermeneutisches Potential birgt. Eckhart hat in seiner gesamten Lehre durch philologisch hervorragende Formulierung, Rhetorik und Aussage versucht, seine Hörer mit dem Einheitsdenken vertraut zu machen. Dieses sowohl in naturphilosophisch-aristotelischer wie in mystisch-neuplatonischer Hinsicht. Mit „Gott und die Gerechtigkeit sind völlig eins" äußert er seinen theologischen Grundsatz in univoker Weise. Der dialektische Verlauf unserer Studie hat nun gezeigt, daß Eckhart in seinem theologischen Grundsatz eine Differenz, seinen „underscheit", mitdenkt. Aus dem „underscheit" ließ sich ablesen, daß Eckhart Daseins- und Lebensbegriff nicht so versteht, daß der gerechte Mensch und die Gerechtigkeit völlig eins sind, sondern daß der gerechte Mensch danach trachten soll, mit der Gerechtigkeit eins zu werden. Dieses Einswerden kann sich nur innerseelisch durch Gott vollziehen. Aus diesem inneren Vollzug vollzieht sich das Leben des Gerechten. Eckharts Gelehrsamkeit besteht unserer Meinung nach darin, daß er Gott und/oder Gerechtigkeit theoretisch analysiert; seine Gelehrsamkeit besteht weiterhin darin, daß er diese theologischen, epistemologischen und ontologischen Aussagen über Gott und/oder Gerechtigkeit praktisch ins rechte Licht setzt, indem er seinen Hörern immer wieder verdeutlicht, daß Gott und/oder Gerechtigkeit nicht beweisbar, sondern nur analog aussagbar ist. Gelehrsamkeit ebenfalls darin, daß Eckhart die Gerechtigkeit auch als ethischen Gegenstand attributionsanalog auffaßt, d.h., indem er Gerechtigkeit unmittelbar in die Dimension des alltäglichen, dialogischen Vollzuges des Menschen einbindet, macht er Ethik konkret lebbar und praktikabel erklärbar. Das meint keine Einfachheit, sondern lebendige Anstrengung. Meister Eckharts Heiligkeit, ohne eine dogmatische Definition abzugeben, besteht wohl darin, daß er den Menschen göttlich gedacht und gleichzeitig dessen - gemäß unserem Postulat der Dialektik - un-aufhebbares Menschsein nicht verleugnet, sondern in oft beklemmender Schärfe benannt hat. Heiligkeit zeichnet sich bei Meister Eckhart auch deshalb ab, weil seine Worte wie ein Katalysator wirken und Einsichten in die göttliche Realität der Gerechtigkeit freisetzen. Die Einsicht aber hebt sich niemals auf, wird niemals ihrem Selbstbezug genü-

1111 *Degenhardt*, 74

gen. Der göttlichen Realität der Gerechtigkeit steht der Mensch in seiner unaufhebbaren Einsicht gegenüber. Wer Eckhart zuhört, wird erkennen, daß er sich für sich selbst an der Sinnkonstituierung seiner Worte produktiv beteiligen muß und kann.

Literatur:

Meister Eckhart: Die deutschen und lateinischen Werke, hrsg. im Auftrage der Deutschen Forschungsgemeinschaft von Josef Quint und Josef Koch, Stuttgart 1936 ff. (zitiert: DW I, II, III , V sowie LW I-V)

–: Reden der Unterweisung, in: Deutsche Werke. Bd. 5, hrsg. und übers. von Josef Quint, Stuttgart 1963, 505-538 (mhd. Die rede der underscheidunge, 137-376) (zitiert: RdU DW V)

–: Tabula prologorum in opus tripartitum, in: Lateinische Werke. Bd. 1, hrsg. und übers. von Konrad Weiß und Heinrich Lammers, Stuttgart 1964, 129-132 (zitiert: Tab. prol. LW I)

–: Prologus in opus propositionum, in: Lateinische Werke. Bd 1, hrsg. und übers von Konrad Weiß und Heinrich Lammers, Stuttgart 1964, 166-182 (zitiert: Prol. op. prop. LW I)

–: Expositio libri Genesis, in: Lateinische Werke. Bd 1, hrsg. und übers. von Konrad Weiß, Stuttgart 1964, 185-444 (zitiert: Gen.1 LW I)

–: Liber parabolarum Genesis, in: Lateinische Werke. Bd 1, hrsg. und übers. von Konrad Weiß, Stuttgart 1964, 447-702 (zitiert: Gen. 2 LW I)

–: Expositio libri Exodi, in: Lateinische Werke. Bd 2, hrsg. und übers. von Albert Zimmermann und Loris Sturlese, Stuttgart/Berlin/Köln 1992, 1-227 (zitiert: Ex. LW II)

–: Expositio libri Sapientiae, in: Lateinische Werke. Bd 2, hrsg. und übers. von Albert Zimmermann und Loris Sturlese, Stuttgart/Berlin/Köln 1992, 323-634 (zitiert: Sap. LW II)

–: Sermones et Lectiones super Ecclesiastici Cap. 24, in: Lateinische Werke. Bd 2, hrsg. und übers. von Albert Zimmermann und Loris Sturlese, Stuttgart/Berlin/Köln 1992, 231-300 (zitiert: Eccli. LW II)

–: Expositio Sancti Evangelii secundum Iohannem, in: Lateinische Werke. Bd 3, hrsg. und übers von Albert Zimmermann und Loris Sturlese, Stuttgart/Berlin/Köln 1994, 50ff. (zitiert: Joh. LW III)

–: Quaestio Parisiensis 2: Utrum intelligere angeli, ut dicit actionem, sit suum esse? in: Lateinische Werke. Bd. 5, hrsg. und übers. von Bernhard Geyer, Stuttgart 1936 ff., 49-54 (zitiert: Q.P.2 LW V)

–: Sermo die beati Augustini Parisius habitus, in: Lateinische Werke. Bd. 5, hrsg. von Bernhard Geyer, Stuttgart 1936 ff., 89-99 (zitiert: Sermo Aug. LW V)

–: Collatio in libros Sententiarum, in: Lateinische Werke. Bd. 5, hrsg. von Josef Koch, Stuttgart 1936ff., 17-26 (zitiert: Coll. Sent. LW V)

Meister Eckhart, in: Deutsche Mystiker des 14. Jahrhunderts. Franz *Pfeiffer* (Hrsg.), Bd. 2, Leipzig 1857 (Neudruck, Aalen 1962)

Meister Eckhart. Deutsche Predigten und Traktate, Erstausgabe der Neuedition (1955) 1963, hrsg. und übers. von Josef *Quint*, Zürich 1979 (zitiert: Q)

Meister Eckhart Werke I. Texte und Übersetzungen von Josef Quint, Niklaus *Largier* (Hrsg.), 1. Aufl., in: Bibliothek des Mittelalters (Hrsg. Walter Haug), Bd. 20, Frankfurt 1993 (zitiert: 1993 I)

Meister Eckhart Werke II. Texte und Übersetzungen von Ernst Benz, Karl Christ etc., Niklaus *Largier* (Hrsg.), 1. Aufl., in: Bibliothek des Mittelalters (Hrsg. Walter Haug), Bd. 21, Frankfurt 1993 (zitiert: 1993 II)

Théry, Gabriel: Édition Critique des Pièces Relative au Procès d'Eckhart contenues dans le Manuscrit 33b de la Bibliothèque de Soest, in: Archives d'Histoire Doctrinale et Littéraire du Moyen Age 1. 1926/27, 157-207; 208-268 (zitiert: *Théry*, Proc.col. I und II)

Aristoteles: Metaphysik. übers.von Hermann Bonitz. Neuaufl. (Ursula Wolf; Hrsg.) Hamburg 1994

Augustinus: Bekenntnisse (Confessiones). Eingel., übers. u. erläut.von Joseph Bernhart, Vorwort Ernst Ludwig Grasmück, 1. Aufl. , Frankfurt 1987

Gadamer, Hans-Georg: Der Anfang der Philosophie. (Vorlesungen von 1988 am Istituto Italiano per gli Studi Filosofici; Neapel, hrsg. Von Vittorio De Cesare), vom Autor revidierte Fassung, Stuttgart 1996

Hegel, Georg Friedrich Wilhelm: Phänomenologie des Geistes. Neu hrsg. Von Hans-Friedrich Wessels u. Heinrich Clairmont. Einltg. Wolfgang Bonsiepen. Hamburg 1988

–: Enzyklopädie der philosophischen Wissenschaften (1830). Nachdruck der 3. Ausg. Heidelberg, Osswald 1830, Friedhelm Nicolin/Otto Pöggeler (Hrsg.), Hamburg 1991

–: Wissenschaft der Logik. Erster Band: Die objektive Logik. Einleitung. Lizenzausgabe des Akademie-Verlages, Bd. I, Leipzig o.J.

Heidegger, Martin: Was heißt Denken? Vorlesung Wintersemester 1951/52, nach der vierten, durchgesehenen Auflage, Tübingen 1984, Stuttgart 1992

Hölderlin, Friedrich: Werke/Briefe/Dokumente. Ausgewählt und mit Nachwort von P. Bertaux, 4. Aufl., Düsseldorf 1990

Horkheimer, Max; *Adorno*,Theodor W.: Dialektik der Aufklärung. Frankfurt 1995

Platon: Sämtliche Dialoge. Hrsg. Otto Apelt, Einl. Literaturübersichten, Anm. u.Reg.vers., Hamburg 1993

Sekundärliteratur:

Albert, Karl: Meister Eckharts These vom Sein. Untersuchungen zur Metaphysik des Opus tripartitum, Ratingen 1976 (zitiert: 1976)

Aschtiani, Manutschehr: Der dialektische Vorgang in der mystischen „Unio-Lehre" Eckharts und Maulanas und seine Vermittlung in der Sprache. Diss., Heidelberg 1971

Bach, Joseph: Meister Eckhart als Vater der Deutschen Spekulation. Als Beitrag zu einer Geschichte der deutschen Theologie und Philosophie der mittleren Zeit, Wien 1864

Bader, Franz: Transzendentalphilosophische Überlegungen zur „negatio negationis" und zur mystischen Einigung, in: Mystik in Geschichte und Gegenwart. Christliche Mystik, Abteilung 1, Margot Schmidt/Helmut Riedlinger (Hrsg.), Grundfragen christlicher Mystik. Wissenschaftliche Studientagung Theologia mystica in Weingarten vom 7.-10 November 1985, Margot Schmidt (Hrsg.), Stuttgart, 1987 193-220

Bayer, Hans: Mystische Ethik und empraktische Denkform. Zur Begriffswelt Meister Eckharts, in: Deutsche Vierteljahresschrift für Literaturwissenschaft und Geistesgeschichte (DVjS). Richard Brinkmann/Hugo Kuhn (Hrsg.), 50. Jg., Stuttgart 1976, 377-405

Beckmann, Till: Daten und Anmerkungen zur Biographie Meister Eckharts und zum Verlauf des gegen ihn angestrengten Inquisitionsprozesses. Frankfurt 1978

Beierwaltes, Werner: Deus est esse - esse est Deus. Die onto-theologische Grundfrage als aristotelisch-neuplatonische Denkstruktur, in: Platonismus und Idealismus. Frankfurt 1972, 5-82 (zitiert: 1972)

–: Denken des Einen: Studien zur neuplatonischen Philosophie und ihre Wirkungsgeschichte. Frankfurt/Main 1985 (zitiert: 1985)

Bindschedler, Maria: Meister Eckharts Lehre von der Gerechtigkeit, in: Studia Philosophica. Jahrbuch der Schweizerischen Philosophischen Gesellschaft. Daniel Christoff/Hans Kunz (Hrsg.), Vol. XIII, Basel 1953, 58-71

Bochenski, Josef M.: Die zeitgenössischen Denkmethoden. 9. Aufl., Tübingen 1986

Bormann, Karl: Das Verhältnis Meister Eckharts zur Aristotelischen Philosophie. Zu einer Aristotelischen Lehre bei Meister Eckhart, in: Freiheit und

Gelassenheit: Meister Eckhart heute. Udo Kern (Hrsg.), München 1980, 53-59

Brugger, Walter (Hrsg.): Philosophisches Wörterbuch. 22. Aufl., Freiburg 1976

Caysa, Volker: Die Ethik des Seins in Meister Eckharts ‚Reden der Unterweisung', in: Jahrbuch der Oswald von Wolkenstein Gesellschaft. Hans-Dieter Mück und Ulrich Müller (Hrsg.), Band 6, Marbach 1990/91

Cesarino, Heleno: Hegels mystisch-geschichtliche Anschauung Gottes als absoluter Geist. Zu Hegels spekulativer Theologie. Diss., Würzburg 1983

Caputo, John D.: The Nothingness of the Intellect in Meister Eckhart's ‚Parisian Questions', in: The Thomist, 39, 1975, 85-115 (zitiert: 1975)

–: Radical Hermeneutics – Repetition, Deconstruction, and the Hermeneutic Project. Bloomington/Indianapolis 1987

Davies, Oliver: Predigt 18 'Adolescens, tibi dico: Surge', in: Lectura Eckhardi. Predigten Meister Eckharts von Fachgelehrten gelesen und gedeutet. Georg Steer/Loris Sturlese (Hrsg.), Stuttgart 1998, 98-115

Degenhardt, Ingeborg: Studien zum Wandel des Eckhartbildes, in: Studien zur Problemgeschichte der antiken und mittelalterlichen Philosophie. Johannes Hirschberger (Hrsg.), Leiden (Niederlande) 1967

Dempf, Alois: Meister Eckhart als Mystiker und Metaphysiker, in: Der beständige Aufbruch. Festschrift für Erich Przywara, Siegfried Behn (Hrsg.), Nürnberg, 1959, 171-178

Denifle, Heinrich: Meister Eckeharts lateinische Schriften und die Grundanschauung seiner Lehre, in: Archiv für Literatur- und Kirchengeschichte des Mittelalters (nach cod. Amplon. n. 181 der Erfurter Stadtbibliothek), Bd. II, Berlin 1886, 417-615

Diemer, Alwin: Elementarkurs Philosophie Dialektik. Düsseldorf/Wien 1976

Dietsche, Bernward: Der Seelengrund nach den deutschen und lateinischen Predigten, in: Meister Eckhart der Prediger. Festschrift zum Eckhart-Gedenkjahr. P.Nix, Udo.M., O.P. und P. Dr. Öchslin, Raphael, O.P. (Hrsg.), Freiburg/Basel/Wien 1960, 200-258

Duden, Das Herkunftswörterbuch. Etymologie der deutschen Sprache. Bd.7, 2. Aufl., Mannheim/Wien/Zürich 1989

Ebeling, Heinrich: Meister Eckharts Mystik. Studien zu den Geisteskämpfen um die Wende des 13. Jahrhunderts, Neudruck der Ausgabe, Stuttgart 1941, Aalen 1966

Eberle, Jürgen: Die Schöpfung in ihren Ursachen. Untersuchung zum Begriff der Idee in den lateinischen Werken Meister Eckharts. Diss. Köln 1972

Fischer, Heribert: Grundgedanken der deutschen Predigten, in: Meister Eckhart der Prediger. Festschrift zum Eckhart-Gedenkjahr. P. Udo M. Nix O.P. und

P. Dr. Raphael Öchslin O.P. (Hrsg.), Freiburg/Basel/Wien 1960, 25-72 (zitiert: 1960)
–: Meister Eckhart. Einführung in sein philosophisches Denken, Freiburg/München 1974 (zitiert: 1974-1)
–: Thomas von Aquin und Meister Eckhart, in: Theologie und Philosophie. 49. Jg., Freiburg 1974; 213-235 (zitiert: 1974-2)
Flasch, Kurt (Hrsg.): Die Intention Meister Eckharts, in: Sprache und Begriff. Festschrift für Bruno Liebrucks, herausgeg. von Heinz Röttges, Brigitte Scheer, Josef Simon, Meisenheim 1974, 292-318 (zitiert: 1974)
–: Von Meister Dietrich zu Meister Eckhart. Hamburg 1984 (zitiert: 1984)
–: Einführung in die Philosophie des Mittelalters. Darmstadt 1987 (zitiert: 1987)
Forman, Robert K.C.: An Eckhart Methodology and a Mystical Vocabulary, in: Valerie M. Lagorio (Ed.): Mysticism: Medieval & Modern. Institut für Anglistik und Amerikanistik Universität Salzburg, Salzburg 1986, 78-87
Friese, Hans: Ein Prophet des deutschen Idealismus, in: Zeitschrift für Deutschkunde, 40, W. Hofstaetter/H.A. Korff (Hrsg.), Leipzig/Berlin, 1926 386-394
Frühwald, Wolfgang: Formzwang und Gestaltungsfreiheit in Meister Eckharts Predigt 'Von dem edeln menschen', in: Unterschied und Bewahrung. Festschrift für Hermann Kunisch. Klaus Lazarowicz/Wolfgang Kron (Hrsg.), Berlin 1961, 132-146
Fues, Wolfram-Malte: Mystik als Erkenntnis? Kritische Studien zur Meister-Eckhart-Forschung, Bonn 1981
Fulda, F.: Artikel Aufhebung, in: Ritter, Joachim Hrsg.), Historisches Wörterbuch der Philosophie. Bd. 1, Darmstadt 1971, 618--620
de Gandillac, Maurice: La „Dialectique" de Mâitre Eckhart, in: La Mystique Rhénane. Colloque de Strasbourg 16-19 mai 1961. Paris 1963, 59-94
Haas, Alois M.: Meister Eckhart im Spiegel der marxistischen Ideologie, in: Wirkendes Wort (WW). Deutsche Sprache in Forschung und Lehre. 22. Jahrg. Düsseldorf 1972, 123-133 (zitiert: 1972)
–: Die Problematik von Sprache und Erfahrung in der deutschen Mystik, in: Grundfragen der Mystik. Einsiedeln 1974, 75-104 (zitiert: 1974)
–: Mystische Erfahrung und Sprache, in: Perspektiven der Philosophie - Neues Jahrbuch, Bd. 4, R. Berlinger, E. Fink, F. Kaubach, W. Schrader (Hrsg.), Hildesheim 1978, 315-335 (zitiert: 1978-1)
–: Transzendenzerfahrung in der Sicht Meister Eckharts, in: Freiburger Zeitschrift für Philosophie und Theologie. 25. Bd., Freiburg (Schweiz) 1978, 56-78 (zitiert: 1978-2)

–: Meister Eckharts geistliches Predigtprogramm, in Freiburger Zeitschrift für Philosophie und Theologie. Bd. 29, Freiburg (Schweiz) 1982, 189-209 (zitiert: 1982)

–: Was ist Mystik? in: Abendländische Mystik im Mittelalter. Symposion Kloster Engelberg 1984, Stuttgart 1986, 319-341 (zitiert: 1986)

–: Typologie der Mystik, in: Honnefelder, Ludger/Schüßler, Werner (Hrsg.): Transzendenz. Zu einem Grundwort der klassischen Metaphysik, Paderborn 1992, 279-295 (zitiert: 1992-1)

–: Aktualität und Normativität Meister Eckharts, in: Eckhardus Theutonicus, homo doctus et sanctus. Nachweise und Berichte zum Prozeß gegen Meister Eckhart. Heinrich Stirnimann / Ruedi Imbach (Hrsg.), Freiburg (Schweiz) 1992, 205-268 (zitiert: 1992-2)

–: Mystik als Theologie, in: Zeitschrift für katholische Theologie (ZKTh) 116, Wien 1994, 30-53 (zitiert: 1994)

Hampe, Susanne: Der Begriff der Tat bei Meister Eckhart. Diss. Weimar 1926.

Hasebrink, Burkhard: Predigt Nr. 71 'Surrexit autem Saulus', in: Lectura Eckhardi. Predigten Meister Eckharts von Fachgelehrten gelesen und gedeutet. Georg Steer/Loris Sturlese (Hrsg.), Stuttgart 1998, 220-245

Haug, Walter: Das Wort und die Sprache bei Meister Eckhart, in: Zur deutschen Literatur und Sprache des 14. Jahrhunderts. Dubliner Colloquium 1981. W. Haug (Hrsg.), Reihe Siegen - Beiträge zur Literatur- und Sprachwissenschaft, Bd. 45, Wolfgang Drost u.a. (Hrsg.), Heidelberg 1983, 25-44 (zitiert. 1983)

–: Zur Grundlegung einer Theorie des mystischen Sprechens, in: Abendländische Mystik im Mittelalter. Symposion Kloster Engelberg 1984, Kurt Ruh (Hrsg.), Stuttgart 1986, 494-508 (zitiert: 1986)

Heintel, Erich: Grundriß der Dialektik. Bd. 1: Zwischen Wissenschaftstheorie und Theologie; Bd. 2: Zum Logos der Dialektik und zu seiner Logik, Darmstadt 1984

Helting, Holger: Heidegger und Meister Eckehart. Vorbereitende Überlegungen zu ihrem Gottesdenken, Berlin 1997

Hinske, N. Artikel ‚Antinomie', in: *Ritter,* Joachim (Hrsg.), Historisches Wörterbuch der Philosophie. Bd. 1, Darmstadt 1971, 393-405

Hirschberger, Johannes: Geschichte der Philosophie. 2 Bde. Freiburg 1976 (zitiert: 1976)

–: Kleine Philosophiegeschichte. Freiburg [4]1992 (zitiert: 1992)

Hödl, Ludwig: Metaphysik und Mystik im Denken des Meister Eckhart, in: Zeitschrift für katholische Theologie (ZkTh), 82, Wien 1960, 257-274 (zitiert: 1960)

–: Meister Eckharts theologische Kritik des reinen Glaubensbewußtseins, in: Freiheit und Gelassenheit: Meister Eckhart heute. Udo Kern (Hrsg.) München 1980, 34-52 (zitiert: 1980)
–: Textwissen und Sprachwissenschaft, in: Zeitschrift für Kath. Theologie. Bd. 116, Wien 1994, 129-142 (zitiert: 1994)
Hoenen, Maarten J.F.M.: Metaphysik und Intellektlehre. Die aristotelische Lehre des 'intellectus agens' als Schnittpunkt der mittelalterlichen Diskussion um die natürliche Gotteserkenntnis, in: Theologie und Philosophie. 70. Jg., Freiburg-Basel-Wien 1995, 405-413
Holz, Harald: Über einen zureichenden Begriff des Absoluten in philosophischer Hinsicht, in: Neue Zeitschrift für Systematische Theologie und Religionsphilosophie. Oswald Bayer (Hrsg.), 39. Bd., Berlin 1997, 204-222
Honnefelder, Ludger / *Schüßler*, Werner (Hrsg.): Transzendenz. Zu einem Grundwort der klassischen Metaphysik, Paderborn 1992
Imbach, Ruedi: Deus est intelligere. Das Verhältnis von Sein und Denken in seiner Bedeutung für das Gottesverständnis bei Thomas von Aquin und in den Pariser Quaestionen Meister Eckharts, Freiburg 1976
Karrer, Otto / *Piesch*, Herma: Meister Eckharts Rechtfertigungsschrift vom Jahre 1326. Einleitung, Übersetzung, Anmerkungen. Erfurt 1927
Kern, Udo (Hrsg.): Eckharts Intention, in: Freiheit und Gelassenheit: Meister Eckhart heute. München 1980, 24-33 (zitiert: 1980)
–: Der liebende Mensch nach Meister Eckhart, in: Mensch und Natur im Mittelalter. Albert Zimmermann/Andreas Speer (Hrsg.), Bd. 21 (Miscellanea mediaevalia), Berlin/New York 1991, 736-751 (zitiert: 1991)
–: Die Anthropologie des Meister Eckhart. Hamburg 1994 (zitiert: 1994)
Kirchner, Reinhard: Meister Eckharts Predigt IUSTI VIVENT IN AETERNUM, in: Beiträge zur Geschichte der deutschen Sprache und Literatur. Tübingen 1978, 229-262
Kobusch, Theo: Mystik als Metaphysik des moralischen Seins. Bemerkungen zur spekulativen Ethik Meister Eckharts, in: Ruh, Kurt (Hrsg.): Abendländische Mystik im Mittelalter. Symposion Kloster Engelberg 1984, Stuttgart 1986, 49-62 (zitiert: 1986)
Koch, Josef: Augustinischer und dionysischer Neuplatonismus und das Mittelalter, in: Kant-Studien. Bd. 48, Heft 1-4, Köln 1956/57, 117-133 (zitiert: 1956/57)
–: Sinn und Struktur der Schriftauslegungen, in: Meister Eckhart der Prediger. Festschrift zum Eckhart-Gedenkjahr. P. Nix, Udo.M. O.P. und P. Dr. Öchslin, Raphael O.P., (Hrsg.), Freiburg/Basel/Wien 1960, 73-103 (zitiert: 1960)
–: Zur Analogielehre Meister Eckharts, in: Altdeutsche und altniederländische Mystik. Kurt Ruh (Hrsg.), Darmstadt 1964, 275-308 (zitiert: 1964)

Köbele, Susanne: Predigt 16 b 'Quasi vas auri solidum', in: Lectura Eckhardi. Predigten Meister Eckharts von Fachgelehrten gelesen und gedeutet. Georg Steer/Loris Sturlese (Hrsg.), Stuttgart 1998, 43-74

Kopper, Joachim: Die Metaphysik Meister Eckharts. Habil., Saarbrücken 1955 (zitiert: 1955)

–: Transzendentales und dialektisches Denken. in: Kant-Studien 80, Köln 1961 (zitiert: 1961)

Kunisch, Hermann: Offenbarung und Gehorsam. Versuch über Eckharts Religiöse Persönlichkeit, in: Meister Eckhart der Prediger. Festschrift zum Eckhart-Gedenkjahr. P. Udo M. Nix O.P. und P. Dr. Raphael Öchslin O.P. (Hrsg.), Freiburg/Basel/Wien 1960, 104-148

Langer, Otto: Zum Begriff der Innerlichkeit bei Meister Eckhart, in: *Ruh*, Kurt (Hrsg.): Abendländische Mystik im Mittelalter. Symposion Kloster Engelberg 1984, Stuttgart 1986, 17-32 (zitiert: 1986)

–: Mystische Erfahrung und spirituelle Theologie. München 1987 (zitiert: 1987)

Lagorio, Valerie M. (Ed.): Mysticism: Medieval & Modern. Institut für Anglistik und Amerikanistik Universität Salzburg, Salzburg 1986

Largier, Niklaus: Bibliographie zu Meister Eckhart. Dokimion, Bd. 9, Freiburg (Schweiz) 1989 (zitiert: 1989)

–: Meister Eckhart, Perspektiven der Forschung, 1980-1993, in: Zeitschrift für deutsche Philologie. Werner Besch/Hartmut Steinecke (Hrsg.), Bd. 114, Berlin 1995, 29-98 (zitiert: 1995)

de Libera, A. / *Mojsisch*, B.: Artikel Dialektik, in: Lexikon des Mittelalters. Bd. III, München/Zürich 1986, 944-945

Lichtman, Maria R.: The ‚Way' of Meister Eckhart, in: *Lagorio*, Valerie M. (Ed.): Mysticism: Medieval & Modern. Institut für Anglistik und Amerikanistik Universität Salzburg, Salzburg 1986, 88-100

Löser, Freimut: Diskussionsbericht, in: *Ruh*, Kurt (Hrsg.): Abendländische Mystik im Mittelalter. Symposion Kloster Engelberg 1984, Stuttgart 1986, 94-115 (zitiert: 1986)

Lossky, Vladimir: Théologie Négative et Connaissance de Dieu chez Maître Eckhart. Paris 1960

Manstetten, Reiner: Esse est Deus. Meister Eckharts christologische Versöhnung von Philosophie und Religion und ihre Ursprünge in der Tradition des Abendlandes, München 1993

Margetts, John: Die rede der underscheidunge: Aufbau und Aussage, in: Zur deutschen Literatur und Sprache des 14. Jahrhunderts. Dubliner Colloquium 1981. W. Haug (Hrsg.), Reihe Siegen - Beiträge zur Literatur- und Sprachwissenschaft, Bd. 45, Wolfgang Drost u.a. (Hrsg.), Heidelberg 1983, 45-64

Martens, Ekkehard / *Schnädelbach*, Herbert (Hrsg.): Philosophie - Ein Grundkurs. 2 Bde., überarb. und erweit. Neuausgabe, Hamburg 1994

McGinn, Bernard: The God beyond God: Theology and Mysticism in the Thought of Meister Eckhart, in: The Journal of Religion. Vol. 61, No. 1, Chicago 1981, 1-19 (zitiert: 1981)

Sermo IV ‚Ex ipso, per ipsum et in ispo sunt omnia', in: Lectura Eckhardi. Predigten Meister Eckharts von Fachgelehrten gelesen und gedeutet. Georg Steer/Loris Sturlese (Hrsg.), Stuttgart 1998, 289-316 (zitiert: 1998)

Metscher, Thomas: Kunst, Kultur, Humanität. Bd. 1, Fischerhude 1982

Mieth, Dietmar: Die Einheit von vita activa und vita contemplativa in den deutsche Predigten und Traktaten Meister Eckharts und bei Johannes Tauler. Regensburg 1969 (zitiert:1969)

–: Die theologische Transposition der Tugendethik bei Meister Eckhart, in: Ruh, Kurt (Hrsg.): Abendländische Mystik im Mittelalter. Symposion Kloster Engelberg 1984, Stuttgart 1986, 63-79 (zitiert: 1986)

Mojsisch, Burkhard: Meister Eckhart. Analogie, Univozität und Einheit, Hamburg 1983 (zitiert: 1983)

–: ‚Dynamik der Vernunft' bei Dietrich von Freiberg und Meister Eckhart, in: Ruh, Kurt (Hrsg.): Abendländische Mystik im Mittelalter. Symposion Kloster Engelberg 1984, Stuttgart 1986 (zitiert: 1986)

–: Notiz ‚Eckhart von Hochheim', in: Bochumer Philosophisches Jahrbuch für Antike und Mittelalter. Burkhard Mojsisch / Olaf Pluta / Rudolf Rehn (Hrsg.), Bd. 6, 2001 (ersch. 2002), 239

Moltmann, Jürgen: Gotteserfahrung: Hoffnung, Angst, Mystik. München 1979

–: Theologie der mystischen Erfahrung. Zur Rekonstruktion der Mystik, in: Freiheit und Gelassenheit: Meister Eckhart heute. München 1980, 127-145 (zitiert: 1980)

Nix, Udo.M./*Öchslin*, Raphael (Hrsg.): Meister Eckhart der Prediger. Festschrift zum Eckhart-Gedenkjahr Freiburg/Basel/Wien 1960

Oberhammer, Gerhard, Einleitendes zur Religionshermeneutik, in: Beiträge zur Hermeneutik indischer und abendländischer Religionstraditionen. Gerhard Oberhammer (Hrsg.), Wien 1991, 7-27)

Öchslin, Raphael: Der Eine und Dreieinige in den deutschen Predigten, in: Meister Eckhart der Prediger. Festschrift zum Eckhart-Gedenkjahr. P.Nix, Udo.M., O.P. und P. Dr. Öchslin, Raphael, O.P. (Hrsg.), Freiburg/Basel/Wien 1960, 149-166

Oelmüller, Willi (Hrsg.), Metaphysik heute? Bd. 10, Paderborn 1987

–: Philosophie und Wissenschaft. Bd. 11, Paterborn 1988

Oeing-Hanhoff, L., Artikel Analyse/Synthese, in: Ritter, Joachim (Hrsg.), Historisches Wörterbuch der Philosophie. Bd. 1, Darmstadt 1971, 232-248

Ogiermann, Helmut S.J.: Zur Frage nach dem Wahrheitsgehalt von 'Dialektik', in: Der beständige Aufbruch. Festschrift für Erich Przywara. Siegfried Behn (Hrsg.), Nürnberg 1959, 106-125

Pfeiffer, Franz (Hrsg.): Meister Eckhart, Bd. 2, in: Deutsche Mystiker des 14. Jahrhunderts. Leipzig 1859 (Neudruck, Aalen 1962)

Piesch, Herma: Meister Eckharts Lehre vom Gerechten, in: Festschrift der Nationalbibliothek in Wien, Wien 1926, 617-630

Ralfs, Günter: Lebensformen des Geistes, in: Kant-Studien, Ergänzungsheft 86, Hermann Glockner (Hrsg.), Köln 1964, 104-258

Ritter, Joachim, Historisches Wörterbuch der Philosophie. Bd. 1, Darmstadt 1971

Rohrmoser, Günter: Emanzipation oder Freiheit. Das christliche Erbe der Neuzeit. Neuauflage, Berlin 1995

Ruh, Kurt (Hrsg.): Abendländische Mystik im Mittelalter. Symposion Kloster Engelberg 1984, Stuttgart 1986 (zitiert: 1986)

–: Geschichte der abendländischen Mystik. Bd. I und Bd. III, München 1990 und 1996 (zitiert: 1990 bzw. 1996)

Ruhbach, Gerhard / *Sudbrack*, Josef (Hrsg.): Christliche Mystik. Texte aus zwei Jahrtausenden. München 1989

Sandkühler, Hans Jörg: Die Wirklichkeit des Wissens, Frankfurt 1991

Schischkoff, Georgi (Hrsg.): Philosophisches Wörterbuch. 22. Aufl. (neu bearb.), Stuttgart 1991

Schoeller, Donata: Gottesgeburt und Selbstbewußtsein. Denken der Einheit bei Meister Eckhart und G.W.F. Hegel, Hildesheim 1992

Schönberger, Rolf: Die Transformation des klassischen Seinsverständnisses. Berlin 1986 (zitiert 1986)

–: Secundum rationem esse, in: Oikeiosis. Festschrift für Robert Spaemann, Reinhard Löw (Hrsg.), Weinheim 1987, 253-272 (zitiert:1987)

–: Was ist Scholastik? Philosophie und Religion, Schriftenreihe des Forschungsinstituts für Philosophie Hannover, Bd. 2, Hildesheim 1991 (zitiert: 1991)

Schüßler, Werner: Gott - Sein oder Denken? Zur Problemaik der Bestimmung göttlicher Wirklichkeit in den *Quaestiones parisienses* Meister Eckharts von 1302/03, in: Transzendenz. Zu einem Grundwort der klassischen Metaphysik, Ludger Honnefelder/Werner Schüßler (Hrsg.), Paderborn 1992, 163 -181

Schwarz, H. Artikel Analogie, in: Ritter, Joachim (Hrsg.), Historisches Wörterbuch der Philosophie. Bd. 1, Darmstadt 1971, 214-228

Schwarz, Reinhard: Meister Eckharts Meinung vom gerechten Menschen, in: Geist und Geschichte der Reformation. Festgabe Hanns Rückert. Berlin 1966, 15-34

Seeberg, Erich: Meister Eckhart. Vortrag gehalten vor der Deutschen philosophischen Gesellschaft in Berlin, Tübingen 1934
Siller, Rolf: Zur Ermöglichung von Freiheit bei Meister Eckhart. Diss. Augsburg 1972
Simon-Schaefer, Roland: Dialektik – Kritik eines Wortgebrauchs. Stuttgart 1973
Sprengard, Karl Anton: Sytematisch-historische Untersuchungen zur Philosophie des XIV. Jahrhundert. Bd. 1 und 2, Bonn 1967
Stachel, Günter: Streit um Meister Eckhart: Spekulativer Theologe, beinahe häretischer Scholastiker oder großer Mystiker? in: Zeitschrift für katholische Theologie. Bd. 111, Wien 1989, 57-65
Steinbüchel, Theodor: Mystik und Idealismus - Meister Eckhart und Hegel, in: UNIVERSITAS Zeitschrift für Wissenschaft, Kunst und Literatur, Jg. 2, Heft 12, Serge Maiwald (Hrsg.), Tübingen 1947, 1409-1423
Sturlese, Loris: Rezension zu: Winfried Trusen, Der Prozeß gegen Meister Eckhart. Vorgeschichte, Verlauf und Folgen. Paderborn, München, Wien, Zürich 1988, in: Beiträge zur Geschichte der deutschen Sprache und Literatur. Klaus Grubmüller, Marga Reis, Burghart Wachinger (Hrsg.), Bd. 114, Tübingen 1992, 522-529
Tobin, Frank: Meister Eckhart: Scholasticism, Mysticism, and Poetic Style, in: Amsterdamer Beiträge zur älteren Germanistik. Cola Minis/Arend Quak (Hrsg.), Bd. 16, 1981, 111-133 (zitiert: 1981)
–: Meister Eckhart in Practice, in: Monatshefte für deutschen Unterricht, deutsche Sprache und Literatur. Vol. 74, Madison (Wisconsin) 1982, 410-418 (zitiert: 1982)
Trusen, Winfried: Zum Prozeß gegen Meister Eckhart, in: Eckhardus Theutonicus, homo doctus et sanctus. Nachweise und Berichte zum Prozeß gegen Meister Eckhart. Heinrich Stirnimann / Ruedi Imbach (Hrsg.), Freiburg (Schweiz) 1992, 7-30
Ueda, Shizuteru: Die Gottesgeburt in der Seele und der Durchbruch zur Gottheit. Die mystische Anthropologie Meister Eckharts und ihre Konfrontation mit der Mystik des Zen-Buddhismus, Gütersloh 1965 (zitiert: 1965)
–: Meister Eckharts Predigten, in: Abendländische Mystik im Mittelalter. Symposion Kloster Engelberg 1984, Kurt Ruh (Hrsg.), Stuttgart 1986, 33-48 (zitiert: 1986)
Ueding, Gert: Klassische Rhetorik. 2. Aufl., München 1996
Viertel, Wolfgang: Eine Theorie der Dialektik. Forum Academicum, Bd. 220, Königstein/Ts. 1983
Wagner, Jürgen, Meditation über Gelassenheit. Der Zugang des Menschen zu seinem Wesen im Anschluß an die Feldweggespräche Martin Heideggers und

an die deutschen Predigten und Traktate Meister Eckharts. Diss. Hamburg, 1994
Waldschütz, Erwin: Meister Eckhart. Eine philosophische Interpretation der Traktate, Diss., Bonn 1978 (zitiert: 1978)
–: Denken und Erfahren des Grundes. Zur philosophischen Deutung Meister Eckharts, Wien 1989 (zitiert: 1989)
–: Zur Auslegung der „Mystik" Meister Eckharts in der neuzeitlichen Philosophie als Rückfrage an die Möglichkeit dieser Auslegung(en), in: Beiträge zur Hermeneutik indischer und abendländischer Religionstradition. Gerhard Oberhammer (Hrsg.), Wien 1991, 93-121 (zitiert: 1991)
Weischedel, Wilhelm: Der Gott der Philosophen. Grundlegung einer philosophischen Theologie im Zeitalter des Nihilismus. 2 Bde., nach der 3. Aufl. von 1975, Darmstadt 1998
Welte, Bernhard: Meister Eckart als Aristoteliker, in: Philosophisches Jahrbuch 69/1, München 1961/62, 64-74 (zitiert: 1961/62)
–: Meister Eckhart. Gedanken zu seinen Gedanken, Freiburg 1979 (zitiert: 1979)
Winkler, Eberhard: Exegetische Methoden bei Meister Eckhart. Tübingen 1965 (zitiert: 1965)
–: Wort Gottes und Hermeneutik bei Meister Eckhart, in: Freiheit und Gelassenheit: Meister Eckhart heute. Udo Kern (Hrsg.) München 1980, 169-182 (zitiert: 1980)
Winkler, Norbert: Meister Eckhart: zur Einführung. Hamburg 1997
Wisser, Richard: Philosophische Wegweisung. Versionen und Perspektiven, Würzburg 1996
Zahrnt, Heinz: Die Sache mit Gott. 4. Aufl., München 1980
Zapf, Josef: Die Funktion der Paradoxie im Denken und sprachlichen Ausdruck bei Meister Eckhart. Diss. Köln 1966

FSC
www.fsc.org
MIX
Papier | Fördert
gute Waldnutzung
FSC® C083411

Kolibri 360 GmbH
Ferdinand-Jühlke-Straße 7
99095 Erfurt, Deutschland
produktsicherheit@kolibri360.de

Druck:
CPI Druckdienstleistungen GmbH
im Auftrag der
Kolibri 360 GmbH
Ferdinand-Jühlke-Str. 7
99095 Erfurt